U0572520

湖北省公益学术著作出版专项资金

Hubei Special Funds for Academic and Public-interest Publications

国家社科基金项目‘环境风险治理工具的行政法进路”（项目编号：17AFX013）研究成果

环境风险治理工具的行政法进路研究

Research on the approach of Administrative law to
Environmental Risk Management Tools

戚建刚　兰皓翔　余海洋　著

WUHAN UNIVERSITY PRESS
武汉大学出版社

图书在版编目(CIP)数据

环境风险治理工具的行政法进路研究/戚建刚,兰皓翔,余海洋著.—武汉:武汉大学出版社,2022.12

湖北省公益学术著作出版专项资金资助项目

ISBN 978-7-307-23290-7

Ⅰ.环… Ⅱ.①戚… ②兰… ③余… Ⅲ.环境保护法—行政法—研究—中国 Ⅳ.①D922.684 ②D922.114

中国版本图书馆 CIP 数据核字(2022)第 158858 号

责任编辑:任 翔 责任校对:汪欣怡 版式设计:马 佳

出版发行:**武汉大学出版社** (430072 武昌 珞珈山)

(电子邮箱:cbs22@whu.edu.cn 网址:www.wdp.com.cn)

印刷:武汉精一佳印刷有限公司

开本:720×1000 1/16 印张:22 字数:444 千字 插页:2

版次:2022 年 12 月第 1 版 2022 年 12 月第 1 次印刷

ISBN 978-7-307-23290-7 定价:86.00 元

版权所有,不得翻印;凡购我社的图书,如有质量问题,请与当地图书销售部门联系调换。

内容提要

本书共分为三大部分，13个章节。第一部分主要探讨行政法视野下环境风险治理工具的一般理论，即通过将不同行政法基本理论中的法治理念、原则、标准、程序等嵌入环境风险治理工具的选择和运用，揭示其对不同类型环境风险治理工具的独特意蕴，为环境风险治理工具的运行实践提供一定的方法论指引，同时也为环境风险治理工具的法治建构提供相应的理论储备。

第二部分主要从实证与理论角度分析我国不同类型的环境风险治理工具所面临的的挑战。其中，实证角度选择当前环境风险最为突出的领域，如大气污染风险、饮用水风险等。

第三部分的分析建立在前两部分论述的基础之上，通过借鉴域外国家环境风险治理工具选择与运用的实践经验，并结合环境风险治理工具的一般理论，针对我国环境风险治理工具选择与运用所面临的挑战，从行政法角度提出加以完善的途径。

目　录

导论 ·· (1)

　　一、研究背景与研究意义 ································ (1)

　　二、既有研究之梳理与评析 ···························· (5)

　　三、主要内容与基本思路 ······························ (13)

　　四、创新点与研究方法 ································· (16)

第一部分　环境风险治理工具行政法进路研究之理论

第一章　行政法规范环境风险治理工具之理据 ·············· (21)

　　第一节　"红灯理论"与政府主导型环境风险治理工具 ···· (21)

　　　　一、行政法"红灯理论"之学理阐释 ··············· (21)

　　　　二、政府主导型环境风险治理工具之释义 ··········· (22)

　　　　三、"红灯理论"对政府主导型环境风险治理工具之意蕴 ··· (33)

　　第二节　"绿灯理论"与市场主导型环境风险治理工具 ···· (34)

　　　　一、行政法"绿灯理论"之学理阐释 ··············· (34)

　　　　二、市场主导型环境风险治理工具之释义 ··········· (35)

　　　　三、"绿灯理论"对市场主导型环境风险治理工具之意蕴 ··· (36)

　　第三节　"黄灯理论"与社会型环境风险治理工具 ········ (38)

　　　　一、行政法"黄灯理论"之学理阐释 ··············· (38)

　　　　二、社会型环境风险治理工具之释义 ··············· (39)

　　　　三、"黄灯理论"对社会型环境风险治理工具之意蕴 ··· (40)

第二章　政府主导型环境风险治理工具之法理 ·············· (42)

　　第一节　政府主导型环境风险治理工具之主要类型 ······ (42)

　　　　一、政府主导型环境风险治理工具类型的界分维度 ··· (42)

　　　　二、政府主导型环境风险治理工具的理论类型 ······· (43)

　　　　三、政府主导型环境风险治理工具主要表现形式 ····· (44)

　　　　四、环保督察制度之考辨 ························· (46)

第二节　政府主导型环境风险治理工具之合理性基础‥‥‥‥‥‥（65）
　　一、避免"公地悲剧"‥‥‥‥‥‥‥‥‥‥‥‥‥‥‥‥‥‥（68）
　　二、克服信息稀缺性和不对称性造成的"市场失灵"‥‥‥‥（67）
　　三、顺应我国环境风险治理实践的现实要求‥‥‥‥‥‥‥‥（68）
　　四、作为公共利益理论之体现‥‥‥‥‥‥‥‥‥‥‥‥‥‥（69）
第三节　行政行为形式论下的政府主导型环境风险治理工具‥‥（70）
　　一、行政行为形式理论之学理阐释‥‥‥‥‥‥‥‥‥‥‥‥（71）
　　二、行政行为形式理论对政府主导型环境风险治理工具之意蕴‥‥（72）
　　三、政府主导型环境风险治理工具的行政行为形式‥‥‥‥‥（73）

第三章　市场主导型环境风险治理工具之法理‥‥‥‥‥‥‥‥‥（76）
第一节　市场主导型环境风险治理工具之主要类型‥‥‥‥‥‥（76）
　　一、市场主导型环境风险治理工具类型的界分维度‥‥‥‥‥（76）
　　二、市场主导型环境风险治理工具的理论类型‥‥‥‥‥‥‥（77）
　　三、市场主导型环境风险治理工具主要表现形式‥‥‥‥‥‥（78）
第二节　市场主导型环境风险治理工具之合理性基础‥‥‥‥‥（81）
　　一、弥补政府主导型环境风险治理工具的不足‥‥‥‥‥‥‥（82）
　　二、作为庇古理论在环境治理领域的直接反应‥‥‥‥‥‥‥（84）
　　三、作为科斯定理在环境治理领域的具体体现‥‥‥‥‥‥‥（85）
第三节　行政法律关系论下的市场主导型环境风险治理工具‥‥（86）
　　一、行政法律关系理论之学理阐释‥‥‥‥‥‥‥‥‥‥‥‥（86）
　　二、行政法律关系理论对市场主导型环境风险治理工具之意蕴‥‥（89）

第四章　社会型环境风险治理工具之法理‥‥‥‥‥‥‥‥‥‥‥（92）
第一节　社会型环境风险治理工具之主要类型‥‥‥‥‥‥‥‥（92）
　　一、社会型环境风险治理工具类型的界分维度‥‥‥‥‥‥‥（92）
　　二、社会型环境风险治理工具的理论类型‥‥‥‥‥‥‥‥‥（93）
　　三、社会型环境风险治理工具的具体表现形式‥‥‥‥‥‥‥（94）
第二节　社会型环境风险治理工具之合理性基础‥‥‥‥‥‥‥（95）
　　一、克服政府或市场主导型环境风险治理工具的不足‥‥‥‥（95）
　　二、公共治理理论为之提供理论依据‥‥‥‥‥‥‥‥‥‥‥（96）
　　三、公民社会和公共信托理论为其提供理论支撑‥‥‥‥‥‥（97）
第三节　行政过程论下的社会型环境风险治理工具‥‥‥‥‥‥（98）
　　一、行政过程论之学理阐释‥‥‥‥‥‥‥‥‥‥‥‥‥‥‥（99）
　　二、行政过程论对社会型环境风险治理工具之意蕴‥‥‥‥（101）

第五章　三种环境风险治理工具互动与整合之法理 ……………………（103）

　第一节　互动与整合之合理性基础 ……………………………（103）

　　一、风险社会理论 …………………………………………（103）

　　二、流程再造理论 …………………………………………（106）

　　三、整体性治理理论 ………………………………………（108）

　　四、突发事件分类、分级和分期理论 ……………………（111）

　第二节　行政程序论下三种环境风险治理工具之互动与整合 …（113）

　　一、风险行政程序法理论的学理反思 ……………………（113）

　　二、三种行政程序理想类型之学理阐释 …………………（135）

　　三、行政程序论对环境风险治理工具互动与整合之意蕴 ………（142）

第二部分　我国环境风险治理工具面临的主要挑战

第六章　政府主导型环境风险治理工具面临的挑战

　　——以"煤改气"为例 ……………………………………（149）

　第一节　"煤改气"中的治理工具之类型化界定 ……………（149）

　　一、行政规划 ………………………………………………（149）

　　二、行政协调 ………………………………………………（150）

　　三、行政指导 ………………………………………………（151）

　　四、行政合同 ………………………………………………（152）

　　五、行政给付 ………………………………………………（153）

　　六、行政命令 ………………………………………………（153）

　第二节　"煤改气"中治理工具面临的挑战 …………………（154）

　　一、行政规划面临的挑战 …………………………………（155）

　　二、行政协调面临的挑战 …………………………………（156）

　　三、行政指导面临的挑战 …………………………………（158）

　　四、行政合同面临的挑战 …………………………………（160）

　　五、行政给付面临的挑战 …………………………………（161）

　　六、行政命令面临的挑战 …………………………………（163）

　第三节　治理工具所面临挑战之成因分析 …………………（164）

　　一、委托—代理组织关系是根本原因 ……………………（165）

　　二、缺乏公众参与是直接原因 ……………………………（166）

　　三、相关立法不完善是主要原因 …………………………（167）

第七章　市场主导型环境风险治理工具面临的挑战
——以水污染领域为例 ···（169）
　第一节　市场主导型水污染风险治理工具的法制现状 ·········（169）
　　一、水污染风险治理工具之选择机制 ·························（169）
　　二、水污染风险治理工具之实施机制 ·························（170）
　　三、水污染风险治理工具选择的现状描述 ·····················（171）
　第二节　市场主导型水污染风险治理工具面临困境之成因 ·····（172）
　　一、市场主导型治理工具设计上的缺陷 ·······················（172）
　　二、市场机制的作用尚未完全发挥 ·····························（173）
　　三、传统环境监管模式的影响 ·································（173）
　　四、立法规范有待细化 ·······································（174）

第八章　社会型环境风险治理工具面临的挑战 ···············（176）
　第一节　社会型环境风险治理工具的行政法检视 ···············（176）
　　一、社会型环境风险治理工具的实施现状 ·····················（176）
　　二、社会型环境风险治理工具的优势和不足 ···················（177）
　第二节　社会型环境风险治理工具面临困境之成因 ···········（178）
　　一、受制于传统的环境治理观念 ·······························（179）
　　二、企业和社会公众的环境参与意愿不高 ·····················（180）
　　三、环境公益组织和第三方治理主体缺位 ·····················（181）
　　四、法律规范的可操作性较低 ·································（181）

第九章　三种环境风险治理工具之间缺乏互动与整合 ·········（183）
　第一节　三种环境风险治理工具互动与整合之现状 ·············（183）
　　一、工具整合的协调一致性不足 ·······························（183）
　　二、工具选择的动态适用性不足 ·······························（184）
　　三、工具整合的科学合法性不足 ·······························（185）
　第二节　三种环境风险治理工具缺乏互动与整合之原因 ·········（186）
　　一、主体方面的原因 ···（186）
　　二、工具自身的原因 ···（188）
　　三、法律规范层面的原因 ·····································（189）

第三部分　环境风险治理工具之行政法规制

第十章　环境风险治理工具选择与运用的域外经验 ···········（193）

第一节　美国经验 ……………………………………………（193）
　　一、引入成本收益分析方法 ………………………………（193）
　　二、市场主导型环境风险治理工具发挥着重要作用 ………（194）
　　三、环境管理体制确保治理工具选用的科学性 ……………（195）
　　四、治理工具之间的协调性程度较高 ………………………（196）
　　五、重视公民权利保障 ………………………………………（198）
第二节　英国经验 ……………………………………………（199）
　　一、健全的环境风险治理法律规范 …………………………（199）
　　二、相对完善的环境治理权限配置 …………………………（200）
　　三、专家和社会公众在环境风险治理中发挥重要作用 ……（201）
第三节　日本经验 ……………………………………………（202）
　　一、完备的治理工具法律规范 ………………………………（203）
　　二、重视环境部门责任能力建设 ……………………………（204）
　　三、注重环境技术研发和工具绩效评估 ……………………（204）
第四节　域外环境风险治理工具选择与运用的启示 …………（205）
　　一、完备的法律规范 …………………………………………（205）
　　二、健全的环境治理体制 ……………………………………（206）
　　三、活跃的公众参与 …………………………………………（206）

第十一章　行政法规制环境风险治理工具的基本遵循 …………（208）
第一节　行政法规制环境风险治理工具的总体思路 …………（208）
　　一、重塑工具选用的理念 ……………………………………（208）
　　二、拓宽工具选用的主体 ……………………………………（210）
　　三、优化工具选用的方法和标准 ……………………………（212）
　　四、完善工具选用的法律规范 ………………………………（213）
第二节　行政法规制环境风险治理工具的基本原则 …………（214）
　　一、行政合法性原则 …………………………………………（214）
　　二、行政合理性原则 …………………………………………（216）
　　三、行政效率性原则 …………………………………………（217）

第十二章　行政法规制环境风险治理工具的进路 ………………（219）
第一节　规制政府主导型环境风险治理工具的路径 …………（219）
　　一、优化选择与运用主体 ……………………………………（219）
　　二、完善相关立法 ……………………………………………（221）
　　三、改进相关执法 ……………………………………………（223）

四、强化相关监督 ……………………………………………（225）

五、缓解环保督察制度消极后果之可行途径 ……………（227）

第二节　规制市场主导型环境风险治理工具的路径 …………（229）

一、优化种类设计 ………………………………………………（229）

二、厘清作用机理 ………………………………………………（230）

三、明确适用范围 ………………………………………………（231）

四、健全配套机制 ………………………………………………（231）

五、拓展选用主体 ………………………………………………（232）

六、完善立法规范 ………………………………………………（234）

第三节　规制社会型环境风险治理工具的进路 ………………（235）

一、加大环境信息公开力度 …………………………………（235）

二、提高社会公众环境风险意识 ……………………………（235）

三、发展壮大环境公益组织 …………………………………（236）

四、完善公众参与环境风险治理工具相关法制保障 ………（236）

第十三章　三种环境风险治理工具互动与整合的行政法制度 ……（238）

第一节　整合三种环境风险治理工具的基本原则 ……………（238）

一、科学性原则 …………………………………………………（238）

二、互补性原则 …………………………………………………（239）

三、动态性原则 …………………………………………………（239）

第二节　三种环境风险治理工具互动与整合的进路 …………（239）

一、强化治理工具互动的意识和理念 ………………………（240）

二、完善治理工具互动的方法和程序 ………………………（241）

三、设定治理工具互动的职权(权利)与职责(义务) ………（243）

四、引入社会性许可权等新型权利构造 ……………………（244）

五、构建社会性许可制度推进工具整合 ……………………（259）

六、创设竞争性环境执法制度增强工具互动 ………………（279）

第三节　三种环境风险治理工具互动与整合的配套机制 ……（296）

一、祁连山生态环境问题之概况 ……………………………（296）

二、祁连山生态问题是一出"政治公地悲剧" ………………（297）

三、因应祁连山生态"政治公地悲剧"的行政法之道 ………（302）

参考文献 ……………………………………………………………（310）

后记 …………………………………………………………………（336）

导　论

一、研究背景与研究意义

（一）研究背景

"污染有着悠久的历史，制造废弃物是每一人类社会的显著特征。"[1]党和国家历来高度重视环境风险治理问题。2015年9月，中共中央、国务院发布的《生态文明体制改革总体方案》规定，建立健全环境治理体系，提高与环境风险程度、污染物种类等相匹配的突发环境事件应急处置能力。国务院《十三五生态环境保护规划》（国发〔2016〕65号）明确规定"有效防范和降低环境风险"。《环境保护法》第39条规定，国家建立、健全环境与健康监测、调查和风险评估制度。党的十九大报告更是明确指出："建设生态文明是中华民族永续发展的千年大计。"可见，治理环境风险已经成为党和国家重大战略任务。

随着全面依法治国的不断推进，我国环境风险治理实践发生了历史性、转折性、全局性变化，并取得了一系列成就。然而，正如习近平总书记指出的那样："总体上看，我国生态环境质量持续好转，出现了稳中向好趋势，但成效并不稳固。"[2]诸如频繁发生的"血铅超标事件""溢油事故""土壤污染（毒地）事件""雾霾事件"等环境风险事例共同验证了总书记论断的科学性。事实上，面对频繁发生的环境污染与生态资源惨遭破坏事件，无论是环境行政主管部门，还是法律专家学者，甚至是普通社会公众，都需要反思这样一个难题：为何浩如烟海般的用以保护生态环境资源的法律规范难以得到环境行政主管部门的有效执行？既有实践表明，我国环境风险治理活动存在着执法水平不高、执法手段单一以及执法效率低下等诸多问题。[3]环境风险治理活动存在的顽疾严重制约了环境保护法

---

① [英]克莱夫·庞廷：《绿色世界史：环境与伟大文明的衰落》，王毅、张学广译，上海人民出版社2002年版，第370页。

② 习近平：《坚决打好污染防治攻坚战 推动生态文明建设迈上新台阶》，《人民日报》2018年5月20日。

③ 参见李永林：《环境风险的合作规制——行政法视角的分析》，中国政法大学出版社2014年版，第2页。

律的有效实施。为了克服或者消解上述难题，无论是实务部门，还是理论界同样开出了浩如烟海般的药方。诸如综合环境行政执法、联合环境行政执法、区域环境行政执法、国家级自然保护区型环境行政执法、国家公园型环境行政执法、河长制型环境行政执法、中央环保督察型环境行政执法等等。①可以说，各种类型的环境风险治理手段粉墨登场，呈现出百舸争流的局面。

　　然而，考察光怪陆离的环境风险治理手段，或者分析法律理论界的研究成果，不难发现这样一种不得不让人深思的现状或趋势：不断强化环境行政主管部门——不论是中央还是地方环境行政主管部门——的执法职权（责）来提升其执法能力。这样一种制度安排所体现的理念，依然是环境风险治理活动仍旧是国家行政机关特别是县级环境行政主管部门的垄断性任务。而它所凭借的理论则是公共利益规制理论，②即环境行政主管部门能够代表公共利益来执行国家环保法律。可是，类似于祁连山自然保护区长期存在的、反复发作的生态危机③其实证明了国家环境行政主管部门，特别是县级环境行政主管部门有时难以代表公共利益来执行国家环保法律，反而引发政治公地悲剧，即由于绝大多数生态环境资源属于国家所有，④管理生态环境资源的环境行政主管部门（工作人员）既难以对国家（中央政府）负责，也难以对民众负责，却被既得利益者所俘获，做出不适当甚至是不合法的管理决策，致使生态环境资源的国家所有蜕变成环境行政主管部门（工作人员）与既得利益者"私有"，结果造成生态环境资源的严重破坏。⑤

　　治理社会公共事务，本质上是对治理工具的创新与应用，环境风险治理自然也不例外。"现代政府诸多失灵之处，不在目的而在于手段。"⑥治理工具的科学选择与合理运用成为影响环境风险治理活动成败的关键性因素。通过检视我国环

---

① 参见戚建刚：《河长制四题——以行政法教义学为视角》，《中国地质大学学报（社会科学版）》2017年第6期；黄卫成：《分类推进综合执法 全面提升执法效能——江苏省南通市深入推进综合行政执法体制改革的实践与探索》，《行政科学论坛》2016年第4期；陈海嵩：《环保督察制度法治化：定位、困境及其出路》，《法学评论》2017年第3期。

② Morgan B, Yeung K, An Introduction to Law and Regulation. Cambridge：Cambridge University Press，2007：17-20.

③ 参见《中办国办就甘肃祁连山国家级自然保护区生态环境问题发出通报》，《人民日报》2017年7月21日，第1版；《祁连山为何又上了环保头条？》，《人民日报（海外版）》2017年12月25日。

④ 参见《中华人民共和国宪法（2018年修订）》第9条。

⑤ Keating B，Buchanan J M，Tollison R，et al.，Toward a Theory of the Rent-Seeking Society. College Station：Texas A & M University Press，1980:1-20.

⑥ [美]B·盖伊·彼得斯、弗兰斯·K.M.冯尼斯潘：《公共政策工具——对公共管理工具的评价》，顾建光译，中国人民大学出版社2007年版，第6页。

境风险治理实践①不难发现，造成我国环境风险治理成效并不稳固的一个重要原因就在于治理主体未能合法合理地选择、运用环境风险治理工具：环境风险治理工具的选择与运用存在着绩效不佳、成本过高、难以获得普遍认同以及工具之间相互抵牾等问题，而在法治化轨道内科学设计、有效运用各类工具则是治理环境风险的核心环节。针对我国环境风险治理实践中治理工具存在的问题，作为"考量行政权力运行、保障人民基本权利之学"②的行政法学理应对其提出应有的学术关怀，做出相应的智识贡献。具体而言，以行政法视野研究环境风险治理工具的选择与运用，就是要通过揭示解释规范环境风险治理工具的行政法理论、梳理总结环境风险治理工具的行政法实践、设计构建选择和运用环境风险治理工具的行政法制度等核心议题，以优化环境风险治理工具的效能，提升环境风险治理工具选择与运用的合法性与合理性，为实现环境风险治理活动合法、科学、稳定、高效运作提供制度性保障。

（二）研究意义

1. 理论意义

第一，深入剖析行政法规范环境风险治理工具的理由。政府主导型环境风险治理工具是"红灯理论"倡导的行政手段的具体表现，体现了行政权的执行性，其合法性通过"红灯理论"得以解释和证成；市场主导型环境风险治理工具是"绿灯理论"关注行政过程的直接体现，重视"规则"在行政活动中的作用，蕴含着"绿灯理论"所追求的行政效能最大化之目的；社会型环境风险治理工具是"黄灯理论"主张的通过多元方式实现行政目标的现实反映，强调行政权和公民权的互动与平衡，契合了"黄灯理论"兼顾行政效能与行政公正的理念。赋予治理工具行政法理论与规范框架约束，确保行政机关等主体运用治理工具行为的合法性。

第二，从法理之角度分析三种理想类型环境风险治理工具，以及三种环境风险治理工具之间互动与整合的一般原理。分别从规范、经验和价值层面划分了政府主导型、市场主导型和社会型环境风险治理工具的具体类型，并结合环境风险和治理工具自身的特点剖析了不同类型环境风险治理工具的合理性基础，为不同类型环境风险治理工具的选择和运用提供理论来源的正当性基础，从而在环境行政法层面提升对环境风险治理工具的理性认识。

第三，综合运用行政行为形式理论、行政过程理论、行政程序理论、行政法律关系理论来制度化环境风险治理工具。分别探讨行政行为形式理论之于政府主

---

① 参见戚建刚：《环保行政判决的结构分析及其制度意蕴——以2016年度203份环保行政判决文书为分析对象》，《法学杂志》2018年第3期。

② 翁岳生：《行政法》（上册），中国法制出版社2002年版，第10页。

导型环境风险治理工具的寓意，行政法律关系理论之于市场主导型环境风险治理工具的寓意，行政过程理论之于社会型环境风险治理工具的寓意以及行政过程理论之于三种环境风险治理工具互动与整合的寓意，从而成为指引与规范立法机关、行政机关、环境风险制造者等主体行为的依据。

第四，在环境行政法中观层面形成环境风险治理工具的制度体系。借助于对域外环境风险治理工具实践的经验总结，提炼出可供我国环境风险治理实践中选择和运用环境风险治理工具借鉴的先进做法和制度模板。从立法、执法和司法监督层面分析优化我国环境风险治理工具选择与运用的路径方案，并提出完善治理工具运用主体间合作机制、信息交流机制以及惩戒机制等配套性制度设计，以便既为指导微观层面的环境风险领域执法，也为宏观层面的行政法，甚至公法总论的发展提供经验。

2.现实意义

第一，以环境风险问题为导向，重点解决环境风险治理工具与具体环境风险治理任务的不匹配问题，从而有助于提升环境风险治理活动的科学性和有效性。设计科学的环境风险治理工具制度体系指导环境立法者、环境行政实务者和企业与事业单位，甚至是公民如何使用、何时何地使用，能否达成环境风险治理目的或任务，以及各种治理工具所能提供的效率、弹性与可接受性（公平性）、适用范围，妥善解决治理工具与环境风险治理目标，特别是具体领域的环境风险治理目标（大气污染风险、饮用水污染风险、土壤污染风险等）之间匹配性和适应性问题。

第二，重点解决不同类型环境风险治理工具在环境行政法上的约束力、可救济性问题，有助于规范不同类型环境风险治理工具的合法运行，提升环境风险治理工具选择和运用的正当性。针对不同类型环境风险治理工具的运行实践，并结合诸如大气污染防治领域、水污染防治领域、土壤污染防治领域等环境风险较为突出、紧迫的领域，剖析不同领域内不同环境风险治理工具面临的合法性困境，对于环境风险治理实践中存在的行政机关等主体滥用、误用各类环境风险治理工具的情形，提供具有环境行政法上约束力的制度形式。

第三，重点解决不同类型环境风险治理工具缺乏互动问题，有助于确保不同类型环境风险治理工具在具体运用中充分发挥各自优势，实现环境风险治理效果的最佳性。借助于行政法学中的行政程序理论，在梳理总结不同类型环境风险治理工具选择和运用实践经验基础之上，剖析不同类型环境风险治理工具之间缺乏互动的原因，通过环境行政法上良好程序机制设计，解决行政机关、环境风险制造者等主体在使用各类环境风险治理工具时出现各自为战的问题，确保治理工具良性互动，发挥整体效果。

二、既有研究之梳理与评析

（一）国内相关研究之梳理与评析

1.关于"环境风险"之研究

国内学者对环境风险的关注始于20世纪80年代，学者们主要从环境科学、系统论等学科研究环境风险。从法律角度研究环境风险，则始于21世纪初。胡斌撰写的《试论国际环境法中的风险预防原则》一文是较早从法律角度研究环境风险的论文，该文从研究各种国际公约对风险预防原则的阐释入手，具体剖析了风险预防原则的四个要素：风险程度临界标志线的确定，根据不同的风险程度所应采取的适当预防措施，对风险程度和收益的综合性评估，科学不确定性级别的确认，指出风险预防原则本身存在的风险，并提出了相应的解决措施。[①]随着一系列环境污染事件发生，我国法律界从不同层面开始研究环境风险治理，所涉及领域包括环境风险评价、评估、交流与管理，代表性研究成果如下：罗大平指出，环境风险是第三次科学技术革命以来产生的一种新的环境问题，它在危害发生机制、发生原因、危害后果等方面与传统环境问题存在较大区别，因此，以防止传统环境问题为目的的环境影响评价制度不能满足防范环境风险的要求，我国应建立环境风险评价制度，既是环境保护和经济发展的需要，又是我国履行国际条约义务的需要，并在我国环境风险评价的基本原则、评价程序、评价范围、评价主体、评价结论的法律效力方面提出了自己的见解。[②]宋国君等指出了我国面临的主要环境风险，提出了中国环境风险管理制度建设的建议：对环境污染进行分类管理，加强对环境保护领域的研究，加强对环保领域的立法，并着重指出，国家应当对重点风险源进行直接管理。[③]廖华指出，基于环境侵害具有潜伏性和不可逆转性的特点，以损害实际发生为归责前提的过错责任和无过错责任原则在环境侵权中的适用无法体现环境保护预防为主的思想，风险责任的适用必须解决权利主体和义务主体的特定化问题、损害预防和经济发展的矛盾问题以及风险责任本身在侵权行为法中的立法体例问题。[④]戚建刚等指出，国家预防和处理环境突发性公共事件的实效与环境应急机制的法制化及其科学化程度密切相关，松花江水污染事件暴露出我国环境应急机制诸多弊端：其整体缺乏法律依据；其部分组成要素的运作也缺乏科学性，如预警监测不准确，应急信息通报不及时、不充分甚至存在隐瞒情况，应急储备不充足，应急评估失灵以及民间组织参与不足

---

① 参见胡斌：《试论国际环境法中的风险预防原则》，《环境保护》2002年第6期。
② 参见罗大平：《环境风险评价法律制度研究》，武汉大学2005年学位论文。
③ 参见宋国君：《论环境风险及其管理制度建设》，《环境污染与防治》2006年第2期。
④ 参见廖华：《论环境侵权中风险责任的确立》，《中国地质大学学报》2006年第2期。

等，这些弊端应当引起人们高度重视。①

2.关于"治理工具"之研究

我国关于政府治理工具的研究起步较晚，属于新兴研究领域。可将既有相关研究分为以下两类：

第一，有关"政府工具""政策工具""治理工具"理论背景、主题构成和价值意义的研究。代表性研究如下：陈振明论证了政策研究的意义，将政策工具理论研究引入国内公共管理学视野；②随后，他剖析了政府工具研究兴起的原因，对政府工具的特性及分类等基础问题进行了介绍；③顾建光分析了政策目标的完成与政策工具本身之间的关系，认为政策工具的科学选择对目标的实现具有重要作用，并指出了可深入研究的主题；④曾军荣探讨了公共管理社会化给政策工具选择带来的影响，并从政策工具选择的视角来探讨我国公共管理社会化的逻辑与发展趋势；⑤黄红华梳理了政策工具研究的内容和应用范围，并对该理论在我国的发展和应用前景进行了分析和预测；⑥郑家昊区分了治理工具与政府工具的不同，指出了治理工具研究的任务在于揭示多样化的治理工具之间的组合、协同与统一的机制和原理⑦等。

第二，有关"政府工具""政策工具""治理工具"选择与运用的研究。此类研究又可以细分为两类：一种是"政府工具""政策工具""治理工具"选择与运用的总体性研究，代表性研究如下：张璋结合新公共管理理论探讨了政府治理工具的选择与创新；⑧吕志奎基于政策执行研究的新视角，提出了政策工具选择的五种研究途径；⑨朱喜群提出了评价政府治理工具绩效的指标，从强制程度、直接程度、自治程度和量化程度四个维度分析了政府治理工具的选择；⑩陈振明等结合政府工具的理论与实践，对政府工具选择与评价的标准、影响因素、过程等进行了系统的论证和分析；⑪丁煌等分析了政策工具选择的四种视角，认为对政

① 参见戚建刚、杨小敏：《"松花江水污染"事件凸显我国环境应急机制的六大弊端》，《法学》2006年第1期。
② 参见陈振明：《政策科学的起源与政策研究的意义》，《厦门大学学报（哲学社会科学版）》1992年第4期。
③ 参见陈振明：《政府工具研究与政府管理方式改进》，《中国行政管理》2004年第6期。
④ 参见顾建光：《公共政策工具研究的意义、基础与层面》，《公共管理学报》2006年第4期。
⑤ 参见曾军荣：《政策工具选择与我国公共管理社会化》，《理论探讨》2008年第3期。
⑥ 参见黄红华：《政策工具理论的兴起及其在中国的发展》，《社会科学》2010年第4期。
⑦ 参见郑家昊：《作为总体性存在的"治理工具"：实践特性与理论确认》，《探索》2018年第1期。
⑧ 参见张璋：《政府治理工具的选择与创新——新公共管理理论的主张及启示》，《新视野》2001年第5期。
⑨ 参见吕志奎：《公共政策工具的选择》，《太平洋学报》2006年第5期。
⑩ 参见朱喜群：《论政府治理工具的选择》，《行政与法》2006年第3期。
⑪ 参见陈振明等：《政府工具导论》，北京大学出版社2009年版。

策工具的选择需基于理性与网络的考虑；①卓越等探讨了完善政府职能背景下的政府工具选择的标准、特征以及标准的基本要素；②周力敏通过分析影响政策工具选择的变量分析，指出政策工具选择的过程就是通过综合考量各种变量，明确各种变量间的关系，以及变量间的相互影响关系来确定政策工具选择的过程。③另一种是"政府工具""政策工具""治理工具"选择与运用在具体领域内的研究，代表性研究如下：唐贤兴将政策工具理论运用于运动式社会治理的分析之中，提出了影响政策工具有效性的四个因素；④杨洪刚考察了我国环境保护领域内政策工具的实施效果，提出通过综合影响环境政策工具有效实施的工具变量、目标变量和环境变量等因素实现环境政策工具的优化选择；⑤李冬琴探讨了不同类型环境政策工具对环境技术创新和环境绩效的影响；⑥等。

3.关于"环境风险治理工具"之研究

初期环境法学者并没有专门论述环境风险治理工具，而是在研究环境风险管理、评价等问题时附带研究治理工具，但到了2010年以后，环境法学者开始注重对治理工具研究，特别论述了环境风险交流工具。具体而言，又可将其分为以下三类：一是关于环境治理工具类型。李翠英借鉴萨拉蒙的政策工具分类理论，结合中国环境治理工具的实际情况，以直接性为维度，将环境治理工具分为直接性环境治理工具与间接性环境治理工具两大类；⑦聂国卿从环境政策工具主体的视角上将环境政策工具分为命令控制型和经济激励型环境政策工具，认为前者是由政府主导的，主要表现为法律、法规、行政命令等形式的手段，后者则主要依靠市场，通过税费、补贴等形式进行环境治理；⑧吴巧生等指出，应转变我国环境治理的传统理念，市场机制在环境治理中应逐步发挥重要作用，将治理工具与环境技术相勾连，并以治理工具的发展促进环境技术的更新，实现环境容量资源的合理配置；⑨孙远太从政策科学的维度对我国环境保护政策进行了梳理和评价，并从政策内容、制定程序、实施过程等方面提出了完善方案；⑩王迎春等通过经

① 参见丁煌、杨代福：《政策工具选择的视角、研究途径与模型建构》，《行政论坛》2009年第3期。
② 参见卓越、李富贵：《政府工具新探》，《中国行政管理》2018年第1期。
③ 参见周力敏：《影响政策工具选择的变量与考量》，《云南行政学院学报》2019年第6期。
④ 参见唐贤兴：《政策工具的选择与政府的社会动员能力》，《学习与探索》2009年第3期。
⑤ 参见杨洪刚：《中国环境政策工具的实施效果及其选择研究》，复旦大学2009年学位论文。
⑥ 参见李冬琴：《环境政策工具组合、环境技术创新与绩效》，《科学学研究》2018年第2期。
⑦ 参见李翠英：《政策工具研究范式变迁下的中国环境政策工具重构载》，《学术界》2018年第1期。
⑧ 参见聂国卿：《我国转型时期环境治理的经济分析》，中国经济出版社2006年版。
⑨ 参见吴巧生、成金华：《论环境政策工具》，《经济评论》2004年第1期。
⑩ 参见孙远太：《当前我国环境保护政策述评——基于政策科学视角的分析》，《中国发展》2006年第4期。

济学研究方法对环境治理中的经济手段和政府管制手段进行了比较，指出应根据具体情形选择合适的手段；[1]秦颖等分析了我国环境政策工具的变迁和发展趋势，并对不同类型政策工具各自的优势和不足进行了提炼，认为政策工具之间的排列组合使用是化解环境难题的关键。[2]二是研究治理工具功能。刘丹鹤探讨了环境政策工具对技术进步的影响，通过梳理分析国外相关研究，指出应从理念、产权和时间等方面完善我国环境政策工具；[3]侯伟丽认为，目前命令控制工具运用较多，经济刺激手段应用不足，社会和公众参与环境的途径欠缺。[4]三是研究治理工具选择。李敏提出可以从治理工具的有效性、合法性、创新性、局限性等方面对所选择的治理工具进行评价；[5]曾军荣从公共管理的视角对治理工具进行了探讨，认为公共管理的社会化本质上就是治理工具的重构，主张通过重塑政府能力，增强社会能力来对治理工具进行改造，从而实现公共管理社会化；[6]吴晓青等认为任何政策工具存在先天缺陷和使用特性的局限，环境政策工具组合能弥补单个政策工具诸多缺陷和局限，并且工具组合所产生的新特性和新功能能够改善环境政策功能，扩大环境政策适用范围；[7]张秉福着重探讨了社会性管制工具，提炼了社会性管制工具的九种类型，并分别从工具的优化组合、综合使用、动态更新等方面提出了完善社会性管制工具的方案设计。[8]

4.关于"大气污染治理工具"之研究

通过文献梳理不难发现大气污染治理研究是一个交叉学科研究，除了从法学领域研究大气污染，还有环境气象角度探究大气污染监测的技术更新，从生命科学的角度入手研究大气污染对人体产生的危害以及防治措施，从能源角度分析大气污染的治理手段以及从经济发展角度分析大气污染治理对经济可持续发展影响的研究成果。以下主要对与本文相关的法学研究成果进行梳理。具体而言，可将既有研究分为以下三类：一是关于大气污染防治具体制度分析。陈青祥指出，我国既有大气污染防治制度的相关立法和执法环节与防治实践要求相背离，应从树

[1] 参见王迎春、陈祖海：《环境保护各种政策工具的比较研究》，《生态经济（学术版）》2007年第1期。
[2] 参见秦颖、徐光：《环境政策工具的变迁及其发展趋势探讨》，《改革与战略》2007年第12期。
[3] 参见刘丹鹤：《环境政策工具对技术进步的影响机制及其启示》，《自然辩证法研究》2003年第1期。
[4] 参见侯伟丽：《中国经济增长与环境质量》，科学出版社2005年版。
[5] 参见李敏：《当代中国政府治理工具的选择——以环境治理工具的选择为例》，湖北大学2008年学位论文。
[6] 参见曾军荣：《政策工具选择与我国公共管理社会化》，《理论与改革》2008年第2期。
[7] 参见吴晓青、洪尚群、蔡守秋：《环境政策工具组合的原理、方法和技术》，《重庆环境科学》2003年第12期。
[8] 参见张秉福：《论社会性管制政策工具的选用与创新》，《华南农业大学学报》2010年第2期。

立先进理念、建立完善执法机制、协调机制、参与机制、责任机制、审判机制等方面加以完善；①刘鸿雁则分析了大气污染总量控制制度、大气污染排污许可和收费制度、大气使用权（排污权）交易制度、汽车尾气排放控制制度；②二是关于国外大气污染治理经验的介绍与借鉴。关于国外大气污染治理经验的介绍，如徐慧敏等对美国、英国、日本、德国大气污染治理历程进行介绍，总结出国外治理雾霾的经验，主要包括制定严格的雾霾治理法律法规，采取行政政策和经济政策双措施，建立区域合作机制以及开展环保宣传，鼓励全民参与；③三是关于我国大气污染防治制度存在的问题及完善。赵新峰等提出了一体化方略和整体性理念，要求政府间协同治理大气污染；④白洋等认为，我国现有雾霾防治相关制度存在的问题表现为立法理念滞后、政府责任缺失、PM2.5法律规制空白、总量控制有待完善、机动车尾气监管有待加强等，在预防为主、防治结合立法理念指引下，通过落实政府环境责任，按照源头治理和总量控制的治理模式，从"防""治""救济"三个层面，全过程监管，才能实现对雾霾的有效治理；⑤宫长瑞提出了可以建立共同但有区别的责任分担机制以及环境污染责任保险制度和环境公益诉讼制度。⑥

5.关于"土壤污染治理工具"之研究

国内学者将土壤污染视作一种风险，并主张运用风险管控的方法加以应对。从研究对象来看，笼统上研究土壤污染风险控制，具体领域则较集中于污染场地、城市土地置换以及农用地等土壤的污染风险控制；从土壤污染来源来看，研究主要集中于对重金属土壤污染的研究；从关于风险管控方法的运用来看，研究主要集中于土壤污染的事前评估和事后修复阶段，较少讨论污染的事中处置和土壤污染突发事件的处置；从研究视角来看，除了从风险视角出发之外，还包括其他新视角和新方法的运用，如法经济学、统计学、生态毒理试验等。就研究对象而言，笼统上研究土壤污染风险控制，具体领域则较集中于污染场地、城市土地置换以及农用地等土壤污染风险控制。李云祯等主张将风险防控应用于土壤污染的整个生命周期，系统总结了风险管控技术类型及应用模式；⑦马妍等针对我国

① 参见陈青祥：《我国大气污染防治法律制度研究》，山西财经大学2015年学位论文。
② 参见刘鸿雁：《我国大气污染防治法律与制度研究》，华东政法大学2014年学位论文。
③ 参见徐慧敏等：《次发达地区雾霾治理与经济结构调整研究》，经济日报出版社2015年版。
④ 参见赵新峰、袁宗威：《我国区域政府间大气污染协同治理的制度安排与基础》，《阅江学刊》2017年第2期。
⑤ 参见白洋、刘晓源：《"雾霾"成因的深层法律思考及防治对策》，《中国地质大学学报（社会科学版）》2013年第6期。
⑥ 参见宫长瑞：《"雾霾"引发的深层法律思考及防治对策》，《江淮论坛》2015年第1期。
⑦ 参见李云祯、董蓉、刘姝媛等：《基于风险管控思路的土壤污染防治研究与展望》，《生态环境学报》2017年第6期。

污染地块土壤风险防控的不足，提出完善风险防控体系的建议；[1]王世进等认为我国污染场地风险法律管理存在诸多不足，主张吸收借鉴域外国家先进经验，并提出一系列的完善举措；[2]赵沁娜运用风险管理理论对城市土地置换中的土壤污染进行了研究；[3]朱成则对重庆市内化工企业搬迁后原址的土壤污染状况进行了风险评价研究；[4]李佳等介绍了德国制定农用地土壤污染触发值和行动值的先进经验及对我国的启示；[5]就土壤污染来源而言，生态环境部自然生态保护司提及土壤中重金属、农药、主要有机物以及生物性和放射性污染对人体健康的危害；[6]就风险管控方法的运用而言，研究主要集中于土壤污染的事前评估和事后修复阶段，较少讨论污染的事中处置和土壤污染突发事件的处置。关于事前评估阶段，姜菲菲等对北京市农用地中的重金属污染进行了风险等级评价；[7]苏耀明等对多金属矿区土壤中重金属污染进行了风险评估研究；[8]王婷仕对土壤污染风险评估制度的现状进行了探讨；[9]吴贤静提出对土壤环境风险评估制度进行改良的方案设计[10]；等等。

6.关于"水污染治理工具"之研究

目前，我国学者对水污染治理工具的代表性研究如下：胡剑锋等通过对浙江省温州市平阳县水头制革基地加以考察，分析了水污染治理及其政策工具的有效性，认为水污染治理工具的有效性要综合考虑各种背景因素，不仅要优化既有的治理工具，还要加强新工具和新技术的研发，此外，企业自身的环保意识也是不可或缺的重要组成部分；[11]郭庆指出，明确各种环境规制治理工具的相对作用，

① 参见马妍、阮子渊、刘士清等：《污染地块土壤环境风险管控亟待建立健全》，《世界环境》2018年第3期。
② 参见王世进、彭小敏：《污染场地环境风险法律管理研究》，《甘肃政法学院学报》2016年第6期。
③ 参见赵沁娜：《城市土地置换过程中土壤污染风险评价与风险管理研究》，华东师范大学2006年学位论文。
④ 参见朱成：《重庆市典型搬迁企业土壤污染现状及健康风险评价》，西南大学2008年学位论文。
⑤ 参见李佳、林斯杰、汪安宁等：《德国农用地土壤污染触发值和行动值制定经验及启示》，《环境保护》2017年第23期。
⑥ 参见环境保护部自然生态保护司：《土壤污染与人体健康》，中国环境出版社2013年版。
⑦ 参见姜菲菲、孙丹峰、李红等：《北京市农业土壤重金属污染环境风险等级评价》，《农业工程学报》2011年第8期。
⑧ 参见苏耀明、陈志良、雷国建等：《多金属矿区土壤重金属垂向污染特征及风险评估》，《生态环境学报》2016年第1期。
⑨ 参见王婷仕：《土壤污染风险评估研究现状探讨》，《现代商贸工业》2016年第14期。
⑩ 参见吴贤静：《土壤环境风险评估的法理重述与制度改良》，《法学评论》2017年第4期。
⑪ 参见胡剑锋、朱剑秋：《水污染治理及其政策工具的有效性——以温州市平阳县水头制革基地为例》，《管理世界》2008年第5期。

是进一步完善环境规制政策、提高环境规制效率的重要前提条件，我国环境规制中监督作用明显大于市场主导作用，命令与控制政策的作用大于市场主导政策和社会参与政策的作用，因此，进一步加强监督和制定更为严格的命令与控制政策是提高环境规制效率的重要手段，消除制约市场主导政策和社会参与政策发挥作用的阻碍因素是构建环境规制长效机制的关键；[1]张婷等分析了在制度框架约束下，针对不同污染原因进行的治理工具初始选择，作为治理工具效果表现和影响力呈现的政策应激问题，以及治理工具效果反馈之后综合运用多种治理工具的情况，福建九龙江流域水污染风险治理实践表明，治理工具选择是一个动态的过程，具有刺激-应激-反馈的行为表征，僵化干预与单一政策不能有效解决公共问题，需要基于公共问题所处的社会、政治、经济等环境特点进行多种治理工具的组合治理[2]等。

　　结合上文关于国内相关研究的梳理，不难发现，当前环境法学界和行政法学界有越来越多的学者认识到风险治理工具的重要性。从动态层面来分析，其具备以下特点：一是从主要关注环境风险规制工具的理论问题，到开始关注环境风险规制工具的实证问题；二是从注重政策层面的环境风险规制工具研究转向法律层面的环境风险规制工具研究；三是开始有学者对具体环境风险领域内的治理工具进行关注，但很少从法律的角度特别是从行政法的角度进行研究。总而言之，目前学界对环境风险治理以及环境风险治理工具的研究尚未体系化，并且大部分都集中于管理学视角，法学视角尤其是行政法学视角的研究更是凤毛麟角。如果说管理学对治理工具研究的重点在于将政策意图转化为管理行为以及设计科学的治理工具体系，用以指导各类主体选择何种治理工具，那么法学特别是行政法学的研究重点则主要集中在治理工具的法制化研究之上，即如何在法律框架内对管理行为进行行政法规制，如何通过行政法上的基本原理与概念装置，将形态各异的环境风险治理工具体系化、制度化，为环境风险治理工具的制定者、运用者、监督者选择治理工具以及运用治理工具提供合法性保障，这些内容在学界都没有涉及，是本文进一步研究的方向。

（二）国外相关研究之梳理与评析

1.关于"治理工具"之研究

　　自20世纪以来，"治理工具"日益引起国外学者的关注，有关"治理工具"的研究逐渐成为西方治理科学研究的一个焦点，并逐渐发展为一个全新的分支学

---

[1] 参见郭庆：《环境规制政策工具相对作用评价——以水污染治理为例》，《经济与管理评论》2014年第5期。

[2] 参见张婷、王友云：《水污染治理政策工具的优化选择》，《开放导报》2017年第3期。

科，其呈现出以下特点：①

第一，在20世纪90年代以前，国外学者更多的是从政治途径来研究政策工具的选择。代表性成果如安德森的《公共决策》，胡德的《政府的工具》（The Tools of Government），史蒂文·科恩的《创新者工具：管理公共部门组织的创造性战略》（Tools for Innovators: Creative Strategies for Managing Public Sector Organizations），罗纳德·J. 威尔德的《政策工具的动态学》（The Dynamics of Policy Instruments），巴格休斯的《政策工具的适当性与适应性之间的平衡》（The Trade-off Between Appropriateness and Fit of Policy Instruments）等。

第二，在20世纪90年代，随着公共选择理论的发展和成熟，政策工具研究视野开始转向经济学领域，通过经济学原理、方法、分析范式对政策工具加以研究受到欢迎。代表性成果如卡安的《政策工具选择的公共选择途径》（A Public Choice Approach to the Selection of Policy Instruments），简·莱恩的《新公共管理》（New Public Management）等。

第三，20世纪90年代以后，政策工具的研究逐渐打破了单一学科研究视野，管理学、经济学和政治学等学科维度下的综合性研究日益增多，由此带来的结果是政策工具选择与应用的多元化主张占据主流位置。代表性成果如萨拉蒙的《政府工具——新治理指南》(The Tools of Government: An Introduction to the New Governance)，从新治理范式与传统公共行政范式的比较角度分析了政府治理工具的选择；H.A. 布耶塞尔的《政策网络中的政策工具选择》(The Choice of Policy Instruments in Policy Networks)，分析了政策网络在政策工具选择和政策执行过程起关键作用；E.F. 特恩的《政策工具的背景途径》(A Contextual Approach to Policy Instruments)，建构了以政策网络为中心的分析影响工具选择和应用的环境背景的概念框架等。

2.关于"环境风险治理工具"之研究

第一，从不太关注环境风险治理工具到注重对环境风险治理工具的研究。国外学者对环境风险及其治理工具的研究起源于20世纪初期，特别是闻名世界的八大公害事件的发生，比如1930年的比利时马斯河谷烟雾事件，极大促进了对该问题的研究。代表性成果有：[日]交告尚史等《日本环境发概论》（2014）专门论述了环境保全的手段；[美]凯斯·R. 孙斯坦《风险与理性——安全、法律及环境》（2005）论述了美国环境法上规制工具转型；Eric W. Orts 以美国和欧盟环境法为背景，分析了环境法中的命令与控制型规制、市场型规制与反身型规制的特点、主要优缺点等。

第二，注重从多学科角度研究环境风险治理工具。国外学者已经从环境法经

---

① 参见吕志奎：《公共政策公具的选择》，《太平洋学报》2006年第5期。

济学、环境法社会学、环境法规制学等不同方向形成了环境风险及其治理工具一大批成果，涉及治理工具类型、理论基础、优缺点等，对于本课题研究具有重要借鉴意义。代表性成果有：Clifford Rechtschaffen（1998）论述了环境法中的威慑型规制模式、合作型规制模式的理论基础、主要功能以及改革方向；Jody Freeman 等（2005）总结了环境规制各种类型；[美] 詹姆斯·萨尔兹曼等（2016）论述了环境治理的五种工具；[瑞典] 托马斯·思德纳（2005）对环境政策工具作了综述等。其他代表性成果有：Mats Segnestam, Instruments for Environmental Policy, Printed by: Elanders Novum AB, 2003；Daniel H. Cole, Peter Z. Grossman, When Is Command-and-Control Efficient? Institutions, Technology, and the Comparative Efficiency of Alternative Regulatory Regimes for Environmental Protection, 1999 Wis. L. Rev. 887. Gunther Teubner, Substantive and Reflexive Elements in Modern Law, 17 Law & Soc Rev. 239, 257 (1983)。

结合上文关于域外相关研究的梳理，不难发现，国外学者对于治理工具的研究多集中于政策科学、经济学、政治学领域，较少从法学领域出发，特别是行政法领域出发建构环境风险治理工具。研究方法既有理论层面的分析与探讨，也有实证层面的归纳与研究。当前国外学者对环境风险治理工具依然给予持续关注，出现了从笼统论述环境风险治理工具转向论述环境风险具体领域内的治理工具，从单纯从理论角度研究环境风险治理工具转向理论与实证相结合研究环境风险治理工具，从关注传统命令与服从式治理工具到更加注重环境风险治理工具适应性与弹性。

三、主要内容与基本思路

（一）主要内容

（1）核心概念之界定。界定核心概念，诸如环境风险、治理工具、基于生态的治理、行政过程、行政法律关系、行政行为形式、第三代行政程序、互动与整合，政府主导型环境风险治理工具（比如环境行政强制、环境行政命令、环境行政补贴等）、社会型环境风险治理工具（诸如公共环境报告、内部环境审计、环境管理体系等）、市场主导型环境风险治理工具（诸如以皮古等经济学家提出的环境税、环境费、能源税等；以科斯为代表的经济学家提出的环境与自然资源利用的所有权制度、可交易污染权或者税、生态标签、强制性环境警告等）等。

（2）行政法规范环境风险治理工具之理据。从传统来分析，环境风险治理工具通常由环境政策学、环境管理学等学科来研究，本课题要研究行政法规范环境风险治理工具的理由问题。根本理据是：借助于行政法理论与制度约束框架为环境风险治理工具的制定者（立法机关、行政机关等主体）、运用者（国家行政机关、企业等主体）以及监督者的行为提供合法性保障，确保治理工具与环境风险任务相匹配，诸如制约行政机关运用治理工具的裁量权；促使行政机关运用治理工具符合行政法一般原则；确保治理工具的制定符合法律保留原则；对于行政机关滥用、误用环境风险治理工具行为予以监督等。对此，将运用行政法上的"红灯理论""绿灯理论"和"黄灯理论"来解释三种类型环境风险治理工具。

（3）三种类型环境风险治理工具的法理问题。综合运用行政法上的行政行为形式理论、行政法律关系理论（特别是多边行政法律关系理论）以及行政过程理论，借助于权利与义务这一核心机制，并结合其他学科关于环境风险治理工具的知识，从行政法理层面分析三种环境风险治理工具的法律特征、分类、合理性基础、优势与劣势，以及行政机关等环境风险监管者、企业等环境风险制造者等主体法律地位等问题。

（4）三种环境风险治理工具互动与整合之法理。综合运用现代行政程序法，特别是第三代行政程序原理、多边行政法律关系理论，结合经济学原理、基于生态的或者整体的环境风险要素治理理论，从环境行政法理层面分析三种环境风险治理工具互动的程序、结构与机制，剖析环境风险监管者、环境风险制造者、社会公众等主体在互动中的法律地位、互动的法律形式，以及整合的具体指向等问题。

（5）我国环境风险治理工具存在的主要挑战。主要从实证与理论角度分析我国环境风险治理工具所面临的主要挑战。其中，实证角度将选择当前环境风险最突出的领域，比如大气污染风险、饮用水污染风险等。具体体现为：环境风险治理工具绩效差，难以有效完成风险治理任务；环境风险治理工具成本过高，难以经得起成本与收益分析；政府所选择的环境风险治理工具难以获得社会公众和企业认同，面临被抵制、被规避等现象；环境风险治理工具之间缺乏良性互动，相互抵牾等。理论角度则将运用比较法、科际整合等方法，考察当前环境风险治理工具开发不足现象，难以适应复杂的环境风险治理任务；分析环境风险治理工具规范性不足等问题。

（6）三种类型环境风险治理工具之行政法规制。针对三种类型环境风险治理工具面临的诸多问题，结合大气污染风险、饮用水污染风险，以及其他环境领域重大风险，提出从行政法角度加以完善的可操作性方案或者途径。具体包括立法、执法与监督（救济）三个层面。

（7）环境风险治理工具之互动与整合的法律机制之完善。以环境风险治理工具运用主体为切入点，以行政法律关系理论和行政程序原理为主要依据，结合具体领域的环境风险治理,借用经济学等学科的相关原理，从行政法角度完善环境风险治理工具的互动与整合机制，比如构建社会性许可制度、创设竞争性执法制度等。

14

（二）基本思路

本研究在总体上遵循"理论建构——实证分析——制度（对策）完善"之思路，分为三大部分，共13个章节。第一部分为"环境风险治理工具行政法进路研究的一般理论"，分为5章，第一章为"行政法规范环境风险治理工具之理据"，分别探讨并阐释行政法"红灯理论""绿灯理论"和"黄灯理论"之于政府主导型、市场主导型和社会型环境风险治理工具的意蕴；第二章为"政府主导型环境风险治理工具之法理"，重点分析政府主导型环境风险治理工具的理论类型、合理性基础和行政行为形式理论之于政府主导型环境风险治理工具的寓意；第三章为"市场主导型环境风险治理工具之法理"，着重分析市场主导型环境风险治理工具的理论类型、合理性基础和行政法律关系理论之于市场主导型环境风险治理工具的寓意；第四章为"社会型环境风险治理工具之法理"，重点分析社会型环境风险治理工具的理论类型、合理性基础和行政过程理论之于社会型环境风险治理工具的寓意；第五章为"三种环境风险治理工具互动与整合之法理"，着重分析三种环境风险治理工具互动与整合的合理性基础以及行政程序理论之于三种环境风险治理工具互动与整合的寓意。第二部分为"我国环境风险治理工具存在的主要挑战"，分为4章，第六章为"政府主导型环境风险治理工具面临的挑战"，以大气污染防治领域为例剖析政府主导型环境风险治理工具面临的困境及其原因；第七章为"市场主导型环境风险治理工具面临的挑战，以水污染风险防治领域为分析对象剖析市场主导型环境风险治理工具面临的困境及其原因；第八章为"社会型环境风险治理工具面临的挑战"，剖析社会型环境风险治理工具面临的困境及其原因。第九章为"三种环境风险治理工具之间缺乏互动与整合"，剖析三种环境风险治理工具之间缺乏互动与整合的现状、困境及其原因。第三部分为"环境风险工具之行政法规制"，分为4章，第十章为"环境风险治理工具选择与运用的域外经验"，分别梳理总结了美国、英国、日本等国关于环境风险治理工具选择与运用的相关实践，并总结出可供我国环境风险治理工具选择与运用借鉴的经验启示；第十一章为"行政法规制环境风险治理工具的基本遵循"，分别阐述了行政法规制环境风险治理工具选择与运用的总体思路和基本原则；第十二章为"行政法规制三种类型环境风险治理工具的具体进路"，分别探讨了行政法规制政府主导型环境风险治理工具、市场主导型环境风险治理工具和社会型环境风险治理工具的具体方案设计；第十三章为"三种环境风险治理工具之互动与整合机制的行政法完善"，在提出整合三种环境风险治理工具应当遵循的基本原则的基础上，剖析了行政法优化三种环境风险治理工具之互动与整合的具体进路，并以祁连山生态环境问题为例对环境风险治理工具互动与整合的相关配套机制加以探讨。

四、创新点与研究方法

（一）创新之处

1. 观点之创新

（1）提出借助于行政法上的基本原理与概念装置，诸如行政行为形式理论、行政法律关系理论、行政过程理论、行政程序理论等将原本属于环境经济学、管理学，甚至是社会学上的形态各异的环境风险治理工具体系化与制度化，以及解决环境风险治理工具"形式合法性"问题的观点。

（2）提出环境风险治理工具与环境风险任务（问题）相适应，避免干预过度或者干预不足问题，以实现环境风险治理效果"最佳性"或者"最优性"的观点。

（3）提出环境风险治理工具的互动与整合在本质上属于程序问题，是不同环境风险治理主体行为的互动与整合问题，因而可以通过设计良好的程序制度来实现的观点。

（4）提出行政行为形式理论要求行政法规范政府主导型环境风险治理工具应当注重对治理工具的类型化，为政府主导型环境风险治理工具与特定的法律效果相衔接提供方法论支持的观点。

（5）提出行政法律关系理论为环境风险治理实践中市场主导型环境风险治理工具的选择和运用提供规范性、动态化的分析视角，有助于行政法治视角下市场主导型环境风险治理工具的解释和证成；关键在于合理配置市场主导型环境风险治理工具的运用主体之间的权利（权力）与义务（责任）关系的观点。

（6）提出行政过程论要求更加重视社会型治理工具在整个环境风险治理工具体系的地位和作用；要求治理主体能够以动态性、全局性的视野选择和运用社会型环境风险治理工具；要求合理配置不同阶段中各方主体间的权利（权力）与义务（责任），并将所有类型的环境风险治理工具均纳入合法性考量之范围的观点。

（7）提出风险行政程序法是以结构化方式规范风险治理主体行为的行政法规范,其功能是克服风险治理主体的"知识贫乏"和"价值冲突"问题。它将保障个人权利、维护公益、确保行政科学性和民主性作为价值取向，并呈现为一种网络状态；所对应的行政模式是"新治理行政"，并将治理风险的公共政策作为调整对象。它是实现风险行政过程合法性的一种技术，基本结构由风险议题之形成、风险评估、风险管理和风险交流所构成，主要制度包括协商制度、陈述理由制度、暂时性制度、信息制度和遴选风险治理参与者制度的观点。

（8）提出行政程序理论的代际演变历程印证并推动了三种不同类型的环境风险治理工具的产生与发展；"第三代"行政程序理论要求三种环境风险治理工

的互动与整合应当以建立起多中心的协作治理理念为前提；应当动态性地关注不同治理工具选择与运用的整个过程，注重治理工具体系的开放性的观点。

（9）提出行政法需要引入社会性许可权并创设相应的制度安排，以推动环境风险合作治理，实现环境风险治理工具的互动与整合；社会性许可权属于以公权利为主的权利，是新兴权利，是合作治理社会问题的新形式；行政法上的社会性许可权可以分为行动型社会性许可权和接受型社会性许可权，前者主要包括知情权、评论权、申请权、动议权以及表决权，后者主要包括获得通知和参加会议权，获得不利决定的理由权，不受妨碍权以及受到平等对待的权利的观点。

（10）提出创设一种环境风险治理的新方式——竞争性环境执法，即将"竞争"引入环境风险治理活动之中，旨在通过不同风险治理主体之间开展执法比赛来增强环境治理过程的合法性、结果的合理性和科学性的观点。

（11）提出环保督察制度是由我国环境风险治理所面临的特殊矛盾所决定的，用以矫正现行常规型环保风险治理机制的失败所必不可少的手段，它是一种中国特色的政府主导型环境风险治理工具的观点。

（12）提出需要在法治轨道内不断增强环境风险治理领域的基础性国家权力，从而尽可能降低中央政府动用专断权力来发动运动型治理的概率的观点。

（13）提出行政法上的"红灯理论""绿灯理论"和"黄灯理论"分别构成了政府主导型环境风险治理工具、市场主导型环境风险治理工具和社会型环境风险治理工具的理论依据的观点。

（14）提出三种环境风险治理工具互动与整合的合理性基础在于风险社会理论、流程再造理论、整体性治理理论以及突发事件分类、分级和分期理论的观点。

（15）提出行政法规制环境风险治理工具的总体思路为重塑工具选用的理念、拓宽工具选用的主体、优化工具选用的方法和标准、完善工具选用的法律规范的观点。

（16）提出将行政合法性原则、行政合理性原则、行政效率性原则等作为行政法规制环境风险治理工具的基本原则的观点。

（17）提出将科学性原则、互补性原则和动态性选择原则等作为政府主导型、市场主导型和社会型环境风险治理工具之间互动与整合的基本原则的观点。

（18）提出三种不同类型环境风险治理工具的互动与整合不仅需要以程序为核心构建环境风险合作交流等支撑性制度，还要关注诸如惩戒机制、信息机制等配套性机制的建构问题的观点。

（19）提出相较于环境治理工具，环境风险治理工具强调环境风险的特征，反映风险治理的内在要求的观点。

（20）提出环境风险治理工具强调治理工具的风险属性，它所具备的功能并非一般意义上的治理工具（或政策工具）所能取代的，它既是目标导向的治理工具，又是过程本位的治理工具，它既强调治理结果的有效性，也强调治理手段的科学性，还强调治理过程的合法性的观点。

2.研究方法之创新

提出运用以环境行政法为基础的科际整合方法，充分吸收管理学、经济学、社会学等学科关于环境风险治理工具的知识，加以抽象与融合，形成环境风险治理工具制度体系，以解决实质合法性问题的观点。

3.学术思想之创新

（1）提出基于生态或者整全的环境要素治理理论作为环境风险治理工具互动与整合的理论依据。

（2）如何化解环境风险治理问题在效率与公平之间的矛盾是行政法设计环境风险治理工具的出发点。

（3）指出中国环境法要服务于中国环境治理实践，应秉承从规范研究、实证研究和价值研究三个维度出发研究中国环境法发展问题的学术立场。

4.研究资料之创新

（1）通过实地调研、访谈等形式获取我国环境风险治理工具面临挑战的一手资料。

（2）通过充分运用经济学、管理学、行政法等学科资料来研究环境风险治理工具的基本原理。

（二）研究方法

（1）理想类型研究方法。以德国学者马克斯·韦伯所创立，并为社会科学所广泛运用的理想类型方法来观察环境风险治理工具。以政府在环境风险治理工具中的地位以及与环境风险制造者和社会公众的关系为标准，提炼出政府主导型、市场主导型和社会型等环境风险治理工具的三种理想类型。

（2）以（环境）行政法为基础的科际整合方法（跨学科研究方法）。以环境风险治理存在的问题为焦点，吸取其他学科关于环境风险治理工具的知识，以行政法上的权利与义务机制作为转换工具，充分运用行政法上的概念与原理，形成环境风险治理工具制度体系，在获得环境风险治理工具合法性的同时，也实现最佳性或者最优性。

（3）实证（案例）研究方法。通过实地调研、访谈、收集环境风险治理方面的案例与事例等方法，发现我国特定领域环境风险治理工具存在的主要问题，面临的重要挑战。

（4）比较研究方法。通过考察两大法系代表性国家，比如美国、英国、日本等环境法上风险治理工具选择和运用等方面的经验和教训，作为完善我国环境风险治理工具制度设计的借鉴。

第一部分

环境风险治理工具行政法进路研究之理论

本部分主要探讨行政法视野下环境风险治理工具的一般理论，通过将不同行政法基本理论中的法治理念、原则、标准、程序等嵌入环境风险治理工具的选择和运用，揭示其对不同类型环境风险治理工具的独特意蕴，为环境风险治理工具的运行实践提供一定的方法论指引，同时也为环境风险治理工具的法治建构提供相应的理论储备。概括而言，第一章为行政法规范环境风险治理工具之理据，分别探讨并阐释行政法"红灯理论""绿灯理论"和"黄灯理论"之于政府主导型、市场主导型和社会型环境风险治理工具的意蕴；第二章为政府主导型环境风险治理工具之法理，重点分析政府主导型环境风险治理工具的理论类型、合理性基础和行政行为形式理论之于政府主导型环境风险治理工具的意蕴；第三章为市场主导型环境风险治理工具之法理，着重分析市场主导型环境风险治理工具的理论类型、合理性基础和行政法律关系理论之于市场主导型环境风险治理工具的意蕴；第四章为社会型环境风险治理工具之法理，重点分析社会型环境风险治理工具的理论类型、合理性基础和行政过程理论之于社会型环境风险治理工具的意蕴；第五章为三种环境风险治理工具互动与整合之法理，着重分析三种环境风险治理工具互动与整合的合理性基础以及行政程序理论之于三种环境风险治理工具互动与整合的意蕴。

第一章　行政法规范环境风险治理工具之理据

本章将聚焦于行政法规范环境风险治理工具的理论这一基础性议题，抽象出政府主导型、市场主导型和社会型等三种不同类型的环境风险治理工具，并分别结合行政法"红灯理论""绿灯理论"以及"黄灯理论"加以剖析，以期勾勒出一幅用以规范环境风险治理工具的行政法基本理论蓝图。[①]

第一节　"红灯理论"与政府主导型环境风险治理工具

一、行政法"红灯理论"之学理阐释

国外学者在探讨行政法所具有的功能时，时常使用"红灯理论"和"绿灯理论"对其加以分析。所谓行政法上的"红灯理论"，是指将行政法的目标锁定在控制或约束国家，行政法就是控制权力、保障个人自由的工具，而且对行政的法律控制主要是通过法院的司法审查来完成。[②]正如著名行政法学者韦德教授所言："行政法的最初目的就是保证政府权力在法律的范围内行使，防止政府胡作非为，以保护公民。"[③]

由行政法"红灯理论"的概念不难看出，"红灯理论"主张行政权行使的有限性，强调行政权不过是立法权力的延伸，行政权行使的目的在于执行立法机关的立法旨意，行政法通过司法审查的途径实现对行政权的控制，进而保障公民权利。对此，有学者对"红灯理论"的基本特征作出了精彩的概括："一是行政法的宗旨和作用在于最大限度地保障个人自由权利，制止国家行政机关干预或限制个人自由和权利；二是行政法最重要的内容就是独立的司法权对行政行为予以司法审查，从而达到其限制和控制行政权的目的；三是行政权的范围必须受到严格限制，其管理只限于国防、外交、财政、治安等少数领域，最大可能地排斥自由裁量权；四是行政法治原则包括对一切行政活动的总括性要求——无法律则无行

---

① 兰皓翔：《环境风险治理工具的行政法理论阐释》，《理论月刊》2020年第4期。
② Carol Harlow, Richard Rawlings, Law and Administration, London. Butterworths, 1997:37-67. 转引自余凌云：《行政法讲义（第二版）》，清华大学出版社2014年版，第40页。
③ [英]韦德：《行政法》，徐炳译，中国大百科全书出版社1997年版，第5页。

政，这个要求非常严格，任何没有法律明确授权的行政行为都不具有公民必须服从的正统性而归于无效。"①由此可知，"红灯理论"支配下的行政法关注的重心是行政权的合法性问题，行政权不过是民意的"传送带"，行政机关的职责是在特定案件中执行立法指令，立法机关通过制定规则、标准授权行政机关权力，以指引行政权力的行使，并且司法机关必须对行政机关的行为进行审查，②其所对应的行政理念是"消极行政"。

二、政府主导型环境风险治理工具之释义

（一）治理工具的概念

"治理工具"这一概念源于公共管理学科，在这一学科下，政府需要面对一些基本的问题：一是政府应该做什么的问题，即政府的职能问题；二是政府如何做好这些事情的问题，即政府的管理方式问题。早期的西方学者都比较热衷于关注政府的职能问题，似乎认为"如何做好"是政府能自动完成的事情。然而，随着社会发展，行政管理事务日益复杂，人们逐渐认识到即使再完美的政府职能、政策意图也需要合适的方式将之转化，因此政府管理方式的相关理论开始得到了关注和发展。西方学者对这一问题的研究主要形成了三种不同的研究途径，即政治学的途径、（古典）公共学的途径和政策科学的途径。③然而这三种研究途径在政府管理方式的问题上难免隔靴搔痒，流于理论的空泛，因此存在着一定局限性。同时，两次世界大战后各国政府开始重建国民生计，然而由于政策执行的复杂性以及传统管理方式的僵化、政府工作的低效率使得人们开始对治理工具进行反思，这就使治理工具的研究在20世纪70年代后迅速发展。

从词义分析角度来看，"治理工具"是由"治理"与"工具"这两个核心词组构成。为科学界定"治理工具"，有必要首先分别界定"治理"与"工具"。关于"治理"的概念，《辞海》将其定义为：（1）统治、管理；（2）理政的成绩；（3）理政的道理；（4）指公共或私人领域内个人和机构管理其共同事务的诸多方式的总和。④此外，理论界对"治理"的定义也作出了诸多精辟的论断，如罗德斯认为，治理意味着"统治的含义有了变化，意味着一种新的统治过程，意味着有序统治的条件已经不同于以前，或是以新的方法来统治社会"；⑤凯迪认为：

---

① 沈岿、王锡锌、李娟：《传统行政法控权理念及其现代意义》，《中外法学》1999年第1期。

② 参见[美]理查德·B.斯图尔特：《美国行政法的重构》，沈岿译，商务印书馆2011年版，第10-11页。

③ 参见张璋：《理性与制度——政府治理工具的选择》，国家行政学院出版社2006年版，第3页。

④ 辞海编辑委员会：《辞海》，上海辞书出版社2010年版，第2458页。

⑤ 俞可平：《治理与善治》，社会科学文献出版社2000年版，第2页。

"治理就是政府与社会力量通过面对面的合作方式组成的网状管理系统"①等等。由此可知，治理实质上包括四个必不可少的要素：治理主体、治理目标、治理过程和治理手段。

关于"工具"的概念，《辞海》将其定义为：（1）泛指从事劳动、生产所使用的器具；（2）比喻被用来达到某种目的的人或事。②在政策科学领域，部分学者也尝试对工具进行定义。霍格威尔夫将其定义为："工具是行动者采用或者在潜在意义上可能采用来实现一个或者更多目标的任何东西。"③林格林则将工具看作为一种活动，"它是政策活动的一种集合，它表明了一些类似的特征，关注的是对社会过程的影响和治理。"④在公共管理学领域，陈振明认为政策工具是实现政策目标或结果的手段；⑤叶俊荣认为政策工具是政府将政策目标转为具体政策行动的机制，借由提供最适的工具或手段，有效执行以达成预期目标。换句话说，政策工具是政策从规划转变为执行过程中对于技术的选择。⑥莱斯特·M.萨拉蒙认为，公共行动的工具或手段可以被定义为一种可辨识的方法。集体行动可通过它被调动起来用来解决公共问题。⑦在经济学领域，经济学家罗伯特·N.史蒂文斯认为，市场的政策工具是指管制条例鼓励通过市场信号来作出行为决策，而不是制定明确的污染控制水平或方法来规范人们的行动。⑧

从研究旨趣来说，笔者选择使用"治理工具"这一概念而非"政策（政府）工具"更加切合本书主旨，突出法学学科特色。这一做法有如下几点考虑：第一，不同学科针对同一现象进行研究，首先应从本学科出发界定该现象的内涵和外延，抽象出一般的专门概念即研究对象。而政策（政府）工具这一术语广泛存在于公共管理学、政策科学、经济学、政治学等学科领域，不宜在法学领域沿用

---

① D. Kettle, Sharing Power : Public Government and Private Markets. Washington: Brookings Institution, 1993:22.

② 辞海编辑委员会：《辞海》，上海辞书出版社2010年版，第590页。

③ [美] H. A. 德·布鲁金、H.A.M.霍芬：《研究政策工具的传统方法》，载[美]B. 盖伊·彼得斯、弗兰斯·K. M. 冯尼斯潘：《公共政策工具——对公共管理工具的评价》，顾建光译，中国人民大学出版社2007年版，第13-14页。

④ [美] H. A. 德·布鲁金、H.A.M.霍芬：《研究政策工具的传统方法》，载[美]B. 盖伊·彼得斯、弗兰斯·K. M. 冯尼斯潘：《公共政策工具——对公共管理工具的评价》，顾建光译，中国人民大学出版社2007年版，第14页。

⑤ 参见陈振明：《公共政策分析》，中国人民大学出版社2002年版，第49页。

⑥ 参见叶俊荣：《提升政策执行力的挑战与展望》，《研考》2005年第2期。

⑦ 参见[美]莱斯特·M. 萨拉蒙：《政府工具——新治理指南》，肖娜等译，北京大学出版社2016年版，第15页。

⑧ 参见[美]罗伯特·N. 史蒂文斯：《基于市场的环境政策》，载[美]保罗·R.伯特尼、罗伯特·N.史蒂文斯：《环境保护的公共政策》，穆贤清、方志伟译，上海人民出版社2004年版，第41-42页。

此概念。第二，"治理工具"是一种全新的工具形态，是政府工具与非政府工具的总体化存在。[1]治理工具其实是相对于传统的"命令—控制"模式而言的，在该模式下，政府作为权力的垄断者，其他主体诸如企业及个人均不享有其权力（利），政府通过制定标准、行政命令等方式作为管理的手段和途径。同时，这种理解也类似于《辞海》中关于治理的第四种意义。第三，更能体现时代特色，符合党的十八届三中全会公报提出推进国家治理体系和治理能力现代化的要求。关于治理工具，笔者以为工具从实际生活中理解即是具体的器物，如斧头、锤子等用来辅助完成某种活动的器物，在本书中应采用其抽象的含义，实现某种目标的方式、手段等任何东西，辅助目标的实现。工具离开目标而单独存在毫无意义。进一步推论可知，治理蕴含着工具所欲达成的目标，因此，"治理工具"就是指某一或多个治理主体为实现治理目标而采用的一系列方法、途径或手段的总和。

（二）环境风险治理工具的概念

风险是现代社会常见的重要概念，其涵盖的范围极其广泛，不论是在数学、物理、化学等理论领域，抑或是在经济、管理、保险和工程等应用领域中均会涉及到对风险的探讨。于是，风险的意义随着各个领域或主题的不同而有所差异，对风险定义目前并无一致的理解，这也使得对风险的研究充满着矛盾和争议。

1.风险概念历史考察[2]

"风险"（risk）一词源于意大利语Risco和法语risque，产生于早期的航海和保险业中，Risco的意思是撕破（rips），源于暗礁（reef）或礁石（rock），由此指在深海中运行的货船所具有的危险性。[3]英国学者吉登斯曾指出：风险概念"看来最初是在两个背景下出现的：它起源于探险家们前往前所未知的地区的时候，还起源于早期重商主义资本家们的活动。"[4]据考证，现代意义上的"风险"概念虽然出自西方，但在中国的古汉语中，也有许多从不同方面形容风险的词汇，如"劫数""险象"之类的词语用来形容风险具有偶然性和不确定性，还有用"灾""难""祸"之类的词语强调风险具有"损失性"，也有强调风险的机遇含义的"否极泰来""险象环生"之类的词语。《现代汉语词典》中风险意为"可能发生

---

① 参见郑家昊：《作为总体性存在的"治理工具"——实践特性与理论确认》，《探索》2018年第1期。

② 参见戚建刚、易君：《灾难性风险行政法规制的基本原理》，法律出版社2015年版，第66-68页。

③ 参见周战超：《当代西方风险社会理论研究引论》，载薛晓源、周战超主编：《全球化与风险社会》，社会科学文献出版社2005年版，第7页。

④ [英]安东尼·吉登斯：《现代性：吉登斯访谈录》，尹宏毅译，新华出版社2000年版，第75页。

的危险"。①《辞海》则做出了比较全面的界定：风险是"人们在生产建设和日常生活中遭遇能导致人身伤害、财产损失及其他经济损失的自然灾害、意外事故和其他不测事件的可能性"。②总之，风险的基本含义应包含"可能发生的危险""不利或毁灭的可能性"。风险在航海领域出现后，就被转移到经济领域（如保险业、金融业与投资），后来随着工业革命带来的社会技术和科技的发展，这一概念逐渐用来指代技术和社会发展带来的灾难性后果。接着西方社会学家开始关注风险的话题和未来的威胁，不久风险话语便进入了社会科学领域，使风险从技术经济的范畴扩展到社会理论的范畴。"风险话语从20世纪50年代始至今包括四个阶段，走过一条从狭窄的、技术专家关于风险准确计算的争论到有意识的公众剧增之前的自愿团体和社会运动参与的广泛的公共争议。"③其实，不同的人在不同的情景下对风险的认知可能是不同的，风险认知是多维度、个性化的。目前，风险已经引起了许多不同学科领域学者的注意，成为了他们研究的对象。这些学科从不同角度对风险进行了定义。

（1）经济学视角。从传统的统计学角度看，风险是指一种行动的一系列可能的结果可被预知，且每一种结果的概率大小能被计算出来。④保险学、精算学等学科也把风险定义为某个事件造成破坏或伤害的可能性或概率。通用的公式是风险（R）=伤害的程度（H）×发生的可能性（P）。这样的定义带有非常浓厚的经济学色彩，人们试图将可能的结果及其发生的可能性量化，从而使风险具有可比性，它采用的是成本—收益的逻辑，试图暗示人类可以通过智力的发展理性地认识风险。这一量化方式在一些领域被证明是有用的。如果某一事件发生的可能性可以足够准确地表达出来，而且其作用可以按量化标准清楚地得以确定，那么适用该方法就是合适的，这尤其涉及保险业。⑤

（2）管理学视角。管理学的主流观点认为，风险是某一事件发生的可能性及不利后果。所谓可能性是风险发生的概率，而不利后果是风险变为现实后对保护目标和对象可能造成的影响。⑥

---

① 参见中国社会科学院语言研究所词典编辑室：《现代汉语词典》，商务印书馆2002年版，第377页。
② 刘岩、孙长智：《风险概念的历史考察与内涵辨析》，《长春理工大学学报（社会科学版）》2007年5月。
③ 李瑞昌：《风险、知识与公共决策——西方社会风险规制决策研究》，复旦大学2005年博士学位论文，第3页。
④ 参见李瑞昌：《试论国际组织风险规制强化及其政治后果》，《现代国际关系》2004年第2期。
⑤ 参见[德]格哈德·班塞：《风险研究的缘由和目标》，陈霄、刘刚译，载刘刚编译：《风险规制：德国的理论与实践》，法律出版社2012年版，第25页。
⑥ 参见钟开斌：《风险管理：从被动反应到主动保险》，《中国行政管理》2007年第11期。

（3）社会学视角。20世纪后期以来，风险逐渐成为社会学关注的焦点。西方许多著名的社会学家都对风险议题进行了深入的研究，并形成了各具特色的相关理论，风险理论在社会各界引起了广泛关注，其影响也与日俱增。德国社会学家乌尔里希·贝克出版《风险社会》一书，首次提出了"风险社会"的概念。他认为风险是现代性的产物，是一种系统地处理现代化自身引致的危险和不安全感的方式。与早期的危险相对，风险是现代化的威胁力量以及现代化引致的怀疑的全球化相关的一些结果。[1]英国社会学家安东尼·吉登斯将风险视为现代性的反思性威胁和危险。在吉登斯看来，我们生活在科技日益发达的现代社会中，人为的不确定性大大增加，我们因此无法把握未来的可能性。吉登斯认为问题不在于我们今天的生活环境比以往更加难以预测，而在于不可预测的根源发生了变化：以前是由于知识、技术等的限制，人们与自然相比处于被动地位，在风险面前，人类显得比较无力；而我们现在所面临的不确定性，许多恰恰是人类知识增长带来的结果，新科技、新技术为我们带来了许多无法预料的东西，为我们的生活添加了很多的不确定性因素。甚至有些时候，我们所面临的风险完全没有任何原因和来由。[2]德国社会学家尼克拉斯·卢曼将风险视为一个新的具有时间规定性的认知形式。他指出风险是与安全相对的，安全即无风险。风险是人为的结果，是人决定一个行动的后果。卢曼认为风险在一定意义上更多的是一种感觉或理解的形式。这种感觉或理解使人们以观察和解释问题的方法来区分哪些视为风险，哪些则视为危险。[3]

（4）政治学视角。在社会学启动当代"风险话语之后"，政治学也开始从政治的视角对风险规制过程中政治问题进行反思，出现了许多对"公共管理学"视野中的"风险"进行讨论的研究。[4]

2.风险与相关概念的辨析[5]

在日常生活中有一些与风险相似或相关的概念，如"危险""危害""灾难""威胁""不确定性"等。这些概念与风险既有区别也有联系。

（1）风险与危险（危害）等。"风险"是某种特定危害或危险发生的可能性，其发生概率和影响范围具有极大的不确定性，而"危险""危害""灾难""威胁"多指已经发生或存在的事情，体现的是风险现实化的结果。所以，风险与传统秩

---

[1] 参见[德]乌尔里希·贝克：《风险社会》，何博闻译，译林出版社2004年版，第19页。

[2] 参见石孝华：《"风险"的概念及其反思讨论》，《河南科技》2010年第12期。

[3] 参见张戌凡：《观察"风险"何以可能——关于卢曼"风险"一种社会学理论的评述》，《社会》2006年第4期。

[4] 参见李瑞昌：《风险、知识与公共决策——西方社会风险规制决策研究》，复旦大学2005年学位论文，第7页。

[5] 参见戚建刚、易君：《灾难性风险行政法规制的基本原理》，法律出版社2015年版，第68-69页。

序行政中已经高度现实化的"危害""危险"有所区别。社会学家卢曼则从风险的不可知论的角度出发，认为危险（危害）与风险的差别在于，前者先于人的行为决定，是给定的，所带来的损害是由外在因素决定的，而后者取决于人的决断，并不是给定的，它所导致的损害是由人的决策决定的。[1] 而吉登斯认为，危险（危害）与风险密切相关但又有所区别。风险意味着危险，但不一定对危险有所意识，而危险则是意识到了的风险。他指出风险所涉及的是对未来危害的积极评估，它能有效地提醒人们注意回避、预防。危险（危害）能够控制，也能够保险；然而，风险是一种未来的不确定性，我们无从体验，也无法依据传统的时间序列来估计，这也许就意味着人们随时都要提心吊胆，当某人冒险做某一件事情时，危险（危害）被看成是对预期结果的一种威胁，实际上，危险（危害）也与确定究竟什么是风险有关，例如，风雪天乘坐飞机回家比坐火车回家的风险大得多，因为前者所包含的危险（危害）因素要多得多，但另一方面，风险指的是在与将来可能性关系中被评价的危险程度，可以说二者既相互区别又相互联系。[2] "风险本身不是危险或灾难，而是一种危险和灾难的可能性。当人类试图控制自然和传统，并试图控制由此产生的种种难以预料的结果时，人类就面临着越来越多的风险。"[3]

（2）风险与不确定性。不确定性与风险的概念十分接近，但也有所区别。在通常意义上，风险是不能确定知道，但能够预测到事件的状态；而不确定是既不能确定知道，也不能准确预测到事件的状态。经济学家奈特曾从经济学上对两者进行了区分，他认为，如果一个经济代理人面对的随机状态可以用某种具体的概率值表示，那么这种随机状态就称为风险；如果一个经济代理人面对的随机状态不能够（至少在目前条件下还不能）以某种实际的概率值表述出可能产生的结果，这种随机状态则称为不确定性。[4]

我国台湾地区学者邓家驹在他的文章中将风险与不确定性、变异性、危机或转机等相似概念进行了分析。他认为所谓不确定性，是指"一个事件或一个数据可能有许多不同的结果，因此，当此事件或数据重复发生时，其前后结果并不一致"。[5] 所谓风险是指"这种不确定性或变异性（所谓的变异性，可以看成是一个事件或一个数据实际发生的结果与预期应该发生的结果有可能并不一样，这种预

① 参见石孝华：《"风险"的概念及其反思讨论》，《河南科技》2010年第12期。

② 同上注。

③ [德]乌尔里希·贝克、约翰内斯·维尔姆斯：《自由与资本主义——与著名社会学家乌尔里希·贝克对话》，路国林译，浙江人民出版社2001年版，第138页。

④ 参见[美]富兰克·H.奈特：《风险、不确定性与利润》，安佳译，商务印书馆2006版，第179-210页。

⑤ 参见邓家驹：《风险衡量与其理论基础》，《中国行政》1999年第65期。

期与实际产生差异的可能性，我们称之为变异性），其存在对于未来的结果可能会有利，亦可能造成损害。风险一词不仅涉及不确定性，亦涉及因此而引发之损益利弊"。①所谓危机，则是指"危险即将或正在发生当中，而且将只会造成相当程度的灾难，相对于危机的另一名词转机或称作紧要关头、重大时刻则有比较中性的定义。代表不确定性即将造成巨大的冲击或影响，其影响有可能是正面亦可能是负面：或许是暴利，或者将引发严重的损失"。②但无论如何，变异性、危机、转机以及风险，这四个概念所描述的一切现象均含有不确定性的性质，均可涵括在不确定性的范畴之中，所以不确定性是个中性名词，可以用来描述包括一切有预期或者无预期的、不确知、不稳定、无法确切洞悉或掌握的现象。

3.风险的分类③

根据上述分析，我们可以对风险作如下分类：

（1）静态风险与动态风险。我国台湾地区学者邓家驹依据发生时间的长短不同，将风险分为静态风险与动态风险。静态风险指的是，不确定性与风险的衡量均发生在一个极短而特定的时间之中，譬如坐飞机、比赛、动手术等，输赢、成败、祸福等均在一个特定的时间之中决定。这种仅仅在一极小段事件之内发生的风险，或者我们仅仅针对一极小段事件之内发生的事件作衡量的时候，称之为静态风险。动态风险指的是，不确定性与风险的衡量发生在一段相当长的时间之中。在这期间内所涉及的风险或危险不可能仅单就一个或几个时间点上随便以偏概全，加以评断论定，而必须作通盘而全面性的考量。这种随时间而变化的风险，可以称之为动态风险。④

（2）外部风险和人造风险。吉登斯以现代社会为背景，把风险区分为两种类型：外部风险和人造风险。外部风险是指在一定条件下某种自然现象、生理现象或者社会现象是否发生，及其对人类的社会财富和生命安全是否造成损失和损失程度的客观不确定性。⑤外部风险是来自自然界、与人类行为无关的风险，如地震、暴风雨等。不变的或固定的自然规律是这些风险的成因。对这些风险的发生，人类通常可以依据时间作出一定的估计。人造风险是指与人类行为密切相关的、由于人类的知识和科学技术不受限制地对自然界肆意施加影响而带来的风险，如全球变暖的风险、生物多样性消失的风险、核能的风险、生化武器的风险

---

① 参见邓家驹：《风险衡量与其理论基础》，《中国行政》1999年第65期。

② 同上注。

③ 参见戚建刚、易君：《灾难性风险行政法规制的基本原理》，法律出版社2015年版，第69-72页。

④ 同前注①。

⑤ 参见[英]安东尼·吉登斯：《现代性——吉登斯访谈》，尹弘毅译，新华出版社2000年版，第195页。

等。这类风险是人们以往没有体验到的，具有很多新的不确定性，我们甚至不知道这些风险是什么，人们往往无法使用传统的经验和方法来估计、预测和消除这些不确定性，①从而陷入到前所未有的风险环境之中。

（3）针对自然界的风险、针对人造物的风险和针对人类思维的风险。人们对不同来源的风险的了解程度各不相同，依据产生风险的来源，可以将风险划分为针对自然界的风险。这类风险是人类在存在和发展历史中必然出现的风险，比如地球板块活动引发的地震、森林火灾、强热带风暴等。因为这类风险的历史悠久，人类对其积累了比较丰富的处理经验和普遍的处理方法，所以人们对此类不能化解的风险的可接受程度比较高。针对人造物的风险，此类风险主要是指由于人类无限制的发展并应用新技术所带来的新风险。比如，现在人类已经广泛认识到的由工业化和现代化所带来的环境污染和生态恶化的风险，还有暂时无法准确预知的转基因技术、纳米技术等高新技术的应用在未来所带来的未知风险等。此类风险对人类发展有巨大影响，与第三类风险相比，其依旧针对的是人类思维世界之外的客观世界。针对人类思维的风险是指受人类思维影响的风险，例如证券市场内的风险和经济系统的风险。在这类风险的处理过程中，人类对系统的认知和对未来的估计直接影响到系统的风险。②

（4）社会政治风险、经济风险和自然风险。在文化学家看来，风险是一个群体对危险的认知，是社会结构本身具有的功能，作用是辨别群体所处环境的危险性，他们把风险看成是社会产物或集体建构物，认为在当代社会风险实际上并没有增加也没有加剧，仅仅是由于人们认知度提高了，被察觉和被意识到的风险增加和加剧了。斯科特·拉什从文化角度把风险分为了三类：社会政治风险，包括社会结构方面所酿成的风险。这种风险往往起源于社会内部的不正常、不安分、不遵守制度和规范的任务，还包括由于人类暴力和暴行所造成的风险。经济风险，包括对经济发展所构成的威胁和由于经济运作失误所酿成的风险等。自然风险，包括对自然和人类社会所构成的生态威胁和科学技术迅猛发展所带来的副作用和负面效应所酿成的风险等。③

（5）损失程度严重且常发生的风险、损失程度轻微但常发生的风险、损失程度既不严重也不常发生的风险和损失程度严重但不常发生的风险。一般而言，风险发生频率可以划分为常发生和不常发生，而风险损失程度可分为严重和轻微，所以按照风险发生频率和损失程度的不同组合，可以形成风险矩阵图，将风险划

---

① 参见安东尼·吉登斯：《现代性的后果》，译林出版社2000年版，第115页。
② 参见王志宇、方淑芬：《风险概念研究》，《燕山大学学报（哲学社会科学版）》2007年第2期。
③ 参见斯科特·拉什：《风险社会与风险文化》，王武龙译，《马克思主义与现实》2002年第4期。

分为以下四类：损失程度严重且常发生的风险，损失程度轻微但常发生的风险，损失程度既不严重也不常发生的风险，损失程度严重但不常发生的风险。对于不同损失程度和发生频率的风险，应对的方式也不太一样，如对损失程度轻微但常发生的风险，应该加强管理，尽量减少发生频率；对于损失程度严重但不常发生的风险，采用风险自留比较适宜等。

（6）无风险、已知可能的结果及相应概率的风险、只知道可能结果不知道其相应的概率的风险以及不知道可能结果的风险。按照人类对风险的了解情况和预知程度，有学者将风险划分成如下四类：①无风险。人们对无风险的情况十分了解，通过一定的方法可以预知无风险事物的发展情况，比如季节的更替等。②已知可能的结果及相应概率的风险。这种风险可以用可能出现的结果和相应的概率表示。③只知道可能结果不知道其相应的概率的风险。有些风险，人们可以通过运用实验或逻辑推理等科学方法推知事情发生的所有可能结果，但由于缺少丰富经验和准确的数据，人们无法推测每种结果发生的概率。这类风险比较难以处理。④不知道可能结果和相应概率的风险。这类风险就是完全的不确定性，我们既不知道可能的结果，更不知道概率分布，这类问题最难处理。[①]

（7）其他分类。根据不同的划分标准，还可将风险划分为盖然性的风险和不可预测的风险，客观风险和主观风险，个人自愿选择的风险和社会所施加的风险。

我们通过对大部分研究者观点的分析发现，对于风险的本质学术界存在争议。但大多数学者都同意风险是与未来性、可能性、不确定性联系在一起的，现代社会中的风险还具有人为性、知识依赖性、普及性和不可预测性。另外，笔者还同意风险具有主观性的观点，即现代社会中的风险并不完全是纯粹的物质存在，在相当程度上风险是由社会定义和建构的。[②]不同客观条件下所界定的风险会有所差异。风险问题是人类存在并发展一直面对的问题，对风险一词进行界定本身就是一种"风险"。尽管如此，对风险概念的梳理及对风险本质属性的探讨至少在某种程度上可以加深对风险的理解。我们可能无法通过传统的方法对风险作出精确且无争议的界定，所以，尝试借鉴系统方法论中的元素来描述风险。我们认为，风险定义中至少应包含未来可能的结果和每种结果发生的概率这两种元素，这一定义必然包括了具有严重的未来可能结果并且该结果发生概率较小的风险类型，而这种风险在以前的风险管理中却常常被忽略掉了。[③]

---

① 参见王志宇、方淑芬：《风险概念研究》，《燕山大学学报（哲学社会科学版）》2007年第2期。

② 参见杨雪冬：《全球化、风险社会与复合治理》，《马克思主义与现实》2004年第4期。

③ 参见戚建刚、易君：《灾难性风险行政法规制的基本原理》，法律出版社2015年版，第72页。

4.环境风险的概念

根据以上关于"风险"概念的分析可知，环境风险实质上是诸多风险类型的其中之一，环境风险的内涵则是作为一般意义的风险在环境领域的具体体现。据此，环境风险就是指在环境领域内损害的可能性和结果发生的未知性。进而言之，环境风险具备风险的一般特征，即呈现出客观性、不确定性、复杂性、损害性等特点。作为一种特殊的风险类型，除具备风险的普遍特征之外，环境风险还具有以下特点：第一，环境风险属于动态风险，即它是一种不确定性与风险的衡量发生在一段相当长的时间之中的风险；第二，环境风险属于人造风险，即与人类行为密切相关，由于人类的知识和科学技术不受限制地对自然界肆意施加影响而带来的风险；第三，环境风险属于针对人造物的风险，由于人类无限制的发展并应用新技术所带来的新风险；第四，环境风险属于自然风险，即它主要针对的是自然生态环境领域内可能发生的各种不确定性；第五，环境风险的发生频率和损失程度具有复合性，它既可能是损失程度严重且常发生的风险，又可以是损失程度轻微但常发生的风险，也可以是损失程度既不严重也不常发生的风险，还可能是损失程度严重但不常发生的风险。事实上，随着我国经济社会的发展，环境风险在整个社会风险中所占比重不容小觑。结合我国当前的环境实践，可将环境风险的外延划分为大气污染风险、水污染风险、固体废弃物污染风险、土壤污染风险、噪声污染风险等不同类型。

5.环境风险治理工具的概念

在分别厘清了"环境风险"和"治理工具"的概念之后，接下来便需要界定环境风险治理工具的概念。"环境风险"是指在环境领域内损害的可能性和结果发生的未知性。"治理工具"是指某一或多个治理主体为实现治理目标而采用的一系列方法、途径或手段的总和。据此，环境风险治理工具就是指相关治理主体为有效防范和及时处置环境领域内可能发生的损害结果而采取的一系列方法、途径或手段的总和。需要特别说明的是，尽管环境风险治理工具的定义看起来是"环境风险"与"治理工具"的简单组合，其实不然，环境风险治理工具拥有颇为丰富的内涵。这是因为相较于环境治理工具而言，环境风险治理工具强调"环境风险"的特征，反映"风险治理"的内在要求。第一，由于风险的不确定性和未知性，为预防和化解环境风险而生成的治理工具的外延必须具备开放性的特点，即环境风险治理工具是包含了多种不同性质、不同类型工具的工具箱，并随着风险的不断演变而持续扩充。第二，根据环境风险的"人造风险"特征，环境风险治理工具的选择和运用要以具有主观能动性的人（或机关）为核心得以开展，即主体的适格是进行环境风险治理的关键。第三，环境风险的动态性决定了环境风险治理工具的选择和运用也应满足因时制宜、因地制宜的基本要求，相关主体运用环境风险治理工具从事环境风险治理活动，需要注重对风险的动态考量以及对治理工具的动态性把握，如需要根据特定环境风险的发生频率高低以及损害程度大小选择具有针对性的治理工具。总之，环境风险治理工具强调治理工具的风险属性，它所具备的功能并非一般意义上的治理工具（或政策工具）所能取代的，它既是目标导向的治理工具，又是过程本位的治理工具，它既强调治理结果的有效性，也强调治理手段的科学性，还强调治理过程的合法性。例如，在我国环境治理实践中应用最为广泛的环境行政处罚，作为一种特定的治理工具而言，环保行政机关通常是在环境问题产生后作出环境行政处罚决定，目的是对环境违法行为加以惩戒，可以说，环境行政处罚具有较强的制裁性，呈现出明显的事后治理的色彩。而以风险的视角审视环境行政处罚，作为风险治理工具的一种具体形式，环境行政处罚的选择和应用不再局限于环境风险结果的处置与化解，而将其拓展至风险产生、演变的全过程。就目标而言，作为风险治理工具的环境行政处罚不但处置环境违法行为，而且强调其预防环境风险这一功能的发挥。就过程而言，作为风险治理工具的环境行政处罚不仅适用于事后的风险处置，在环境风险发生之前以及发生过程中也要考虑其适用的可能性。就对象而言，作为风险治理工具的环境行政处罚不再是简单的"一刀切"似的惩戒环境违法行为，而是要根据风险发生的概率大小和程度高低选择不同的处罚种类。就结果而言，作为风险治理工具的环境行政处罚并非一味强调处罚的制裁性，而更重视对风险结果的动态管理。以上便是笔者在本研究中采用环境风险治理工具而非环境工具（或政策工具）的原因所在。当然从形式逻辑而言，由于环境治理工具是一个比环境风险治理工具外延更为广泛的概念，环境法学界主流观点在阐述环境治理工具时，并没有有意识地从"环境风险"视角进行阐述，而是从解决"环境问题"层面展开。而从环境法理而言，环境问题包括环境风险问题、环境事故问题等多种问题，环境风险属于环境问题一种。由此，目前环境法学界主流观点所论述的环境治理工具其实也适用于环境风险治理——尽管强调的角度存在差异。由此，如果无端纠缠于环境风险治理工具与环境治理工具的区别，非要在学理上将它们辨析得"泾渭分明"，似乎没有重大价值。

（三）政府主导型环境风险治理工具的概念

由环境风险治理工具的概念可知，其蕴含着治理主体、治理目标、治理过程和治理手段四个要素。在这一概念中，治理目标是有效预防和及时化解环境风险；治理手段是一系列方法或途径；治理过程是对一系列治理手段的综合、比较与选择，并在此基础上实现治理目标的活动；治理主体则涉及由谁主导治理过程。政府主导型环境风险治理工具实质上就是对治理主体的框定，即在治理环境风险的各项活动中，由享有公权力的政府部门牵头组织，在比较、选择各项环境风险治理工具时采用的是体现以行政权力为导向的治理手段，各项环境风险治理工具发挥效用倚靠的是行政权力的强制性。因而，政府主导型环境风险治理工具呈现出"命令—控制"型的特征。据此，政府主导型环境风险治理工具又可以称为命令控制型环境风险治理工具，有学者也将其称之为规制型环境治理工具。[①] 政府主导型环境风险治理工具是以政府为主导的环境风险治理者通过设立带有强制性的环境标准、环境许可等措施，并以相应的法律、法规、规章或规范性文件为依据，对环境污染者的污染行为、技术、后果等内容加以规定和限制，以实现环境治理目标。换言之，政府主导型环境风险治理工具，是指环境行政监管部门依据一定的法律、法规、规章及其他环境管理规范性文件，通过对生产者在生产过程中所使用的原料、技术以及消费者消费活动中消费产品的直接管制，对因生产或消费所排放污染物的禁止或限制，从而影响排污者行为，达到改善环境质量目的的环境管理手段的总称。[②]

三、"红灯理论"对政府主导型环境风险治理工具之意蕴

行政法上的"红灯理论"强调行政权的合法性，并认为可以通过相应的司法审查来完成对行政权的有效控制。因此，在以"红灯理论"为主导的行政法关怀下，行政主体只需要遵循并严格执行立法机关制定颁布的法律，也就完成了行政的使命。至于行政权的合法性问题，就自然交给司法机关进行处理。有关行政权的合理性问题，并非"红灯理论"支配下的行政法所关注的重点。政府主导型环境风险治理工具正是行政法"红灯理论"的产物。可以从以下三个方面进行分析。

第一，从治理主体和治理目标上讲，政府主导型环境风险治理工具体现了"红灯理论"所主张的行政权的执行性和实现立法目的之特征。政府主导型环境风险治理工具实质上是以政府为主导的环境风险治理主体运用相应环境风险治理工具所从事的环境风险治理活动。它以立法机关颁布施行的法律法规为依据，以实现法律法规的立法目的为目标。它呈现出斯图尔特教授所讲的"民意传送带"功能，是执行相应环境立法、实现立法意旨的主要途径。

第二，从治理手段上讲，政府主导型环境风险治理工具是"红灯理论"行政治理手段理念的具体运用。行政法上的"红灯理论"主张将行政权力控制在最小限度之内，行政权的存在不过是立法的具体化，因而，行政权的来源以及行政主体行使行政权的方式也较为单一，即严格依照法律规定行使行政权。政府主导型环境风险治理工具正式通过相应的法律、法规、规章或规范性文件中设立的环境标准、行为模式、责任后果等来规制环境污染者的行为，以实现环境风险治理。

---

① 参见甘黎黎：《我国环境治理的政策工具及其优化》，《江西社会科学》2014年第6期。
② 参见李晟旭：《我国环境政策工具的分类与发展趋势》，《环境保护与循环经济》2010年第1期。

在此种模式中，环境风险治理工具体现出浓烈的强制性和排他性色彩，这与行政法"红灯理论"所倡导的行政权作为立法权的触角的理念不谋而合。

第三，从治理过程上讲，运用政府主导型环境风险治理工具的行政权的合法性通过"红灯理论"得以解释、证成和实现。行政法上的"红灯理论"主张通过设立相应的司法审查标准能够实现对行政权的合理控制。在环境风险治理活动中，治理主体运用政府主导型环境风险治理工具进行环境风险规制的过程实质上就是执行相关立法的过程。换言之，运用政府主导型环境风险治理工具规制环境风险的合法性来源于立法机关的授权，立法机关通过制定相应环境法律规范明确政府主导型环境风险治理工具的类型、确立相应的程序，为行政主体运用政府主导型环境风险治理工具提供较为明确的标准和指引，以确保行政权符合立法的要求。此外，当运用政府主导型环境风险治理工具的行政机关所从事的环境风险治理活动游离于立法规定之外时，也可以通过相应的司法程序对其加以审查、控制和纠正。

第二节　"绿灯理论"与市场主导型环境风险治理工具

一、行政法"绿灯理论"之学理阐释

随着现代行政国家发展轨迹的不断演变，[①]行政法基础理论也得到了进一步的发展。与"红灯理论"相对应，行政法上的"绿灯理论"改变了对行政法的传统看法。"绿灯理论"不再束缚于行政法作为对干预主义的国家的砝码的传统观点。相反，它认为行政法应当增进政府行为的合法性，并基于团体主义的特征，不断推进和满足公共利益或公共目标。[②]在"绿灯理论"影响下，一些行政法学巨擘对行政法的概念和功能重新做出了界定。例如，德国著名行政法学家毛雷尔教授指出，行政法是指以特有的方式调整行政——行政行为、行政程序和行政组织的（成文或不成文）法律规范的总称，是为行政所特有的法。行政法是并且正是调整行政与公民之间的关系、确立公民权利和义务的规范，只是其范围限于行政上的关系而已。[③]

从上述"绿灯理论"的基本观点可以看出，其与"红灯理论"存在着显著的

---

① 一方面，行政权力的扩张已经成为了一个不容否认的事实，另一方面，通过执行议会法律和司法审查对行政权力的控制显得越来越无力。

② Carol Harlow, Richard Rawlings, Law and Administration, London. Butterworths, 1997:70-71. 转引自余凌云：《行政法讲义（第二版）》，清华大学出版社2014年版，第41页。

③ 参见[德]哈特穆·特·毛雷尔：《行政法学总论》，高家伟译，法律出版社2000年版，第33页。

区别。有学者曾精辟地指出，两种理论分别体现着效率与公平、个人主义与集体主义、形式正义与实质正义，以及司法权和行政权之间的矛盾。[①]具体而言，其与"红灯理论"最根本的区别在于对待行政权的态度。"红灯理论"立基于对行政权的合法性控制。它对行政权抱有十分的敌意，主张将行政权控制在最小限度范围内，因而"红灯理论"并不谋求行政主体积极行政，相反，消极意义上的行政成为"红灯理论"支配下的常态。相较之下，"绿灯理论"对待行政权的态度可是说是暧昧甚至是宽容的，它认为行政权的行使应最大限度地满足公共需求，增进公共福祉。因此，行政获得了自身的独立性，它不再只是立法的延伸。需要指出的是，尽管"绿灯理论"对行政权持宽容的态度，但并不意味着"绿灯理论"放弃了对行政权力监督的关怀。与"红灯理论"寄希望于司法控制行政权力有所不同，"绿灯理论"认识到司法控制行政权力的局限性，更加注重行政机关的自我规制以及公众参与监督的作用。此外，与"红灯理论"所主张的行政权力的合法性来源于立法授权观点相左，"绿灯理论"认为符合公共利益的行政目标的实现才是行政权力的合法性来源。

二、市场主导型环境风险治理工具之释义

遵循前文对政府主导型环境风险治理工具概念的研究进路，笔者以下也将围绕着治理主体、治理目标、治理过程和治理手段四个要素重点分析何谓市场主导型环境风险治理工具这一关键性问题。前文已述，环境风险治理工具是指相关治理主体为有效防范和及时处置环境领域内可能发生的损害而采取的一系列方法、途径或手段的总和。那么，接下来分析的重点便是"市场主导型"这一关键词。

笔者之所以采用市场主导型环境风险治理工具这一概念表述、是源自环境管理学权威学者和权威机构关于环境政策工具分类的学术启发。例如，瑞典环境学家托马斯·思德纳教授将环境政策工具归纳为利用市场、创建市场、环境规制和公众参与四种类型；[②]世界银行把环境政策工具划分为四类，即利用市场、创建市场、环境管制和公众参与。[③]据此，本研究所指的市场主导型环境风险治理工具就是利用市场、创建市场的环境风险治理工具。此外，在一些研究中，市场主导型环境风险治理工具又被称为经济激励型环境政策工具或市场激励型环境政策工具。在使用经济激励型环境政策工具这一表述时，其通常对应的是"命令控制

---

① 参见毛玮：《论行政法的建构性与规范性》，《现代法学》2010年第3期。
② 参见[瑞典]托马斯·思德纳：《环境与自然资源管理的政策工具》，张蔚文等译，上海人民出版社2005年版，第47页。
③ 参见K.哈密尔顿：《里约后五年——环境政策的创新》，张庆丰等译，中国环境科学出版社1998年版，第10-11、22-31页。

型环境政策工具"这一概念。①所谓市场主导型环境风险治理工具是指，环境风险治理主体通过利用市场机制自身的作用来引导、激励环境污染者通过技术革新等方式降低环境污染、防范环境风险的各种方式的总和。通常而言，市场主导型环境风险治理工具的表现形式为补贴、贷款、排污权交易、环境税等。市场主导型环境风险治理工具利用了环境污染者作为"（有限）理性经济人"的特性，通过提供一定的优惠或激励措施来实现环境污染者自我规制。

　　市场主导型环境风险治理工具与政府主导型环境风险治理工具既有联系又有区别。具体而言，它们在治理目标、治理过程等方面具有一致性。就治理目标而言，都是为了有效预防和及时化解环境风险；就治理过程而言，都是一系列治理手段的综合、比较与选择。它们在治理手段、治理主体等方面具有一定的差异性。就治理手段而言，市场主导型环境风险治理工具通过利用市场、创建市场的方式来规制环境风险。它与政府主导型环境风险治理工具所设立的强制性环境标准、环境许可等直接性管制手段有所不同。市场主导型环境风险治理工具最大的特点是治理工具呈现出的市场性、间接性和非管制性特征。就治理主体而言，市场主导型环境风险治理工具的治理主体既包括享有公权力的环境治理主体运用治理工具，也包括非公权力环境治理主体运用治理工具，而政府主导型环境风险治理工具的治理主体主要是公权力环境治理主体（行政机关、法律规范授权组织等）运用治理工具。

三、"绿灯理论"对市场主导型环境风险治理工具之意蕴

　　行政法上的"绿灯理论"是在现代行政国家面临纷繁复杂的行政现实背景下产生并发展起来的。在"绿灯理论"的指引下，行政法的功能不再拘泥于控制行政权力，保障公民权利，其更为重要的作用在于拓宽行政的范围，实现行政的公共服务职能。行政法关注行政权的视野也由仅关注行政权的结果转向对行政权行使过程的考量，行政权的合法性不再只来自于立法机关的授权，而是取决于行政权能的实现。甚至在"绿灯理论"那里，被"红灯理论"视为关键法宝的法律也只不过是行政的工具，如果合乎行政规律的规则能够更有利于行政目标的实现，那么规则就能够取代法律。②市场主导型环境风险治理工具的出现因应了行政法"绿灯理论"的发展，可以从以下三个方面进行分析。

　　第一，从治理主体和治理目标上而言，市场主导型环境风险治理工具与"绿灯理论"所欲追求的行政效能最大化目的相一致。市场主导型环境风险治理工具的治理主体既包括享有环境治理公权力的行政主体，如环境行政机关、法律法规

---

① 如 OECD 将三大类环境政策工具划分为命令控制型工具、经济激励工具和劝说式工具。参见 OECD：《环境管理中的经济手段》，中国环境科学出版社 1996 年版。
② 参见毛玮：《行政法红灯和绿灯模式之比较》，《法治论丛》2009 年第 4 期。

授权的组织等，也包括非公权力主体，如制造环境风险的企业等。不同性质的治理主体都可能运用市场主导型环境风险治理工具来规制环境风险，它们有着共同的治理目标，即有效预防和及时化解环境风险。当然，除此之外，制造环境污染的企业利用或接受市场主导型环境风险治理工具更直接的目的可能在于降低生产成本，但并不影响环境风险规制目标。"绿灯理论"强调行政效能的最大化，意味着行政权的行使能够最大限度地提高公众福祉。在规制环境风险时运用以经济激励为机制的市场主导型环境风险治理工具，而非传统的政府主导型环境风险治理工具，有利于激发环境风险规制对象的积极性，提高公众对环境风险治理活动的认可度，因而符合"绿灯理论"所欲追求的行政效能最大化的目标定位。

第二，从治理手段上而言，市场主导型环境风险治理工具与"绿灯理论"关于法律与规则的认识相契合。市场主导型环境风险治理工具不像政府主导型环境风险治理工具那样，通过立法制定强制性的标准、设立环境许可等方式对环境风险规制对象进行直接性、强制性的管制，而是利用市场自身的调节机制，通过设立环境税、排污权交易制度、给予补贴、环境退费等制度激励环境污染者和消费者规制自身的行为，并降低环境污染风险，以此换取一定的利益或好处。前述治理工具的不同样态可以是立法机关通过立法的形式加以规定，也可以是行政机关通过制定规范性文件、签订行政契约等方式加以明确。它摆脱了政府主导型环境风险治理工具的命令控制模式，取而代之的是沟通协商模式，因此，行政权的行使不再仅仅是执行立法，行政机关根据需要所创设的规则也可以成为行使行政权的依据。这就与"绿灯理论"关于法律与规则的认识不谋而合。

第三，从治理过程上而言，市场主导型环境风险治理工具体现了"绿灯理论"所倡导的对行政权行使过程的关注。作为行政法"红灯理论"的产物，政府主导型环境风险治理工具运用的成效实质上取决于治理主体对法律的执行情况，它是结果导向的治理工具。而市场主导型环境风险治理工具运用的成效则在很大程度上依赖运用工具的过程，因此，它是过程导向的治理工具。这是因为，市场主导型环境风险治理工具涉及多方主体，包括但不限于环境风险治理者、环境风险制造者以及环境风险影响到的社会公众，对市场主导型环境风险治理工具的运用实质上是一个不同主体之间相互博弈的过程。此外，实践表明，市场主导型环境风险治理工具要发挥环境治理成效的确也需要一个时间上的过程。[①]在上述过程中，行政法就需要对市场主导型环境风险治理工具使用的方法、步骤、时间等议题加以关注，这也是"绿灯理论"的题中之义。

---

① 参见宋姣姣、王丽萍：《环境政策工具的演化规律及其对我国的启示》，《湖北社会科学》2011年第5期。

第三节　"黄灯理论"与社会型环境风险治理工具

一、行政法"黄灯理论"之学理阐释

如同行政法"绿灯理论"的产生和发展是为了回应和弥补行政法"红灯理论"的不足一样，行政法"黄灯理论"也是因应"红灯理论"和"绿灯理论"各自局限的产物，以求在二者之间达至某种平衡。英美国家，或者更准确地说，整个欧美行政法学界，逐渐打破"红灯理论"和"绿灯理论"两种传统模式的界限而走向新的融合，如何使政府在被广泛授权的同时受到有效的节制，如何在提高行政效率和保护个人权利，公共利益与私人利益之间维持合理的平衡成为现代行政法一个共同的发展趋势。① 如果说行政法"红灯理论"是传统法治主义原则的集中体现，"绿灯理论"是行政法独特功能的集合反映，那么行政法"黄灯理论"则是二者的结合点。它是联接对无数行政决定进行某种控制的必要性与关注行政行为设置某些良好标准、保证行政决定的高效和责任制与保护人权的综合体。② 换言之，行政法"黄灯理论"试图在"红灯理论"和"绿灯理论"分别代表的公平与效率、个人主义与集体主义、形式正义与实质正义，以及司法权和行政权之间寻求第三条道路。对此，有学者曾在论及行政法的功能时指出，行政法的主要功能在于公正地分配行政利益与公民利益，兼顾效率和人道主义行政。③

在我国，以罗豪才教授为代表的行政法学者将"黄灯理论"引申发展为颇具中国特色的行政法"平衡论"。根据罗豪才教授等的研究，平衡是指矛盾双方在力量上相抵而保持一种相对静止的状态。④ 据此，行政法"平衡论"主张在行政法律关系中，行政主体和行政相对人的权利义务应当在大体上处于平衡状态。"平衡论"认为，无论是强调通过司法控制来实现规范行政权力的"红灯理论"，还是倡导通过规则程序最大限度地实现行政效能的"绿灯理论"都不能完美地解决现代行政问题，因为两种传统理论实际上采取了一种非此即彼的态度，是片面的、有失偏颇的行政法基础理论。因此，在研究视角上，"平衡论"主张行政法关注的重心应当摆脱单独倚重立法、司法机关审查或者单独倚重行政机关自制的路径实现行政权，而应当通过关注行政主体与相对人之间的关系、合理配置行政

---

① 参见包万超：《行政法平衡理论比较研究》，《中国法学》1999年第2期。

② [英]彼得·莱兰，戈登·安东尼：《英国行政法教科书（第五版）》，杨伟东译，北京大学出版社2007年版，第9页。

③ Carol Harlow, Richard Raw Lings: Law and Administration, London: Weiden & Nicolson，1984: 47-48.

④ 参见罗豪才、甘雯：《行政法的"平衡"及"平衡论"范畴》，《中国法学》1996年第4期。

权与公民权来实现行政的目标。在研究内容上，"平衡论"注重对行政法律关系的研究，尤其是行政主体与行政相对人之间的权力（权利）责任（义务）。"平衡论"既强调立法、司法对行政权的控制作用，又重视程序性规范规则对行政权的监督，与此同时，也强调对行政相对人权利义务的规范和限制，通过行政相对人参与行政过程来实现行政权效能的最大化和行政权行使的公正性。可以说，行政法"平衡论"采取的是一种折中的态度，它吸取了前述两种传统理论的优点，具备了理论应有的"批判性、解释性和建设性功能"，[①]是对前两种理论的超越。

二、社会型环境风险治理工具之释义

"环境风险治理工具"是指相关治理主体为有效防范和及时处置环境领域内可能发生的损害而采取的一系列方法、途径或手段的总和。类似于前文已论及的政府主导型环境风险治理工具和市场主导型环境风险治理工具，厘清社会型环境风险治理工具内涵的关键在于科学界定"社会型"这一关键词语。遵循同样的研究思路，笔者以下也将围绕着治理主体、治理目标、治理过程和治理手段四个要素重点分析何谓社会型环境风险治理工具这一问题。

正如行政法"黄灯理论"汲取了"红灯理论""绿灯理论"各自的优势，从某种程度上而言，社会型环境风险治理工具也是对政府主导型及市场主导型环境风险治理工具的拓展和延伸。所谓社会型环境风险治理工具，是指制造环境风险问题或可能受到环境风险影响的市场主体或公民个人，基于较高的环境风险意识或环保素养自愿作出的防范、处置环境风险的一系列行为、手段和方法的总称。需要指出的是，社会型环境风险治理工具虽然是受环境风险影响的主体自愿做出的一系列手段、方法，但是这种表面上的自愿实质上来自于政府和市场的双重压力。由此可见，尽管社会型环境风险治理工具的运作并非完全倚靠国家强制或市场机制，但其背后蕴含着国家强制和市场调节机制这一对有形和无形的手所施加的压力。

根据上述定义，可对社会型环境风险治理工具作进一步分析。从治理目标上而言，社会型环境风险治理工具与"政府主导型""市场主导型"环境风险治理工具相一致，即它们都是为了有效预防和及时化解环境风险。从治理主体方面而言，社会型环境风险治理工具的治理主体既可以是享有环境治理公权力的行政主体，也可以是制造环境风险的市场主体，还可以是与特定环境风险问题有利害关系的社会公众。从治理手段而言，社会型环境风险治理工具呈现出更加多元化的色彩，不再局限于单独运用国家强制力或利用市场机制来进行环境风险治理。它

---

① 王锡锌、沈岿：《行政法基础理论再探讨——与杨解君同志商榷》，《中国法学》1996年第4期。

兼顾了国家、市场与社会，是一种大格局的治理手段。从治理过程而言，它要求环境风险治理主体在从事环境风险治理活动时需要审时度势，根据环境风险的不同类型、程度等对治理工具加以比较、选择、组合、调整和优化。因此可以说，社会型环境风险治理工具更加强调环境风险治理过程的动态治理。

三、"黄灯理论"对社会型环境风险治理工具之意蕴

行政法"黄灯理论"作为对"红灯理论""绿灯理论"的超越，具备批判性、解释性和建设性功能。作为行政法"黄灯理论"在中国行政法学者的研究话语，"平衡论"为中国行政法学体系绘制出了一张全新的蓝图："在一个综合、复杂而有效的激励与制约机制之中，行政法主体皆可进入行政过程之中、表达各自利益诉求、进行平等博弈，从而促成'对策均衡'。在此意义上，现代行政法不仅仅是应当平衡，而且是可以平衡。"①社会型环境风险治理工具与行政法"黄灯理论"，特别是与"平衡论"的基本主张不谋而合。可以说，行政法规范社会型环境风险治理工具的理论基础恰在于行政法"黄灯理论"，特别是中国学者引申发展形成的"平衡论"。可以从以下三个方面加以论证分析。

第一，从治理目标和治理主体而言，社会型环境风险治理工具与行政法"黄灯理论"，特别是"平衡论"所追求的兼顾行政效能最大化与行政权公正行使的理念相契合。"工具的选择是参与主体如何行使权利的直接体现，代表着治理中哪些利益将得到优先考虑，哪些居于次席，哪些是可以忽略不计的。"②社会型环境风险治理工具受国家强制力量和市场调节机制共同发挥作用的影响，它既带有政府主导型环境风险治理工具的些许色彩，也反映出市场主导型环境风险治理工具的某些特征，但其又不等同于政府主导型或市场主导型环境风险治理工具，具有形式意义上的自愿性是其区别于二者的显著的特征，因此，社会型环境风险治理工具实则代表着不同的治理主体在环境风险治理活动中的不同地位，也反映了不同类型的治理工具关注的利益所在。社会型环境风险治理工具不只是单方面关注公权力主体、市场主体或社会公众的利益，而是将三者作为一个整体加以考量。可以说，社会型环境风险治理工具所体现的价值追求与行政法"黄灯理论"，特别是"平衡论"所倡导的价值理念相一致。

第二，从治理手段而言，社会型环境风险治理工具是行政法"黄灯理论"，特别是"平衡论"所倡导的实现行政目标的多元方式的直接体现。不同于"政府主导型""市场主导型"环境风险治理工具，社会型环境风险治理工具兼具政府、市场与社会性质。具体而言，它既可以是带有浓厚"命令—控制"色彩的环境风

---

① 沈岿：《行政法理论基础回眸——一个整体观的变迁》，《中国政法大学学报》2008年第6期。

② 杜辉：《环境公共治理与环境法的更新》，中国社会科学出版社2018年版，第146页。

险治理工具，如环境标准制定等，也可以是如环境技术更新等以市场激励机制为动力的环境风险治理工具，还可以是以公众参与为核心的环境风险治理工具，如签订自愿环境协议、设立环境信息公开、拓宽环境参与途径等。社会型环境治理工具实际上是一个工具箱，每一种具体工具的选择与运用实质上反映了不同的价值取向，环境风险治理主体运用社会型环境风险治理工具从事相关环境风险治理活动，是对传统的政府主导型环境风险治理工具和市场主导型环境风险治理工具固有缺陷和不足的弥补，目的是通过更加多元的途径实现环境治理的良好绩效。

第三，从治理过程而言，社会型环境风险治理工具体现了行政法"黄灯理论"，特别是"平衡论"所强调的行政权与公民权的互动与平衡。由社会型环境风险治理工具的定义不难发现，环境风险治理主体运用社会型环境风险治理工具从事相关环境风险治理活动涉及多方主体共同参与，由此可能衍生出诸多不同类型的行政法律关系。例如，环境行政主体与相对人之间的法律关系，环境行政主体与社会公众之间的法律关系以及相对人与社会公众之间的法律关系；又如，环境行政主体、行政相对人、社会公众三者之间的多方法律关系。运用社会型环境风险治理工具从事环境风险治理活动，就要求相关治理主体对前述不同类型的行政法律关系加以全局性考量，合理配置不同主体之间的权利（权力）与义务（责任）。例如，当使用社会型环境风险治理工具时，一方面需要通过设置实体性规范明确环境行政主体的权力，另一方面还需要设置相应的程序性规范赋予公众监督行政权行使的权利。总之，在行政法"黄灯理论"，特别是"平衡论"指导下，运用社会型环境风险治理工具对环境风险治理主体提出了更高的要求，其必须具备全局性、动态性的视野和相应的制度性保障。

总之，作为行政法因应环境风险治理工具问题的基础性议题之一，阐释规范环境风险治理工具的行政法理论具有重要意义。将不同行政法基本理论中的法治理念、原则、标准、程序等嵌入环境风险治理工具的选择和运用，揭示其对环境风险治理工具的独特意蕴，不但能够为环境风险治理实践提供一定的方法论指引，而且能够为环境风险治理制度的法治建构提供相应的理论储备。一言以蔽之，行政法"红灯理论""绿灯理论"以及"黄灯理论"分别为"政府主导型""市场主导型"和"社会型"环境风险治理工具提供了相应的合理性基础。当运用政府主导型环境风险治理工具时，应重点关注其合法性控制；当运用市场主导型环境风险治理工具时，应注重其成本与收益考量；当运用社会型环境风险治理工具时，应突出其动态性把握。需要指出的是，在环境风险治理实践中，三种类型的环境风险治理工具及其对应的行政法理论并非相互排斥、非此即彼的关系。它们或许同时存在并应用于同一环境风险治理活动之中，此时，则需要借助于不同的行政法理论解释其所对应环境风险治理工具的特殊意蕴，科学、合理、合法地选择与特定环境风险治理任务相匹配的环境风险治理工具。

第二章　政府主导型环境风险治理工具之法理

本章聚焦于政府主导型环境风险治理工具的法理。首先分别从规范、经验和价值三个不同的维度提炼总结出政府主导型环境风险治理工具的主要类型；其次探析政府主导型环境风险治理工具存在的合理性基础，既有来自经济学、行政学等学科的相关原理作为理论来源，又有法律规范层面的相关制度支撑，还有实践经验层面的客观需要；最后结合行政法学中的行政行为形式理论，探讨该理论对政府主导型环境风险治理工具的意蕴。

第一节　政府主导型环境风险治理工具之主要类型

一、政府主导型环境风险治理工具类型的界分维度

政府主导型环境风险治理工具作为韦伯意义上的一种理想类型，它与市场主导型、社会型环境风险治理工具共同构成了环境风险治理工具这一上位概念的外延部分。从形式逻辑上而言，政府主导型环境风险治理工具的主要类型就是构成政府主导型环境风险治理工具这一概念的外延。换言之，它是该种类型治理工具的主要表现形式。在对政府主导型环境风险治理工具的主要类型展开分析论述之前，有必要对以下问题加以说明。

当前，无论是理论界或是实务界关于政府主导型环境风险治理工具的类型划分并未达成统一的认识，原因在于：一方面，就理论研究而言，政府主导型环境风险治理工具的类型可能会因学科研究视角、研究方法的不同而不同。例如，以权利与义务为本位的法学研究通常将"权义关系"作为进一步区分政府主导型环境风险治理工具类型的标准，而经济学家则会选择以效益为标准对其加以界分。另一方面，就经验实践而言，政府主导型环境风险治理工具也的确呈现出多元化的特征，并随着治理实践的发展而不断变化，可能会发展出新的类型。因此，试图穷尽并统一政府主导型环境风险治理工具类型的努力是不可能取得成功的。对此，有学者指出："对于规制工具的描述常常处于一种'枚举而不胜枚举'甚至'挂一漏万'的尴尬境地。其中原因很简单，管制工具的形式选择是目标导向的，

无法予以穷尽。"①

尽管存在着不同的划分标准以及面临着无法穷尽列举的现实,划分治理工具的类型同样具有重要意义。依据一定的标准或根据相应的实践进而抽象、凝练出治理工具的不同表现形式,无疑能够为丰富治理理论和指导治理实践提供可观的知识积累。笔者认为,政府主导型环境风险治理工具的主要类型可以从以下三个维度加以分析:一是理论价值维度的分析,即政府主导型环境风险治理工具在理论层面的表现形式。它涉及特定的学科理论,通常借助某一学科特有的研究方法、语言习惯等进行阐释,它侧重于宏观和抽象。二是实践经验维度的分析,即政府主导型环境风险治理工具在环境风险治理实践中的具体样态,它侧重于微观和描述。三是法律规范维度的分析,即政府主导型环境风险治理工具在相关法律、法规、规章等规范性文件中的类型化规定,它侧重于中观与提炼。需要指出的是,以上三个维度实质上构成了政府主导型环境风险治理工具类型分别在价值、经验与规范三个层面上的投射。其中,理论价值层面的政府主导型环境风险治理工具类型在本研究语境中主要涉及两个方面:首先是政府主导型环境风险治理工具的一般理论类型,此种类型划分超越了国别、地域以及学科之分;其次是行政法学理论指导下的工具类型。对此,笔者将在第三节运用行政行为理论对其加以界分,故不在此赘述。此外,实践经验层面存在的政府主导型环境风险治理工具类型与法律规范层面规定的政府主导型环境风险治理工具类型存在着相应的映射关系,对此,将通过梳理我国既有环境法律规范规定,并提炼、总结我国环境风险治理实践中出现的政府主导型环境风险治理工具新类型,尝试描绘出我国政府主导型环境风险治理工具的主要类型。因此,界分政府主导型环境风险治理工具类型的价值、事实与规范三个维度可以转化为两个关键议题,即一般理论类型和在我国的具体表现形式。

二、政府主导型环境风险治理工具的理论类型

政府主导型环境风险治理工具是以政府为主导的环境风险治理者通过设立带有强制性的环境标准、环境许可等措施,并以相应的法律、法规、规章或规范性文件为依据,对环境污染者的污染行为、技术、后果等内容加以规定和限制,以实现环境治理的目标。从理论上而言,政府主导型环境风险治理工具带有浓厚的命令强制性色彩。它以国家强制力为依托,通过实施能够体现环境风险治理目标的相关法律、法规、规章等对环境风险制造者的行为进行威慑、制裁,以达到预防、降低和化解环境风险的目的。可以说,政府主导型环境风险治理工具的权威

---

① 朱新力、唐明良:《现代行政活动方式的开发性研究》,《中国法学》2007年第2期。

性和强制性保障了风险控制结果的确定性和可操作性，也有利于紧急状态情况下环境风险的处理。

笔者认为，可从风险治理理论出发来界定政府主导型环境风险治理工具的理论类型。具体而言，根据环境风险产生及演化的不同阶段，可从理论上将政府主导型环境风险治理工具划分为不同类型：就环境风险预防阶段而言，政府主导型环境风险治理工具的理论类型可以是设定强制性的环境风险标准，设计与环境风险相适应的技术标准，实施环境许可，设置环境风险责任目标等；就环境风险监测阶段而言，政府主导型环境风险治理工具的理论类型可以是环境风险信息收集、整理、交流、分析与研判，开展环境风险评价等；就环境风险处置阶段而言，政府主导型环境风险治理工具的理论类型可以是针对环境风险制造者的资格限制或财产处罚，责令限期治理环境风险，刑事制裁等。需要说明的是，关于政府主导型环境风险治理工具的理论类型可能会因选择不同的理论依据而有所不同。例如，除依据风险治理理论之外，也可以根据不同的政府主导型环境风险治理工具所体现的制裁性强弱对其加以分门别类，可将其分为强制裁性政府主导型环境风险治理工具、中制裁性政府主导型环境风险治理工具、弱制裁性政府主导型环境风险治理工具和无制裁性政府主导型环境风险治理工具。

三、政府主导型环境风险治理工具主要表现形式

通过梳理既有环境法律规范，并结合我国环境风险治理实践，可将政府主导型环境风险治理工具的具体表现形式归结为以下几种：[①]

（1）环境标准。指为了防止环境污染，保护人体和生态健康，依照有关法律规定，针对环境保护工作中需要统一的技术规范和技术要求制定的标准。

（2）申报许可。指法律授权的环保主管部门依据环境利用人的申请，以发放批准文书、执照、许可证等形式赋予其实施环境法一般禁止的权利和资格的行为。我国于1987年在水污染防治领域开始实行排污许可证制度，20世纪90年代逐步推行污染物排放总量控制和排污许可证制度，2003年的《行政许可法》标志着我国的行政许可进入到一个新的阶段，在《海洋环境保护法》《矿产资源法》等中也有相关规定。

（3）"三同时"。指项目建设的环境保护设施必须与主体工程同时设计、同时施工、同时投产使用。早在20世纪60年代，国务院在防止矽尘危害的规定中就提出了"三同时"的要求；1973年，经国务院批准的《关于保护和改善环境的若干规定（试行）》要求一切新建、扩建和改建的企业，防止污染项目，必须

---

① 参见甘黎黎：《我国环境治理的政策工具及其优化》，《江西社会科学》2014年第6期。

和主体工程同时设计、同时施工、同时投产；2015年颁布实施的《中华人民共和国环境保护法》将其确定为环境保护的一项主要制度；之后其他法律也有相关规定。

（4）限期治理。指对造成严重环境污染或自然破坏者，政府及其主管部门根据实际情况制定专门的治理计划限定治理时间、治理内容及治理效果的强制性措施。治理措施主要可分为环境污染治理和自然破坏整治两类。该项制度最早见诸1973年的《关于保护和改善环境的若干规定》，1979的《环境保护法（试行）》规定了其适用对象，在《大气污染防治法》等单项法律中也有相关规定。

（5）污染物集中控制。指在特定区域内，为保护环境，对某些同类污染运用政策、管理和工程技术等手段，采取综合、集中的控制措施。根据污染物的分类，可将污染物集中控制分为废水污染、废气污染、有害固体废弃物以及噪声污染的集中控制等多种集中控制形式。

（6）关停并转。指企业针对污染十分严重、采取限期治理仍不能达标排放的企业，采取的比较严厉的污染控制手段。

（7）环境资源规划。指国家或地区根据各地环境资源状况和经济发展的需要，对今后一定时期内保护生态环境和环境质量进行的总体安排。比较重要的环境资源规划包括国民经济和社会发展规划、国土规划、环境保护规划、自然资源规划等。我国的《环境保护法》《水法》《循环经济促进法》等环境法律分别对环境资源规划做出了有关规定。

（8）环境影响评价。指在某项可能影响环境的重大工程建设、规划或其他开发建设活动前，对其进行调查、预测和评估，并提出相应的预防或减轻不良环境影响的措施和对策。我国在1978年的《环境保护工作汇报要点》中首次提出了要进行环境影响评价工作的意向，1979年的《环境保护法》和其他单行环境保护法律对其作了进一步的规定，2002年的《环境影响评价法》标志着我国该项制度的成熟，2009年国务院公布的《规划环境影响评价条例》对其评价、审批、跟踪评价等作了具体规定。

（9）城市环境综合整治定量考核。指以量化的指标考核政府在城市环境综合整治方面的工作。考核内容包括两个方面：城市环境综合整治和定量考核，每年进行一次，年度考核结果通过媒体向社会公布。比如，1988年《关于城市环境综合整治定量考核的决定》和《关于城市环境综合整治定量考核实施办法（暂行）》为1989年该项工作的考核范围等作出了相关规定。

（10）环境监察与监测。指行使环境监察管理权的机关及工作人员，依法对造成或可能造成环境污染或生态破坏的行为进行现场监督、检查、处理等执行公务的活动。环境监测指依法从事监测的机构及工作人员，依法对环境中各项要素及指标或变化进行经常性的监测或长期跟踪测定的科学活动。1983年的《全国环境监测管理条例》对其作出了具体规定。

四、环保督察制度之考辨①

《法学评论》2017年第3期发表了陈海嵩教授的《环保督察制度法治化：定位、困境及其出路》一文（以下简称陈文）。②陈文认为，当前的中央环保督察制度呈现出运动型治理特征。它虽然在短期内取得了显著效果，但无法保证环境治理③效果的可持续性，因而必须通过法治化建设形成较为稳定的法律规则体系。陈文进而分析了中央环保督察制度面临的法律困境，并从完善环保督察的法律依据、提升环保督察专门机构的法律地位，以及规范环保督察问责程序三个方面论述了法治化路径。笔者同意陈文提出的当前中央环保督察制度呈现出运动型治理特征，但不敢苟同以形式法治标准来衡量该项制度遭遇的困境，更是反对以法治化方式来重新定位该制度。

中央环保督察制度的基本定位是党中央和中央政府在环境保护领域所推行的一种运动型治理机制。④它是由我国环境风险治理所面临的特殊矛盾所决定的，用以矫正现行常规型环保风险治理机制的失败所必不可少的手段，是一种中国特色的政府主导型环境风险治理工具。围绕该基本假设，本部分框架分四大部分：一是从常规型环境风险治理机制遭遇的失败来认识中央环保督察制度应运而生的制度根源，以区别于陈文从历史演变角度来理解该项制度的生成问题。二是集中分析中央环保督察制度的合法性权威基础，从而合理地解释它为何会面临陈文所论述看似违反形式法治的现象，进而揭示出即使通过人为的方式将其法治化，也会出现虽然名义不同，但功能相类似的其他制度，这就与陈文提出的以法治化方式来重塑其合法性的方案相区别。三是阐述中央环保督察制度带来的消极后果并

---

① 参见戚建刚、余海洋：《论作为运动型治理机制之"中央环保督察制度"——兼与陈海嵩教授商榷》，《理论探讨》2018年第2期。

② 参见陈海嵩：《环保督察制度法治化：定位、困境及其出路》，《法学评论》2017年第3期，第176-187页。

③ 虽然陈文并没有直接界定"环境治理"，但为了使笔者与他的"商榷"是在同一层面上进行，对于核心概念"环境治理"的含义，笔者暂且引用陈文著作中的意思，即"政府机构、公民社会或其他社会机构通过正式或非正式制度来管理和保护环境和自然资源，控制环境污染并解决环境冲突"。参见陈海嵩：《解释论视角下的环境法研究》，法律出版社2016年版，第108页。

④ 更为简洁的称谓是"运动型环境治理机制"。

提出缓解的途径。四是作为代结束语的基本结论。此外，需要交待本书的研究方法。对于我国环境风险治理中的让人困惑的中央环保督察制度，需要特别关注"是什么"，进而解释"为什么"的问题——着眼于中央环保督察制度运行中表现的实际行为和规律，对这些实际现象加以分析解释，回答为什么的问题。[①]而不是如陈文那样从"应当如何"的规范性问题出发——中央环保督察制度应当如何改革，立法者应当制定哪些法律规范来矫正中央环保督察制度。因为如果没有在可靠的理论基础上对我国环境风险治理中的"是什么"和"为什么"的问题作出满意的回答，那么关于"应该如何设计"的研究往往沦落为"空中楼阁水中月，使得学术研究工作流于空洞无物的清谈说教或成为哗众取宠的道具"。[②]

（一）中央环保督察制度生成的制度根源

对于中央环保督察制度的生成问题，陈文将其置于历史演变的脉络之内，即2014年之前以"督企"为核心的环境监管体系，2014年之后以"督政"为核心的环保综合督查，以及2016年以来体现"党政同责"的中央环保督察。显然，从历史演变的角度来观察中央环保督察制度的生成隐含着延续性、渐变性的意思，暗含着这样一种旨趣：由于以"督企"和"督政"为核心的治理机制都是在法治化轨道之内进行，而"党政同责"的中央环保督察制度却偏离了法治化轨道，呈现出运动型治理特征，由此需要以法治化来重新定位。[③]

然而，这样一种研究视角貌似有理，其实是对中央环保督察制度本质的重大误解。依笔者之见，作为党中央和中央政府在环保领域推行的一项运动型治理机制，中央环保督察制度缘起于诸多在法治化轨道内运行的常规型环保风险治理机制难以有效化解我国环境风险治理中的深层次矛盾，难以实现环境风险治理预期目标。它不是从陈文所列举的以"督企"和"督政"为核心的环保风险治理机制演化而来，相反，它们之间是一种断裂关系，或者是一种平行关系。

1.我国环境风险治理的深层次矛盾分析

对于我国环境风险治理所遇到的诸多危机或者矛盾，中外学者的论述可谓汗

---

① 这一研究方法属于组织学中行为科学方法。它不是着眼于组织应该如何行为，而是关注组织实际上怎样行动的，并在此基础上提出理论来分析这些行动背后的机制。类似研究参见 Cyert，Richard and James G. March，A Behavioral Theory of the Firm. Englewood Cliffs, N. J. Prentice-Hall, 1963: 1-20.

② 参见周雪光：《中国国家治理的制度逻辑——一个组织学的研究》，生活·读书·新知三联书店2017年版，第47页。

③ 即陈文提出的环保督察法治化是：推进环境治理现代化的必要措施、实现"督党"与"督政"有机统一的必经之路、克服"运动型治理"弊端的必备之策。

牛充栋。[1]对此，陈文也有论述，即传统环保部门科层体系在环境执法与监督上的失败，环境风险管理缺乏权威性与有效性，环境法律与政策没有得到有效实施。然而，分析现有学者的论述可以发现，大多数学者是从地方政府及其环境职能部门的视角（最多加上公众参与和人民法院）来分析，[2]似乎将环境风险治理绩效不佳，环保法律难以实施的原因归咎于地方政府，[3]而较少从整体的国家治理、从中央权威与地方权力间关系的宏大视野来论述，即将环境风险治理置于整体国家治理层面，将环境风险治理所面临的挑战内嵌于整体国家治理所遭遇的困境，是整体的国家治理制度逻辑使然。由此，造成只见树木、不见森林的局限性，所开出的药方也可能因过于主观而缺乏实用性。笔者认为，近几十年来组织社会学、管理学等学科的学者涌现出一大批研究整体国家治理的优秀成果[4]，为我们重新观察环境风险治理中的深层次矛盾，打开中央环保督察制度生成的制度根源的密码提供了钥匙。

（1）国家治理基本矛盾及其治理机制。组织社会学的学者在分析我国的国家治理基本矛盾时引入的一条主线是中央与地方关系，意指国家组织制度的安排，特别是中央政府与各级地方政府之间的事权、财权等权限，以及相伴的考核、督察等关系。[5]围绕着这条主线，我国国家治理的一个基本矛盾是中央集权（或中

---

① 代表性文献为，王灿发主编：《新〈环境保护法〉实施情况评估报告》，中国政法大学出版社2016年版，第183-202页。吕忠梅：《〈环境保护法〉的前世今生》，《政法论丛》2014年第5期，第51-62页。陈海嵩：《绿色发展中的环境法实施问题：基于PX事件的微观分析》，《中国法学》，2016年第1期，第69-86页。Richard J. Ferris, Hongjun Zhang, Reaching Out to the Rule of Law: China's Continuing Efforts to Develop an Effective Environmental Law Regime, William & Mary Bill of Rights Journal, 2003, 11(2): 569-602. Eric W. Orts, Environmental Law with Chinese Characteristics, William & Mary Bill of Rights Journal, 2003, 11(2): 545-567.

② 参见郭武：《论环境行政与环境司法联动的中国模式》，《法学评论》2017年第2期；王明远：《论我国环境公益诉讼的发展方向：基于行政权与司法权关系理论的分析》，《中国法学》2016年第1期。

③ 类似观点参见：曹晶、张开宏：《岳阳砷污染：地方政府打擦边球》，《中国新闻周刊》2006年第36期；王强：《环保风暴刮向地方权力》，《商务周刊》2005年第12期；孙佑海：《影响环境资源法实施的障碍研究》，《现代法学》2007年第2期。

④ 代表性成果：冯仕政：《中国国家运动的形成与变异：基于政体的整体性解释》，《开放时代》2011年第1期，第73-97页。荀丽丽、包智明：《政府动员性环境政策及其地方实践——关于内蒙古S旗生态移民的社会学分析》，《中国社会科学》2007年第7期，第114-128页。周雪光：《组织规章制度与组织决策》，《北京大学教育评论》2010年第8卷第3期，第2-23页。周雪光：《权威体制与有效治理：当代中国国家治理的制度逻辑》，《开放时代》2011年第10期，第67-85页。

⑤ 参见周雪光：《中国国家治理及其模式：一个整体性视角》，《学术月刊》2014年第10期，第6页。

央管辖权）与地方治理权的矛盾。①如果从矛盾的主次方面来理解，中央集权属于矛盾的主要方面，起着支配和领导作用，地方治理权处于矛盾次要方面，处于被支配与被领导地位。这是由我国单一制的国家结构形式所决定的，而直接的依据则是《中华人民共和国宪法》（以下简称《宪法》）第3条第4款，即中央和地方的国家机构职权的划分，遵循在中央的统一领导下，充分发挥地方的主动性、积极性的原则。中央集权表明，中央政府对我国领土范围的所有社会公共事务具有最高和最终决定权，对国家的事、人、财和物等方面实行一元化治理，强调决策的统一性，为维系强大国家提供组织基础和象征性基础。而我国属于超大型国家，幅员辽阔，各地区经济、社会与文化发展极不平衡，区域差异很大，这就要求实行因地制宜的治理，体现执行的灵活性，从而为国家运行的实际过程和有效治理提供基本条件。由此产生中央集权与地方治理权之间的紧张与不兼容——中央集权趋向于权力和资源向上集中，如果集中程度过高，过于刚性，必然会削弱地方治理权，打击地方政府解决实际问题的积极性；而要实现有效的治理，势必扩展地方治理权，但又会出现偏离失控、各自为政的弊端，从而对中央集权产生巨大威胁。中央集权与地方治理权之间的矛盾轻则表现为相互紧张与不协调，重则表现为相互冲突与削弱，而基本表征则是国家治理绩效的退化，甚至发生社会动荡。"一放就乱，一乱就收，一收就死"就是对这一矛盾的形象描述。而法国思想家孟德斯鸠早已经提出了类似警告，一个国家"如果小的话，则亡于外力；如果大的话，则亡于内部的不完善"。②如果从历史角度来分析，中央集权与地方治理权之间的矛盾不仅存在于当代中国，而且在漫长的封建王朝以及短暂的中华民国时期同样存在，只是表现形式不同而已。③可是，只要单一制的国家结构形式不变，那么这对矛盾将始终存在，只是在不同时期，以不同程度呈现而已。

然而，国家必须上下求索，知难而进，在动态中不断调整。在持续的历史演进中，国家已经发展出了诸多应对机制，诸如，政治教化的礼仪化④——自上而下的各类思想政治教育与学习活动，以便从观念上来强化中央权威和统一领导，而在诸多应对机制中最为关键的一对则是常规型治理机制与非常规型治理机制。⑤常规型治理机制是指政府（特别是地方政府）在正式的法律制度框架里，在法制基础上各司其职，按章行使权力，解决各类社会问题。非常规型治理机制

---

① 参见周雪光：《权威体制与有效治理：当代中国国家治理的制度逻辑》，《开放时代》2011年第10期，第67-85页。

② [法]孟德斯鸠：《论法的精神》，张雁深译，商务印书馆1987年版，第130页。

③ 参见孔飞力：《中国现代国家的起源》，生活·读书·新知三联书店2016年版，第1-50页。

④ 参见陈旭麓：《近代中国社会的新陈代谢》，上海人民出版社1991年版，第1-20页。

⑤ 在封建王朝时期，则表现为皇帝的专断权力与官僚的常规权力。参见孔飞力：《叫魂：1768年的中国妖术大恐慌》，生活·读书·新知三联书店1999年版，第232-243页。

也称为运动型治理机制，是与常规型治理机制相对的政治机制。它是指国家（通常指中央政府）按照政治动员方式来制定或实施政策、组织强大的资源，以便完成特定任务或实现重要目标。它的基本特点是非制度化、非常规化和非专业化。①它的主要功能是代替或者暂停原来的常规治理机制，或者将常规机制推向类似于汽车的加速挡，是中央政府应对常规型治理机制失败的纠偏手段。常规型治理机制与非常规型治理机制的区分，表明国家不同于政府，暗示着国家权力与政府官僚所掌握的行政权力之间存在密切且紧张的关系，也体现了国家用政府官僚来实现其目标的同时，但又置政府官僚偏离其目标的矛盾。不论是古代，还是近现代中国历史，我们都可以看到不同形式的运动型治理机制。比如，清朝乾隆时期，针对"叫魂"事件，皇帝弘历运用专断权力打断官僚常规权力，以政治动员方式来直接干预推动；②又如，新中国成立初期的"反右""文革"等政治性极强的运动；③再如，近年来的各类"爱国卫生运动""安全生产大整顿""植树造林"等生产性运动。④这正如有学者精辟地指出："运动式治理时隐时现但明晰可辨地贯穿于中国大历史中，是中国国家治理逻辑的重要组成部分。"⑤

（2）作为内嵌于国家治理基本矛盾中的环境风险治理危机。在我国，环境风险治理工作从一开始就是由政府主导的，有学者称之为政府主导型环境保护。⑥同时，在大力推进生态文明建设背景下，环境风险治理作为国家治理的有机组成部分，重要性更为凸显，政府治理环境风险任务也更为迫切。可是，如果考察我国主要的环境保护法律规范，不难发现，治理环境风险的职责主要由地方政府，特别是县级政府及其职能部门来承担。《大气污染法》第3条第2款规定，地方各级人民政府应当对本行政区域的大气环境质量负责。⑦而中央政府（主要由生态

---

① 所谓非制度化是指打破既有的制度安排，包括价值、规范、法律、风俗等；非常规化是指行动目标、工作组织和活动方式等，临时设定并随时调整，缺乏稳定性；而非专业化往往不尊重专业，甚至以打破专业为荣。参见冯仕政：《中国国家运动的形成与变异：基于政体的整体性解释》，《开放时代》2011年第1期，第74页。

② 参见孔飞力：《叫魂：1768年的中国妖术大恐慌》，生活·读书·新知三联书店1999年版。

③ Joel Andreas, Battling over Political and Cultural Power During the Chinese Cultural Revolution, Theory and Society, 2002, 31(2): 463-519.

④ 参见吴毅：《小镇喧嚣：一个乡镇政治运作的演绎与阐释》，生活·读书·新知三联书店2007年版。参见狄金华：《通过运动进行治理：乡镇基层政权的治理策略对中国中部地区麦乡"植树造林"中心工作的个案研究》，《社会》2010年第3期，第83-106页。

⑤ 参见周雪光：《中国国家治理的制度逻辑——一个组织学的研究》，生活·读书·新知三联书店2017年版，第125页。

⑥ 参见洪大用：《中国民间环保力量的成长》，中国人民大学出版社2007年版，第63页。

⑦ 其他如《中华人民共和国水污染防治法》（以下简称《水污染防治法》）、《中华人民共和国防沙治沙法》（以下简称《防沙治沙法》）、《中华人民共和国草原法》（以下简称《草原法》）等都有类似规定。

环境部作为代表）则承担监督考核，制定政策、规划与标准，设定目标、规定任务、执法检查等职责。《环境保护法》第10条、第13条、第15条、第16条、第17条分别规定了国务院环境保护主管部门对全国环境保护工作实施统一监督管理、编制国家环境保护规划（报国务院批准）和国家环境质量标准、制定国家污染物排放标准，以及制定监测规范等等；该法第26条还规定，国家实行环境保护目标责任制和考核评价制度。

以环境风险治理的法律规范为依据，如果从组织权威关系来分析，我国的政府主导型环境风险治理可以用一个委托方—管理方—代理方三个层级的组织模型来解释。①即中央政府是委托方，拥有制定环境政策、目标设定与激励考核评估等最终职权；基层政府是代理方，负有执行自上而下的环境保护指令与政策法规，完成环境保护任务；中间政府，如省和市政府及其环境保护职能部门是管理方，中央政府将部分治理环境风险职权授予中间政府，使得其承担管理职责，督促基层政府有效执行国家环境政策法规。

在很大程度上，以现行有效环境法律规范为依据的这三个层次的组织模式可以作为解释我国常规型环境风险治理机制的基本框架。从理论上而言，该模式中的各方组织根据环保法律和政策，各司其职，似乎能够在环境风险治理中实现有效性和合法性的有机统一。然而，如果将其置于国家治理整体结构之中，就会发现常规性环境风险治理机制隐藏着深层次危机，而实践中暴露出来的各类环境污染与破坏事件，以及环境风险治理绩效不佳的现象则是其表征。这种深层次危机的本质则是国家在环境风险治理领域中的中央集权与地方治理权之间的矛盾。就地方政府特别是作为代理方的县级政府及其环保职能部门而言，环境风险治理并不是在一个单一组织过程中进行的，而是在多重组织过程和逻辑中相互作用所完成。代理方能否按照委托方要求来治理环境风险取决于它们在多重不一，甚至相互冲突的目标和任务之间的互动、竞争和妥协，诸如精准扶贫、管理城市、治理食品安全、发展地区经济、开发旅游市场、招商引资、维护社会稳定等等，而这些多重目标与任务都是中央政府所要求完成的。换言之，地方政府需要完成多个委托方所交付的任务。环境风险治理仅仅是代理方所面临的诸多任务中的一项，并且通常不是最重要的一项。由于代理方，特别是代理方的主要决策者的注意力是有限的，是一种稀缺资源，当他们面临接踵而至的与环境风险治理相竞争的任务时，他们往往难以按照委托方要求进行理性决策，而经常表现为"救火式"的

---

① 参见周雪光、练宏：《中国政府的治理模式：一个"控制权"理论》，《社会学研究》2012年第5期，第69-93页。See Tirole, Jean. Hierarchies and Bureaucraies: On the Role of Collusion in Organizations. Journal of Law, Economics and Organization, 1986, 2(2): 181-214.

被动应对或者选择性对付或者变通执行，[①]更有甚者出现不作为等现象。不仅如此，代理方如要有效实施各类环境风险治理任务（包括行政执法），还需要其他政府部门的配合与支持，比如，县环保局新建污水处理厂项目需要县财政局的拨款，县环保局对企业实施环境执法需要县城管局配合。这就需要协调各个部门之间的目标冲突，难免出现协调不成从而无法完成环境风险治理任务的情况。

就作为中间政府的管理方而言，由于我国辽阔的疆域必然导致漫长的行政管理层级和超大型的官僚组织体系，致使组织内部之间的信息传递与反馈成本呈几何级放大，于是，中央政府不得不将部分治理环境风险的权力让渡给省市级政府，特别是省市级环境保护部门，比如，检查验收县级政府完成环境风险任务情况的权力、部分激励分配权等。中间政府的中心任务是确保代理方能够如期完成委托方所设定的环境风险治理目标，能够经得起委托方最终的检查验收，通常是抽查样本。然而，从环境风险治理实践来看，中间政府却难以有效承担起环境管理方的职责。一方面，中间政府面临着来自中央政府的多项管理职责，诸如教育、卫生、生产、城市、食品安全等，基于注意力和资源的限制，中间政府难以全力以赴地在环境风险治理领域对代理方进行严格监督与管理；另一方面，从理性经济人角度出发，虽然在环境风险治理任务实施阶段，中间政府有动力给基层政府施加压力，层层加码，但到了检查验收考核阶段，中间政府却与基层政府相互配合，采取各种策略来应对作为委托方的中央政府的最终检查和评估，出现所谓的共谋行为[②]的做法。而管理方和代理方之间的共谋其实是为了应对环境领域中的中央集权与地方治理权之间的矛盾。这是因为，作为一个中央集权国家，委托方所制定的环境领域的政策、法规、标准，以及规定的目标与任务通常产生于一个集中的过程，不可能甚至也没有能力考虑各地的差异，这就出现宏观上合理性、但微观上不合理性的现象，各地方又需要根据自身的特点来治理环境风险，从而形成多中心的环境风险治理决策。可见，作为委托方的中央政府制定的环境保护目标、政策和法规的统一性越强、越明确，就与各地实际情况差异越大，基层政府越需要灵活性，这就越为共谋行为提供空间。事实上，管理方与代理方的共谋行为已经成为一个制度化了的非正式行为，具有广泛深厚的合法性基础和特

[①] 有学者称之为"拼凑应对"，即临时拼凑，摸索调整，关注短期目标，应付完成，与法律通常所要求在有条不紊、按部就班的理性指引下的行为模式形成鲜明反差。参见周雪光：《中国国家治理的制度逻辑——一个组织学的研究》，生活·读书·新知三联书店2017年版，第238-239页。

[②] 有学者通过实证调查方式，专门研究了环境保护领域作为管理方的市级环境保护部门与作为代理方的县级环境保护部门如何"共谋"应对作为委托方的国家环境保护部。参见周雪光：《基层政府间的"共谋现象"：一个政府行为的制度逻辑》，《开放时代》2009年第12期，第40-55页。

定的制度逻辑。[①]

面对代理方的选择性对付或者变通执行，面对管理方与代理方的共谋行为，虽然作为委托方的中央政府不愿意看到，但却是不得不承认的事实。这是因为，一方面，我国的环境管理组织是一个庞大的等级组织，上下级政府之间有直接隶属关系，但越级的上下级政府之间没有直接行政关系，这就是有学者所说的下管一级。[②]由此，县级政府及环保部门主要直接向上级负责，而不是对非上级的中央政府及国家环保部门负责，而直接的上下级地方政府及其环保部门往往属于利益共同体和政治联合体，这就是管理方和代理方之间进行共谋的组织基础。另一方面，由于我国政府治理环境的行政链条过长，基于信息不对称，中央政府难以监督和评估管理方、代理方的行为。由此，导致代理方完成环境风险治理任务的情况与委托者的初衷发生偏离的结果。而有学者所概括的地方政府在治理环境中的"三宗罪"（一是出于地方保护主义，对环境违法行为予以庇护；二是疏于承担环境保护职责，造成政府不作为；三是受制于内外部环境，无法有效进行环境管理），[③]其实就是常规性环境风险治理机制失败的表现。然而，这种失败或者危机其实内嵌于我国国家治理的基本矛盾之中，是国家治理基本矛盾在环境治理领域的表现，从组织角度而言具有必然性。

2.作为矫正常规型环境风险治理机制弊端的运动型环境风险治理机制

的确，正如在整体的国家治理中，当中央政府认为常规型治理机制或者常规权力难以完成特定使命或任务时，会动用运动型治理机制或者专断权力。作为国家治理重要领域之一的环境风险治理领域，当作为委托方的中央政府通过有计划的、可预期的、法治化的常规治理机制难以达到环境风险治理绩效目标时，自然也会动用运动型风险治理机制。对于环境领域的运动型风险治理机制，我国学者并不会感到陌生。比如，仅从2005年到2007年，中央政府就发动四次重要的运动型执法，被学者们形象地称为"环保风暴"。第一次"环保风暴"发生在2005年1月，国家环保总局责令13个省市的30个违反环境影响评价制度的建设项目停止施工，被处罚的30个建设项目中有26个是电力建设项目，涉及五大国有电力公司。[④]第二次"环保风暴"发生在2006年2月，国家环保总局对9省11家设在江河水边的环境问题突出企业实施挂牌督办，对127个投资共约4 500亿元的化工石化类项目进行环境风险排查，对10个投资共约290亿元的违法建设项目

---

① 参见赵树凯：《乡镇治理与政府制度化》，商务印书馆2012年版，第5页。

② 参见周飞舟、谭明智：《当代中国的中央地方关系》，中国社会科学出版社2016年版，第4页。

③ 参见陈海嵩：《解释论视角下的环境法研究》，法律出版社2016年版，第116-118页。

④ 参见王灿发：《"环保风暴"的影响及其显现的环境执法问题》，《华东政法学院学报》2005年第4期。

进行查处。①第三次"环保风暴"发生在 2007 年 1 月，国家环保总局对唐山市、吕梁市、莱芜市、六盘水市等 4 个城市及国电集团等 4 家电力企业处以区域限批的制裁，以遏制高污染产业盲目扩张。②第四次"环保风暴"发生在 2007 年 7 月，国家环保总局对黄河、淮河、海河流域及长江安徽段水环境污染严重的 6 市 2 县 5 个工业园区实施流域限批，暂停除污染防治和循环经济类以外所有建设项目的环评审批，同时对 38 家企业进行挂牌督办。③这四次"环保风暴"虽然针对目标不同，采用手段存在差异，但具有诸多共同点，比如地方政府环保治理绩效退化，中央政府所定的环保任务没有完成，常规治理手段无效，作为中央政府代表的国家环保总局越过地方政府，直接进行执法。对此，当时决策和指挥"风暴"的国家环保总局的潘岳副部长的诸多言论可以佐证。"一些地方政府领导和企业负责人对加强环保'口惠而实不至'，虽然签订了目标责任书，但并没有切实履行污染削减承诺；虽然建了治污设施，但并不正常运行""地方保护主义浓厚，政府不作为是导致污染事件的根本原因"。④当然，之所以被形象地称为"风暴"，也就意味着它们是临时性的，对此，作为"风暴"发起者的潘岳副部长也直言不讳地指出，风暴式的行政手段不仅有"短期性"，而且过于依赖各级执行者的个人意志，⑤到了 2007 年 9 月，环保总局解限五地区流域限批，"环保风暴"也就结束了。

从 2007 年 9 月以来，中央政府没有再次发动轰轰烈烈的"环保风暴"。但到了 2015 年 7 月，中央全面深化改革领导小组第十四次会议审议通过了《环境保护督察方案（试行）》，会议明确，建立环保督察工作机制是建设生态文明的重要抓手。接着中共中央办公厅、国务院办公厅联合发文《环境保护督察方案（试行）》，中央环保督察制度横空出世。⑥恰如陈文，以及诸多环境法学者所观察到的，⑦中央环保督察制度呈现运动型治理机制特征。"不再通过传统科层机构（环

---

① 参见刘鉴强：《再掀环保风暴 潘岳誓言决不虎头蛇尾》，http://env.people.com.cn/GB/1072/4092037.html，2019 年 6 月 9 日访问。黄天香、薛秀泓：《国家环保总局再掀"环保风暴"》，《中国改革报》2006 年 2 月 9 日，第 1 版。
② 参见章轲：《国家环保总局再掀"环保风暴"停批四大电力集团所有建设项目》，《第一财经日报》2007 年 1 月 11 日，第 A02 版。
③ 参见刘世昕：《区域限批的环保风暴刮向四大流域》，《中国青年报》2007 年 7 月 4 日，http://zqb.cyol.com/content/2007-07/04/content_1813746.htm，2019 年 6 月 9 日访问。
④ 章轲：《环保局再掀环保风暴 与地方政府展开博弈》，《第一财经报》2007 年 1 月 16 日，http://news.sina.com.cn/c/2007-01-16/034612045881.shtml，2019 年 6 月 9 日访问。
⑤ 参见刘世昕：《环保总局解限五地区流域限批 环保风暴结束》，《中国青年报》2007 年 9 月 24 日，http://news.qq.com/a/20070924/000942.htm，2019 年 6 月 9 日访问。
⑥ 参见章轲：《中央深改组：建立环保督察机制》，《第一财经日报》2015 年 7 月 2 日，第 A03 版。
⑦ 参见任文岱：《重拳组合，中央掀起"环保风暴"》，《民主与法制时报》2016 年 9 月 4 日，第 002 版。

境监察执法部门、区域环保督察中心）开展环境保护督查工作，而是通过自上而下的方式动员、调动体制内的各种资源与措施，以上级权威强力推进环保督察工作并在短期内取得效果"。①然而，让人颇感惊讶的是，陈文却从形式法治层面对中央环保督察制度作了批判。诸如，中央环保督察的法律依据存疑与规范效力存疑，环保督察专门机构面临组织法上的困境，以及环保督察责任追究法律依据存疑等。笔者认为，这是对作为内嵌于国家治理基本矛盾中的环境风险治理深层次危机认识不足，进而对中央环保督察制度产生的制度根源理解存在偏差所致。纵然我们有诸多理由来解释党中央和中央政府在2015年7月决定，并于2016年1月正式发起的"环保风暴"，但从制度根源层面而言，则是常规型环境风险治理机制难以实现中央政府的环境风险治理目标，国家面临着大气污染、水污染和土壤污染三大危机最为严峻的时刻，现行环境风险治理体系存在着机构林立、职权交错、多头执法、政出多门、扯皮推诿、管理真空、恶性竞争等弊病。②这从新任环保局长陈吉宁的一系列发言中同样可以得到佐证。"一个好的法律不能成为'纸老虎'，我们要让它成为一个有钢牙利齿的'利器'，关键在于执行和落实"③"当前围绕改善环境质量这个核心，一些党员干部思想观念迟迟转变不过来，工作思路、工作方法仍停留在过去，没想法、没办法、没起色"④"转不过来，就换人!"⑤"要对30%以上的市级政府开展督查，强化地方的责任，解决地方政府在环保方面的不作为行为"。⑥中央第一环保督察组组长马驭更是直截了当地指出"将重点督察地方党委和政府及其有关部门环保不作为、乱作为的情况"。⑦可见，尽管此次"环保风暴"与前四次"环保风暴"的改造对象不同——前者是监察党委和政府，后者是监督企业，但都有着相似的制度根源。

（二）中央环保督察制度的合法性权威基础

如果说与常规型环境风险治理机制相匹配的常规权力来源于国家法律授予，从而获得了合法性，那么与中央环保督察制度——运动型环境风险治理机制相匹

---

① 陈海嵩：《环保督察制度法治化：定位、困境及其出路》，《法学评论》2017年第3期，第179页。

② 参见唐贤兴：《中国治理困境下政策工具的选择》，《探索与争鸣》2009年第2期，第31-35页。

③ 参见章轲：《陈吉宁这一年》，《第一财经日报》2016年2月6日，第A10版。

④ 同上注③。

⑤ 同前注③。

⑥ 同前注③。

⑦ 刘效仁：《中央环保督察剑指地方不作为》，《上海金融报》2016年12月2日，第A02版。

配的非常规权力或者专断权力①的合法性来自何处？是什么力量让各级政府官员投入到环保风暴中去，并接受来自党中央和中央政府的督察与问责？恰如德国著名社会学家马克斯·韦伯所说的，任何支配的持续运作都有通过诉诸其正当性之原则的、最强烈的自我辩护的必要。②换言之，任何权力都不能以强制或者暴力为基础，而必须具有合法性基础，而权威就是具有合法性基础的权力。如果我们难以为中央环保督察制度中的专断权力找到合法性权威基础，那么在法治化已经具有强大的号召力，甚至成为一种意识形态的当代中国，法治化中央环保督察组似乎成了为其提供合法性权威基础的唯一选项，也是其宿命所在。笔者认为，中央环保督察制度的合法性权威属于马克斯·韦伯笔下的魅力型或者卡里斯玛权威，而与中央环保督察制度相匹配的专断权力则是卡里斯玛支配③形式。作为对比，常规型环境风险治理机制的合法性权威属于马克斯·韦伯笔下的法理权威，而与之相匹配的常规权力则是官僚④制支配形式。

1.魅力型权威及其常规化的组织设施

在马克斯·韦伯看来，作为一种理想类型的或者纯粹的卡里斯玛权威是以肉体与精神皆具特殊的、被认为是超自然的人⑤所具有的超凡禀赋来获取追随者的认同和拥戴，从而得到其合法性基础。这一权威的核心是，领袖（超自然的人）以其超凡禀赋而得到追随者的服从，而领袖通过不断创造奇迹来显示其超凡禀赋，从而延续和强化这一合法性基础。在这里，领袖就是卡里斯玛支配者，而追随者就是卡里斯玛被支配者。纯正的卡里斯玛支配不知有所谓抽象的法规、行政规则及形式的司法，其客观的法乃是高度个人体验的具体流露，拒绝一切外在秩序的束缚。⑥这就是领袖的专断权力。根据我国学者的观点，我国1949—1976年

①陈文引用英国学者的观点，对专断权力作了解释，即根据统治者单方面将其意志加以推行和实现的权力，而不必和社会其他主体加以协商。在笔者看来，在现代法治语境中，专断权力其实就是国家没有经过严格的立法程序，通过没有制度化和民主化协商即行动的能力。而在封建王朝君主专制的语境中，它是指君主超越官僚体制的最高权力。

②参见[德]马克斯·韦伯：《支配社会学》，康乐、简惠美译，广西师范大学出版社2016年版，第19页。

③根据马克斯·韦伯的观点，"支配"是指，一项特定内容的命令会得到特定人群服从的机会。支配的事实只存在于个人成功地向他人发号施令，但并不必然要系于行政幕僚和组织的存在。参见马克斯·韦伯：《社会学的基本概念》，康乐、简惠美译，广西师范大学出版社2016年版，第94-96页。

④笔者是在中性意义上使用"官僚"这个词。在环境治理语境下，官僚是指依据国家环境法律规范，从中央到地方承担环境治理职责的国家行政机关及其工作人员。

⑤马克斯·韦伯举了些例子，比如，北欧的"勇猛战士"（可变幻为熊的人），爱尔兰英雄秋秋连，荷马的阿基里斯等。参见马克斯·韦伯：《支配社会学》，康乐、简惠美译，广西师范大学出版社2016年版，第254页。

⑥参见马克斯·韦伯：《支配社会学》，康乐、简惠美译，广西师范大学出版社2016年版，第260页。

的国家当属原初意义上的魅力型权威。在当时，新政权以其巨大的革命功绩赢得广大民众的深度拥戴，对国家所标称超凡的德才禀赋，民众深信不疑，而领袖毛泽东则是国家魅力型权威的核心。

然而，马克斯·韦伯又指出，卡理斯玛权威的本质根本就不是一种恒常性的制度性组织，其担纲者可能会丧失卡理斯玛，可能会像十字架上的耶稣那样，觉得被自己的神离弃了。①因此，卡理斯玛权威会经历一个常规化的过程。"不仅支配者本身这么希望，其门徒也经常如此……他们都渴望将卡理斯玛及被支配的卡理斯玛福气从一种个例的、昙花一现的、随机的非常时刻降临于非凡个人身上的恩宠，转变为一种日常的持久性拥有"。②而魅力型权威常规化的一个重要途径则是组织设施魅力型化，即某些特定组织获得了超凡禀赋的特征，从而成为魅力型权威的化身，进而从独特的人格或没有稳定结构的群体转化到有序的制度。"卡理斯玛联结于某一官职之拥有——根据按手、涂油等的观念。因为由此观念，我们见到卡理斯玛之朝向独特制度化变质的过程，换言之，当卡理斯玛的、人格性的启示与英雄信仰被永久性的组织与传统所取代时，结果是卡理斯玛成为既有的社会结构体系的一部分。"③而根据学者们的研究结论，当代中国，执政党也就是中国共产党，是魅力型权威常规化的具体体现。"从象征意义上来说，执政党与卡理斯玛超凡禀赋如出一辙：执政党被赋予了无可替代的内生的领导能力、纠错能力、更新能力……正是执政党的卡理斯玛权威为专断权力提供了合法性基础……如此，它具有专断权力的合法性基础，在必要情势下叫停常规权力。"④之所以长篇引用这位学者的观点，不仅是因为他的分析非常精辟，而且也为我们揭开中央环保督察制度的合法性权威基础提供了线索。

2.中央环保督察制度的魅力型权威特性

（1）中央环保督察的组织权威并不来源于国家法律，而是来源于最高层权威——党中央。从形式而言，中央环保督察的组织权威来源于在陈文看来属于法律位阶较低的中共中央办公厅和国务院办公厅（以下简称"两办"）的文件——《环境保护督察方案（试行）》；但从实质而言，它的组织权威来自于最高层魅力型权威——党中央。2015年7月1日，中央全面深化改革领导小组第十四次会议审议通过了《环境保护督察方案（试行）》，会议决定建立环保督察工作机

---

① 参见马克斯·韦伯：《支配社会学》，康乐、简惠美译，广西师范大学出版社2016年版，第257-259页。

② 马克斯·韦伯：《支配社会学》，康乐、简惠美译，广西师范大学出版社2016年版，第272页。

③ 同上注。

④ 周雪光：《中国国家治理的制度逻辑——一个组织学的研究》，生活·读书·新知三联书店2017年版，第144-145页。

制——中央环保督察组，要把环境问题突出、重大环境事件频发、环境保护责任落实不力的地方作为先期督察对象，近期要把大气、水、土壤污染防治和推进生态文明建设作为重中之重。[1]这其实就是对中央环保督察的任务、对象、机制等都作了明确规定。"两办"的文件无非是将中央全面深化改革领导小组的会议内容规范化而已。而中央全面深化改革领导小组最初出现在2013年11月12日的中国共产党第十八届中央委员会第三次全体会议公报中，公报提到中央成立全面深化改革领导小组，而正式成立则是2013年12月30日，中共中央政治局召开会议，决定成立中央全面深化改革领导小组，由习近平任组长，李克强、刘云山以及张高丽出任小组副组长。它的主要职责是研究确定经济体制、政治体制、文化体制、社会体制、生态文明体制和党的建设制度等方面改革的重大原则、方针政策、总体方案；统一部署全国性重大改革等。中央全面深化改革领导小组是我国推进各项重大改革的最高决策机关，它的权威也属于魅力型权威，并且来自于党中央的直接授予。由此可见，中央环保督察制度的组织权威是经由中央全面深化改革领导小组，是党中央授予的，是为了贯彻党中央的意图。在实践中，对于督察中发现的重要情况和重大问题，督察组不擅自表态和处理，将及时向国务院请示报告。督察组撰写的督察报告要按程序向国务院报告，重大问题报党中央。督查报告经党中央和国务院批准后，向地方党委和政府反馈，主要情况通过中央和地方主要新闻媒体对外公开。无怪乎有学者认为中央环保督察组握有"尚方宝剑"[2]，是"环保钦差"[3]。

（2）中央环保督察自身也成为魅力型权威常规化的组织设施。虽然最高层权威——党中央授予中央环保督察组织权威，但如果中央环保督察依然沿用常规环境科层官僚体系，那么就难以有效贯彻党中央的意图，因此它也成为魅力型权威常规化的组织设施。这一组织设施包括两项典型要素：一是党政并存的组织结构。当前的中央环保督察以中央环境保护督察组名义开展，国务院成立环境保护督察工作领导小组，环境保护部（2018年机构改革之后为生态环境部）牵头负责具体的组织协调工作，中央环保督察与中央巡视工作一样，是党中央的督察巡视工作。不难发现，中央环保督察其实结合了党的组织与政府组织，它既代表党中央开展督察巡视工作，由党中央决定成立，同时也包括国务院环境保护督察工

---

① 参见章轲：《中央深改组：建立环保督察机制》，《第一财经日报》2015年7月2日，第A03版。

② 参见潘洪其：《中央环保督察要用好"尚方宝剑"》，《中国改革报》2016年2月15日，第005版。

③ 参见李彪：《揭秘中央环保督察组运作：参与人员需签保密承诺书》，《每日经济新闻》2016年5月25日，第003版。

作领导小组，以及环境保护部等政府部门。由于政府部门的运作逻辑体现常规型环境风险治理机制的特点，等级明确、各司其职、分工精确、按章办事，但这一常规性环境风险治理机制目前已经暴露出了深刻的危机，难以实现环境风险治理绩效，因此党中央将启动环境领域的运动型风险治理机制置于党的组织结构之中，而党的组织结构特点恰恰是打破行政边界和壁垒，能够动员包括政府组织中的力量和资源。可见，政府组织已经成为党的组织实现环境风险治理目标的工具。二是又"红"又"专"或者德才兼备的人事制度。与常规型环境风险治理机制中的法理权威要求执法人员主要体现专业性（专）不同，也与纯粹的党务系统的工作人员以"红"（强调政治忠诚、道德高尚）为主不同，中央环保督察实行又"红"又"专"的人事制度。"红"的素质是为了更好贯彻党中央的政策意图，与党中央保持一致，便于执行自上而下的动员令；"专"的素质是为了实现对下级党委和政府的有效督察。两者结合，以实现崇高的道德、政治忠诚、超凡的才能等有机融合。比如，中央环保督察组的组长都是在职或者已卸任的正部级领导干部，并且人选均由中央高层领导审定，而副组长由环境保护部副部长兼任。[1]显然，这些部级或副部级干部都是执政党内又"红"又"专"的代表。这种又"红"又"专"的人事制度，我国有学者称之为政治官僚制，以区别法理权威中的理性官僚制。它们为国家实施运动型治理提供了组织基础。[2]

（3）中央环保督察通过自上而下的政治动员方式来开展环境督察。与常规型环境风险治理机制中借助于环境监察执法部门、区域环保督察中心等组织依据环境保护法律来开展环境监督与执法的方式不同，中央环保督察开展环境风险治理通常采用大张旗鼓、制造舆论声势、全面动员、层层传导压力、调动各方资源、中央高层政治领导亲自部署、省部级高官参与、媒体引用党和国家领导人讲话等政治动员方式来进行。这类政治动员方式的突出特点是威慑力强大，撼动整个党政官僚体系，快速突破按部就班的常规环境风险治理体系，在短时期内将党中央和中央政府保护和改善环境的意图、信号传递到各个领域，以期产生立竿见影效果。比如，2017年3月5日国务院总理李克强在作政府工作报告时称，今年要坚决打好蓝天保卫战，全面推进污染源治理，严格环境执法和督查问责。[3]而同年在全国环境保护工作会议上，环保部部长陈吉宁说，环保督察既应强化约束机

---

① 参见王尔德：《中央环保督察组将进驻北京等7省市 重点督察不作为、乱作为》，《21世纪经济报道》2016年11月28日，第002版。

② 参见冯仕政：《中国国家运动的形成与变异：基于政体的整体性解释》，《开放时代》2011年第1期，第81页。

③ 参见章轲：《中央环保督察冲击波：从"督企"到"督政"》，《第一财经日报》2017年3月14日，第A03版。

制，又要创新激励机制，调动各方面的积极性。①这意味着从2016年刮起的"环保风暴"——中央环保督察在2017年将继续深入。不难发现，由国务院总理在政府工作报告中或者由环保部长在全国性会议上来推进环境治理工作的方式在常规型环境风险治理机制中是不可能存在的。又如，2016年11月24日下午，中央第五环境保护督察组进驻重庆市。督察组组长张宝顺、副组长翟青就做好督察工作分别作讲话，而组长张宝顺首先以习近平总书记和李克强总理对环境保护的要求作为开场白，凸显了代表党中央来开展督察。重庆市委书记作动员，市委副书记、市长主持会议，会议要求全市各级党委、政府和有关部门要全力做好督察配合各项工作。②显然，以市委书记动员方式来治理环境风险问题是常规性环境风险治理机制所难以想象的。再如，就在中央环保督察组第一批进驻内蒙古等8省（区）的同时，中央电视台就密集曝光重庆中化集团三峡库区污染、山西晋城市陵川县、阳城县11家二硫化碳企业严重污染事件，为中央环保督察组的督察工作宣传造势。③而中共中央政治局常委、国务院副总理张高丽于2016年7月6日主持召开会议，对2016年第一批中央环境保护督察工作进行部署。④此外，督察组还通过督党委和督政府来层层传导环保压力。

（4）中央环保督察组行使一系列非常规权力来实现特定任务、创造环境风险治理领域的奇迹。在魅力型权威中，魅力支配者对被支配者施加专断权力或者非常规权力来实现特定任务，完成常规治理机制难以实现的使命。中央环保督察组也行使一系列非常规权力，被媒体形象地称为"重拳组合""尚方宝剑""重拳出击"。比如，督察组在运行过程中，参与人员需要签订保密承诺书，"一方面是保护举报人的信息，防止事后遭到打击报复，另一方面是督察过程中会有不同争论和观点，也不宜对外泄露"。⑤督察流程则包含六个环节：督察准备—督察进驻—形成督察报告—督察反馈—移交移送问题及线索—整改落实。⑥在实践中，督察组采取听取汇报、调阅资料、个别谈话、走访问询、受理举报、现场抽查、下沉督察等方式开展工作。"明察暗访""直接点名省级领导"等手段成为督察组常规

---

① 参见章轲：《中央环保督察冲击波：从"督企"到"督政"》，《第一财经日报》2017年3月14日，第A03版。
② 参见王尔德：《中央环保督察组督察将进驻北京等7省市，重点督查不作为、乱作为》，《21世纪经济报道》，2016年11月28日。
③ 参见刘效仁：《中央环保督察剑指地方不作为》，《上海金融报》2016年12月2日，第A02版。
④ 参见本报评论员：《进一步深化和推进中央环保督察》，《中国环境报》2016年1月7日，第001版。
⑤ 参见李彪：《揭秘中央环保督察组运作：参与人员需签保密承诺书》，《每日经济新闻》2016年5月25日，第003版。
⑥ 参见李军：《督察让环保压力有效传导》，《中华环境》2016年第9期。

工作方式。而依照依法行政基本原则，以及现行环保法律的规定，此类手段可能属于违法行为。督察组的非常规权力不仅体现在手段与形式上，而且还体现在强度上。比如，中央环保督察在陕西省工作一个月，致陕西省938人因环境问题被问责。①即使是节假日，督察组也照样开展督察。②伴随着非常规权力，则是中央环保督察组实现了环境风险治理领域的奇迹。而奇迹恰恰是魅力型权威的鲜明特征。比如，督察组仅在河南一个月间，责令整改1 614件，立案处罚188件，拘留31人，约谈148人，责任追究1 231人。③在黑龙江省，截至2016年9月底，中央第二环境保护督察组共交办32批次1 226个举报材料，已办结1 224件，办结率达99.83%。④又如，从2016年7月12日至9月30日，8个督察组共计交办群众来电来信举报13 316件，地方已办结13 074件，其中责令整改9 617件，立案处罚2 659件，共计罚款1.98亿元；立案侦查207件，拘留310人；约谈2 176人，问责3 287人。⑤再如，截至2017年4月21日，中央环保督察已经完成了对15个省（区、市)的环保督察,问责6 408人，约谈6 842人，立案查处案件达8 969件，而这些案件中相当数量属于地方多年解决不了的环保老大难问题。⑥除了这些可定量的成果之外，还有各地公众不少定性的评价。比如："真没想到多年反映的环境问题，中央环保督察组交办后这么快就解决了。"⑦"中央环保'钦差'来了，阿什河多年来的老大难问题，终于可以化解了。"⑧

（三）中央环保督察制度的消极后果

从以上分析不难发现，中央环保督察制度的合法性类型其实属于魅力型权威，而不是法理权威，因而如果像陈文那样以法理权威所具有的标准去衡量，自然就会发现它属于非法的制度。但这显然是对该项制度的重大误解。从该制度所

---

① 参见郄建荣：《中央环保督察陕西一个月问责938人》，《法制日报》2017年4月12日，第006版。

② 参见郭亮廷：《"五一"不休假 环保督察在行动》，《郴州日报》2017年5月3日，第001版。

③ 参见章轲：《首期中央环保督察问责3287人》，《第一财经日报》2016年11月23日，第A02版。

④ 参见吴殿峰：《中央环保督察组交办案件办结率达99.83%》，《黑龙江日报》2016年10月10日，第001版。

⑤ 同前注③。

⑥ 参见郄建荣：《中央环保督察专治地方沉疴：已完成对15个省督察 共6408人被问责》，《法制日报》2017年4月21日，第006版。

⑦ 这是山西太原市的一位市民的评论。参见高岗栓：《太原对中央环保督察组交办案件立行立改：群众有了更多获得感和幸福感》，《中国环境报》2017年5月26日，第002版。

⑧ 这是哈尔滨市一位老大爷的话。参见吴殿峰：《中央环保督察组交办案件办结率达99.83%》，《黑龙江日报》2016年10月10日，第001版。

瞄准的目标而言，它要对地方党委和政府系统里的官员、部门或者单位进行改造，而不是对企业或者社会公众进行改造，目的是让地方党委和政府在环境风险治理领域的行为符合党中央和中央政府的要求。然而，正如常规型环境风险治理机制会遇到一系列挑战，作为运动型环境风险治理机制的中央环保督察制度也会带来一些消极后果。①对此，无论是作为发起者还是作为执行者，都应当加以关注。

1. 对现行有效的环境法律规范的冲击。由于中央环保督察制度所体现的权力属于非常规权力或者专断权力，用意在于暂时叫停常规环境风险治理机制，并以自上而下的政治动员方式实施，因而对现行的环境法律规范会带来一定冲击，会损害其权威。在实践中，可以发现督察组对个别案例严厉惩处，以产生强大的威慑力，但惩处的对象具有较大的随机性，所使用的手段也不是特别严格或者精致，体现了较为强烈的长官意志。对于环境风险问题是否严重，严重到何种程度，哪些环境风险问题需要重点治理，哪些工作人员需要被追究责任，督察组需要形成意见报国务院领导来决定，有的还要报党中央最后决策，这就可能出现政治高于法律专业之上的情况。因为国务院和党中央领导通常关注重大问题。此外，在督察过程中，地方党委和政府一般通过主要领导人部署、各部门参加、新闻媒体造势等方式进行，带有一定形式主义色彩，所谓认认真真搞形式，扎扎实实走过场就是对这一现象的极端形式的描述。而为了及时完成整改任务，地方党委和政府又片面追求效率，采取简单粗暴的"关""停""罚""拘留""查封"等体现出强烈的工具主义倾向的执法手段，②出现过度使用或者迷信惩罚的危险，而环境风险问题往往是系统性问题，需要综合施策。诸如此类的现象，都将不同程度地削弱现行有效的环境法律规范的权威，使其陷入甚为尴尬的局面，也有损环境法治的公平和公正等理念。

2. 对地方党委和政府日常管理活动的冲击。由于作为卡里斯玛权威的中央环保督察组需要创造环境治理领域的奇迹才能获得自身的合法性，才能为社会公众所支持和拥戴，因而，它必须动员党政机关、社会组织、普通公众等各方面资源和力量，以实现超常的绩效。由此，我们可以看到，从中央环保督察组的建立，到进驻各地展开巡察，再到反馈意见与整改，通常出现国家领导人、环境保护部

---

① 陈文显然也注意到了中央环保督察组织面临的局限性，诸如，无法担保治理效果的可持续性与制度运作的持久性。但笔者不太同意陈文的主张，因为所谓"无法担保治理效果的可持续性与制度运作的持久性"并不是中央环保督察制度所要实现的功能，而是现行的常规型环境治理机制的目的所在。

② 参见王文军：《我市从严查处立行立改中央环保督察组交办问题》，《运城日报》2017年5月19日，第001版。

部长、各地党政主要领导等层层讲话，地方党委和政府各个职能部门纷纷参加，国家与地方官媒宣传造势、发动群体进行举报等声势浩大、全面动员的形式。这种以政治动员方式来推进督察的本意是突破常规环境官僚科层的束缚，调动各个部门和方面的资源来创造奇迹。然而，这种集中资源和注意力的做法对地方党委和政府日常管理活动产生较大冲击。一时间，几十个党政部门都围绕着环境问题或者督察组转，市委书记、市长、市纪委书记、市政协主席、市政法委书记、市宣传部长等搁置本职工作，都成了环境执法人员，[1]而不管是否具备环境法律方面的专业能力或者素质，从而形成所谓忠诚竞争。[2]可是，地方党委和政府各个部门依据组织法等都有自身的职责和专业分工。此类放下其他管理活动，不分专业，不做分工，而集中资源开展环境风险治理的做法，虽然单就环境风险治理的特定目标或者某一阶段而言，会取得短期效果，但从长远来看，则也可能带来巨大的交易成本，冲击党委和政府日常行政管理活动，造成一系列后遗症。比如，其他领域的管理事务被迫暂时中止，将其他领域的管理资源先"挪用"来治理环境问题等。

3. 对环保部门科层体系、企业、社会公众等主体之间正常关系的冲击。在常规环境风险治理机制中，环保部门科层体系，特别是地方环保部门与各类生产和制造企业，以及社会公众等主体之间关系是由环境法律来界定的，因而相对而言，是可以预期的。也就是在这种可预期的法律关系中，各方主体形成了自身行动和决策偏好，从而减少交易成本，增进社会福利。这也是环境领域的法理权威所具有的重要功能。然而，一旦作为卡里斯玛权威的中央环保督察制度的出现，则势必打破在法理权威下所形成的各方主体之间的社会关系。一方面，中央环保督察制度是作为最高权威的党中央发动的、针对地方党委和政府（包括环保部门科层体系）的改造运动，是要规训地方党委和政府（包括环保部门科层体系），这就向企业、社会公众等主体传递了一个重要信号，中央政府现在直接面对它们，承担起主动改造地方党委和政府（包括环保部门科层体系）来治理环境问题的任务，由此导致地方党委和政府（包括环保部门科层体系）治理环境问题的能力受到企业和社会公众的质疑，原先的各个主体之间的稳定预期被打断，它们就会重新形成偏好和预期，这无形之中增加了交易成本。另一方面，由于社会公众的拥戴和支持是卡里斯玛权威的合法性基础，为此，中央环保督察制度必须不断发动社会公众（包括企业）举报，不断显示奇迹，不断取得非凡的环境治理绩

---

① 参见郭亮廷：《"五一"不休假 环保督察在行动——我市全面推进中央环保督察工作综述》，《郴州日报》2017年5月3日，第001版。

② 即官僚为了获取所需要的利益而积极表现自己对特定政治路线的忠诚，而不管从专业角度看国家发起的运动多么可笑。参见冯仕政：《中国国家运动的形成与变异：基于政体的整体性解释》，《开放时代》2011年第1期，第84-85页。

效，才能为其自身的专断权力辩护。但这一奇迹的取得过程，在很大程度上依赖于常规的环保部门科层体系。于是在实践中出现比较尴尬的局面：社会公众举报污染企业、举报地方党委和政府（包括环保部门科层体系）不作为；存在竞争的企业之间相互举报，同时举报地方党委和政府（包括环保部门科层体系）不作为；督察组交待地方党委和政府查处被举报的污染企业，同时要求对被举报人保密。因而结局往往是：虽然督察组履行完毕职责离开督察地，"光荣"而退；但一些地方党委和政府（包括环保部门科层体系）工作人员却被严肃地追究法律责任，有的还被免职；污染企业受到严厉制裁，企业主受到惩罚，甚至被拘留；而包括举报人在内的社会公众尽管能够拍手称快，然而举报人的信息难免泄露，以致陷入新的恐慌；多数社会公众在"感恩"督察组的同时，也会对地方党委和政府（包括环保部门科层体系）产生不信任感；而地方党委和政府（包括环保部门科层体系）因过度服役、不堪重负，也会降低对督察组的认同。显然，这里存在诸多无法兼容的紧张关系。如果督察组难以把握督察"火候"，则会矫枉过正，导致被督察的政治生态动荡，社会关系遭到扭曲。

作为运动型环境风险治理机制，中央环保督察制度根源于现行的常规型环境风险治理机制及其背后所呈现的法理权威的失败，这是由国家环境风险治理基本矛盾所决定的。由此，这种失败具有组织基础，进而言之，中央环保督察制度的存在不是任意的，也不是中央政府随意决定的，而是建立在稳定的组织基础之上的，是整体国家环境治理制度的有机组成部分。它与常规环境风险治理机制相互矛盾，但又互为依赖，并在一定条件下相互转化。因此，试图通过法治化的方式来"消灭"中央环保督察制度，却会迎来另一项名称虽然不同，但实质上依然属于运动型环境风险治理机制的制度。这就类似于2005年到2007年，中央政府发动了四次名称各异的运动式执法之后，学界呼吁将"环境风暴"关进制度的笼子里面。[1]然而，时隔8年，中央政府又发动一场更为猛烈的"环保风暴"——以中央环保督察制度的名义出现。虽然中央环保督察制度会带来一系列消极后果，但如何应对这些消极后果，并不是像陈文那样通过法治化方式来克服，可能的缓解途径则是通过尽量消除产生运动型环境风险治理的条件。这就需要在法治轨道内不断增强环境风险治理领域的基础性国家权力，从而尽可能降低中央政府动用专断权力来发动运动型治理的概率。

---

① 参见刘毅：《从环保风暴到长效机制》，《人民日报》2010年4月22日，第020版；章轲：《告别"环保风暴"》，《第一财经日报》2007年9月14日，第A04版。

第二节　政府主导型环境风险治理工具之合理性基础

政府主导型环境风险治理工具之所以广泛存在于环境风险治理的理论与实践之中，固然有其相应的合理性基础。需要指出的是，政府主导型环境风险治理工具的合理性基础并不完全等同于用以规范它的行政法"红灯理论"。从某种程度上而言，行政法"红灯理论"的确能够为政府主导型环境风险治理工具提供一定的合理性基础，但是，它的合理性基础却不单是行政法"红灯理论"就能完全证成的。可以说，行政法"红灯理论"是它的合理性基础的必要非充分条件。除此之外，其合理性基础还表现为以下两个方面：一方面，从经验实践维度而言，它的合理性基础之一便是其在环境风险治理实践中所体现出的绩效优势，其重视发挥国家强制力和国家权威在治理活动中的功用，主张借助于传统的立法、执法、司法等途径设定相应的法律后果和追究相应的法律责任，以实现对环境污染主体加以控制。它是一种事后导向的环境治理模式，具有强制性、权威性、稳定性、单向性和法治性等特点。[1]另一方面，它的合理性基础还在于其背后蕴藏的理论学说，如市场失灵理论和公共利益理论。

一、避免"公地悲剧"

环境风险的公共性和外部性造成了"公地悲剧"。公共物品理论指出，倘若一个物品不具有排他性和强制性，而同时具有无偿性和不可分割性，那么这个物品就属于公共物品范畴；反之，若一个物品具有排他性、强制性、有偿性和不可分割性，那么它则属于私人物品。所谓不具有排他性和强制性是指，该物品可以被不特定的多数人占有且占有人可以给予自己的意愿自由地选择是否占有；所谓无偿性和可分割性是指，该物品的取得不附加条件而可以免费获得，并且该物品可以被任意地分成不同的组合。环境问题属于公共事务，从经济学角度而言，环境利益因其自身不具有强制性和排他性，且拥有无偿性和不可分割的属性，当然属于公共物品。从理论上而言，所有人公平、高效地使用环境利益这一公共物品是可以实现的，它建立在严格的产权规则和超高的个人素养之上。因此，由一个个作为"理性经济人"的个体共同组成的社会公众并不能实现上述愿景。因为"理性经济人"通常存在着盲目短视、自我、追求效益最大化等有限理性。个体间对于环境利益的竞争和掠夺时常发生，加之完全明晰的产权规则也无法真正确立，因此，作为公共物品的环境利益就显得捉襟见肘，进而产生一系列环境问

---

[1] Jon D. Silberman, Does Environmental Deterrence Work? Evidence and Experience Say Yes. But We Understand How and Why, Environmental Law Reporter News & Analysis, 2000, 30(7): 10523-10536.

题。环境风险的外部性是指可能制造或引发环境风险的人并不承担相应的环境风险结果，这一结果而是由引发环境风险以外的人承担。可以说，环境风险的外部性本质上是由环境风险的公共物品属性所决定，正是因为环境利益属于公共物品，它不具有排他性，因此当某一主体制造环境问题时，环境后果却作用于其他主体。因此，环境风险的制造者通常并不会主动关心环境风险给自己带来的后果，他们更多关注的是自身利益的最大化，至于给其他人造成的环境不利后果，则事不关己。

"公地悲剧"这一概念属于舶来品。虽然难以考证它是由谁先提出来的，但可以肯定的是，它的思想渊源来自生物学家加勒特·哈丁于1968年发表在《科学》杂志上的著名论文《公地悲剧》。[①]《公地悲剧》的论点是：生态环境资源损耗和污染问题都根源于自由获取体制（无财产权）所创造的激励机制。在这种自由获取体制下，没有人可以排除任何其他人使用给定的资源，于是，悲剧就发生了。每个人都被锁进一个强迫自己无限制地使用资源的陷阱当中，而这个世界的资源是有限的，在一个人人都争先恐后地在公地上"理性"地追求利益最大化的社会中，毁灭就是宿命。[②]这就是"公地悲剧"，或者"自由获取悲剧"。[③]为了克服"公地悲剧"，哈丁提出两种进路：第一种进路是私有化：将自由获取的资源转变为私人所有权，以便将因自由获取所带来的成本内部化；第二种进路是公共管制：国家或共同体给资源使用者规定某些限制以防止其过度使用。[④]而根据美国学者丹尼尔·H.科尔的观点，[⑤]对生态环境资源的公共管制，特别是政府管制其实建立在资源的公共（国家）所有权基础之上，包括明确的公共（国家）所有权，以及隐含的公共（国家）所有权。[⑥]于是，针对"公地悲剧"，人们试图通过为生态环境资源确立所有权——私人所有权与公共/国家所有权的方式来化解。以上分析表明，政府主导型环境风险治理工具的选择与运用其实是用以解决"公地悲剧"的一种途径。

---

① Garrett Hardin, The Tragedy of the Commons, Science, 1968, 162(3859): 1243-1248.

② Garrett Hardin, The Tragedy of the Commons, Science, 1968, 162(3859): 1244.

③ Eric T. Freyfogle, The Tragedy of Fragmentation, Environmental Law Reporter News & Analysis, 2002, 36(2): 307-337.

④ Garrett Hardin, The Tragedy of the Commons, Science, 1968, 162(3859): 1244-1245.

⑤ 参见[美]丹尼尔·H.科尔：《污染与财产权：环境保护的所有权制度比较研究》，严厚福、王社坤译，北京大学出版社2009年版，第20-23页。

⑥ 公共或国家所有权是共有财产权的一种特殊形式，在这种财产权体制中，所有权属于全体人民，但往往由选举出来的官员或官僚行使，由他们来决定获取和使用的范围。参见[美]丹尼尔·H.科尔：《污染与财产权：环境保护的所有权制度比较研究》，严厚福、王社坤译，北京大学出版社2009年版，第9页。

二、克服信息稀缺性和不对称性造成的"市场失灵"

在市场经济中，市场机制在配置各种资源以及调节影响效率的实现等领域发挥着基础性作用，这是经济学界尤其是新古典经济学派取得的广泛共识。在不倚靠外部机制的作用下，市场凭借自身的功能实现帕累托最优。然而，上述论断只是理想意义上的假设，它对市场本身提出了非常高的要求。若要实现帕累托最优，则要求市场主体是拥有完全理性的，市场中的信息也是完全透明不存在壁垒的，市场仅提供私人物品而不提供公共物品，物品的产出与获得并不产生外部效应。事实上，理论研究表明，市场主体并非完全理性，相反，他们都是有限理性人，市场信息也会因客观条件或主观意愿的影响而不能完全透明公开，市场中存在着大量的公共物品且外部效应明显。因此，完全倚靠市场机制的作用并不能实现帕累托最优。经验表明，市场存在着一定程度的失灵，即不能完全实现资源的最佳配置，即使资源得到了最佳配置，效率也会受到严峻挑战。环境利益的分配也是如此，仅仅倚靠市场机制也无法达到帕累托最优，良好的配置环境资源则需要市场机制以外的其他机制共同发挥作用，这就为以国家强制力为后盾的政府主导型环境风险治理工具的选择与应用提供了必要前提。

在环境市场中，环境风险信息也是不完整和稀缺的。环境风险信息之所以具有不完整性和稀缺性，一方面是由环境风险的复杂性、多元性、不确定性等特征决定的，因为它们对环境主体提出了较高的信息识别、收集、沟通、研判等技术性要求；另一方面是环境市场中的风险制造主体作为理性经济人，存在刻意隐瞒或规避与自身利益密切相关的风险信息，对于那些对自己不利、可能侵犯公众利益的信息通常选择视而不见、秘而不宣，而其他受到环境风险直接或间接影响的社会公众处于信息的弱势地位，因此产生了信息的不对称和不完整。市场机制就是在这样的情境中失灵了，若要克服环境市场中的市场失灵问题，就需要打破环境市场中的信息壁垒，这就需要付出一定的成本，例如，增加环境风险制造者的交易成本便是可行方案之一。可问题是，环境风险制造者本身又是追逐利益最大化的理性经济人，增加交易成本就意味着收益的减少，当信息成本高于可能的收益时，环境风险制造者则会失去耐心和动力。因此，信息的稀缺性和不完整性无法只通过市场机制完全克服。

以上分析表明，仅仅倚靠市场机制在环境风险治理中发挥作用是不能实现对环境利益的合理配置的，相反会造成环境利益分配的不公正、环境利益的流失等问题。因此，需要借助于市场以外的机制分配环境利益，其中以政府为代表的公权力机制的作用就显得尤为必要。以国家强制力为后盾，将政府引入环境市场之中，其实就是利用政府这一有形的手对环境市场中的各种行为加以规制，为环境利益的交换、获取设置一定的规则和标准，对无限制地损害环境利益的行为进行干预，以弥补"市场失灵"可能造成的弊端。现代环境治理经验表明，尽管市场主导型环境风险治理工具越来越受到环境风险治理者的青睐，然而政府主导型环境风险治理工具仍在环境风险治理活动中发挥着不可替代的基础性作用。

三、顺应我国环境风险治理实践的现实要求

风险治理主体运用政府主导型环境风险治理工具从事环境风险治理实践活动，实质上体现了权威型的环境风险治理模式。正如有学者所言，它契合了我国行政主导型国家的政治优势和压力型体制的资源优势，将环境标准、环境执法、环境司法、环境审计以及环境问责嵌入到压力型政府的运行模式之中，发挥党政同责、一岗双责、环境责任终身负责制等制度功能：[1]首先，契合环境行政规制的制度惯性。政府主导型环境风险治理工具符合我国行政主导型国家的历史传统，是一种自上而下的环境监管。它强调高压、强制和服从、接受，环境治理的效率较高，直接处罚环境污染企业，惩罚环境违法行为，通过环境企业违法成本收益的变化来遏制环境企业的违法行为，形成高压威慑。其次，具有系统的法律保障。政府主导型环境风险治理工具突出环境立法、执法、司法等法律的功能，构建了系统的环境法律、法规，明确了环境标准、准入条件以及环境主体的权利义务、权力责任，具有法律上的先定力、强制力、执行力。最后，治理效率高。政府主导型环境风险治理工具以法律强制为基础。如果环境企业不遵守环境法律法规，则要受到环境法律制裁，并且政府主导型环境风险治理工具也是通过加大环境企业的违法成本来实现环境企业守法，这种强制执行路径对环境企业具有很强的威慑性和制裁性。

在政府主导型环境风险治理工具的运用之中，政府通过自身的权威性和强制力发挥着主导的、核心的作用。通过这类工具的运用可以迫使环境风险制造者做出改变，从而使政府迅速且有效实现治理环境的目标。在其他条件相同情况下，工具强制性越大，越可能有效。这是因为，这些强制性的工具赋予政府更明晰的执行力；限制参与者对决策目标的偏离程度，降低政府的执行成本。[2]因此，环境保护的倡导者更加支持那些能够提供最大确定性以使他们所追求的目标真正实现的工具。[3]当区域环境风险严重超过"环境容量"时，不可能再依靠市场工具如征税来解决，此时，政府主导型环境风险治理工具也许是最有效的选择。原因在于：首先，在没有完美产权、完美信息和完美市场条件下，市场工具并不能发

---

[1] 张锋：《环境治理：理论变迁、制度比较与发展趋势》，《中共中央党校学报》2018年第6期。

[2] [美]莱斯特·M.萨拉蒙：《政府工具——新治理指南》，肖娜等译，北京大学出版社2016年版，第21页。

[3] 同上注。

挥理想效果；其次，提倡市场工具的学者或许忽略了税收工具或可交易许可证工具本身所需要的实施和监测成本，它们必须要求对环境风险进行频繁和精确的监测，以准确评估税收或者确保遵循许可证配额，这些配额随每项补贴贸易而变化。[1]因此，市场工具并不适合所有的机构和技术环境，特别是在监测成本过高的情况下。在环境风险治理实践过程中，政府主导型环境风险治理工具可能更有效以及效果更好，如果它们被市场工具所替代，也应该是在对预期成本和收益（包括实施和监测成本）进行仔细地逐案检查之后进行。

四、作为公共利益理论之体现

20世纪以来，西方国家的政府规制几乎覆盖了从金融到福利和教育等所有社会生活领域，然而，传统行政法学者面对这一变化大多仍以行政程序作为回应。直到80年代初，以研究政府规制实质性为内容的政府规制改革才在美国行政法学界展开。[2]在这之中，公共利益理论作为最早的规制理论，几乎成为所有政府规制问题的理论基础。该理论最初源于规制经济学领域，它认为"市场失灵"和福利经济是其立论基础，认为政府作为公共利益的代表，应当对市场经济中低效率和不公平现象进行规制，由政府进行直接干预，并为实现社会福利而进行资源优化配置，从而达到保护并实现社会公众利益、维护社会秩序和稳定的目的。公共利益理论具有着相当的功能价值。首先，该理论认为公共利益在于社会公众利益的集合，强调了个人之于法律的目的，体现了法律对于个体的人文关怀，赋予了政府规制的正当性；其次，该理论区别了政府权力与公民权利的地位，在一定程度上限定了政府权力，保障公民权利。[3]

公共利益理论对政府主导型环境风险治理工具的意蕴体现在以下两个方面：一方面，公共利益理论强调政府在规制过程中的重要作用，对于政府主导型环境风险治理工具而言，则需要对行政权力的有效运行予以特别的关注。政府主导型环境风险治理工具是一种以政府为主导、鼓励公众参与的复合型治理工具，因此需要对既有的行政权力进行优化，而优化的方法则是对其进行法制层面的建构，亦即通过明确具体的权力和责任设计与安排来实现行政权力的规范运行。另一方面，公共利益理论还要求行政主体在规制过程中排除自我利益的干扰，把行政行

---

[1] Cole, Daniel H. and Grossman, Peter Z., When Is Command-and-Control Efficient? Institutions, Technology, and the Comparative Efficiency of Alternative Regulatory Regimes for Environmental Protection, Wisconsin Law Review, 1999(5): 887-938.

[2] Joseph .P. Tomain Sidney. A. Shapiro, Analyzing Government Regulation, Administrative Law Review, 1997, 49(2): 377-414.

[3] 参见韩京君：《政府规制的法理学分析》，吉林大学2008年学位论文，第10页。

为建立在公民对话和公共利益的基础之上。①这对于政府主导型环境风险治理工具而言，则需要对公民权利予以保障。行政机关在选择和运用治理工具时享有自由裁量权，其后果是公众利益会受到不法侵害，这种现象在涉及主体众多的环境领域尤其明显。公共利益理论主张规范政府主导型环境风险治理工具就需要通过立法等形式设定公民权利保障条款、公共权力违法制裁条款来实现对公民权利的有效救济。

第三节 行政行为形式论下的政府主导型环境风险治理工具

行政行为形式论下的政府主导型环境风险治理工具主要解决的问题是，结合传统行政法学中的行政行为形式理论，将政府主导型环境风险治理工具转化为行政行为形式理论中的型式化行政行为。进而言之，就是将政府主导型环境风险治理工具进一步类型化，类型化的宗旨在于创造一套可供推理的行政法技术概念，并依靠这一套纯粹技术性的概念来架构包括行政机关在内的多元主体的行为规范②，从而为政府主导型环境风险治理工具在行政法秩序中寻找到一个合适位置。

一、行政行为形式理论之学理阐释

若对行政行为形式理论追本溯源，奥托·迈耶是一个不得不提及的标志性人物。自奥托·迈耶于1895年提出行政行为这一行政法的"阿基米德支点"式的概念以来，大陆法系国家的行政行为理论日趋成熟。由于现代行政活动方式的复杂性和多样性，行政法学的研究重心即转向了针对所有行政活动方式的抽象概括与加工提炼上来，并赋予其具体的法律效果，③由此产生了行政行为形式理论。简而言之，就是以法律的视角来审视具体的行政活动，进而构造出符合规范要求的可以作为典范的行政行为类型。④因此，借由厘清各种行政活动基本单元的概念内涵与外延、容许性与适法性要件以及法律效果等问题，以确保依法行政的要求，并同时保障人民的权利便成为了行政行为形式理论的主要任务。⑤

法律体系是把既存的各色各样的知识或概念，依据一个统一的原则安放在一

① 参见戚建刚、易君：《灾难风险行政法规制的基本原理》，法律出版社2015年版，第111页。
② 参见朱新力、唐明良：《行政法基础理论改革的基本图谱》，法律出版社2013年版，第86页。
③ 参见鲁鹏宇：《论行政法学的阿基米德支点——以德国行政法律关系论为核心的考察》，《当代法学》2009年第5期。
④ 参见高秦伟：《反思行政法学的教义立场与方法论学说——阅读〈德国公法史（1800-1914：国家法学说和行政学）〉之后》，《政法论坛》2008年第2期。
⑤ 参见赖恒盈：《行政法律关系论之研究》，元照出版有限公司2003年版，第53页。

个经由枝分并在逻辑上相互关联在一起的理论框架中。①奥托·迈耶取向于特有的法理念，将行政法的整体内容做体系性的开展与结合安排。②行政于法律之下，基于法律，执行法律是其体系构造的基础。以这种思想为指导，他借鉴司法制度创立了"行政决定"这一概念。以行政决定作为行政法体系的中心，沿着一个严密的逻辑而展开，即行政决定→公法、外部法关系、高权、目的性→权利侵害有法律救济可能（撤销诉讼）。③后来的行政法学者将迈耶当时未解决或未考虑到的行政活动现象，仿照迈耶的行政决定体系，不断地将所有的行政活动可能的样态，用不同的行为形式将其概念化、类型化，并赋予这些抽象后的类型化的行为以具体的法律效果。④这样就形成了围绕着以行政行为形式为核心的建构行政法学体系的方法，后来的学者称之为行政行为形式理论。迈耶认为，对行政活动的法形式的研究价值可以在法治国家原理中找到根据。行政法学对行政活动的法形式的归纳整理，不仅是宪法上法治国家原则的形式性要求，而且在方法论上是保障法治国家合理性的要求。这是因为通过对各种行为形式基准的设定，才能实现法律适用的平等性、法的预测可能性。⑤这套理论的行政法教义学的成熟——行政法学形成了一套经由行政行为形式理论而建立的不具有渗透性的、封闭的、自足的行政法理论体系。⑥

奥托·迈耶的行政行为形式理论对于行政法学的学术贡献，在把公权行政的法律形式予以系统化和概念化。⑦抽象性与效果集中性是行政行为形式理论最核心的建构原则。所谓的抽象性指的是将行政行为以高度一般化的能力来展现，使其能够适用于众多的行政领域。效果集中性是直接将行为条件联系到一定的法律效果，给予相应的法律评价。⑧行政行为的形式理论形成分为两部分：第一，对于可归属为行政的所有行为进行法的描述。首先将具体、纷繁、复杂的行政活动予以抽象，考虑其是否符合法律规定的构成要件的行政活动，对其进行概念化和类型化。法学是一门规范性学问，是以法律规范的规定来考虑问题的，只关注按照法律秩序准则，从生活事实中截取符合规范要求的事实。法律的典型规定是条件模式的，也就是"如果……就……"的模式，如果法律规定的条件被满足，则

---

① 参见黄茂荣：《法学方法与现代民法》，中国政法大学出版社2001年版，第427页。

② 参见[德]奥托·迈耶：《德国行政法》，刘飞译，商务印书馆2013年版，第21-22页。

③ 参见程明修：《行政法之行为与法律关系理论》，新学林出版股份有限公司2005年版，第367页。

④ 参见张锟盛：《行政法学另一种典范之期待：法律关系理论》，《月旦法学杂志》第12期。

⑤ 参见鲁鹏宇：《行政法学理构造的变革——以大陆法系国家为观察视角》，吉林大学2007年学位论文。

⑥ 参见李佳：《近代行政行为形式理论及其批判》，《前沿》2011年第24期。

⑦ 参见陈新民：《公法学札记》，中国政法大学出版社2001年版，第98页。

⑧ 参见张锟盛：《行政法学另一种典范之期待：法律关系理论》，《月旦法学杂志》第12期。

能发生相应的法律效果。行政法也是这样，它所关心的不是单纯行政既存的现象，而是行政背后的条件。①将一定的法律赋予具体的行政活动，将行政活动的一些特质剥离，使行政活动和法律意义相符的部分特性凸显，这样行政活动就成了行政行为。第二，分配特定行为形式的法的要求与法律效果，使行政权受到法治国的牵制。在抽象出行为形式后，将行为的形式与一定的法律效果联系起来，评价该行为是否有效，有什么样的法律效果发生，并将合法/违法和行政救济制度联系起来。此外，行为形式还承担着引导控制行政活动功能，就行政为一定行政行为的权限、形式、程序与其他实体法要求分配之，使行政得以作出一个正确与合宜的决定。②

行政行为形式理论对整个行政法的发展是功不可没的。根据学者们的总结，行政行为在法教义学上有着重要的功能，③即复杂多样的行政活动方式经过型式化后而建立相应的法律制度，并可以成为其他未型式化行为的类推模型，进而与相应的法律效果、行政程序和行政诉讼相衔接，以实现对行政权力的控制和公民权利的救济与保障。然而，随着现代行政国家的兴起，行政任务逐渐膨胀，行政活动方式也在逐渐增加，于是一些学者对行政行为方式理论提出了质疑，认为大量的行政活动方式很难通过行政行为形式理论予以类型化，并且传统的行政行为方式理论静态的、单一的研究视角忽视了对整个行政过程和行政相对人的关注。尽管"行政行为形式理论"存在着这样或那样的不足，但是它的理论价值仍然是不容忽视的。正如朱新力教授所言，"任何试图否定传统行为形式理论功效及其发展的观点都是'误入歧途'或属'走火入魔'"④。特别是在现代行政国家，为了实现大量的政策目标和行政任务，各种行政活动、治理工具层出不穷。在这种情况下，许多未被类型化的行为或治理工具如何在法律上定型并予以行政法控制，如何给予相对人行政法的救济，都有赖于以类型化为核心的行政行为形式理论。

二、行政行为形式理论对政府主导型环境风险治理工具之意蕴

由于行政行为形式理论最突出的特点就是对行政行为的规范提供了可能性，使得法律能够对行政行为的构成要件、合法要件和违法行政行为的补救作出统一的规定。⑤它建立了行政行为的逻辑体系，并借助这种体系可以对社会现实中所发生的某种行政活动进行推理、归类和定位，从而准确地适用法律。尤其对于为

---

① 参见张锟盛：《行政法学另一种典范之期待：法律关系理论》，《月旦法学杂志》第12期。
② 同上注。
③ 参见赖恒盈：《行政法律关系论之研究》，元照出版有限公司2003年版，第55-57页。
④ 朱新力、唐明良：《现代行政活动方式的开发性研究》，《中国法学》2007年第2期。
⑤ 参见叶必丰：《法学思潮与行政行为》，《浙江社会科学》2000年第3期。

了实现环境风险治理目标而出现的大量新型政府主导型环境风险治理工具而言，运用行政行为形式理论能够将其纳入传统的行政法学观察视角，使之更具有行政法学的"味道"。具体而言，行政行为形式理论对行政法规范政府主导型环境风险治理工具的意蕴在于以下两个方面。

第一，行政行为形式理论要求行政法规范政府主导型环境风险治理工具应当注重对治理工具的类型化。随着社会变迁，为了实现环境风险治理目标，行政机关发展出了一系列的治理工具。在这些治理工具中，有的能被现有的行政行为体系所囊括，为行政机关、司法机关直接运用，但仍有一部分未被型式化的行政行为同样在环境风险治理中发挥着不可替代的作用。因此，对于已被型式化的治理工具而言，行政法还需要对其加以补充和完善，使得其能够为行政主体提供可靠且足够的行政手段；对于未被型式化的治理工具，行政法需要根据事物的本质，选取一定的类型化标准，对其进行抽象化、类型化，以丰富行政主体治理环境风险的"弹药库"，使其进入法秩序的闸门。

第二，行政行为形式理论为政府主导型环境风险治理工具与特定的法律效果相衔接提供方法论支持。被型式化了的治理工具将被赋予法律效果，从而与整个行政法学体系产生联系。具体而言，政府主导型环境风险治理工具的主体及其权限（治理工具主体的职权职责）、运作程序及其机制（治理工具运行的程序）、法律效果（治理工具产生的实体法上的权利义务）、行政救济（行政机关等主体滥用、误用各类治理工具所产生的行政法上的约束和救济）都具有行政法上的意义。因此，通过行政行为形式理论，可以形成一套体系相对完整、概念相对确定、类型相对充实、规范相对明确、法律效（后）果相对确定的政府主导型环境风险治理工具，从而为治理工具的制定者、执行者、监督者等主体提供可操作的规范。

三、政府主导型环境风险治理工具的行政行为形式

从行政行为形式理论出发，可将其划分为环境行政许可、环境行政命令、环境行政强制、环境行政处罚等不同类型。在四种类型中，又分别存在着不同的表现形式。

（一）环境行政许可

行政许可是指行政主体根据行政相对人的申请，依法予以审查，准予其从事特定活动的行为。在环境风险治理实践中，最常见的环境行政许可是排污许可证制度。如在大气污染防治领域，即为了改善大气质量，以排放标准与总量控制为许可依据，对排污的种类、数量、性质、方式等具体规定。我国从20世纪80年代后期就开始在地方陆续展开排污许可证制度试点工作，至今共28个省（区、

市）出台了排污许可管理相关地方法规、规章或规范性文件。^①此后，新修改的《大气污染防治法》也明确提出要施行排污许可管理制度，并且生态环境部也于2018年1月10日公布《排污许可管理办法（试行）》。

（二）环境行政命令

行政命令是行政机关限制公民、法人或者其他组织权利，强制相对人按照行政机关的要求和指示作为或者不作为的行政行为。^②行政命令一经依法做出，便为相对人设定义务，相对人必须依据行政命令为一定的行为或不为一定行为，否则将引起行政处罚的法律后果。由于行政命令具有较强的科赋义务的特征，对于行政机关及时和有效管理公共事务，实现行政目标具有重要意义。在环境风险治理实践中，最常见的是责令改正或限期改正违法行为。如在大气污染防治领域内，行政机关为了保护大气环境以及公共利益，对造成严重大气污染的污染源或区域发出命令，要求污染者在一定期限内完成治理任务。《环境行政处罚办法》第12条还规定了责令改正或者限期改正违法行为的行政命令的具体形式。^③

（三）环境行政强制

行政强制是指行政主体为了行政目的的实现，依据法定的职权和法定的程序，对相对人的人身、财产以及行为采取强制性措施。旧环保法没有充分赋予环保部门行政强制权限，环保部门面对违法排污企业通常只能在行政处罚决定书生效的3个月后才可以申请法院强制执行，这使得环保部门的行政执法效果大大减弱。相比而言，新环保法赋予了环保部门查封扣押、停产关闭等行政强制权限，显著提升了环保部门的执法地位。同时《大气污染防治法》第30条也明确赋予了县级以上环保部门查封、扣押等行政强制权力。

（四）环境行政处罚

行政处罚是指行政主体依照法定的职权和法定的程序，对违反行政法律规范的公民、法人或其他组织给予行政制裁的具体行政行为。《环境行政处罚办法》

---

① 参见生态环境部：《环境保护部有关负责人就〈排污许可管理办法（试行）〉有关问题答记者问》，http://www.zhb.gov.cn/gkml/hbb/qt/201801/t20180117_429822.htm，2019年12月8日访问。

② 参见熊文钊：《现代行政法原理》，法律出版社2000年版，第373-376页。

③ 《环境行政处罚办法》第12条规定："根据环境保护法律、行政法规和部门规章，责令改正或者限期改正违法行为的行政命令的具体形式有：责令停止建设；责令停止试生产；责令停止生产或者使用；责令限期建设配套设施；责令重新安装使用；责令限期拆除；责令停止违法行为；责令限期治理；以及法律、法规或者规章设定的责令改正或者限期改正违法行为的行政命令的其他具体形式。"

第10条规定了环境行政处罚的种类，主要有警告、罚款、责令停产整顿等以及法律、行政法规设定的其他行政处罚种类。例如《大气污染防治法》修改后，生态环境部首次对违反大气污染防治制度的机动车生产企业山东凯马汽车制造有限公司和山东唐骏欧铃汽车制造有限公司予以行政处罚，对两家机动车生产企业开出上千万元的巨额罚单。①

---

① 参见生态环境部：《环境保护部首次处罚机动车生产企业》，http://www.zhb.gov.cn/gkml/sthjbgw/qt/201801/t20180109_429397.htm，2019年12月6日访问。

第三章　市场主导型环境风险治理工具之法理

本章聚焦于市场主导型环境风险治理工具的法理。首先分别从规范、经验和价值三个不同的维度提炼总结出市场主导型环境风险治理工具的主要类型；其次探析市场主导型环境风险治理工具存在的合理性基础，既有来自经济学、行政学等学科的相关原理作为理论来源，又有法律规范层面的相关制度支撑，还有实践经验层面的客观需要；最后结合行政法学中的行政法律关系理论，探讨该理论对市场主导型环境风险治理工具的寓意。

第一节　市场主导型环境风险治理工具之主要类型

一、市场主导型环境风险治理工具类型的界分维度

市场主导型环境风险治理工具作为韦伯意义上的一种理想类型，它与政府主导型、社会型环境风险治理工具共同构成了环境风险治理工具这一上位概念的外延部分。从形式逻辑上而言，市场主导型环境风险治理工具的主要类型就是构成市场主导型环境风险治理工具这一概念的外延，换言之，它是该种类型治理工具的主要表现形式。在对市场主导型环境风险治理工具的主要类型展开分析论述之前，有必要对以下问题加以说明。

当前，无论是理论界或是实务界，关于市场主导型环境风险治理工具的类型划分并未达成统一的认识，原因在于：一方面，就理论研究而言，市场主导型环境风险治理工具的类型可能会因学科研究视角、研究方法的不同而不同，例如，法学研究通常将权义关系作为进一步区分市场主导型环境风险治理工具类型的标准，而经济学家则会选择以效益为标准对其加以界分；另一方面，就经验实践而言，市场主导型环境风险治理工具也的确呈现出多元化的特征，并随着治理实践的发展而不断变化，可能会发展出新的类型。因此，试图穷尽并统一市场主导型环境风险治理工具类型的努力是不可能取得成功的。对此，有学者指出："对于规制工具的描述常常处于一种'枚举而不胜枚举'甚至'挂一漏万'的尴尬境地。其中原因很简单，管制工具的形式选择是目标导向的，无法予以穷尽。"①

---

① 朱新力、唐明良：《现代行政活动方式的开发性研究》，《中国法学》2007年第2期。

尽管存在着不同的划分标准以及面临着无法穷尽列举的现实，划分治理工具的类型同样具有重要意义。依据一定的标准或根据相应的实践进而抽象、凝练出治理工具的不同表现形式，无疑能够为丰富治理理论和指导治理实践提供可观的知识积累。笔者认为，市场主导型环境风险治理工具的主要类型可以从以下三个维度加以分析：一是理论价值维度的分析，即市场主导型环境风险治理工具在理论层面的表现形式。它涉及特定的学科理论，通常借助某一学科特有的研究方法、语言习惯等进行阐释，它侧重于宏观和抽象。二是实践经验维度的分析，即市场主导型环境风险治理工具在环境风险治理实践中的具体样态。它侧重于微观和描述；三是法律规范维度的分析，即市场主导型环境风险治理工具在相关法律、法规、规章等规范性文件中的类型化规定。它侧重于中观与提炼。需要指出的是，以上三个维度实质上构成了市场主导型环境风险治理工具类型分别在价值、经验与规范三个层面上的投射。其中，理论价值层面的市场主导型环境风险治理工具类型在本文语境中主要涉及两个方面：首先是市场主导型环境风险治理工具的一般理论类型，此种类型划分超越了国别、地域以及学科之分；其次是行政法学理论指导下的工具类型，对此，笔者将在第三节运用行政法律关系理论对其加以分析，故不在此赘述。此外，实践经验层面存在的市场主导型环境风险治理工具类型与法律规范层面规定的市场主导型环境风险治理工具类型存在着相应的映射关系，对此，笔者将通过梳理我国既有环境法律规范规定的市场主导型环境风险治理工具类型，提炼、总结我国环境风险治理实践中出现的市场主导型环境风险治理工具新类型，尝试描绘出我国市场主导型环境风险治理工具的主要类型。因此，界分市场主导型环境风险治理工具类型的价值、事实与规范三个维度可以转化为两个关键议题，即一般理论类型和在我国的具体表现形式。

二、市场主导型环境风险治理工具的理论类型

市场主导型环境风险治理工具是基于市场主体对资源的利益调整，引导经济当事人进行理性选择，形成可持续利用环境资源的激励与约束机制。[1]理论上关于市场主导型环境风险治理工具的分类存在着不同观点，例如，萨拉蒙的政策工具分类理论以直接性为维度，可以把环境政策工具分为直接性环境政策工具与间接性环境政策工具两大类。其中，直接性环境政策工具包括直接环境管制、直接政府、政府信息工具、政府企业、直接贷款，共5小类；间接性环境政策工具包括间接环境管制、（外包）合同、社会信息工具、贷款担保、政府拨款、税收支出、收费、（政府）保险、侵权责任、福利券、政府支持企业，共11小类。[2]又

---

① 参见邢华、胡漾月：《大气污染治理的政府规制政策工具优化选择研究——以北京市为例》，《中国特色社会主义研究》2019年第3期。

② 参见李翠英：《政策工具研究范式变迁下的中国环境政策工具重构》，《学术界》2018年第1期。

如，瑞典著名环境学家托马斯·思德纳根据市场在工具选择中的地位和作用，将市场主导型环境政策工具进一步区分为创建市场的工具和利用市场的工具两种类型，其中，创建市场的工具是指该种工具的生成是通过市场确立的权义范围实现的，主要包括如排污许可或开采许可等环境许可工具；利用市场的工具是指通过市场自身的利益调节机制发挥作用生成的一种工具类型，主要包括环境税、排污费、环境补贴、信用贷款等。再如，我国学者认为市场主导型治理工具是指依据市场机制的作用从而改变各方主体行为模式的一种途径，市场机制发挥作用主要倚靠的是价格机制，市场主体根据相应的价格进行成本收益分析，以实现自身效益最大化，从而调整各自的环境目标和环境手段。[1]

三、市场主导型环境风险治理工具主要表现形式

尽管传统的命令控制型环境风险治理工具在整个治理工具体系中占据较大比重，然而随着我国环境治理力度的不断加大和社会公众环境意识的逐渐增强，市场主导型环境风险治理工具的选择和应用也日益受到国家环保机关和社会公众的重视。市场主导型环境风险治理工具在我国环境风险治理实践中常常为环保行政机关或环境风险制造企业所用，成为预防和化解环境风险的有效手段之一。检视并梳理我国环境风险治理实践，可将市场主导型环境风险治理工具分为以下几种类型。

（一）排污收费

排污收费是指国家环境保护主管部门根据环境保护法律、法规的规定，直接向排污者征收一定额度费用的环境管制手段。[2]排污费的征收是利用市场手段的调节作用，将排污量的大小与企业的经济效益直接挂钩，给予排污者适度的经济压力。企业为了免交或者少交排污费，必须建立科学的排污管理制度，并对污染物进行综合治理，最终实现环境资源保护目标。排污收费遵循"谁污染，谁付费"的原则。一方面，市场主体为了发展生产，需要利用环境资源作为排污、纳污、净污场所；另一方面，社会对引起环境污染性损害的行为应当具有一定的容忍度，不能一禁了之，排污收费制度应运而生。具体操作上一般有两种做法：一是排污收费，即不区分污染物数量多少和浓度大小，对发生的排污行为一律收费；二是超标收费，即国家根据污染物在环境中残留时间的长短、对环境损害的程度或者污染物的数量和浓度确定排污控制标准，对超过国家标准的排污行为予以收费。在正常情况下，实施排污行为的主体是为了追求经济效益，因其污染环

---

[1] 参见甘黎黎：《我国环境治理的政策工具及其优化》，《江西社会科学》2014年第6期。
[2] 参见杨洪刚：《中国环境政策工具的实施效果与优化选择》，复旦大学出版社2011年版，第566页。

境应当承担相应的经济责任。通过经济杠杆的作用促使污染者控制污染排放，是保护环境最行之有效的手段。在这一制度下，排污者需为排污行为付费，从而承受了经济刺激，有利于提高排污者减少污染排放的积极性。同时，收费形成的专项资金可以为污染控制提供经济支持，用于污染削减技术的科学研究或既有污染的综合治理。

（二）押金返还

押金返还制度又称环境押金制度、押金退款制度等，为OECD（Organisation for Economic Cooperation and Development）成员国所重视和运用。[1]不同学者对它有不同的定义。如押金退款手段就是对可能引起污染的产品征收押金（收费），当产品废弃部分回到储存、处理或循环利用地点时退还押金的环境经济手段。[2]又如，对具有潜在污染的产品在销售时增加一项额外费用，如果通过回收这些产品或把它们的残余物送到指定的收集系统后达到了避免污染的目的，就把押金退回购买者。[3]可以看出，不同学者对于押金退款制度有其共性的理解，押金退款制度由两部分构成，两者并非并列关系，在时间上具有前后差异。前一部分即是对潜在的污染产品征收押金，后一部分即是当潜在的污染产品得到正确的处理之后，将此前收取的押金进行退还，否则不予退还。针对此特性，有学者认为其是收费制度的一种变形。[4]

（三）环境税

环境税有广义与狭义之分。广义的环境税除了包括（狭义的）环境税之外，还包括与环境和资源有关的税收和优惠政策，消除不利于环境的补贴政策和环境收费政策。[5]不同学者基于认识的不同对狭义的环境税也有不同的理解，如有学者认为排污税是政府对造成的污染征税。[6]也有学者认为环境税是为保护环境和生态系统所征收的税。[7]需要注意的是，该税种并非指某一具体的税收制度，而是一系列税收制度的统称，具体包括排污税、生态补偿税、资源税等。环境税的运作机制源于庇古税的设想，即出于解决内部化"外部性"的需要，通过政府的干预措施，使商品价格充分体现生产成本和消耗的资源，从而影响生产者的生产

① 参见经济合作与发展组织：《发展中国家环境管理的经济手段》，刘自敏、李丹译，中国环境科学出版社1996年版，第41页。
② 参见沈满洪：《环境经济手段研究》，中国环境科学出版社2001年版，第134页。
③ 参见王紫零：《环境保护———一种法经济学的思路》，知识产权出版社2015年版，第95页。
④ 参见宋国君等：《环境政策分析》，化学工业出版社2008年版，第36页。
⑤ 参见王金南：《中国环境政策改革与创新》，中国环境科学出版社2008年版，第94页。
⑥ 参见肖建华：《生态环境政策工具的治道变革》，知识产权出版社2010年版，第118页。
⑦ 参见王紫零：《环境保护———一种法经济学的思路》，知识产权出版社2015年版，第84页。

行为。尽管庇古的观点仍然非常有价值，但过去几十年的研究表明，由于信息问题、制度约束、技术溢出和财政互动，这种观点并不总是充分或可靠的，需要一套更复杂的考虑，这有时会证明使用排放税以外的工具是合理的。[①]

（四）排污权交易

排污权交易制度，又称排污指标交易制度、可交易的许可证制度等，是指以颁发许可证的方式对特定区域、特定时期内的污染物排放总量进行分配，并允许排污指标在市场上交易。[②]排污交易许可制度是创建市场的典型，它允许原本各自享有的排污权进行市场化的交易，通过供需关系和价格机制实现排污权的科学配置，即环境成本从污染低、技术水准高的企业向污染高、技术水准低的企业转移，污染水平低、技术水准高的企业能够在获得可观收益的同时，进一步利用收益加大技术创新，而污染高、技术水准低的企业则需付出高昂的价格成本消弭自己的环境外部效应，对其进行反向激励。[③]分配排污指标作为控制污染的方式之一，必须有一系列总量控制制度配套实施。排污权交易制度属于环境产权交易制度的范畴，通过将市场机制引入污染控制领域，使环境产权所有人通过一定程序的产权运作而获得产权收益，从而更多地运用市场机制的经济刺激手段来开展环保工作。可交易的排污许可证催生了环境资源市场的形成，不仅使人们认识到了环境资源的稀缺价值，也促进了对资源的有效利用。在环境资源市场中，污染物排放许可权交易是市场建立最著名的实例。首先，许可证实际上必须产生一种所有权，如果对这个问题有任何怀疑，那么公司将不参与市场；其次，起初许可证分配问题必须公平；最后，在许可证交易中没有人为障碍。[④]可交易排污许可工具的最大特点是，通过合法交易有效降低排污者的守法成本。一旦排污者通过购买排污许可可有效降低成本，就会选择更多的排污许可交易；从另一个角度来说，当企业能够通过技术创新使降污成本小于交易许可所需费用时，则会更多地使用技术手段取代购买排污许可。在污染物排放总量控制范围内，排污交易许可的实施旨在使用变通的方式，以最低的社会成本达到控制污染物排放的效果，更好、更快地达成环境保护的阶段性目标。正是排污交易许可使污染排放进行了二次分配，鼓励排污企业乐意采用性价比最高的方式进行减污并从中受益。

---

① Lawrence H. Goulder, Ian W. H. Parry. Instrument Choice in Environmental Policy. Review of Environmental Economics and Policy, 2008,2(2):152-174.

② 参见肖建华：《生态环境政策工具的治道变革》，知识产权出版社2010年版，第129页。

③ 参见李挚萍：《经济法的生态化》，法律出版社2003年版，第201页。

④ 参见K.哈密尔顿等：《里约后五年：环境政策的创新》，张庆丰等译，中国环境科学出版社1998年版，第35-38页。

（五）补贴

补贴一般是指国家行政机关以一定的资金、贷款、税收优惠等形式给予行政相对人的一种经济上的支持。从行政法学角度而言，补贴又称为行政给付，是行政机关作出的重要的行政行为形式的一种。在环境风险治理方面，补贴对直接减污成本具有部分偿还的属性，与排污收费对排污者所产生的激励具有相似性。通过固定的环境补贴，可以使环境污染者的成本得以减少，固定补贴减少的成本而且要明显低于征收环境税时的成本。但是两者也存在明显的不对称性，特别是对排污者的生产利润率具有完全不同的含义。对于企业的利润而言，补贴是正向激励的，税收则是反向阻却的。补贴和税收政策对于环境污染者的环境决策行为有着不同的影响，例如，在开展某项技术更新或污染治理行为时，环境污染者通常会慎重考虑自己可能获得的收益。补贴天然具有"养懒"的缺陷，不仅会导致排污者的延迟退出，而且可能导致更多的排污者进入和更高的产业产出，导致产业规模收缩，也就是说，政府补贴工具将导致排污总量的增加。[①]由于政府补贴的频繁运用，许多学者呼吁将削减补贴作为一种环境风险治理工具。在上述基本治理工具之外，还有一些更为复杂的治理工具，这些治理工具既可单独使用，也可以组合使用。

（六）环境污染责任保险

环境污染责任保险主要指环境污染者通过向保险机构参投财产保险的方式，在环境污染事件发生后，依法依规向保险机构进行索赔，由保险机构代其向环境污染受害者提供相应的赔偿[②]。环境污染责任保险是一种贯穿事前、事中和事后的环境风险治理手段，是环境污染责任主体有效规避因可能发生的环境公共事件造成的侵权赔偿责任的替代机制。环境污染责任保险在环境污染事故发生后发挥重要作用。在实践中，环境污染者面对巨额的环境污染赔偿通常无力应对，此时，环境污染责任保险就能够发挥降低环境污染者成本，及时赔偿环境污染受害者，保护受害者权益的功能。经验表明，环境污染责任保险是一种行之有效的治理工具。

第二节　市场主导型环境风险治理工具之合理性基础

市场主导型环境风险治理工具之所以广泛存在于环境风险治理的理论与实践

[①] 参见马士国：《环境规制机制的设计与实施效应》，复旦大学2007年学位论文。

[②] 参见吴小建：《经济型环境政策工具的描述与实现》，《长春理工大学学报（社会科学版）》2015年第1期。

之中，固然有其相应的合理性基础。需要指出的是，它的合理性基础并不完全等同于用以规范它的行政法"绿灯理论"。从某种程度上而言，行政法"绿灯理论"的确能够为市场主导型环境风险治理工具提供一定的合理性基础，但是，其合理性基础却不单是行政法"绿灯理论"就能完全证成的。可以说，行政法"绿灯理论"是市场主导型环境风险治理存在的合理性基础的必要非充分条件。除此之外，它的合理性基础还表现在以下两个方面：一方面，从经验实践维度而言，便是其在环境风险治理实践中所体现出的绩效优势，即市场主导型环境风险治理工具存在的现实必要性；另一方面，它的合理性基础还在于其背后蕴藏的理论学说，如经济学中的庇古税、科斯定理以及公共选择学说等。

一、弥补政府主导型环境风险治理工具的不足

市场主导型环境风险治理工具体现的是以经济—激励为特征的环境治理模式。有学者曾对此种模式的优点做出过精辟的总结，他指出：经济激励型环境治理模式与传统的命令控制型环境治理模式相比，它具有灵活性、易接受性的特点，它能够充分发挥市场机制的调节作用，对作为市场主体的环境污染者实施全过程的监管与治理，能够调动环境污染者的积极性，同时注重区分不同的环境污染者。其一，有利于激发企业的积极性；其二，有利于创新和推广环境治理技术；其三，有利于强化环境治理的风险防控。然而，需要指出的是，该种类型的治理工具对市场本身提出了较高的要求，例如，只有在法治完善、所有权明晰以及信息相对完全的情形下它才能最大限度地发挥自身的优势和功能，令人遗憾的是，当前我国还存在一定的差距。首先，我国环境风险治理的成本较大；其次，我国环境风险治理体系和治理产业存在较大的进步空间；再次，社会公众关于环境风险的认识存在差异甚至冲突。[①]进而言之，笔者认为市场主导型环境风险治理工具的比较优势体现在以下两个方面。

（一）具有灵活性、易接受性

传统的以命令—控制为特征的政府主导型环境风险治理工具主张环境行政机关权力法定，依法设定行为人的权利义务，要求行政机关在法律法规范围内对违法行为进行处罚，依法实施环境风险治理。政府主导型环境风险治理工具通过法律的强制力限制明显有害的污染物的排放，这是一种以最大限度尊重被规制者自由、遵循依法行政原理的方法。[②]政府主导型环境风险治理工具具有容易操作、

---

① 参见张锋：《环境治理：理论变迁、制度比较与发展趋势》，《中共中央党校学报》2018年第6期。

② 参见[日]黑川哲志：《环境行政的法理与方法》，肖军译，中国法制出版社2008年版，第54页。

见效快等特点，因而在现实中得到了广泛使用。在环境问题初发的早期，这种命令控制型的治理工具对规制显而易见的环境风险起到了积极的作用。但随着环境问题日益多样化和风险的升级，这种坚持单向度的政府主导和以命令控制为主要特征的传统管理模式日益走入困境，无法应对广域化、风险化的环境问题，出现整体性失衡。对此，汤姆·蒂滕伯格教授指出，与市场型环境风险治理工具比较，命令控制型环境风险治理工具的实施成本很高，通常需要超过前者数十倍的成本才能达到相同的环境质量标准。①

　　高成本的政府主导型环境风险治理工具源于信息不对称带来人力物力成本，在信息不完全和不对称的情况下，政府主导型环境风险治理工具通常不能实现既定的治理目标，对比来看，市场机制在集中信息方面具有巨大的优势。与信息需求量大且与信息来源短缺的政府主导型环境风险治理工具不同，基于市场机制的环境风险治理工具则主要依靠市场手段发挥作用。在市场型环境风险治理工具背景下，各企业通过市场机制主动获取价格信号，行政机关不仅不必投入大量的信息成本，而且可以集中力量做好产权界定，从而大幅度地提升环境与经济的效率。市场主导型环境风险治理工具与政府主导型环境风险治理工具相比而言，其具有灵活性的特点。政府主导型环境风险治理工具通常采用统一的标准和措施，不利于企业根据实际情况来选择恰当的排污减污方式，限制了排污者防污治污的积极性、主动性；而市场机制下环境风险治理工具的被规制者拥有选择最合适的方式来达到规定标准的权力，排污企业在规定范围内的环境标准下，包括购买环保设备，缴纳超标排污费，或者购买许可证等。显然，市场主导型环境风险治理工具要比政府主导型环境风险治理工具灵活得多。另外，通过法定程序确定的政府主导型环境风险治理工具，非经法定程序不能轻易变更，即使规则本身有缺陷也必须执行；而市场主导型环境风险治理工具可以提高政府政策的灵活性，毕竟政府在法定权限内，修改和调整一种收费制度比调整某一项法律或规章制度具有更多的弹性空间。

（二）具有低成本、高效率性

　　风险规制是环境行政的逻辑起点，②市场主导型环境风险治理工具对于排污者的技术创新具有激励作用，排污者采用具有创新性的节能减排技术可获得更高的收益增长，因而能够刺激他们更多地去发明和应用新技术。由于市场主导型环境风险治理工具能够持续带来成本节省，并为减污技术进步提供激励，当排污企业以最低的成本实现减污量的降低后，对最大限度的污染削减将更有积极性。不

---

① 参见[美]汤姆·蒂滕伯格、琳恩·刘易斯：《环境与自然资源经济学》，王晓霞等译，中国人民大学出版社2016年版，第263-278页。

② 参见刘超：《环境风险行政规制的断裂与整合》，《法治论坛》2013年第3期。

可否认的是，政府主导型环境风险治理工具也存在实现成本最小化的可能性，条件是规制者必须掌握每个排污者所面临执行成本的详细信息，并针对不同的污染源制定个性化的标准。政府虽然能够获取这样的信息，但成本将无限扩大。在选择和运用市场主导型治理工具的场域中，情况就不同了，因为市场可以凭借自身的机制对各种信息进行整合，此时政府便无需对信息进行全面掌控，环境污染者可以自由地分配。

政府主导型环境风险治理工具的主要特点是污染者别无选择：要么服从，要么面临行政机关惩罚。很显然，这种环境风险治理工具是依靠法律与行政的权威性得到实施的。市场主导型环境风险治理工具的积极作用在于，它可以为排污者提供更多的选择。当某种环境风险治理工具可以为污染者提供备选活动（如安装排污设施以减少污染、缴费以获准污染、购买排污权等）的成本与收益估计时，这些手段就可冠以"经济性"标志，并产生一种全新的方式，即在法定范围内通过自主选择的方案得到更令人满意的环境结果，从而影响决策和行为的效果。比如，税收确定后，污染者可以用最符合成本—收益的方式对市场做出反应，在交税和削减污染物之间进行选择，在削减污染物方面又可以选择降低产量、安装防治设备、提高生产效率或改变生产工艺等方式。实施市场主导型环境风险治理工具对市场主体能够形成经济刺激，当市场主体的行为符合环境保护的要求时，不仅可以获得直接的经济效益，还能够在环境保护竞争中获取更多经济利益，通过市场型环境风险治理工具经济风向标，还可以促使市场主体主动保护环境。

二、作为庇古理论在环境治理领域的直接反应

庇古在借鉴英国福利经济学者马歇尔教授关于公共物品外部性和市场失灵理论的基础之上，[1]将环境污染问题纳入市场分析的范畴，并对环境污染引发的外部性问题进行了较为全面的分析。庇古指出，环境污染企业在其生产经营活动中无可避免地会产生外部效应，消弭外部效应的可行方案是实施环境税，通过向环境污染企业开征环境税将社会成本转化为企业自身的生产经营成本，以此来降低环境污染行为的外部性。[2]根据庇古理论，可以对环境污染行为进行量化分析，从而进一步得出环境污染行为的边际成本和边际效益，据此，经济学家计算出在各种因素制约下的污染水平的最优化方案，进而找出最合适的环境税率以实现对环境污染行为的科学控制。

庇古税理论作为经济学意义上的理论发现，主张运用市场机制尤其是价格成本机制实现对环境污染行为的有效控制，可以说，它是对传统的命令控制型环境

---

① 参见[英]马歇尔：《经济学原理》，朱志泰、陈良璧译，商务印书馆2019年版。
② 参见吴小建：《经济型环境政策工具的描述与实现》，《长春理工大学学报（社会科学版）》2015年第1期。

治理手段的一种超越，不再拘泥于强制性的惩戒或其他直接性手段，价格机制消弭了环境外部性问题造成的鸿沟。庇古税在环境治理中的运行逻辑在于通过对环境污染企业征收环境税，实质上增加了环境污染企业的污染成本，环境污染企业若欲追求自身效益的最大化，那么就必须降低除去环境税以外的其他成本，即减少污染产出。为尽可能地减少污染，企业还会寻求诸如更新技术等方法降低污染，如此一来，形成了有效约束环境污染企业污染行为的良性循环。各国的环境治理实践也表明，庇古税发挥了重要作用，除征收环境税以外，还包括押金返还、排污收费等其他具体类型。

三、作为科斯定理在环境治理领域的具体体现

美国著名经济学家、新制度经济学代表性人物科斯教授也对环境问题的外部性效应进行了广泛而深入的研究。他深刻地指出，产权不明晰是产生外部性问题的根源所在，因为产权对应的是占有、使用、收益、处分等权利，没有产权或者产权界定不清楚时，就没有人对外部性问题负责。[1]科斯并不认同庇古税理论，他认为以货币为度量单位对环境污染问题进行量化只能存在于理想之中，面对复杂的环境现实，量化并不可能，因为环境污染者的成本和收益是不断变化发展的，而且各项信息的收集也并非完整，这些都加大了量化的难度。对此，科斯找到了另外一种替代性解决方案，即通过明确相应的产权实现环境市场的自由交易。这种交易凭借的是环境污染者与利害关系人之间的讨价还价，以实现环境利益在不同主体间的自由分配。科斯的上述思想被概括为"科斯定理"，即在交易费用为零和对产权充分界定并加以实施的条件下，外部性因素不会引起资源的不当配置。生产者和消费者将受一种市场动力的驱使就互惠互利进行谈判，使外部性内部化。[2]

从以上分析不难看出，科斯定理的一个核心要素是明晰的产权界定以及在此基础之上的讨价还价。科斯指出外部损害与制造外部损害之间具有相关关系，有必要通过向制造外部损害的主体设置相应的产权，前提是设置的产权必须是明晰且不存在争议的，那么，各方主体就可以平等自由地对相关议题进行沟通协商，资源和利益便可得到合理的配置。具体到环境风险治理领域，作为一种公共性议题，环境风险的对象是不特定的多数社会公众，排污水平通常是由公众选出的代理人如环境行政机关或公益性组织加以设定，排污水平的设立既隐含着对环境污染者的义务性要求，也隐含着是他们所享有的一种权利。环境污染者可以通过排污权交易等途径实现自己环境相关行为的理性安排。根据科斯定理，环境风险治

---

① 参见[美]科斯：《财产权利与制度变迁》，胡庄君译，上海三联书店1994年版，第39页。

② 参见杨洪刚：《中国环境政策工具的实施效果及其选择研究》，复旦大学2009年学位论文。

理的市场化手段可以选择征收环境税、利用环境立法、行政管制、排污权交易、协商沟通等。

第三节　行政法律关系论下的市场主导型环境风险治理工具

行政法律关系，实际上指一种以行政法规整权利义务关系（秩序）。其核心内容在于判断权利存否之标准。[①]行政法律关系的意义在于决定各主体间，尤其各种行为间之法律性质之关系。[②]可以说，行政法律关系论一经提出，便肩负着试图取代传统行政行为和弥补传统行政行为形式理论之不足的使命。从行政法律关系论的视角审视市场主导型环境风险治理工具，目的是探究市场主导型环境风险治理工具的选择和运用中存在的各种法律关系，并以此为分析对象研究市场主导型环境风险治理工具使用过程中存在的各种法律问题。遵照同前章节相同的研究进路，以下将在介绍行政法律关系论的基础上分析其对市场主导型环境风险治理工具的意义与价值。

一、行政法律关系理论之学理阐释

一直以来，理论界主张将行政行为理论视为行政法学总论的阿基米德支点，对此进行了大量的研究。近年来，由于行政行为理论的不足日渐显现，理论界开始反思和检视行政行为理论。行政法律关系作为一门行政法理论，并非新生事物，而是伴随着行政法学的发展而发展，只不过该理论在行政法学中的地位和作用之前并未被充分认识到和发掘。关于行政法律关系的概念问题，迄今未形成广泛的共识。以下就相关研究做简要梳理。[③]

第一种观点认为，行政关系是指国家行政机关在其履行国家职能的行政活动中，同被管理者发生的各种关系的总称。[④]这种观点主张：（1）行政机关的活动必须是对外实施的公共行政活动，把行政机关内部的管理活动排除在行政关系之

[①] 参见赖恒盈：《行政法律关系论之研究——行政法学研究方法评析》，元照出版有限公司2003年版，第101页。

[②] 参见赖恒盈：《行政法律关系论之研究——行政法学研究方法评析》，元照出版有限公司2003年版，第132页。

[③] 行政法学界一直关注着行政法律关系理论的研究，并产出了大量的研究成果，笔者在此引用王成栋教授的经典观点，参见王成栋：《行政法律关系基本理论问题研究》，《政法论坛》2001年第6期。

[④] 参见张树义、方彦主编：《中国行政法学》，中国政法大学出版社1989年版，持此观点的还有：方昕、董安生等：《行政法总论》，人民出版社1990年版，第19页；任中杰主编：《行政法与行政诉讼法》，中国政法大学出版社1997年版，第26页；王连昌主编：《行政法学》，四川人民出版社1990年版，第54页。

外；（2）作为主体的活动，一方必须是行政主体，没有行政主体资格的其他行政组织的活动，也排除在行政关系之外；（3）行政机关在行政关系中起着主动和决定的作用，只有行政机关的意思表示才能形成行政关系，这就排除了行政关系中的另一方主体，比如，行政相对人的行为也能形成行政关系的可能性。

第二种观点认为，行政法律关系是受法律调整了的法律化了的行政关系，[①]是国家行政机关在行使其行政职权过程中与作为内部的组织和人员以及外部的组织和公民之间发生的管理与被管理的关系。这种观点认为行政关系除行政机关与外部组织和公民发生的管理与被管理关系之外，还包括行政机关与其内部组织和人员之间的关系，把部分内部关系也纳入到行政法律关系的调整范围之内。

第三种观点认为，行政法律关系是行政法规范调整的，因实施国家行政权而发生的行政主体之间，行政主体与行政人员之间，行政主体与行政相对人之间的权利义务关系。[②]作为行政法调整对象的行政关系，包括内部行政关系，即行政主体之间、行政主体与行政人员之间的关系；外部行政法律关系。内部行政法律关系体现了国家的自身管理，外部行政法律关系体现了国家对社会的管理。与第二种观点比较而言，它主张行政系统内部上下级行政机关之间的关系也是行政关系，又扩大了行政内部关系的范围。此观点也是大多数教科书所采用的观点。

第四种观点认为，行政法的调整对象是行政关系，行政关系主要包括四类：第一类是行政管理关系；第二类是行政法制监督关系；[③]第三类是行政救济关系；[④]第四类是内部行政关系。[⑤]这种观点包括了狭义行政关系学说中全部行政关系，但行政法制监督关系和行政救济关系是狭义行政关系中所不曾有的。[⑥]

第五种观点认为，行政法律关系是行政法在实现国家行政职能过程中产生的各种社会关系加以调整后，所形成的行政主体之间以及行政主体与其他各方之间的权利义务关系。[⑦]这种观点所主张的行政法律规范调整的社会关系比以上各种观点有更大的涵盖量，包括行政权力配置关系、行政管理关系和监督行政关系，

---

① 参见周卫平、江必新、张峰：《行政争讼制度概论》，宁夏人民出版社1988年版，第2页。

② 参见胡建森：《行政法学》，法律出版社1998年版，第27页。

③ 参见罗豪才主编：《行政法学》，中国政法大学出版社2014年版，第17页。该书认为，行政法的调整对象包括行政关系和监督行政关系。行政关系的范围相当于狭义行政关系。

④ 参见杨解君、肖泽晟：《行政法学》，法律出版社2000年版，第16页。

⑤ 参见姜明安主编：《行政法与行政诉讼法》，北京大学出版社、高等教育出版社2014年版，第7页。

⑥ 参见姜明安主编：《行政法学与行政诉讼法学》，北京大学出版社、高等教育出版社2014年版，第11页。该书认为，所谓"行政关系"，是指行政主体因行使行政职权和接受行政法制监督而与外部行政相对人、行政法制监督主体而发生的关系，以及行政主体内部相互之间发生的关系。

⑦ 参见袁曙宏、方世荣、黎军：《行政法律关系研究》，中国法制出版社1999年版，第26页。

涉及了行政机关实现行政职能的三个过程。

　　上述关于行政关系的各种观点都有一定的理论意义，反映了人们对行政关系的认识过程。但都存在着不足，尤其是认为行政法律关系就是行政主体实现行政职能过程中与行政相对人经行政法调整的行政关系观点，是较为狭隘的。其余各种观点也都是从行政机关作为主动或被动地位与在实现行政职能中的某一个或某几个行政关系的概括，而没有揭示行政法所调整社会关系的全部。行政法律关系只能与行政法的调整对象结合起来，视行政法律关系为行政法调整对象的法律化才能找到认识行政法律关系的钥匙。换言之，行政法律关系必须与行政法律规范调整的对象即社会关系具有对应关系。上述各种行政法律关系的表述恰恰脱离了行政法的概念，脱离了行政法调整对象或未将社会关系经行政法调整作为一个动态过程贯彻始终。

　　以上分析表明，行政法律关系应当作为一个反映行政关系这个部门特性的整体概念，即它表示属于经行政法调整后，那些特定社会关系的集合概念，以在部门法意义上区别于民事法律关系、刑事法律关系等部门法律关系。据此，可以定义为，行政法律关系是指行政机关①在实现国家行政职能过程中，因行政职权的配置、行政职权的行使和对行政的监督，经行政法调整之后所形成的权力机关（国家）与行政机关之间、行政机关互相之间、行政机关与公务员之间、行政机关与（行政相对人）公民之间、行政机关与各监督主体之间的权利义务关系。其具体含义如下：

　　第一，行政法律关系是行政法对一定社会关系的法律调整。调整方式主要有认可和设定。认可是指通过法律规范对社会生活中已自然形成的社会关系加以确认，使其法律化，或者说以法律的强制力使其定型化，被认可的社会关系成为法律关系，表明该类社会关系的形成早于法律关系的形成；设定则是对应当发生、期待发生的社会关系，已有法律规范事先作出明确的规定，该类社会关系就与相应的法律关系同时形成。之所以强调行政法律关系是一定社会关系的行政法调整，就是指明行政法律关系不仅是一个行政法调整之后的结果概念，同时还是一个动态的过程，是人类创造自我生活的一部分，是人们一种有意识的思想活动。要求人们在利用行政法调整社会生活时应当主观见之于客观，符合社会发展规律。因此，我们在研究行政法律关系过程中，必须认真探讨改革所形成的或应当

---

① 在此，行政机关应当是一个广义的概念，包括享有行政职权履行行政职责的法律、法规授权的组织，即行使国家行政的组织。行政主体是一个特定的学理上概念。不能用行政主体概念代替行政机关这个法律术语或专有名词。行政法律关系包括行政组织形成过程以及行政机关向行政主体转化过程的法律关系。行政组织或行政机关的法治化，是其行使权力法治化的前提和基础。行政法律关系理论强调行政主体，而忽视行政机关或行政组织，恰恰忽略了行政组织的法治化。

形成的新型社会关系，以便将新型社会关系及时用法律加以确认和预设；必须认真探讨行政法规范将一定范围内的社会关系上升为行政法律关系这种质的转换过程，探讨行政法律对具体行政法律关系的模式设定问题。

第二，行政法律关系是行政法对一定社会关系调整之后所形成的特定法律关系的总称。这些社会关系是由于行政机关为实现国家行政职能的范围而发生的各种社会关系，其他范围内的社会关系不在此列，也不由行政法调整。不过，对这里的行政职能的范围应作广义的理解，它不仅仅是行政机关为实现行政职能所进行的行政活动的范围，更不仅仅是行政权力的行使范围，而应当包括为实现行政职能的需要，配置行政职权和行政职责活动的范围，为实现行政职能而进行行政活动的范围以及为保证、有效实现行政职能而必要地对行政机关进行监督的范围。[①]在这个范围内的各种社会关系经行政法调整后，形成内容丰富、形式多样的行政法律关系。

第三，行政法律关系是以行政机关为当事人一方与另一方当事人之间的权利义务关系。行政法律关系中，必有一方为行政机关，而另一方既可以是行政机关，也可以是权力机关、司法机关、企业事业组织、社会团体、公民个人及其他，双方形成由行政法所确定的权利义务关系。需要指出的是，这里的权利义务特指行政法意义上的权利义务，即它们是由行政法所规定的权利义务。这些权利义务与其他部门法制定的权利义务均有所不同。

二、行政法律关系理论对市场主导型环境风险治理工具之意蕴

概括而言，行政法律关系理论之于市场主导型环境风险治理工具的意蕴在于：在推动优化营商环境的时代背景下，除了政府必须行使的职能以外，传统上由行政机关行使的环境风险治理的部分职能应当放权给市场予以调节，并要求对行政机关在环境风险治理过程中的行为予以必要的监督和制约。需要明确的是，上述行为必须是通过行政法律规范所调整，并形成相应的行政法律关系。具体而言，可从以下三个方面加以分析。

第一，以行政法律关系理论审视市场主导型环境风险治理工具的选择与应用，前提是借助行政行为形式理论对市场主导型环境风险治理工具加以类型化。这是因为行政法律关系理论作为行政行为形式理论的补充，并非要完全否认行政行为形式理论，而是在其基础之上重点分析各个法律主体之间的权义关系。倘若完全脱离了行政行为形式理论而去分析行政法律关系，将沦为无源之水、无本之木的境地。在行政行为形式理论的指引下，市场主导型环境风险治理工具也可进一步划分为行政给付、行政协调、行政指导、行政合同等行政行为。其中，行政

---

① 参见袁曙宏、方世荣、黎军：《行政法律关系研究》，中国法制出版社 1999 年版，第 7 页。

给付是指行政机关为实现特定行政目的，为公民、法人或其他组织提供支持或补助，或建设公共设施或其他服务的行政行为。其中，行政补贴属于行政给付的一种重要类型。它是指国家行政机关给企业、个人发放财产性资助以实现行政目的的行为。[①]行政补贴的双方主体是作为国家行政机关的补贴主体和作为相对人的补贴受领人。行政协调是指行政机关为了有效履行行政职责，而与其他主体（包括行政机关、企业事业单位等）沟通、协商和统筹安排，以共同实现行政目标的行为。它包括横向关系之间的协调、纵向关系之间的协调以及不同层级和管理系统之间的综合协调等多种类型的协调。行政指导是指行政机关依法做出的，旨在引导作为行政相对人的公民、法人和其他组织自愿采取一定的作为或者不作为，配合行政机关实现行政管理目的的行政行为。行政机关通常采用说服（通过陈述情理希望相对人接受）、建议（将自己对实现行政目的的方法和途径等看法告诉相对人）、协商（通过与相对人商讨来达成行政共识）等方法来实现行政目标。[②]行政合同是指行政机关为了实现行政管理目的，与公民、法人或者其他组织之间，经双方意思表示一致所达成的协议。行政合同是现代行政法中合意、协商等行政民主精神的具体体现，是市场经济理念特别是契约理论向行政管理领域渗透的结果。它包括政府采购、政府特许经营、政策信贷等多种类型。

第二，以行政法律关系理论审视市场主导型环境风险治理工具的选择与应用，能够为环境风险治理实践中市场主导型环境风险治理工具的选择和运用提供规范性、动态化的分析视角，有助于行政法治视角下市场主导型环境风险治理工具的解释和证成。首先，对于诸如市场主导型环境风险治理工具究竟存在什么样的表现形式，以及它的范围和边界是什么等问题，可以借助于行政法律关系理论加以剖析。其次，通过剖析市场主导型环境风险治理工具选择与运用过程中的各方主体间的权利（权力）与义务（责任），可以为其提供行政法学理层面的解释，为其寻找行政法规范层面的依据，进而为其提供相应的法治指引。例如，通过界分某种市场主导型环境风险治理工具中的权利主体、义务主体和第三方主体，明确不同主体之间的法律关系，从而形成有效的监督和制约。

第三，以行政法律关系理论审视市场主导型环境风险治理工具的选择与应用，关键在于合理配置市场主导型环境风险治理工具的运用主体之间的权利（权力）与义务（责任）关系。它涉及以下两个维度：一是不同类型市场主导型环境风险治理工具运用主体之间的法律关系，如行政给付行为与行政合同行为之间可能发生的竞合情形。在此种情形中，各方法律主体存在着怎样的法律关系是应当关注的重点问题。二是同一类型市场主导型环境风险治理工具下的不同主体间的

---

① 参见杨解君：《行政法学》，中国方正出版社 2002 年版，第 382-383 页。
② 参见章剑生：《现代行政法基本原理（第二版）》，法律出版社 2014 年版，第 421-431 页。

法律关系，运用市场主导型环境风险治理工具从事环境风险治理活动可能涉及多方主体，如市场主导型环境风险治理工具的运用主体可能是环境风险规制者（如行政机关）；也可能是环境风险制造者（如污染企业）；还可能是环境风险承担者（如利害关系人）；等等。行政法律关系论就要求结合特定的情形分别对前述各方主体的权利（权力）和义务（责任）加以具体化分析，明确特定情形下权利（权力）主体的具体类型，其享有的权利（权力）边界以及承担的义务范围等。

第四章　社会型环境风险治理工具之法理

本章聚焦于社会型环境风险治理工具的法理。首先分别从规范、经验和价值三个不同的维度提炼总结出社会型环境风险治理工具的主要类型；其次探析社会型环境风险治理工具存在的合理性基础，既有来自经济学、管理学等学科的相关原理作为理论来源，又有法律规范层面的相关制度支撑，还有实践经验层面的客观需要；最后结合行政法学中的行政过程理论，探讨该理论对社会型环境风险治理工具的寓意。

第一节　社会型环境风险治理工具之主要类型

一、社会型环境风险治理工具类型的界分维度

社会型环境风险治理工具是指制造环境风险或可能受到环境风险影响的市场主体或公民个人，基于较高的环境风险意识或环保素养"自愿"[①]作出的防范、处置和化解环境风险的一系列行为、手段和方法的总称。据此，从逻辑关系上而言，政府主导型、市场主导型和社会型环境风险治理工具共同构成了环境风险治理工具的主要类型。界分社会型环境风险治理工具的主要类型就需要遵循前章探讨治理工具类型的逻辑进路，也可将社会型环境风险治理工具的主要类型进一步划分为三个维度，即经验、规范和价值维度的分析。

首先，理论价值维度的分析，即社会型环境风险治理工具在理论层面的表现形式，它涉及特定的学科理论，通常借助某一学科特有的研究方法、语言习惯等进行阐释，它侧重于宏观和抽象。其次，实践经验维度的分析，即社会型环境风险治理工具在环境风险治理实践中的具体样态，它侧重于微观和描述；最后，法律规范维度的分析，即社会型环境风险治理工具在相关法律、法规、规章等规范性文件中的类型化规定，它侧重于中观与提炼。需要指出的是，以上三个维度实质上构成了社会型环境风险治理工具类型分别在价值、经验与规范三个层面上的投射。其中，理论价值层面的社会型环境风险治理工具类型在本文语境中主要指

[①] 之所以对"自愿"加引号，是因为这种"自愿"背后其实受到经济、政治等的压力，特别是国家权力的压力。

它的一般理论类型，此种类型划分超越了国别、地域以及学科之分。此外，实践经验层面存在的社会型环境风险治理工具类型与法律规范层面规定的社会型环境风险治理工具类型存在着相应的映射关系。对此，笔者将通过梳理我国既有环境法律规范规定的社会型环境风险治理工具类型，并提炼、总结环境风险治理实践中出现的社会型环境风险治理工具新类型，尝试描绘出社会型环境风险治理工具的主要类型。

二、社会型环境风险治理工具的理论类型

社会型环境风险治理工具又被称为公众参与型工具、自愿型工具等，尽管在称谓方面存在或多或少的差异，但理论界关于此种类型治理工具的类型化分析较为统一。一般认为，可将社会型环境风险治理工具进一步区分为自愿型工具和信息型工具两种理想类型。其中，信息型环境治理工具是指政府在环境治理政策制定、执行和反馈过程中为实现政策目标而采取的具有信息属性的手段、方式或途径，具体方式包括环境监测、环境信息公开、环境标签或标志计划、环境信访等类型。[1]自愿型环境治理工具是指政府通过公民参与、道德感染、信息舆论等非强制性手段，促使当事人采取改善环境质量的自愿性行动，以实现环境治理目标，典型工具有谈判协议、清洁生产环境标志认证等。[2]对此，有学者指出，作为一种带有非强制性色彩的环境政策，自愿型治理工具的显著特征是各方主体根据自身的自由意志参与环境治理活动，与命令控制型环境规制手段相比，它不以国家强制力为后盾，不带有制裁性，不对环境义务主体提出道义上的要求，因此属于劝说性质。正是因为无需倚靠国家强制力，自愿型环境风险治理工具在选择与应用中具有低成本、高效率的特点。此外，劝说式的引导也有助于激发环境污染企业提高污染防治技术、降低污染水平的积极性。自愿型环境风险治理工具更多的是基于环境污染企业与环境行政机关之间的信任与合作，这无疑能够降低行政管制的成本以及企业的生产成本，同时可能还会产生其他收益。运用自愿型环境风险治理工具从事环境治理活动，更加注重对被规制企业的引导而不是惩戒，甚至有时会对环境污染企业的某些行为加以豁免，以此诱导企业自愿接受行政管制并进行自我控制。如此一来，环境污染企业的自主性得以提升，进而有助于提升其在环境技术等方面的创新与综合竞争力。[3]

---

[1] 参见杨洪刚：《我国地方政府环境治理的政策工具研究》，上海社会科学院出版社2016年版，第136页。

[2] 参见邢华、胡潆月：《大气污染治理的政府规制政策工具优化选择研究——以北京市为例》，《中国特色社会主义研究》2019年第3期。

[3] 参见宋姣姣、王丽萍：《环境政策工具的演化规律及其对我国的启示》，《湖北社会科学》2011年第5期。

三、社会型环境风险治理工具的具体表现形式

社会型环境风险治理工具的最大优势在于，一旦环保意识强植于行为主体的观念中，将是一种以逸待劳的长效机制。不同于政府主导型环境风险治理工具借助行政强制力量和市场主导型环境风险治理工具利用市场机制对行为主体的行为进行直接或是间接的约束控制，社会型环境风险治理工具一旦成熟，是公众的一种自觉主动行为，具有长期效果。此外，社会型环境风险治理工具的强制性较弱，更强调的是预防性，相对来说，政策制定成本和执行成本较低。我国当前比较常用的社会型环境风险治理工具主要包括以下类型：

（1）环境信息公开机制。在现代风险社会中，信息的重要性不言而喻。环境风险治理实践表明，信息工具扮演着不可替代的角色，环境信息公开便是其中一项重要内容。所谓环境信息公开，就是特定主体依据特定的程序在特定的期限内将环境风险信息向社会公众公开。从理论上而言，环境信息公开的方式可分为依法主动公开和依申请公开两种类型，环境信息公开的主体又可分为环保行政机关等享有环境风险治理权力的公主体和环境风险制造企业等类型。例如，国家生态环境部和地方生态环境厅、局定期向社会公开环境事故统计公报、环境整体状况公报、环境质量指标数据、环境处罚事项等；又如，有关企业根据要求须定期向社会公开自身的环境信息，等等。

（2）环境标志。又称为绿色标志（十环标志）、生态标志，它是指环保行政部门或环保公益性组织团体等按照一定的环境评价标准，为对环境可能产生影响的企业所生产的商品进行认证并发给证书，以证明该产品符合环境保护相关要求，允许其进入市场流通，是一种市场准入的标志。该制度在我国实施于1994年，并在环境治理实践中发挥着积极作用。它实质上是一种市场准入标志，不符合环境条件的产品不得上市流通。

（3）环境标准规范。它是一种由特定国家行政机关或行业社会团体制定的旨在监测环境风险数据、促进环境技术进步、防止环境风险扩大的对特定领域、特定企业产生拘束力的评价准则。例如，在大气环境保护领域，生态环境部制定出台了诸如《生活垃圾焚烧飞灰污染控制技术规范》《挥发性有机物无组织排放控制标准》等环境标准规范。

（4）环境听证。作为一项重要的程序性机制，行政听证制度能够使利害关系人参与到行政的过程之中，从而较大限度地保障各方利益得以周全的考虑。环境听证作为听证制度在环境领域内的具体反应，也具备听证的一般功能。实践中，环境听证一般可分为环境行政处罚听证和环境行政许可听证。对此，我国制定了《环境保护行政许可听证暂行办法》《环境行政处罚听证程序规定》等对其加以规范。

（5）环境信访。作为一项颇具中国特色的治理制度，信访在环境治理实践中也是社会型治理工具的一种重要类型。环境信访就是特定环境企业或与特定环境问题有利害关系的社会公众，就特定环境问题向信访机关及其工作人员进行反映并主张请求的一种途径。

第二节　社会型环境风险治理工具之合理性基础

社会型环境风险治理工具之所以广泛存在于环境风险治理的理论与实践之中，固然有相应的合理性基础。需要指出的是，社会型环境风险治理工具的合理性基础并不完全等同于用以规范它的行政法"黄灯理论"。从某种程度上而言，行政法"黄灯理论"的确能够为社会型环境风险治理工具提供一定的合理性基础，但是，社会型环境风险治理工具存在的合理性基础却不单是行政法"黄灯理论"就能完全证成的。可以说，行政法"黄灯理论"是社会型环境风险治理存在的合理性基础的必要非充分条件。除此之外，它的合理性基础还表现为以下两个方面：一方面，从经验实践的维度而言，社会型环境风险治理工具存在的合理性基础之一便是其在环境风险治理实践中自身所体现出的绩效优势，如能够补强单一的环境风险治理工具可能带来的局限，扩大治理工具调整的范围，增强治理工具的运行绩效；等等；[1]另一方面，社会型环境风险治理工具存在的合理性基础还在于其背后蕴藏的理论学说，如公共治理理论和委托代理理论等。

一、克服政府或市场主导型环境风险治理工具的不足

无论是政府主导型环境风险治理工具还是市场主导型环境风险治理工具都有其自身的内在缺陷。正如有学者指出的那样，以强制、制裁、威慑和问责为方式的政府主导型环境风险治理工具容易遭到环境风险制造者的抵制，从而制约环境治理的绩效；市场主导型环境风险治理工具建立在产权清晰、信息对称、法律完善的基础上，面临着成本高昂、保障体系不健全以及认知程度存在差异等问题，因而影响了其治理绩效的发挥。[2]采用社会型环境风险治理工具实际上要求工具主体因时、因事制宜地选择和运用前述不同类型的治理工具，本质上是各种环境风险治理工具的组合过程，这一过程能够补强单一的环境风险治理工具可能带来的局限，扩大治理工具调整的范围，增强治理工具的运行绩效。

相较于政府主导型环境风险治理工具和市场主导型环境风险治理工具，社会

---

[1] 参见李晟旭：《我国环境政策工具的分类与发展趋势》，《环境保护与循环经济》2010年第1期。

[2] 参见张锋：《环境治理：理论变迁、制度比较与发展趋势》，《中共中央党校学报》2018年第6期。

型环境风险治理工具在一定程度上吸收不同类型环境风险治理工具各自优点的同时又克服了它们的劣势。社会型环境风险治理工具拥有以下显著优势：从治理主体方面而言，社会型环境风险治理工具的治理主体既可以是享有环境治理公权力的行政主体，也可以是制造环境风险的市场主体，还可以是与特定环境风险问题有利害关系的社会公众；从治理手段而言，社会型环境风险治理工具呈现出更加多元化的色彩，不再局限于单独运用国家强制力或利用市场机制来进行环境风险治理，它创造性地引入了社会力量，兼顾了国家、市场与社会，是一种大格局的治理手段；从治理过程而言，社会型环境风险治理工具要求环境风险治理主体在从事环境风险治理活动时必须审时度势，根据环境风险的不同类型、程度等对治理工具加以比较、选择、组合、调整和优化。

二、公共治理理论为之提供理论依据

公共治理的兴起事实上伴随的是西方政治学家对传统公共行政和新公共管理的理论批判和范式重构。[①]"治理的重新发现有可能标志着一场新的革命——对过去由国家进行协调遭到失败的事例做出的简单的周期性反应；20世纪更晚一些时候，则是对市场调节失败做出的周期性反应。"[②]政府并非万能的，政府及其工作人员也是"理性经济人"，他们尽管拥有庞大的机构设置和众多的办事人员，然而，由政府所提供的面向社会公众的公共服务并不尽人意，往往遭到公众的诟病，认为政府同样在从事社会管理方面也存在着失灵问题，这是公共治理理论产生并蓬勃发展的重要原因。此外，公民社会理论与实践的繁荣，民间组织的勃兴，为平衡"政府失灵"和"市场失灵"带来的诸多不足，社会事务管理越来越打破传统的政府独占鳌头的局面转由社会组织共同参与公共事务管理。[③]

公共治理理论从一开始就直面传统公共行政和新公共管理存在的"政府失灵"和"市场失灵"，试图解答如何在日益多样化的政府组织形式下保护公共利益，如何在有限的财政资源下以灵活的手段回应社会的公共需求。[④]公共治理理论指出，要实现治理目标，以下四种治理机制不可或缺：一是主体参与机制。在公共治理体系中，政策的执行或公共问题的解决都需要政策客体的配合为基础，因此，建立由利益相关者、公民、专家学者、政策制定者等相关主体的参与，可

[①] 参见何翔舟、金潇：《公共治理理论的发展及其中国定位》，《学术月刊》2014年第8期。

[②] [英]鲍勃·杰索普：《治理的兴起及其失败的风险：以经济发展为例的论述》，《国际社会科学杂志》1999年第1期。

[③] J. Pierre, Debating Governance: Authority , Steering and Democracy , Oxford: Oxford University Press, 2000: 3.

[④] 参见陈振明、薛澜：《中国公共管理理论研究的重点领域和主题》，《中国社会科学》2007年第3期。

以降低治理成本。在治理过程中，需要对公共治理问题进行关系确认、利益调解、协商对话、博弈斡旋，参与主体都是平等伙伴关系，各个主体之间形成主体协作群，建立治理联盟，构筑新型互动一体的关系结构网络。在这种机制安排下，参与各方依据一定的行动规则，通过内在责任、信息交换、资源共享、行动协作形成多赢的局面。①二是制度网络机制。在公共治理理论设置中，治理行动者的关系形同一个网络结构，这种网络具有松散的、非正式的、非科层的和平衡稳定的性质，既互相联合又不损耗内斗，彼此交换信息又不形成垄断局面。政府在制度网络中起到核心作用，扮演维持网络运转、支撑网络平台、解决矛盾冲突等角色，及时制定相应的制度规则，明晰治理的任务节点和路线图，对治理成效起到控制保障作用，实现资源组合的优化，最终达到社会善治。②三是协调合作机制。在公共治理过程中，把政府与公民、国家与社会的关系从对抗变为合作，从零和博弈走向正和博弈，各方基于共同利益关系和命运共同体意识展开广泛的合作，进行深入交流，从这个意义上讲，协调合作机制本质上是一种行政伦理上的安排。相对于传统社会治理的中心－边缘型组织结构不同，公共治理理论的合作协调机制打破了传统结构的不均衡、不平等、不协调的运作机制，建立起互利共赢的制度，让参与各方在利益、关系、责任上实现有机统一。四是责任追究机制。在公共治理理论中，虽然各个治理主体之间看似松散无序，其实内部结构是一个以公共责任为导向的同心圆，多个主体之间有着明确的分工，承担着不同的职责和使命，有完整的责任追究机制。否则，公共治理就会陷入责任不清甚至无责任的局面，而缺乏责任的公共治理，必然实现不了公共目标，也算不上公共治理。③

结合上述公共治理理论的核心内容不难看出，社会型环境风险治理工具无论是在治理主体方面追求的多元主义格局，还是在治理过程方面强调的协调合作机制，亦或是在治理手段方面主张的制度网络机制等无疑是公共治理理论在环境风险治理领域的集中体现。

三、公民社会和公共信托理论为其提供理论支撑

公民社会同市场经济、民主等概念一样都是舶来的概念。根据联合国开发计划署（The United Nations Development Programme，UNDP）的定义，所谓公民社会就是与国家和市场相对应并列存在且互相联系的场域，公民社会的一个显著特

---

① 参见孙柏英：《当代地方治理——面向21世纪的挑战》，中国人民大学出版社2004年版，第224页。
② 参见郁益奋：《网络治理：公共管理的新框架》，《公共管理学报》2007年第1期。
③ 参见王余生、陈越：《机理探析与理性调适:公共治理理论及其对我国治理实践的启示》，《武汉科技大学学报（社会科学版）》2016年第4期。

征是公共组织发起的社会运动普遍存在，不同的社会组织和社会运动分别代表和反映着多元甚至是对立的利益偏好，具备相应的社会基础、公民素养、共同利益是形成特定公共组织的必要条件，这些组织发起的社会运动通常针对某一领域内特定的议题，如环境污染、医疗卫生、基本人权等。①据此不难发现，公民社会的出现事实上衍生出监督和制约以政府为代表的公权力的力量，有助于规范公权力的运行，也有助于保障公民权利。不仅如此，公民社会的发展尤其对公众参与相关制度的发展和完善起到了推波助澜的作用。首先，公民社会的发展在一定程度上对传统理论只关注国家建构、政府能力、市场完善的缺陷进行了弥补，它将社会维度引入权力与权利的运行之中，公共组织在一些"政府失灵"或"市场失灵"的特定领域发挥着重要作用，甚至取代政府或市场的主导地位；其次，公民社会的发展为社会公众参与公共事务管理提供了更为多元的途径，使公众由单一的个体转变为具有一定影响力的团体，进而能在特殊议题上充分表达自己的意见或需求。公民社会理论重视公众意见的充分表达，因而主张通过建立相应的公众参与机制，如协商沟通机制、民主参与机制等，以实现公众对社会事务的管理。因此，公民社会理论能够为社会型环境风险治理工具提供充分的理论基础。

公共信托理论的产生与发展同样能够为社会型环境风险治理工具提供理论基础。公共信托理论的核心要义在于将诸如阳光、空气、水流、矿藏等原本属于全体国民所有的自然资源，按照一定的原则和方法授权给相关国家机关或其他公共组织，国家机关或其他公共组织以全体国民的名义行使对相关国民全体财产的开发、利用、管理等权力。现代公共信托理论最先由萨克斯教授提及并发展完善，他指出，公共信托理论的本质在于公民与国家的契约关系，全体公民将自然资源以委托的方式授权给国家管理，国家在行使管理权时不得违背公共利益的内在要求，要妥善、谨慎、及时地管理环境资源，否则，就要承担相应的法律责任，履行相应的法律义务。因此可以说，公共信托理论揭示了环境资源分别对国家机关和公民提出的要求，即国家机关作为受托人应当履行的义务和公民作为委托方可以行使的权利。作为委托方的公民为确保受托方合理、合法、科学管理并处置环境资源，应当享有广泛的监督参与权。这就为社会型环境风险治理工具提供了坚实的理论支撑。

第三节　行政过程论下的社会型环境风险治理工具

所谓行政过程，即于宪法下，行政权为达成其行政目的所得利用之法令上、惯例上一切手段所构成之一连串手续上之连锁。行政过程论是一种关于如何掌握

---

① 参见王华等：《环境信息公开理念与实践》，中国环境科学出版社2002年版，第59页。

各种行政法现象的所指涉事物之价值中立的观察方法，其目的不在于调整相互冲突之利害关系，而在于提供作为调整利害关系的场所。①类似于行政法律关系理论的产生，行政过程理论的提出也是为了弥补传统行政行为形式理论的不足。相较于行政行为形式理论和行政法律关系理论，行政过程论颇有取代二者，被称为行政法学研究的新阿基米德支点之势。借助于行政过程理论审视社会型环境风险治理工具，目的是突破行政行为形式理论和行政法律关系理论的局限，从而以动态的、全局性的视角考量不同类型环境风险治理工具的选择与运用。

一、行政过程论之学理阐释②

现实行政的行政行为往往表现为一定的过程，该过程中包含着各种行为，对此必须对现实行政过程进行考察，分析其中的法律现象、各行为的法律构造以及各行为间的关联。当然，对行政过程的整体进行考察存在一定的难度，行政过程论的全面、动态考察并非考察行政过程的全部，而是在分别分析行政过程中各行为的法律构造的同时，考察各行为之间的关联，对由各行为构成的行政过程整体进行综合分析。可见，在具体的分析方法方面，行政过程论提倡采用全面、动态考察的方法，着眼于各行为之间的关联，对行政过程整体进行动态的考察。动态的行政过程论将由政策与行政行为构成的连续性行政过程作为运动着的事物进行考察，将一系列连续的活动作为整体的判断形成过程，探讨其合理性。③

日本学者盐野宏教授认为，现代行政法学的核心议题之一，在于将整体上的特殊法现象理解为宏观的过程，并预设于其中的各阶段的微观过程，进而分析其特征，予以体系化。换言之，行政过程论是指与行政手段的多样化相对应，能够从空间上、时间上动态地把握行政过程的考察方法。④该理论的倡导者普遍认为，行政法应该将行政活动作为一个时间上或者空间上的过程进行连续的、动态的考察。无论是行政行为还是其他行为形式，除了考量其构成要件、法律根据和法律效果以外，还要对行政过程中各行为之间的关联性以及单一行为形式在各不同阶段之间的相互关系进行考察，而且还要对整体行政过程进行全面、动态的考察，

---

① 参见赖恒盈：《行政法律关系论之研究》，元照出版有限公司2003年版，第81-82页。
② 行政法学界一直关注着行政过程理论的研究，并产出了大量的研究成果，笔者在此主要引用江利红教授的经典著述，参见江利红：《论日本行政法学中的行政过程方法论》，《法律方法》2015年第2期；江利红：《行政过程的阶段性法律构造分析——从行政过程论的视角出发》，《政治与法律》2013年第1期。
③ 参见江利红：《论日本行政法学中的行政过程方法论》，《法律方法》2015年第2期。
④ 参见[日]盐野宏：《行政过程及其统制》，有斐阁1989年版；[日]盐野宏：《行政法I》，有斐阁1994年版；[日]盐野宏：《行政法》，杨建顺译，法律出版社1999年版等；转引自湛中乐：《现代行政过程论——法治理念、原则与制度》，北京大学出版社2005年版，第13-14页。

以及这些行为形式在相互交错关联的过程中产生的新功能。①因此，现代行政法学的研究就需要突破传统的以行政行为为中心的研究范畴，以实践中的行政过程为对象。

通过对学者们观点的梳理，可以总结出行政过程论的研究方法就是行政主体通过明确各具体行为形式、行政过程及其法律构造，从而对其合法性进行法律规范和控制的方法。行政主体对行政过程中的各个部分、各个环节从一个整体的角度综合分析不同阶段的行政管理行为的共同内容和相互衔接问题，将具体的行政行为置于整个总体过程之中予以考察，规范行政主体在行政权力的配置、实施与受监督中与其他主体之间相互影响、相互作用所产生的在时间上和空间上的权利义务关系。由于实施程序规定的要求，有些行为本身就是由一系列行为及其方式、步骤和顺序共同组成的过程，同时这些行为又是其他行为实施的必要前提。这些行为就如同树与枝干和叶子之间的关系一样，彼此互相联系、交错共同构成了一个整体。

为了便于开展论述，笔者将行政过程划分为以下两类：整体性行政过程和具体性行政过程。当然，这种划分并不是绝对的，也不是一成不变的，而是随着具体问题和条件会发生转换，具有相对性。一是整体性行政过程。这是由多种行为形式围绕着共同的行政目标构成的一个相互关联的过程体系。在整体性行政过程中包含着各种行为形式，其中有的行政行为本身就能够依法独立形成一个行政执法过程系统。因此，要判断单个行为的性质，还需要将其置于整个系统和过程中。整体性过程的特征在于：首先，该行政过程包含有若干相互关联的行为形式，彼此间具有一定独立性，可以依法分别考察；其次，各行为之间具有动态的关联性，在考察每个行为的合法性时，还需要考量与其他行为之间的关系；最后，各行为形式相互关联，共同构成了一个整体的过程。在这一整体过程中，各行为本身的功能也会发生改变，有必要将具体的行为形式置于行政过程来规制。二是具体性行政过程。具体性行政过程是指由单一行政行为和其他行为形式构成的行政过程。以出入境管理为例，在外国人居停留期间的行政处罚行为只是一个独立的行政行为，但行政处罚的作出必须经过受理→立案→行政调查→取证→处罚→处罚决定书送达→法律救济的过程，这样构成了具体行政过程。其特征包括：首先，单独一个具体行政行为与其他行为形式共同构成的行政过程，表现为具体行政行为的行政程序；其次，具体行政行为按照一定方式、顺序实施，各步骤之间相互关联；最后，行政行为与其他行为形式相互承接，共同构成一个统一的整体。无论是整体行政过程还是具体行政过程，二者只是为了研究方便而作出

---

① 参见[日]大桥洋一：《行政法——现代行政过程论》，有斐阁2004年版，第89页，转引自湛中乐：《现代行政过程论——法治理念、原则与制度》，北京大学出版社2005年版，第13-14页。

的界分。在实践中，这二者相互交错，并没有明显的界分。整体的行政过程往往是由复杂、多样的具体行政过程组成，这些具体行政过程作为独立的环节相互衔接。因此，要想考量单个具体行政过程的合法性，必须将其置于整体行政过程中。同时，整体行政过程是由单个行政过程组成的，只有将其分割成单独的具体行政过程，才能分别进行法律规制。①

二、行政过程论对社会型环境风险治理工具之意蕴

根据前述关于行政过程论的基本内容可知，该理论强调对行政活动的全局性和动态性把握，将传统行政行为形式理论无法关照的，若干行政活动的表现形式纳入行政法评价范围之内，有助于确保行政活动合法性和科学性的实现。作为试图转变行政法学总论基本结构的一种新理论，行政过程论的产生和发展具有重要意义。通过行政过程理论审视社会型环境风险治理工具，同样具有特殊价值。具体而言，行政过程理论之于社会型环境风险治理工具的独特意蕴在于以下三个方面。

第一，以行政过程论审视社会型环境风险治理工具，要求更加重视社会型治理工具在整个环境风险治理工具体系的地位和作用。"行政过程论在行政程序方面对法治主义作了进一步的发展，其力图修正以自由主义为基础的行政法学理论中的国家和社会、行政主体和私人的二元对立前提，尝试着通过行政程序的调节作用使行政活动成为国家诸机关、利害关系人、一般居民等具有各自立场的人之间达成合意的一种统合性过程。"②其意味着要积极探索社会型环境风险治理工具中自愿型工具和信息型工具的选择和使用，唯有如此，才能与政府主导型和市场主导型环境风险治理工具形成互补关系，进而形成政府、市场和社会多元主体共同参与环境风险治理的新格局。

第二，以行政过程论审视社会型环境风险治理工具，要求治理主体能够以动态性、全局性的视野选择和运用社会型环境风险治理工具。社会型环境风险治理工具并非特定的工具类型，其本身存在着较大的灵活性。可以说，运用社会型环境风险治理工具从事环境风险治理活动为治理主体提出了较高的技术要求，例如，针对某一特定的环境风险议题，究竟应当选择哪一种或组合使用多种不同类型的环境风险治理工具才能更好地实现环境风险治理目标？此外，如何确保治理主体选择使用社会型环境风险治理工具的合法性也成为另一难题。借助于行政过程理论则可以破解前述难题。不同于行政行为形式理论关注某一结点的行政行

---

① 参见江利红：《行政过程的阶段性法律构造分析——从行政过程论的视角出发》，《政治与法律》2013年第1期。
② [日]藤田宙靖：《行政法Ⅰ（总论）》，青林书院出版社1995年版，第132、134页。转引自戴建华：《作为过程的行政决策——在一种新研究范式下的考察》，《政法论坛》2012年第1期。

为，行政过程理论更强调对行政活动全过程的动态考量。行政过程理论则要求治理主体全局性地审视选择和运用社会型环境风险治理工具的过程，对根据这一过程中可能出现的问题进行动态性的调整。

第三，以行政过程论审视社会型环境风险治理工具，要求合理配置不同阶段中各方主体间的权利（权力）与义务（责任），并将所有类型的环境风险治理工具均纳入合法性考量的范围。社会型环境风险治理工具的选择和运用由一系列过程所构成，它还可能涉及多方主体。对此，行政过程理论主张将可能运用到的所有类型治理工具都纳入行政法考量范围之内，考量的依据是各方权利（权力）和义务（责任）。例如，就社会型环境风险治理工具而言，主要是通过促进公民积极、有效参与的方式，以此来最大限度地保障公民在环境风险治理中的参与和表决权。在社会型环境风险治理过程中，公民在其中的每一个过程都应当享有一定的权利。但是在社会型环境风险治理的不同阶段，公民享有权利的范围及形式则不尽相同。根据前述分类，即可以将社会型环境风险的治理过程分为整体性行政过程和具体性行政过程。在整体性行政过程中，公民享有的基本权利应当予以明确。随着环境风险治理的具体问题和条件发生的变化，可以动态地调整具体性行政过程，在不同类型的具体性行政过程中明确公民的不同权利，使其享有的权利更加具有针对性。

第五章　三种环境风险治理工具互动
与整合之法理

本章聚焦于三种不同类型环境风险治理工具互动与整合的相关法理，探究政府主导型、市场主导型和社会型环境风险治理工具之间互动与整合的法理，就是要综合运用现代行政程序法，特别是风险行政程序法理论、第三代行政程序原理、多边行政法律关系理论，结合经济学原理、基于生态的或者整体的环境风险要素治理理论等，从环境行政法理层面分析三种环境风险治理工具互动的程序、结构与机制，剖析环境风险监管者、环境风险制造者、社会公众等主体在互动中的法律地位、互动的法律形式以及整合的具体指向等问题。

第一节　互动与整合之合理性基础

三种环境风险治理工具互动与整合，即通过一系列方法、程序、机制等整合三种不同类型环境风险治理工具之间的选择与运用，以达至合法与最佳状态。进而，三种治理工具互动与整合的合理性基础就是能够为证成整合三种治理工具以实现互动目标的必要性所提供的理论来源。三种环境风险治理工具互动与整合的合理性基础在于四个方面，即风险社会理论、流程再造理论、整体性治理理论以及突发事件分类、分级和分期理论。[①]

一、风险社会理论

（一）理论阐释

风险社会这一概念最早是由德国社会学家乌尔里希·贝克教授在其《社会风险》一书中提出的。而后，诸如英国学者安东尼·吉登斯、斯科特·拉什，德国学者卢曼等人也纷纷围绕风险社会这一主题进行了丰富且颇有意义的研究，进而形成了一套具备了逻辑自洽和高度体系化的理论——风险社会理论。

风险社会理论关注的基础性问题是解释何为风险社会。根据卢曼对于风险社

---

① 参见杨方能：《行政法视野下特大城市社会风险监管机制研究》，中南财经政法大学2018年学位伦文，第44-55页。

会的理解，所谓风险社会就是指一种与先前存在着根本不同的时代情境，在这一新的时代情境中，人们从事各项活动都是种冒险。①社会历史进程由现代社会转向后现代社会的过渡期，标志着风险社会时代的来临。②相较于传统的农业社会、工业社会而言，风险社会存在着根本上的差别。具体表现在：首先，农业、工业社会侧重于对人类历史的概括和总结，而风险社会则是从客观层面对全人类所处的现实境遇作出的描述。其次，由传统社会向现代社会、由农业社会向工业社会急速转型期，前现代、现代和后现代的各种要素相互叠合的背景使风险社会呈现出许多新的特点，即风险的人为性强，风险处置滞后于社会发展，风险逆向流动(向弱势群体流动)③等。与此同时，应当指出的是，风险社会不止存在于人的意识之中，更是一种日益凸显的客观的社会存在。④在风险社会中，风险更多地体现出全球性、人为性、不确定性、长期性等特征。首先，风险社会中的风险具有全球性的特征。其具体表现为：作为共同体的人类面临的风险属于世界性风险，风险俨然超越了国家的边界。其次，风险社会中的风险也具有人为性的特征。其具体表现为：人类置身于风险社会之中，面临的风险更多的是人为制造出来的风险，风险与人的各项决定紧密相连。⑤再次，风险社会中的风险还具有不确定性的特征。风险本质上是一种可能性，从某种意义上而言，可能性也就等同于不可能性、不确定性。最后，风险在现代社会中的特点还突出表现为长期性。其具体表现为：风险会一直伴随着社会的现代化进程，只要现代化仍在继续，风险便长期存在。

　　风险社会理论关注的核心问题是回答如何应对风险社会的到来？在完成了对风险社会的前提性、基础性问题的解释之后，风险社会理论家们重点探讨了人类应如何立足于风险社会这一颇具反思理性的命题。贝克和吉登斯指出，现代社会风险产生的根源在于制度的缺失（或不完善），因而，他们主张通过建构并完善相应的制度规范来预防和规制社会风险。⑥道格拉斯、拉什等人从主观意义上的风险观出发，提出建立风险文化来应对现代社会风险。⑦凯斯·孙斯坦基于风险

---

① N.Luhmann, Risk : A Sociological Theory , Berlin: de Gruyter, 1993:218.

② 参见[德]乌尔里希·贝克：《世界风险社会》，吴英姿、孙淑敏译，南京大学出版社2004年版，第18页。

③ 参见许传玺、成协中：《重大决策社会稳定风险评估的制度反思与理论建构》，《北京社会科学》2013年第6期。

④ 参见杨雪冬：《全球化、风险社会与复合治理》，《马克思主义与现实》2004年第4期。

⑤ 参见[德]乌尔里希·贝克、德约翰内斯威尔姆斯：《自由资本主义——与著名社会学家乌尔里希·贝克对话》，路国林译，浙江人民出版社2001年版，第119页。

⑥ 参见李惠斌主编：《全球化：公民社会》，广西师范大学出版社2003年版，第296页。

⑦ 参见赵萍：《风险社会理论视域下中国社会治理创新的困境与出路研究》，山东大学2014年学位论文，第45页。

社会中的社会主体仅具备有限理性这一基本事实，提出通过法律规制的途径降低现代社会风险。[①]

(二) 对三种环境风险治理工具互动与整合之寓意

风险社会理论作为一项社会治理理论，具备高度的体系化和逻辑自洽，因而获得了现代社会治理的反思理性。可以说，风险社会理论具有极强的现实关照性，为整合三种环境风险治理工具提供以下启示。

第一，风险社会理论凸显整合三种环境风险治理工具的必要性。风险社会理论认为，风险应被视为未来知识和未来最有希望的共识的共同产品，[②]从时间维度上来看，风险具有长期性，从对象上而言，风险又具有广泛性。一方面，风险不单单存在于自然之中；另一方面，被人为制造出来的风险构成了现代风险的大多数，人为制造的风险广泛存在于制度、行为之中。[③]作为一种重要的风险类型，环境风险亦是如此。此外，风险社会理论指出，现代风险社会中的社会主体仅具有有限理性。[④]就此而言，"不管是享有强大公权力的国家机关，亦或是政府治理中扮演重要角色的市场以及作为社会基本构成的公民个人，都不能以其一己之力胜任风险应对之职责，因为从本质上而言，三者自身在解决风险的同时也制造着风险。"[⑤]因此，要实现科学预防和及时化解环境风险，保障环境风险治理工具选择与运用的合法性和有效性，就需要借助于风险社会理论整合不同类型环境风险治理工具之选择与使用。应当注重治理工具所能代表的政治理性、技术理性和社会理性。

第二，风险社会理论要求整合三种环境风险治理工具时应秉承科学的风险治理理念。风险社会理论在提出问题的同时并没有回避问题，并通过制度构建、文化重塑等方式对一系列社会风险问题进行了回应。借助于这一理论，整合三种环境风险治理工具时也应当对前述命题给予充分关照。笔者将其归结为科学的风险治理理念之形成。然而，就当前环境风险治理实践而言，长期以来，受传统轻事前预防、重事后处置的危机治理理念的影响，我国并未形成科学的环境风险治理理念。我们认为，科学的风险治理理念至少包含四个要素：目标、手段、规范、文化。因此，在整合三种环境风险治理工具时，应当明确以下内容：就风险治理目标而言，正如孙斯坦教授所讲："降低风险已经成为现代政府的基本目标，全

---

① 参见[美]凯斯·R.孙斯坦：《风险与理性——安全、法律及环境》，师帅译，中国政法大学出版社2005年版。

② M. Douglas , A. Wildavsky, Risk and Culture, Berkeley: University of California Press. 1982: 5.

③ 参见杨雪冬：《全球化、风险社会与复合治理》，《马克思主义与现实》2004年第4期。

④ 同前注①

⑤ 同前注②。

部现代政府都应当努力掌握安全、环境、健康等相关风险的规制方法，同时要将消除不必要的恐惧作为更为重要的考量。"①整合三种环境风险治理工具的目标是有效预防和减少社会风险。就风险治理手段而言，整合三种环境风险治理工具应当注重多元化手段的运用，例如，在风险预防阶段，可以将常规性的风险收益分析应用于治理过程之中，也不能忽视前沿性的科学技术的运用。就风险治理规范而言，整合三种环境风险治理工具应当注重机制运行的常态化，即需要通过完善相应的制度建设以规范治理工具选择与运用。就治理文化而言，整合三种环境风险治理工具不应仅关注经验实践，还应当对治理工具之外的诸如风险意识、风险责任、风险监管权力的限制等问题加以考量。

二、流程再造理论

（一）理论阐释

流程再造这一概念最早由美国麻省理工学院计算机教授迈克尔·哈默与卡尼指数（CSC Index）公司董事长詹姆斯·钱皮于1993年合著的《企业再造：工商业革命宣言》一书中提出 。他们认为，传统的亚当·斯密式的劳动分工思想已不足以适应现代企业管理，应当把工作任务重新组合到首尾一贯的工作流程中来建立和管理企业。②近年来，业务流程再造理论也为西方兴起的新公共管理运动提供了重要的理论支撑，例如，美国著名公共管理学者詹姆斯·费斯勒和唐纳德·凯特尔在《行政过程的政治》一书中指出，"重建流程"是新公共管理改革的重要内容之一，它的核心在于转变以往以职能为中心的组织设计，转而将目标投向以过程为导向，以此来提高整体效率和服务水平。③

哈默和钱皮在其著作中将业务流程再造定义为：对企业的业务流程进行根本性再思考和彻底性再设计，从而获得在成本、质量、服务和速度等方面业绩的显著性的改善，使企业能最大限度地适应以顾客、竞争、变化为特征的现代企业经营环境。这个定义中，根本性、彻底性、显著性和流程是应关注的四个核心内容，也是业务流程再造的四个基本特征。④我们认为，该理论的核心内涵在于将

---

① [美]凯斯·R. 孙斯坦：《风险与理性——安全、法律及环境》，师帅译，中国政法大学出版社2005年版，中文版序，第41页。

② Hammer M., Champy J., Reengineering the Corporation: A Manifesto for Business Revolution. London: Nicholas Brealey Publishing,1993.

③ James W. Fesler and Donald F. Kettl. The Politics of the Administrative Process. Chatham, New Jersey: Chatham House Publishers,1996:68.

④ Hammer M., Champy J., Reengineering the Corporation: A Manifesto for Business Revolution. London: Nicholas Brealey Publishing, 1993:33-36.

传统的职能导向型的组织设计转换为流程导向型，以提高组织运行的效率。根据哈默教授的理解，流程再造理论具有以下特征：①首先，业务流程涉及多数活动，是由多项活动构成的一系列组合，而非单一的活动。其次，尽管多项活动共同构成整个流程，但并不意味着每项活动都是同一的，相反，它们各具特色，并且具有很强的关联性。换言之，业务流程之中的所有活动都必须遵循相应的规定，不能违反或改变既有规定。再次，业务流程中所有的活动必须在一起进行，向着同一目标。完成不同阶段工作的人员必须围绕着同一个目标把所有的活动联系起来，而不是独立完成，只关注自己的任务，不管目标的完成情况。最后，业务流程不等同于目的本身。业务流程的目的是整合流程范围内的全部活动，以实现整体功能的最大化发挥。

（二）对三种环境风险治理工具互动与整合之寓意

流程再造理论强调以流程为中心对既有组织进行调整和改造，一改以往以职能为导向的组织设计模式，极大地推动了现代管理理论的发展。作为一项具有划时代意义的现代管理理论，流程再造理论能够为三种环境风险治理工具的互动与整合提供全新的理论视角和战略思路。具体表现为以下两个方面。

第一，流程再造理论为三种环境风险治理工具的互动与整合提供了新视角，即流程优化视角。当前，受传统官僚体制的影响，在环境风险治理实践活动中，职能导向型的风险治理工具的运用占主导地位。事实上，此种模式存在着诸如条块分治、部门分割等弊端，也因此降低了应对环境风险的效率，造成了严重后果。因此，流程优化视角不失为一项优良的路径选择。将流程优化视角纳入三种环境风险治理工具的互动与整合，其实质是把传统上以职能为导向的环境风险治理转变为以流程为中心。借助于流程优化视角，三种环境风险治理工具的互动与整合需要以已经具备的相关环境风险治理资源为基础，重点搭建业务流程，并通过对相关权力部门进行业务优化和调整，来实现风险规制能力的提升。②可以说，以流程为中心审视三种环境风险治理工具的互动与整合，能够在很大程度上克服由传统的职能导向型治理可能产生的弊端，有助于实现环境风险治理的规范化、制度化和科学化。

第二，流程再造理论为三种环境风险治理工具的互动与整合提出了一系列科学方案指导。首先，所谓流程，就是完成某一目标（或任务）而进行的一系列逻

---

① 参见[美]迈克尔·哈默：《企业行动纲领》，中信出版社2002年版。转引自金竹青：《政府流程再造——现代公共服务路径创新》，国家行政学院出版社2008年版，第35-36页。

② 参见薛澜：《从更基础的层面推动应急管理——将应急管理融入和谐的公共治理框架》，《中国行政管理》2007年第1期。

辑相关的活动的集合。①流程具有很强的目的性、有序性、系统性和开放性。可以说，流程再造理论实质上蕴含了对程序的重视。程序向来具有重要意义，正如赫伯特·考夫曼所指出的那样："规则和程序的有效确立在现代化的多元主体社会中显得十分必要。依据相应的规则和程序进行决策活动，为公众参与现代行政提供程序保障，有助于充分保障公众利益，从而有助于提升决策的科学性和民主性。"②这意味着，借助流程再造理论整合三种环境风险治理工具时，应当更加注重程序的设计，要求对不同类型治理工具的选择和运用的每一个阶段、步骤都尽可能地加以考量。例如，在环境风险发生前，应当加强预防演练，及时发现演练过程中出现的问题，并采取有针对性的改善措施，从而提升环境风险预防能力，最终降低风险发生的可能性。其次，流程再造理论还注重不同参与治理主体的权力配置问题，在整合三种环境风险治理工具时，应当关注各方主体之间的协调，特别是各个主体在不同阶段的衔接与转换过程中，要按照既定的流程、标准进行通力合作，密切配合，从而加强治理力度，改善治理效果。再次，流程再造理论还强调对外部环境的适应性，因而在整合三种环境风险治理工具时，在确立标准化、具备可操作性的流程标准的前提下，还应当注重流程的动态性，对不同类型的环境风险治理工具进行持续的优化。

三、整体性治理理论

（一）理论阐释

整体性治理这一概念最早是1990年由英国学者安德鲁·邓西尔提出。该理论指向的是新公共管理理论的对立面——逆碎片化。作为新公共管理理论的对立面，整体性治理理论有着全新的内涵。邓利维教授进一步指出，信息技术的运用、整理对于整体性治理至关重要，数字时代治理的核心在于强调服务的重新整合。③因而可以说，整体性治理理论更为关注的是部门内部以及不同部门之间的协调与整合。更为确切地讲，该理论主张管理从分散走向集中，从部分走向整体，从破碎走向整合。④

相较于新公共管理理论主张的竞争性治理，整体性治理理论在核心理念、价值取向、治理方式、政府角色、运作方式、目标追求等方面存在着根本性的差

---

① 参见陈宇六：《经营过程重构与系统集成》，清华大学出版社2001年版。
② 参见黄小勇：《现代化进程中的官僚制：韦伯官僚制理论研究》，黑龙江人民出版社2003年版，第253-254页。
③ Patrick Dunleavy. Digital Era Governance: IT Corporations, the State, and E-Government. Oxford: Oxford University Press, 2006: 223.
④ 参见竺乾威：《从新公共管理到整体性治理》，《中国行政管理》2008年第10期。

别，①在核心理念方面，整体性治理理论强调以解决个人需求问题为中心而非满足顾客需求；在价值取向方面，其强调整体回应性、责任、信任而非市场和效率；在治理方式上，其强调合作、整合而非竞争；对于政府所扮演的角色问题，其强调政府是整体性服务者而非掌舵者；在运作方式上，其强调整体性运作而非功能分化；在追求的目标上，其强调政府整体性运作而非市场化、私营化。整体性治理理论强调整体性运作。首先，就其目的而言，在整体性治理理论视野中，政府改革方案的核心是通过政府内部的部门间以及政府内外组织之间的协作达到以下四个目的：排除相互拆台与腐蚀的政策环境；更好地使用稀缺资源；通过将某一特定政策领域的利益相关者聚合在一起合作产生协同效应；向公众提供无缝隙的而不是碎片化的公共服务。②其次，就如何实现整体性治理而言，该理论主张通过建立协调机制、整合机制以及信任机制来达至整体性治理的目的。所谓协调，就是指各项行动在信息沟通、认识层面、决策能力等维度呈现出相对活跃的互动和较高层次的理解，各方面能够达至稳定的、有机的联系。③协调机制分别由价值理念维度的协调机制、信息交流维度的共享机制以及劝说和动员维度的协调机制等组成。④所谓整合，就是指通过为公众提供满足其需要的、无缝隙的公共服务，从而达致整体性治理的最高水平。⑤整合机制主要包括对治理层级、治理功能以及公私部门的整合。⑥所谓治理层级的整合，如全球与国家层级的整合、中央与地方机关的整合、全球层级内环保与资讯保护组织的整合。所谓治理功能的整合，如机关内功能的整合或功能性机关间的整合。所谓公私部门之间的整合，如公共部门业务采取委托、民营化、去任务化、行政法人化等做法，运用更多非营利组织与私营部门接轨。⑦信任机制是实现整体性治理的关键性因素，信任的建立同样需要与其他机构对话并考虑其他机构的运作。⑧

（二）对三种环境风险治理工具互动与整合之寓意

整体性治理理论作为对新公共管理改革造成的碎片化、空心化政府的回应，

---

① 参见曾凡军：《从竞争治理迈向整体治理》，《学术论坛》2009年第9期。

② Christophe, Pollit, Joined-up Government :A Survey. Political Studies Review, 2003, 1(1): 34-49.

③ Perry, Dinna Leat , Kimberly Seltzerand Gerry Stoker . Towards Holistic Governance: The New Reform Agenda . New York: Palgrave, 2002: 34.

④ 参见胡象明、唐波勇：《整体性治理：公共管理的新范式》，《华中师范大学学报（人文社会科学版）》2010年第1期。

⑤ 同前注③。

⑥ 参见彭锦鹏：《全观型治理：理论与制度化策略》，《政治科学论丛》2005年第3期。

⑦ 参见韩兆柱、张丹丹：《整体性治理理论研究——历程、现状及发展趋势》，《燕山大学学报（哲学社会科学版）》2017年第1期。

⑧ Perri 6. Diana Leat, Kimberly Seltzer, Gerry Stoker. Towards Holistic Governance: The New Reform Agenda, New York: Palgrave, 2002:170.

经历十余年的发展与完善，其理论与实践价值不容忽视。其所主张的以解决个人需求问题为中心的治理理念，以结果为导向的治理过程，以责任为核心的价值取向，以及以合作、整合为中心的治理方式，为三种环境风险治理工具互动与整合提供了重要的理论分析视角。整体性治理理论作为三种环境风险治理工具互动与整合的合理性基础之一，至少能够提供以下两方面的启示。

第一，整体性治理理论要求整合三种环境风险治理工具时更加注重不同治理主体、不同治理工具之间的协调问题。如果说整体性治理理论为三种环境风险治理工具的互动与整合提供了一种全新的理论视野，那么在该理论指导下的具体制度设计工作也同样不能忽视。正如有学者所言，整体性治理不单是一个宏大的对机关组织结构调整、优化的超级工程，与此同时，它还关注微观层面上的调控与分工，因而可以说它也是一项袖珍工程。①协调机制是实现整体性治理的重要方式之一。②具体而言，环境风险治理工具的互动与整合应当注重不同主体之间的权义配置，以及不同阶段具体程序、机制的协调衔接问题。例如，就理顺环境风险监管者的权力和责任而言，要建立能够整合所有资源的治理工具选择与运用机制，当环境风险演化为环境事件时，环境风险治理工具的运用者不应是政府、市场或社会中的某一特定部门，而应是能够整合所有资源的多方共同参与的综合协调主体。如此一来，则有助于改变我国传统上条块分治、部门分割的风险治理的弊端，进而有助于降低风险治理的成本，提高风险治理的效能。需要指出的是，协调机制的确立应当是以制度化的形式予以规范。

第二，整体性治理理论要求环境风险治理工具的互动与整合还应当强化信任机制建设。一项制度之所以能够长期存在并富有生命力，一项基础的且重要的因素在于其所指向的公民对其充分的信任。③整体性治理理论同样强调信任之于实现整体性治理的重要性。该理论认为组织之间的信任是整体性治理所需要的一种关键性整合。④换言之，要实现整体性治理，就需要增强不同组织（主体）之间的信任。具体到环境风险治理工具的互动与整合，强化信任机制建设意味着不仅要加强政府、市场以及公民（社会）等不同治理主体之间的信任，同时也意味着需要增强同一主体内部之间的信任，如行政机关上下层级、同一层级之间的信任。具体而言，在整合不同类型的环境风险治理工具时，应当注重信息的透明

---

① 参见曾凡军：《基于整体性治理的政府组织协调机制研究》，武汉大学出版社2013年版，第30页。

② 参见胡象明、唐波勇：《整体性治理：公共管理的新范式》，《华中师范大学学报（人文社会科学版）》2010年第1期。

③ E. Peters, P. Slovic, The Springs of Action: Affective and Analytical Information Processing in Choice, Personality and Social Psychology Bulletin, 2000, 26(12): 1465-1475.

④ 参见鄞益奋：《网络治理：公共管理的新框架》，《公共管理学报》2007年第1期。

性、对话说理的公开性以及责任追究的有效性，通过构建和完善相应的信息机制、沟通机制、公众参与机制、责任机制来增强不同治理主体之间的信任感，从而实现环境风险的整体性治理。

四、突发事件分类、分级和分期理论

（一）理论阐释

突发事件分类、分级、分期原理是建立在这样的一个基本认知的基础之上：突发事件的种类、突发事件的严重程度和影响范围，以及突发事件所处的阶段直接决定了应对突发事件的主体、措施和手段。可以说，对突发事件进行科学合理的分类、分级以及分期是有效应对突发事件、最大限度地保障公民、法人和其他组织合法权益的前提。突发事件分类、分级、分期原理在我国2007年颁布施行的《突发事件应对法》中得以充分体现。《突发事件应对法》规定突发事件分成不同类型、不同等级、不同阶段，并采取有针对性的措施予以应对。

依据不同的参照标准，可以将突发事件划分为多种不同类型。例如，根据突发事件空间影响范围，可将其分为国际性突发事件、全国性突发事件以及区域性突发事件；根据突发事件的发生原因，可将其划分为自然因素突发事件、人为因素突发事件以及自然人为相互作用的突发事件；根据突发事件自身的性质，可将其划分为自然灾害、事故灾难、突发公共卫生事件、突发社会安全事件以及经济危机等五种类型。[①]对突发事件进行分类的意义在于，突发事件性质不同，有关主体能够根据突发事件的不同属性行使特定的权力，更有针对性地采取相应的应对措施。需要指出的是，突发事件的类型并非截然分开，其在很多情形下都呈现出较强的交叉与融合，甚至会出现一系列的连锁反应。例如，突发公共卫生事件处置不当可能会引发突发社会安全事件，等等。

突发事件分级原理，是从政府的应急管理能力的有效性和尽最大限度地维护公民、法人和其他组织的合法权益角度出发的。[②]可以说，突发事件的危险程度直接决定了处置突发事件的难度。所谓突发事件分级，正是指根据突发事件的危险程度对突发事件作出的辅之以主观标准的客观描述。由此可知，对突发事件进行分级主要涉及两种标准：一种是客观标准，依据突发事件的影响范围、发展形势以及造成的损失后果的严重程度将其分为不同的级别；另一种是主观标准，即根据应对突发事件的能力将其分为四至五级。需要特别说明的是，确定突发事件

---

① 参见薛澜等：《危机管理——转型期中国面临的挑战》，清华大学出版社2003年版，第32页。

② 参见戚建刚：《北京城市应急机制法制化的理论与实务》，华中科技大学出版社2009年版，第177页。

的等级具有不同的标准，例如，可根据主观和客观标准对其进行等级划分。[①]

突发事件分期原理将突发事件的产生、发生以及发展的全过程视为一个完整的生命周期。当代突发事件管理理论认为，潜伏、发生、发展以及消亡是突发事件演变的一系列过程，应对突发事件，就需要关注突发事件演变的整个过程，而不是拘泥于突发事件所处的某个特定阶段。相应地，相关行政主体在应对突发事件时，也应根据其发展演变的不同阶段行使相应的权力，在这一过程中，权力在不同阶段分别具有不同的表现形式，从而形成一个循环的、全过程的管理模式。[②]依据突发事件生命周期原理，可将其分为预防阶段、监测阶段、处置阶段和重建阶段，例如，在预防阶段，行政权力的主要任务是防范和阻止突发事件的发生，或者把突发事件控制在特定类型以及特定的区域内；在重建阶段，行政权力的主要任务是进行经验总结和反思，为进一步的预防工作做准备。

（二）对三种环境风险治理工具互动与整合之寓意

突发事件分类、分级、分期原理也同样适用于三种环境风险治理工具的互动与整合。尽管环境风险与突发事件存在着一定的差别，但二者在发生、演变机理等方面存在诸多共性。从本质上而言，环境风险治理是突发事件应对的关口前移，进而从根源上预防和降低风险的发生。该理论对不同类型环境风险治理工具之互动与整合的寓意在于以下三个方面。

第一，借助突发事件分类原理，在整合三种环境风险治理工具时应当注重对不同类型的环境风险加以识别和区分。对突发事件进行分类是危机管理的基础，同样地，对风险进行有效治理的前提也应当是对风险加以分类，进而获得对不同类型环境风险的科学认知。对于环境风险的不同分类，笔者曾作出详细的论证，需要说明的是，前述环境风险类型只是依据马克斯·韦伯理想类型划分法意义上的分类，然而，在实践层面，风险类型的确定还有赖于一系列科学机制的构建，例如，整合三种环境风险治理工具时应当注重风险排查机制、风险登记机制、风险识别机制以及风险信息研判机制的科学设计，以实现对环境风险类型的精确把控，为科学地选择和运用不同类型环境风险治理工具规制环境风险提供前提和基础。

第二，借助突发事件分级原理，在整合三种环境风险治理工具时应当注重对环境风险的严重程度加以区分。突发事件的危险程度直接决定了处置突发事件的难度。具体到环境风险治理领域，风险的严重程度对于采取何种工具、方案规制风险至关重要。基于此，整合三种环境风险治理工具时应当特别注意对环境风险

[①] 参见戚建刚：《突发事件管理中的"分类""分级"与"分期"原则——〈中华人民共和国突发事件应对法（草案）〉的管理学基础》，《江海学刊》2006年第6期。

[②] 参见戚建刚：《北京城市应急机制法制化的理论与实务》，华中科技大学出版社2009年版，第178页。

进行科学的定级，这就要求构建完善的风险评估机制。所谓风险评估机制，就是综合运用多种科学方法对风险的严重性作出相应的评判结果。在对相关风险进行评估的过程中，风险等级得以确定，相关主体根据风险等级作出相应的应对措施。需要指出的是，风险评估机制建立在科学的风险识别、风险信息研判机制之上，不能人为地割裂二者的联系。

第三，借助突发事件分期原理，在整合三种环境风险治理工具时应当对风险的动态性加以考量，注重风险治理工具的过程性应用。环境风险也具有发生、发展、演化和死亡的过程，整合三种环境风险治理工具也应当与这四个阶段相匹配，即预防阶段、监测阶段、处置阶段以及恢复重建阶段。换言之，应当将环境风险视为具有生命周期（潜伏期、发生期、发展期与死亡期）的事物来设计治理工具的选择和运用。需要说明的是，在设计不同阶段的环境风险治理工具的选择、运用和互动时，应当特别关注环境风险在不同阶段的内在联系，以确保各个治理工具之间的衔接与协调。

第二节　行政程序论下三种环境风险治理工具之互动与整合

行政程序理论在行政法学研究中的重要性不言而喻，正如有学者指出的那样："在转型时期，程序是首先受影响的行政法制度，因为程序将行政法上的其他制度有效地成为现实。"[1]所谓行政程序论下的三种环境风险治理工具之互动与整合，就是通过借助行政程序理论来审视政府主导型、市场主导型和社会型环境风险治理工具之间的选择、组合使用，旨在为整合不同类型环境风险治理工具提供诸如法律制度、机制等方面的指引和建议。它主要涉及以下两个方面的内容：首先，应当选择什么样的行政程序理论来审视不同类型环境风险治理工具的互动与整合，即行政程序理论的选取以及该理论所具备的核心内容和基本主张是什么；其次，如何将此种行政程序理论嵌入不同类型环境风险治理工具的互动与整合之中，即三种环境风险治理工具的选择、运用与互动应当如何反映并体现行政程序理论的内在要求。

一、风险行政程序法理论的学理反思[2]

（一）风险行政程序法理论产生的时代背景

恩格斯在总结马克思思想时指出，"每一历史时代的经济生产以及必然由此

---

[1] Javier Barnes,Reform and Innovation of Administrative Procedures，In Javier Barnes (ed.), Reform and Innovation of Administrative Procedures,Spain: Global Law Press, 2008: 15-16.

[2] 参见戚建刚、余海洋：《统一风险行政程序法的学理思考》，《理论探讨》2019年第5期。

产生的社会结构，是该时代政治的和精神的历史的基础。"①作为时代政治的和精神的组成部分的风险行政程序法自然以时代的物质社会生活环境作为自身存在的基础。这种物质社会生活环境就是风险行政程序法兴起的时代背景。

1.行政新类型需要新的行政程序法

如果说在西方工业化发达国家，一种可以称为风险行政的行政新类型成型于20世纪中晚期，②那么在我国，进入高风险社会，继而引发风险行政的标志性事件是2003年发生席卷全国的"非典"事件。2007年《突发事件应对法》的实施则是法律上对风险行政的正式回应。中国特色社会主义进入新时代，风险行政也向纵深发展。中国共产党的十九大报告有9处直接提及"风险"，15处提及"矛盾"，17处提及"稳定"。2019年1月21日，习近平总书记在省部级主要领导干部坚持底线思维着力防范化解重大风险专题研讨班开班式上就我国在政治、意识形态、经济、科技、社会、外部环境、党的建设等领域重大风险及其防范问题做出深刻分析。2019年李克强总理在政府工作报告中数次提到"风险"及其防范问题。风险行政作为行政的一种类型，与行政国家中的警察行政、给付行政、税务行政等传统行政类型相比，既有共性，比如，它们都是公共行政主体，特别是国家行政机关履行公共行政职权的活动，但又有个性，而正是风险行政所具有的独特属性才使得现行行政程序法陷入困境，从而需要建构一种新的统一的行政程序法，即风险行政程序法。

（1）风险行政具有预防性。它是指即使对于潜在损害和原因之间缺乏因果关系的结论性证明，公共行政主体也应当积极地、创造性地采取预防措施来遏制、消灭或控制风险。风险行政的预防性具有三大特点：一是即便对于尚未转变成具有确定危险性的风险，公共行政主体也有义务加以治理。这意味着行政行为的干预门槛在时间上提前了，预防在对象上、空间上和时间上都可以扩展。二是排除风险的预防性措施大都非个别措施，而是持续性的状态。它们首先是对集体的和公共的法律利益的保护，比如，防止气候变化风险的措施首先是保护人类的共同利益。它们所针对的对象是形形色色的风险制造者。三是立法者通常无法事先明确规定排除风险的预防性措施的适用条件，公共行政主体也难以事先决定可以采取的管理措施的范围，而是需要针对不同的风险加以预测和判断。风险行政的预防性主要根源于当代风险具有不可逆转的属性，即某些风险一旦成为现实，那么对环境、人类等造成的损害将难以恢复，或者根本就无法恢复。比如，核电厂爆炸所产生的核污染所带来的损害就具有不可逆转性。这种不可逆转的属性要求公共行政主体事先采取预防性措施。但如何确保公共行政主体采取的预防性措施不

①《马克思恩格斯选集》第1卷，人民出版社1972年版，第232页。
② 参见[德] 迪特儿·格林：《宪法视野下的预防问题》，刘刚译，载刘刚编译：《风险规制：德国的理论与实践》，法律出版社2012年版，第118页。

会过度侵害风险制造者的权利则是行政法需要面对的问题。

（2）风险行政具有灵活性。它是指对于何种条件下需要治理风险，治理哪一种风险，采取何种措施来治理风险，何时需要治理风险等问题，公共行政主体享有较为充分的自主性裁量权，对此，法院应当予以尊重。风险行政的灵活性，一方面主要根源于风险的复杂性和不确定性等属性。德国学者乌尔里希·贝克以疯牛病为例来加以生动的诠释。他说："直至今日，1999年，这场危机还远未结束。没有人知道另外有多少国家受这场灾难的影响，或者它的长期后果会是什么。因此，疯牛病昭示了在风险产物和风险定义方面认识到不知道的事情的不断成长的重要性，因为它跨种类传递的确切方式还是一个谜。"[1]另一方面，现代国家的风险行政的目标不再仅仅是回避风险，而是面对不可避免的风险依然保持建设性的国家行动能力。由此，对于具有此类属性的风险，公共行政主体在做出治理风险决定时不得不体现相当的灵活性，并拥有大量的自主性裁量权。于是，如何防止公共行政主体不会滥用或者误用裁量权，也是行政法需要认真对待的难题。

（3）风险行政具有评价性。它是指对于哪些风险需要治理，治理到何种程度，风险的危害性到底是什么，个体需要承担哪些义务等涉及风险治理的问题，不同的主体会有不同的认知。[2]风险行政的评价性主要根源于当代风险的社会建构性。所谓建构性是指，风险并不完全是客观的物质存在，在相当程度上，它们是由社会定义和建构的，风险不单纯是自然现象，而更是社会事件，它们是伴随着社会的和心理的过程。风险的建构性以人类学和社会学意义上的风险定义为依据，以美国学者玛丽·道格拉斯和维尔达沃斯基为代表的人类学学者的观点，[3]以及德国社会学家尼古拉斯·卢曼等人提出的风险系统理论[4]等都可以作为佐证。德国学者乌尔里希·贝克先生也认为："风险的紧迫性和存在随着不同的利益和价值而变化不定。而这对风险的实质内容产生的影响是人们明显可见的。"[5]于是，如何确保公共行政主体所采取的治理风险措施能够为具有不同风险认知的人所认同，行政法需要做出相应的制度安排。

（4）风险行政具有复杂性。风险行政的复杂性主要包括两层含义：一是治理风险的主体具有多样性。国家行政机关、私营或者国有企业、非政府组织、家

---

① [德]乌尔里希·贝克：《世界风险社会》，吴英姿、孙淑敏译，南京大学出版社2004年版，第66页。

② 参见戚建刚、黄旭：《论风险行政法的人性预设》，《云南社会科学》2017年第4期。

③ Gunnar Grendstad, Grid-group Theory and Political Orientations: Effects of Cultural Biases in Norway in the 1990s, Scandinavian Political Studies, 2000, 23(3): 217-244.

④ N. Luhmann, Risk, A Sociological Theory, Berlin:de Gruyter Press, 1993: 62-65.

⑤ [德]乌尔里希·贝克：《风险社会》，何博闻译，译林出版社2004年版，第31页。

庭、个人和国际组织等几乎所有社会行动者都是当代风险的治理主体。这是因为现代社会的风险将影响不同阶层、不同群体的人们，即使是风险制造者也不可避免地成为自己所制造的风险的受害者。这说明风险行政是对多重利害关系加以调整的行政。二是公共行政主体所要治理的风险的范围具有多层次性。这种多层次性既涉及到地理意义，即风险范围覆盖了村庄、城镇、区域，乃至全球，也涉及领域意义，即风险类型包括了政治、经济、文化、社会、生态等几乎人类活动的所有领域。风险行政的复杂性根源于现代风险的危害后果具有规模性，它们不仅可能破坏一个社区、一个城市，还能影响一个国家，甚至摧毁这个星球，比如核子爆炸风险、类似于美国"9·11"恐怖袭击那样的恐怖主义风险、系统性金融风险等。风险行政的复杂性也与现代风险的渗透性密切相关，即某些风险并不局限于一国领土范围或某地区，而可能影响每一个人，而无论其是否参与了该风险的制造，①比如类似于日本福岛核电站泄漏事故的风险等。于是，如何确保公共行政主体所采取的治理风险措施能够顾及不同主体的利益，能够反映不同主体的价值，行政法必须做出合理回应。

（5）风险行政具有过渡性。它是指公共行政主体做出的治理风险的各类决定，会因为影响风险存在的各类环境、技术等因素的变化而发生修正或者改变，"相机决策"就生动体现了风险行政的过渡性。②风险行政的过渡性表明，风险行政法律关系具有暂时性和试验性，是可以附有期限和附条件的，比如，当授予相对人从事生产某种具有一定风险的新型化学药品的许可性权利时，行政机关可以借助于许可条件的灵活化方式来进行。风险行政的过渡性体现了现代政府的一种适应能力，既要促进科技产业的发展，又要保障公民权利。公共行政主体既不轻易禁止一些能够带来社会福利的风险，比如转基因作物风险，又能基于关于该类风险的知识的变化而适时调整治理方式。风险行政的过渡性根源于现代风险的不确定性。所谓不确定性，是指现代风险的潜在危害程度和影响范围、发生的可能性、引发因子等问题，科学上尚无定论或难以预测。比如，统计意义阈值下具有累积效应的环境污染对人体健康带来的风险、暴力行为的风险、转基因食品风险等危害后果、影响范围、存续时间等都具有很大不确定性。这恰如贝克先生所言："很多这些新近出现的风险（核或者化学污染、食物污染、文明病），完全逃脱了人的直接感知能力。人们关注的焦点正越来越集中在那些受害者既看不见也无法感知的危险之上；某些情况下，这些危险不会对它们所影响的人产生作用，

---

① 参见 [德]格哈德·班塞：《风险研究的缘由和目标》，陈霄、刘刚译，载刘刚编译：《风险规制：德国的理论与实践》，法律出版社2012年版，第22页。
② 参见戚建刚、黄旭：《论风险行政法的人性预设》，《云南社会科学》2017年第4期。

而是作用于他们的后代。"① 行政法自然需要为这种具有过渡性的行政提供合法性分析框架。

2.现行行政程序法面临的挑战

虽然传统行政不乏风险行政的某一方面的特征，比如，传统警察行政也具有相当的复杂性和灵活性，但风险行政集预防性、灵活性、评价性、复杂性和过渡性于一身则是传统行政所不具备的。的确，随着行政任务的变迁，一种新的行政类型——风险行政的出现，行政法，特别是行政程序法也需要加以回应。这是因为行政法主要通过程序来保障行政的合法性。这恰如有学者指出的，行政法使用程序和结构来形成行政机关的自由裁量权，从而确保行政机关对自身行为的负责：行政机关必须向他人证明它们所做出的决定与理性、回应性和可审查性的公法价值是一致的，于是，行政法规制管理者。② 可见，行政程序法必须设法超越自身去规范风险行政，以便为公共行政主体治理风险的行为保驾护航。可是，面对风险行政，现行风险行政程序法要么出现规范缺乏，要么显得力不从心。

（1）碎片化的风险行政程序法无法克服风险行政实践的诸多合法性困境。当把目光投到风险行政的实践，可以发现面对食品、药品、环境、安全、经济等领域的诸多风险，公共行政主体存在以监管不足和过度监管为典型表征的困境。比如，2018年3月3日，辽宁沈阳暴发我国第一起非洲猪瘟疫情，截至2019年4月，除中国港澳台地区外，全国31省无一幸免，均暴发了非洲猪瘟疫情。③ 非洲猪瘟疫情蔓延凸显行政机关对非洲猪瘟风险评估不及时，甚至没有开展风险评估，风险监管措施不到位，风险信息公开不足。而疫情暴发后，因风险交流机制失灵，养殖户产生恐慌心理。一方面是快速抛售不足90公斤育肥猪；另一方面自繁自育的场户压缩调整母猪群后不再补栏，致使生猪产业运行形势下滑。④ 大气污染反弹表明，行政机关对大气污染风险严重程度估计不足，监管大气污染风险措施存在时紧时松现象，少数地方前期改善幅度较大出现自满松懈情绪。⑤ 2019年3月21日，江苏省盐城市响水县陈家港镇天嘉宜化工有限公司发生特别重大爆炸事故。而在发生爆炸之前，这家公司就已经有多次环境违法记录。绿网根据环境违法违规、企业自动监测、突发环境事件、污染地块等几个指标，对化

---

① [德]乌尔里希·贝克：《风险社会》，何博闻译，译林出版社2004年版，第26页。

② Bamberger, Kenneth A, Regulation, Prisons, Democracy, and Human Rights: The Need to Extend the Province of Administrative Law, Indiana Journal of Global Legal Studies, 2006,12(2):511-550.

③ 参见杜偲偲：《海南六地暴发非洲猪瘟 专家称能繁母猪存栏同比降21%》，http://science. caixin.com/2019-04-22/101406992.html，2019年12月26日访问。

④ 参见齐小美：《多省生猪存栏受非瘟冲击下滑 苏云辽降幅超20%》，http://science.caixin.com/ 2019-04-28/101409451.html，2019年12月26日访问。

⑤ 参见杜偲偲：《环境部：厄尔尼诺加自满松懈使一些城市污染反弹》，http://science.caixin. com/2019-04-30/101410350.html，2019年12月26日访问。

工公司进行企业环境风险指数评级，发现天嘉宜的风险指数为230。①而在爆炸事故发生后的两周之内，江苏省政府就出台《江苏省化工产业安全环保整治提升方案（征求意见稿）》，拟大幅缩减省内化工企业和化工园区数量，提出江苏全省到2020年化工企业减少至2 000家，化工园区减少至20家，即化工企业减少七成，化工园区减少六成。②再如，2018年7月吉林长春长生公司发生问题疫苗事件。从行政机关一方分析存在履行监管职责不力、履行属地管理职责不力的问题，即对涉事企业违反批准的生产工艺组织生产，包括使用不同批次原液勾兑进行产品分装，对原液勾兑后进行二次浓缩和纯化处理，虚假标注制剂产品生产日期，有系统地编造生产、检验记录，开具填写虚假日期的小鼠购买发票等违法行为发现不及时，查处不及时。③如果从风险行政程序法角度分析，行政机关与涉事企业之间还存在风险信息严重不对称、风险交流机制缺失等问题。2018年4月，以上海"善林金融"作为开端，引发了P2P"暴雷潮"的出现，到了七八月份，暴雷事件达到顶峰。据统计，仅在2018年7月2日到7月16日的两周时间内，全国已经有131家P2P网贷平台暴雷。④从这些事件的发生以及发生之后行政机关采取的监管措施不难发现，对于风险，以行政机关为代表的公共行政主体存在监管不足和过度监管问题。监管不足表明，对于哪些风险需要监管、监管到何种程度、如何进行监管等问题，公共行政主体出现不作为、慢作为等现象。过度监管表明，公共行政主体对特定领域的风险采取极端的监管措施，比如对制造风险的企业实施大规模的关停，从而遏制了特定领域企业的生存空间和社会活力。可是，从行政法角度而言，不论是监管不足还是监管过度，都是不具有合法性的行政行为，都是将对社会公共利益和相对人利益造成损害的行为。而国家行政机关之所以会出现监管不足或者监管过度问题，则与缺乏相对统一的风险行政程序法或者当前的风险行政程序法呈现碎片化弊端密切相关。诸如，经济领域风险评估程序制度的阙如影响公共行政主体采取科学的风险监管措施。食品和药品等领域的风险交流程序制度的不合理，公共行政主体与企业之间存在风险信息梗阻现象，导致公共行政主体因缺乏必要信息而出现监管不作为问题。危险化学物

---

① 参见孙茜等：《响水爆炸化工园早已隐患重重 事故在劫难逃 》，http://datanews.caixin.com/2019-03-22/101395797.html，2019年12月26日访问。

② 参见曾凌轲：《响水爆炸案后续政策致化工品行业大调整》，http://companies.caixin.com/2019-04-10/101402291.html，2019年12月26日访问。

③ 参见赵文君、齐中熙：《国务院调查组：基本查清长春长生违法违规生产狂犬病疫苗事实》，http://china.caixin.com/2018-07-27/101309322.html?sourceEntityId=101315861，2019年12月26日访问。

④ 参见盘和林：《P2P"暴雷"网贷债转难辞其咎亟待规范发展》http://panhelin.blog.caixin.com/archives/192921，2019年12月26日访问。

品安全生产领域与危险化学物品环境保护领域的风险治理程序缺乏衔接，风险评估和风险管理制度各自为政，尚未发生事故之前，不同监管部门采用简单的行政处罚方法来监管，而事故发生之后，又采用"一刀切"的"关闭"方法，既缺乏科学性，也没有体现民主性。由此可见，有效化解风险行政实践的诸多困境需要相对统一的风险行政程序法。

（2）当前缺乏统一行政程序法典，也不能简单借鉴西方国家行政程序法典经验来保障风险行政合法性。虽然早在 2005 年就有人大代表向最高国家权力机关提出制定行政程序法典的议案，行政法学会也组织专家起草了行政程序法典专家建议稿，[①]但时至今日，立法机关尚未出台行政程序法典。由此我们不能指望一部现代行政程序法典来保障风险行政的合法性。那么那些已经制定了行政程序法典的国家和地区，比如欧美、日本等，是否足以应对风险行政的挑战？进一步而言，我们是否可以借鉴这些已经制定了行政程序法典国家的程序制度来回应风险行政？答案可能是否定的。从外国行政程序法的发展历史来考察，有学者将其概括为"第一代"和"第二代"行政程序法。[②]其中，"第一代"行政程序法肇端于19 世纪中叶，以 1889 年的《西班牙行政程序法》为代表。当今许多国家的行政程序法都属于这一代，比如德国、葡萄牙、澳大利亚、意大利、法国和拉丁美洲国家。"第二代"行政程序法发轫于第二次世界大战结束之后，1946 年《美国联邦行政程序法》可以作为它的原型。1950 年代以来，欧洲国家的行政程序法中涉及的行政立法的内容也属于这一代。我们暂且不去评估"第一代"和"第二代"外国行政程序法典的内容是否能够真正回应风险行政，仅从时间上分析，它们主要为了适应工业社会早期和中期的行政任务，而不是工业社会晚期人类逐步进入高风险社会的行政任务。由于促发西方学者深刻反思源于启蒙运动的现代科学及技术的负面影响的标志性事件是1986 年 4 月苏联的切尔诺贝利核电站发生爆炸，而同年德国著名社会学家乌尔里希·贝克出版《风险社会》被誉为是西方学者开始集体反思现代社会风险的开山之作和扛鼎之作。而西方法学界，特别是行政法学界开始大规模研究风险行政法则是 20 世纪 90 年代以来的事情。[③]但令人遗憾的是，西方有代表性的研究风险行政法的学者尚未专门探讨统一风险行政程序法问题。比如美国学者凯斯·R. 孙斯坦、史蒂芬·布雷耶、英国学者伊丽莎

---

① 参见姜明安：《制定行政程序法应正确处理的几对关系》，《政法论坛》2004 年第 5 期。

② Javier Barnes, Towards a Third Generation of Administrative Procedure, in Susan Rose-Ackerman and Peter L.Lindseth, eds., Comparative Administrative Law, Edward Elgar Publishing，2010: 336-356.

③ 德国的风险行政法研究成果可以参见刘刚编译：《风险规制：德国的理论于实践》，法律出版社2012 年版。美国的风险行政法研究成果可参见金自宁编译：《风险规制与行政法》，法律出版社2012 年版。

白·费雪、德国学者奥利弗·雷普希思、乌尔里希·K.普罗伊斯等著述中也会涉及风险行政程序法内容，但往往局限于某一部门领域，并没有系统阐述风险行政程序法。①虽然西方一些行政法学者已经敏锐地发现面对行政任务的变迁，面对西方国家进入晚期工业社会的现实，提出了"第三代"行政程序的理论，②但"第三代"行政程序并非专门针对风险行政，其适切性有待实践检验。西方行政法学界对风险行政程序法研究的不尽如人意状态自然会影响到行政程序法典的进展。由此可见，我们不可能也无法简单借鉴西方已经制定行政程序法典国家的经验来回应我国风险行政所面临的挑战。

（3）目前涉及风险行政程序的行政管理单行法无法代替统一的风险行政程序法。改革开放以来，特别是党的十八大以来，我国行政程序法治建设取得了长足进步。虽然我国尚未制定行政程序法典，但我国一些领域的行政管理单行法中已经或多或少规定了风险行政程序法的内容。比如，2015年修订的《中华人民共和国食品安全法》（以下简称《食品安全法》）第二章，设专章规定食品安全风险监测和风险评估。2016年修订的《中华人民共和国食品安全法实施条例》（以下简称《食品安全法实施条例》）第62条规定了食品安全风险评估程序。2007年颁布的《突发事件应对法》第20条规定了县级以上人民政府实施风险评估的职责。2015年1月1日施行的修订后的《环境保护法》第39条规定国家建立、健全环境与健康监测、调查和风险评估制度。2006年施行的《中华人民共和国农产品质量法》（以下简称《农产品质量法》）第6条规定了风险分析和风险评估制度。③从风险行政程序法的实践来看，我国已经在食品安全、④核能安全、环境保护等领域开展风险监测和风险评估，积累不少经验，但也存在诸多问题。⑤应当说，在规范和实践层面关于风险行政程序法的经验和教训为我们制定统一的风

---

① 参见[美]凯斯·R.孙斯坦：《风险与理性——安全、法律及环境》，师帅译，中国政法大学出版社2005年版；[美]凯斯·R.孙斯坦：《恐惧的规则——超越预防原则》，王爱民译，北京大学出版社2011年版；Stephen Breyer, Breaking the Vicious Circle: Toward Effective Risk Regulation, Cambridge: Harvard University Press,1993;E.Fisher, Risk Regulation and Administrative Constitutionalism, Oxford:Hart Publishing, 2007；参见[德]奥利弗·雷普希思：《通过行政法的风险调控：对革新的促进还是限制》，李忠夏译，载刘刚编译：《风险规制：德国的理论与实践》，法律出版社2012年版，第177-225页等。

② Javier Barnes, Towards a Third Generation of Administrative Procedure, in Susan Rose-Ackerman and Peter L.Lindseth,eds., Comparative Administrative Law, Edward Elgar Publishing, 2010:336-356.

③ 即："国务院农业行政主管部门应当设立由有关方面专家组成的农产品质量安全风险评估专家委员会，对可能影响农产品质量安全的潜在危害进行风险分析和评估。"

④ 诸如杨小敏：《食品安全风险评估法律制度研究》，北京大学出版社2014年版。

⑤ 参见赵鹏：《我国风险规制法律制度的 现状、问题与完善》，《行政法学研究》2010年第4期。

险行政程序法提供了宝贵素材。但需要指出的是，由于统一风险行政程序法具有特定领域的风险行政程序法所不具备的三大功能：一是统领各单一风险及其应对措施的基本程序制度和主要原则，强化公共行政主体应对各类风险的治理都符合法治国家的要求；二是拾遗补缺、预警未来，将各类单行风险行政程序法不能涉及的各类风险及应对措施，以基本的程序和制度要求作全面囊括；三是协调各种风险及其应对措施的共性，防止在程序和制度上各行其是，甚至相互冲突的现象发生，因而凸显出自身的独立价值。①由此，我们需要一种介于一般行政程序法与涉及风险行政程序的行政管理单行法之间的中观层次的程序法体系，即一部相对统一的风险行政程序法。

（二）风险行政程序法理论的含义与结构

的确，因应治理现代社会风险的新的行政任务而产生的风险行政，对行政法特别是行政程序法提出了挑战。无论从规范层面，还是从实践层面，都需要一种新的行政程序法——统一风险行政程序法。那么风险行政程序法到底是什么？具有什么样的特色？它为何能够回应风险行政的挑战？科学解答诸如此类问题，就必须首先阐释风险行政程序法的含义和基本结构。

1.风险行政程序法的含义

依据形式逻辑法则，风险行政程序法的含义由定义和特征所构成。对于风险行政程序法的一个较为简洁的定义是：以结构化方式规范风险治理主体收集、分析、评估和交流风险信息，并依次做出决定的行政法规范或者说以结构化方式规范风险治理主体行为的行政法规范。其特征主要体现在如下六个方面。

（1）它的主要功能是克服风险治理主体的知识贫乏和价值冲突问题。风险治理主体包括公共行政主体、专家、与风险具有利害关系的特定企业、家庭和个人、非政府组织、国际组织等多元主体。既包括水平层面的治理主体，如特定区域内的公共行政主体、企业、专家和非政府组织，也包括垂直方向的治理主体，如地方的、区域的、国家的、超国家的以及全球的。风险治理主体的知识贫乏是指，基于现代社会风险的复杂性、不确定性等属性，风险治理主体依据现有知识，对于现代风险发生的可能性、何时发生、可能影响范围、受害程度、致害原因与受害结果之间的因果关系，以及如何选择适当的监管手段、何时予以监管等问题无法做出全面的和充分的回答。风险治理主体的价值冲突是指，基于现代社会风险的建构性、复杂性等属性，风险治理主体对于特定风险的严重性会持有不同的见解或者对于一种特定风险的评估结果的意义会产生不同的理解，进而影响到风险治理主体是否需要选择监管措施，选择何种类型监管措施，是否需要对特

---

① 参见张剑辉：《我国突发事件应对立法的背景和模式》，《中国应急管理》2007年第11期。

定风险进行监管，监管到何种程度等。这反映了风险行政的评价性。正如有学者断言的："风险评估和管理领域内的许多科学上的争议不是指方法、措施或剂量——反应函数的差异，而是对人体健康和环境保护意味着什么的问题。"①风险行政程序法的主要功能则是以结构化的方式为风险治理主体，特别是国家行政机关提供客观、充分的信息，实现通过信息的治理。这一见解与德国学者莱纳·沃尔夫所主张的对于风险社会的风险的预防根植于知识、科学成为风险社会解决问题的中心媒介②的观点是相一致的，也与英国学者吉登斯提出的"民族—国家的行政力量，如果没有信息基础作为反思性自我调节的手段，就无法生存下去"③的主张相符合。

（2）它以保障个人权利、维护公共利益、确保行政具有民主性和科学性等作为自身的价值取向。与现行行政程序法主要以保障个人权利为价值取向不同，④风险行政程序法除了要保障个人权利之外，更要积极维护公共利益，确保行政具有民主性和科学性。从这个角度而言，风险行政程序法比现行行政程序法承载着更为丰富的价值承诺。而风险行政程序法之所以要承载多元化的价值，则是与现代社会风险以及风险行政任务密切相关的。现代社会风险的全球性、复杂性、不确定性、社会建构性等给公共行政主体提出了多元化的任务。公共行政主体不仅保护受风险影响的特定个人权利，而且还要保障一个城市、一个区域、一个国家，甚至是全球的利益。而为了治理风险，完成多元化的风险行政任务，公共行政主体选择的各类治理风险的措施不仅要符合法律的规定，而且还要体现民主性，具有正确性和科学性。既能够高效率地主动出击直面风险，也能接纳和吸收不同风险利害关系人的意见和建议；既能够避免因决策存在不确定性而导致有组织的不负责任，也能够根据风险环境的变化而灵活调整监管措施；既能够决策于未知之中，也能够平衡各类风险利害关系人的利益。而这些目标的达成，都需要一种承载着多元价值的风险行政程序法。

（3）它的形态呈现为一种网络或者星形状态。从形态来观察，与现行行政程序法主要体现为简单的线型状态不同，风险行政程序法呈现为一种复杂的、交织的网络，类似于星形或蛛网状。在这种新的程序形态之中，国家行政机关将不再是程序的中心，而是与其他风险治理主体处于平行关系，从而共同致力于获得信息，并做出相应行为。这是因为就治理风险的信息的生产和获取而言，行政机关

---

① Ortwin Renn, Risk Governance: Coping with Uncertainty in a Complex World, London: Streling, VA Press, 2008:77.

② 参见[德]莱纳·沃尔夫：《风险法的风险》，陈宵译，载刘刚编译：《风险规制：德国的理论与实践》，法律出版社2012年版，第91页。

③ [英]安东尼·吉登斯：《民族—国家与暴力》，胡宗泽等译，三联书店1998年版，第221页。

④ 参见唐明良：《新行政程序观的形成及其法理》，《行政法学研究》2012年第4期。

并不具有垄断性，而且也不应当具有垄断性。它们必须从科学、技术和经济等领域获得，必须从媒体、风险利害关系人、非政府组织甚至国际组织等多元主体那里获得，而且它们不能以命令和服从的方式来获取，而是依赖于合作和协商，此时就需要一种新的程序形态。这种新的程序形态有助于风险治理主体之间进行平等的、无障碍的信息交流与沟通。由此可见，风险行政程序法所呈现的新的结构至少在形式上为风险治理主体实行无差别的信息交流，促进偏好的形成提供了技术。

（4）它所对应的行政模式是新治理行政。①行政模式是指在行政过程中各类主体之间的相互关系。现行行政程序法所对应的行政模式主要属于德国学者马克斯·韦伯意义上的等级制的、金字塔形的行政模式，即行政机关做出行政决定或制定行政规章制度主要是自上而下的过程。它是国家行政导向的，对超国家行政、与私方行动者合作的行政则无暇顾及或者顾及不足。即使其他主体参与行政过程，参与者与行政机关之间仍属于外部的行政法律关系，参与者仍然是外在于行政机关的主体。而风险行政程序法所对应的行政是全球行政、网络行政、合作行政、非正式行政等所谓的新治理行政。此类行政特别强调网络的和合作的方式，通过软法、非正式的活动、协商和对话等形式进行治理等。风险行政治理主体已经形成一个整体，它们共同治理风险。新治理行政所体现的网络性、扁平化、全球性和对话性等特征，既能够为风险治理主体实施自由的交流信息提供平台，也能够让他们充分展示自身的价值判断，并进行相互的碰撞，由此建构一种为各方都能接受的风险行政决定。

（5）它以治理风险的公共政策作为调整对象。与现行行政程序法主要以行政机关对特定人或事做出的个别决定，比如行政许可、裁决、处罚、强制等，以及以行政机关制定规章的行为为调整对象相去甚远，风险行政程序法以治理现代风险的各类公共政策作为调整对象，即风险治理主体形成、制定、实施或执行各类关于风险治理的公共政策的任何行为，包括但不限于识别和定义一项治理风险的公共政策的议题；为一项新的风险治理政策框架定义方案；扩大风险治理方案的范围；识别用以解决风险问题的方法；在风险治理方案之间确定优先性；选择优先确定的风险治理方案；执行风险治理方案；管理风险治理项目；制定和适用治理风险的各类规章；实施风险交流、沟通和评估；以及反馈和评估风险治理决定的影响等。这就表明，风险行政程序法对行政程序持一种非常宽泛的、综合的理解，即主要不是做出一个最终决定（裁决或规章），而是在公共行政主体之间、公共行政主体和利害关系人之间、国内公共行政主体与国际公共行政主体等之间

---

① David M. Trubek, Louise G. Trubek, New Governance & Legal Regulation: Complementarity, Rivalry, and Transformation, Columbia Journal of European Law, 2007, 13(3):539-564.

建立一种长久的沟通和交流。在这过程之中，风险治理主体之间的信息得以不断交流和互换，各自的意义或意向性得到体现或暴露，风险行政的合法性也得以建构。

（6）它是实现风险行政过程本身合法性的一种技术。与权力机关的监督和司法机关的审查等主要从行政的外部来间接地确保公共行政主体活动具有合法性的行政法技术不同，风险行政程序法是以参与风险行政的各类主体通过自身行为来确保风险行政具有合法性的技术，因而这是一种内在的、更为直接的合法性；与现行行政程序法试图从法律中析取或提取行政的方法或决定，以确保行政活动具有合法性不同，风险行政程序法将治理风险的公共政策视为一个过程，而不是一个产品和一种结果，因而试图通过程序发现最佳方法（比如最佳的环境风险治理方案）来实现合法性。这是一种将风险归位和防止外部化来实现合法性的方式。①它将底线规则和标准、信息、讨论、监督、妥协、交流等视为行政程序本身的功能。它允许广泛参与、提供利益平衡、促进行政透明和清晰、在分离的公共行政主体之间进行合作，以及提高行政效率。它通过灵活性、策略性、首创性、非正式性、参与性、新的责任形式、反思和相互学习等来做出和实施治理风险的公共政策。因而它已经演变成一个周期性的统一体。由此可见，风险行政程序法不仅是一种从内部视角来确保风险行政具有合法性的更为直接的技术，而且是一种已经超越现行行政程序法的局限性，从而能够真正实现风险行政具有合法性的技术。

2.风险行政程序法的基本结构

根据社会学中的结构功能主义的一项研究结论，即组织的结构决定着组织的功能。②由于风险行政程序法以治理风险的公共政策作为调整对象，是通过信息来确保风险行政过程的合法性，是一种从过程的、内部的角度来缓解，甚至克服风险治理主体的知识贫乏和价值冲突问题，进而实现多元价值目标，由此，它的基本结构将不同于现行行政程序法。那么风险行政程序法的基本结构到底由哪些要素所构成？从环境、食品等特定领域的风险治理经验来分析，中外的理论和实务界还存在一定分歧。最早提出风险治理结构，并在全球风险治理中产生巨大影响的是1983年美国的国家研究理事会的红皮书——《联邦政府的风险评估：管理过程》。在该书中，美国的国家研究理事会将风险治理分为风险评估和风险管

---

① 参见[德]莱纳·沃尔夫：《风险法的风险》，陈宵译，载刘刚编译：《风险规制：德国的理论与实践》，法律出版社2012年版，第8页。
② 参见[美]乔纳森·H.特纳：《社会学理论的结构（第7版）》，邱泽、张茂元等译，华夏出版社2006年版，第36页。

理两个环节。①到了 1996 年，美国的国家研究理事会将风险治理分为四个环节，即预评估、风险评估、风险特征描述、风险管理。②而在欧盟的食品安全治理领域，根据欧盟《统一食品安全法》以及其他相应的政策和指南，欧盟用风险分析来指称风险治理，并认为风险分析包括风险评估、风险管理和风险沟通三个环节。③德国著名学者奥特温·仁认为，风险评估、风险管理和风险沟通是传统的风险治理的三个公认环节。④从国内行政法学界研究来分析，一些学者也从结构角度来考察风险治理，比如，有学者认为我国食品安全风险治理的结构包括风险议题形成、安全标准制定、风险评估、风险信息沟通和风险管理等五个环节。⑤而从我国食品安全法关于食品安全风险治理的规定来分析，则包括风险议题的形成、风险监测、风险评估、风险沟通和风险管理等五个环节。⑥综合以上各种观点，笔者认为一种较为理想的风险行政程序法基本结构应当由以下四个要素所构成。

（1）风险议题的形成。风险行政程序法以风险议题的形成作为开端。风险议题的形成是风险治理主体是否对某一或某些风险予以治理的起点。风险行政程序法需要规范风险议题的形成过程，重点保障风险议题形成过程的民主性和透明性。从规范层面分析，风险议题的形成将依次遵循两个步骤，一是识别和描述风险问题。它是指风险治理主体识别和描述为化学物质或其他危险物质或者其他人为因素所造成的影响环境、健康、福利、安全、生态、经济等现实的或潜在的问题。二是详细考虑风险问题的背景。它是指风险治理主体需要从一个比较宽阔的背景下来考虑某一风险问题形成的背景。衡量这些背景的关键维度有：风险的来源是否存在多样性，风险的介质是否具有多元性，风险本身是否具有多样性，以及风险的承受者是否具有多样性等。

（2）风险评估。风险评估属于风险治理的第二项重要环节，理性的风险治理需要风险治理主体获得一个风险问题将会带来什么样的潜在危害，以及这种危害的影响有多大的信息。收集和分析这些信息的程序就被称为风险评估。如果用较为专业化的术语来表述则是：风险评估是对一特定期间内安全、健康、生态、财

---

① National Research Council, Risk Assessment in the Federal Government: Managing the Process, Washington,DC: National Academy Press, 1983:1-20.

② National Research Council, Understanding Risk: Informing Decisions in a Democratic Society, Washington, DC: National Academy Press, 1983: 4-25.

③ 参见杨小敏：《食品安全风险评估法律制度研究》，北京大学出版社 2014 年版，第 14 页。

④ Ortwin Renn, Risk Governance: Coping with Uncertainty in a Complex world, London: Streling,VA Press, 2008:8-10.

⑤ 参见戚建刚：《我国食品安全风险规制模式之转型》，《法学研究》2011 年第 1 期。

⑥ 参见《中华人民共和国食品安全法》第二章之规定，《食品安全风险评估管理规定（试行）》等。

政等受到损害的可能性及可能的程度做出评估的系统过程。由于风险评估被认为主要是（虽然并非排他性的）基于科学证据和科学分析，[①]因而它由法定的、具有相对独立性的、由科学家所组成的专家委员会来实施。风险行政程序法既要确保风险评估过程符合透明性，也要保障风险评估结论的科学性。它需要规定风险评估的四个步骤，即危害识别或者有害性确认、危害描述、暴露评估和风险定性。

（3）风险管理。风险管理属于风险治理的第三个环节，也是实现风险治理目标的最为关键的环节。风险行政程序法需要确保风险管理的民主性、科学性、透明性和应责性。它需要规定风险管理的六个步骤：一是确定风险治理目标。它是指风险治理主体需要明确治理风险所要实现的目的。从实践来看，风险治理目标并不具有统一性。它们可能与风险相关，诸如降低或消除暴露于危险物质的风险，减少负面后果事件发生的概率；它们可能与公共价值相关，比如保护敏感人群、保护生态环境。二是明确多元风险治理主体的角色。多元风险治理主体的法律角色取决于需要治理的风险问题与需要实现的风险治理目标。即便是对风险治理承担主要职责的公共行政主体也并不总是以管理者的身份出现。有时作为私方主体的企业也会是某一风险问题的主要管理者，而公共行政主体起到监督者和协调者的作用。三是识别风险管理措施。不论是依据法律规定还是行政经验，风险治理主体均享有较大的裁量空间来识别各类强制性的或自愿性风险管理措施，比如征税、许可、公布风险信息、教育、检测、检查、监督、基于市场的激励、补贴等。四是分析风险管理措施。风险治理主体需要对风险管理措施的有效性、可行性、直接或间接的成本与收益，以及其他法律的、经济的、政治的、文化的和心理的影响加以分析和评价。五是做出决策。由于在大多数风险管理情形中，风险治理主体可以选择多种方案，因此，关键问题是它们如何做出最佳可得的风险管理决策，而这同样有赖于相应的程序制度。六是实施风险管理措施。风险治理主体执行既定风险管理措施的过程也需要遵循特定程序制度，满足正当程序基本要求。

（4）风险交流。如果说在整个风险治理过程中，上述三个环节基本上依时间先后顺序呈线性状排列，那么风险交流则是贯穿于上述环节中的共同步骤。它是指风险治理主体对由在风险议题形成、风险评估、风险管理等过程中所获得的信息在自身之间以及与外部的社会公众等主体之间所作的相互沟通，以实现教育与启蒙、相互信任，以及改变人们行为等功能。风险行政程序法需要确保风险交流的参与性、透明性、平等性和有效性。它需要为风险治理主体提供合法性框架，一个较为完整的风险交流程序由三个步骤有机构成：一是制定风险交流计划。风

---

① 参见戚建刚：《食品安全风险评估组织之重构》，《清华法学》2014年第3期。

险交流计划由风险治理主体中的公共行政主体负责制定，一般包括确定言说者和倾听者、明确交流内容和方式、规定交流目的和时机等内容。二是实施风险交流计划。交流计划由公共行政主体组织实施，如果涉及到科学问题，则由专家来负责解释与说明。需要指出的是，公共行政主体实施风险交流时不能再将社会公众或利害关系人视为需要被教育、驯化或说服的对象，而是拥有独立风险认知和判断的主体，因而这是一种双向的交流过程。[①]于是，风险交流过程依然需要借助能够促进双向交流的程序制度，比如对话、听证等来进行。三是评价风险交流计划。公共行政主体可以委托独立第三方来评价风险交流计划的实现效果，第三方依据一定方法来科学评价风险交流计划的效果，并在约定期限之内向风险治理主体提交评价报告，供风险治理主体改进风险交流绩效。

（三）风险行政程序法理论的制度供给

如果说对风险治理的基本结构予以规范化仅仅是风险行政程序法的一幅框架或一个支架，并且主要是从形式角度来实现风险行政程序法的核心功能和价值目标，那么基本制度的设计则是风险行政程序法的血肉，并且主要是从实质层面来确保风险行政程序法核心功能和价值目标得以有效实现。由此，基本结构与基本制度之间是相互支撑的关系。从规范层面而言，风险行政程序法主要由以下制度所构成。

1.协商制度

协商制度是现行行政程序法所规定的公告、开座谈会、听证等征求利害关系人或社会公众意见的参与制度的升级版。它的制度经验可以在美国国会于1990年实施、1996年和1998年两次授权的《协商制定规则法》中找到。[②]基于全球风险社会的来临需要建构保障理性和参与的行政程序机制的目的，我国有学者也提出协商型程序机制，但没有从具体制度层面加以展开论述。对于风险行政程序法上的协商制度，主要包括如下内容。

（1）协商的组织者、参与者和评论者。协商的组织者和参与者共同称为风险治理主体。组织者一般是对特定领域风险负有主管职责的公共行政主体，特别是国家行政机关。参与者则由协商制度的组织者根据风险的规模、性质来随机选择确定，但风险行政程序法可以规定一个范围：利害关系人，即受到风险治理决策或风险潜在负面后果影响的国内外个体或者团体或组织；对风险或风险治理决策感兴趣的国内外媒体、文化精英、舆论领袖等；对治理风险负有协管职责的国家

---

① Ortwin Renn, Risk Governance: Coping with Uncertainty in a Complex world, London: Streling, VA Press, 2008:201-202.

② Jody Freeman, Laura I. Langbein, Regulatory Negotiation and the Legitimacy Benefit, New York University Environmental Law Journal, 2000, 9(1): 60-151.

行政机关、法律规范授权组织等。协商的评论者是指对风险治理主体所形成的共识性结论或者决定提出意见或者建议的社会公众，以便协商的成果经得起更大范围内的民主和理性的考验。

（2）协商的本质与适用范围。协商的本质是风险治理主体共享风险治理权。所谓共享，就是共同拥有和行使。共享风险治理权表明协商制度中的组织者和参与者是一个整体，相互之间不存在命令与服从关系，它们属于行政法律关系的共同当事人。这与现行行政程序法上的参与制度存在重要区别。现行参与制度中的利害关系人所享有的参与权仅仅是一种权利，它们与行政主体之间形成一种外部行政法律关系，且属于外部行政法律关系一方当事人。由于风险评估主要是科学事业，遵循科学理性，由专门的科学家来实施，因而不适宜协商，由此，协商主要适用于风险治理中的风险议题之形成、风险交流和风险管理三个环节。

（3）协商制度的原则。协商制度需要遵循四项原则：一是公平性，即风险治理主体共享风险治理权，它们之间仅仅是角色和分工上的差别。协商的组织者和参与者在不同的风险问题以及在风险治理的不同环节中或者是领导者、监督者、组织与指挥者，或者是信息提供者、说服者、教育者和指导者，或者是倾听者、意见采纳者、说理者、意见陈述者等。二是效率性，即各类协商方法的成本与收益，以及协商活动的成本与收益需要保持平衡。三是透明性，即除依法应当保密之外，从独立的第三方角度来观察，协商参与者的产生过程需要公开；协商的参与者和评论者对风险治理的所有环节、风险治理信息、达成共识的方法、共识结论的效力等事项，都享有充分的知情权。四是绩效性，即在协商过程中应当确保协商组织者和参与者能够考虑风险问题的最新知识，确保他们都能理解风险问题本身并能运用风险知识进行理性辩论。①这就涉及下文要阐述的专家制度问题。

（4）协商的具体方法。协商的具体方法涉及到针对风险问题的不同类型的对话形式。对于那些体现严重价值冲突的风险问题，风险行政程序法可以规定参与式对话策略，努力营造沟通理性的场域，即协商组织者主要运用公开听证会、调查和焦点小组、公民咨询委员会、公民共识会议、公民小组或公民陪审团等方法来构建说理机制，相互交换意见和证据、进行反省和交流，并试图说服对方。比如转基因食品安全风险就适宜采用这种方法。对于那些体现严重不确定性的风险问题，风险行政程序法可以规定反思性对话策略，即协商组织者主要运用利害关系人听证会、圆桌会议等方法来解决多大程度上的不确定是可以接受的，接受该风险的成本和收益是否成比例，是否应当采取预防性原则，如何确定成本与收益的分析方法等。比如建设垃圾焚烧厂所引发的风险就适宜采用这种方法。这两种

---

① Rowe, G., Marsh, R. Frewer, L.J., Evaluation of a Deliberative Conference, Science, Technology, and Human Values, 2004, 29(1): 88-121.

方法都涉及设定协商目标、资料收集、方案选择、利弊权衡、协商、形成共识以及公告与评论等环节。需要指出的是，协商的具体方法的设计应当遵循协商基本原则，确保参与对话的主体具有异质性，从而可以将一个庞大的观点库置于对话者面前，避免出现群体两极分化的风险。

（5）协商程序结束的标准。协商程序的结束并不意味着风险治理的最终结束。毋宁指它代表着一项协商的产物，表示一种情境理性的形成，比如风险治理主体之间达成一项共识。然而问题在于，协商程序中如果包容的参与者的观点、意见、利益和价值越多，那么就越难以达成一项共识或某种形式的同意。由此，风险行政程序法需要规定协商程序结束的标准，以免出现协商瘫痪或协商走形式的困境。这些标准包括：所有论据是否已经受到适当的对待？所有事实性陈述是否已经通过公认的评价标准得以公平地和正确地检验？根据最新的知识，所有的相关证据是否被完整地收集和处理？是否充分地包容和处理了经验性的知识？所有的利益和价值是否都被考虑？所有规范性的判断是否被明确地和详尽进行了解释？规范性的陈述是否来自于公认的伦理原则或法律的规定？是否采取了尽可能保障生活方式的多样性以及个体自由的各项努力措施？[1]诚然，有些学者可能会认为，这些标准过于理想，现实中不一定能完全兑现。然而，它们为协商的达成提供了"内在道德"——如果借用孙斯坦的话来讲。[2]而风险行政程序法应当有这样一种担当。既然如何定义风险以及多安全才足够安全问题与每个人的人生哲学有关，[3]既然协商制度的目的是要形成一个能为风险治理主体所普遍接受的决定，因此当风险治理主体深入考虑了这些标准之后如果依然无法形成完全共识，那么就可以采取一种多数裁决的原则——依据德国学者哈贝马斯的观点。[4]然而需要指出的是，多数裁决原则虽然能够达到某种确定结果，但这只是临时的结果。随着新证据的不断被引入，可能会重新启动协商程序，过去达成的结果有可能被改变。显然，这与现代风险所具有的复杂性和不确定性等的特征是相适应的。同时，这里的多数裁决并不是以冷冰冰的、秘密的投票方式进行的，而是在遵循公开陈述理由制度基础上的投票。

2.陈述理由制度

与现行行政程序法所规定的行政机关在做出针对行政相对人的不利行为时应

---

① Ortwin Renn, Risk Governance:Coping with Uncertainty in a Complex World, London: Streling, VA Press, 2008: 75-276.

② 参见[美]凯斯·R.孙斯坦：《设计民主：论宪法的作用》，金朝武、刘会春译，法律出版社2006年版，第9页。

③ 参见[英]巴鲁克·非斯科霍夫等：《人类可接受风险》，王红漫译，北京大学出版社2009年版，第1-3页。

④ 参见赵祥禄：《正义理论的方法论基础》，中央编译出版社2007年版，第147页。

当说明有关决定理由的制度有所不同，风险行政程序法将规定风险治理主体的陈述理由制度。陈述理由制度具有多项功能，诸如防止偏私。基于现代社会风险的复杂性和广泛性会影响大量的社会公众，但人们对社会风险的认知又存在价值冲突，对风险危害的理解存在一定主观性，由此，在风险治理过程中，各类利害关系人通常会从有利于自身利益的角度提出主张，而要求他们公开陈述理由就能够防止此类主张是偏私的，他们就不太敢于提出只会显露自己的自私自利的理由。例如，垃圾焚化炉的预定距离离我家仅200 m，所以我誓死反对。但誓死反对的理由是什么，需要反对者提供，这就避免反对者主观武断。又如，它能够增加相互理解和合作。在现代风险社会背景中多元利益和意见并存的情况下，陈述理由可以让不同立场的参与者相互了解彼此所抱持的理由，且能获得原先不曾知悉的有用资讯，还能据此再行反复检视自己的理由，由此增强风险治理过程的伦理性。①因此，陈述理由制度既能缓解风险行政所带来的知识贫乏问题，也能避免因价值冲突而导致的风险决定过度主观性问题，从而增强风险治理过程的合法性。

（1）陈述理由制度的基本含义。它是指在风险治理的全过程中，风险治理主体，尤其是公共行政主体应当对自己的选择、偏好、决定等公开陈述相应的事实和法律规范依据，并通过对理由的相互诘问来检验各自所持理由是否能说服自己以及说服他人的规则。

（2）陈述理由制度的适用对象和范围。陈述理由制度的适用对象不仅包括影响利害关系人的各类风险管理决定，而且还包括诸多事实性行为，比如公共行政主体形成风险议题的决定，公共行政主体或者其委托的专家就风险交流中疑难问题加以解释的事项。这与现行行政程序法所规定的行政行为说明理由制度的适用对象形成鲜明反差，因为后者适用对象仅限于对行政相对人合法权益产生不利影响的行政行为。陈述理由制度的适用范围覆盖到风险治理全过程，特别是在形成风险议题、实施风险交流以及做出风险管理决策等环节，属于一种过程性说理制度。需要指出的是，由于风险评估的结论是由专家来做出的，专家当然负有就结论提供理由的义务。这与现行行政程序法所规定的行政行为说明理由制度的适用范围也相去甚远，因为后者仅适用于行政机关对已经做出行政行为向相对人说理。

（3）陈述理由的义务人与陈述方式。风险行政程序法上的陈述理由义务人包括所有风险治理主体，陈述的方式则是风险治理主体相互之间说明理由，以及向社会公众陈述理由。比如，风险评估专家就某一风险的危害性做出相应的结论，就需要向其他参与风险治理的主体提供相应的事实依据。这与现行行政程序法规

---

① 参见许国贤：《个人自由的政治理论》，法律出版社2008年版，第204-205页。

定的说明理由义务人仅限于国家行政机关有所不同，也区别于现行行政程序法规定的仅限于行政机关向特定相对人单向说明理由的方式。

（4）陈述理由的基本内容。风险行政程序法上的陈述理由的基本内容需要遵守两项规则：一是主要事实依据规则，即风险治理主体仅就足以影响自身行为性质、效力等情况的事实进行说理。二是禁止主观臆断规则，即风险治理主体，特别是公共行政主体不能依据主观臆测的事实作为自身的决定或者主张的依据。此外，对于不同的风险治理主体，说明理由的义务也有轻重之别。对于掌握公共行政权力的主体，比如国家行政机关，则承担比较重的说明理由义务。对于其他风险治理主体，则承担相对较轻的说明理由义务。对于风险治理的不同环节，风险治理主体的说明理由义务轻重也存在差异。对于风险管理阶段，由于涉及公共行政主体选择风险措施并做出相应的决策，而风险管理措施会影响社会公众、其他风险参与者的权利和义务，因而，公共行政主体说理职责比较重，不仅需要就选择的风险管理措施的合法性进行说理，而且还要就其合理性说理。合法性的说理内容则包括公共行政主体选择风险管理措施的事实依据和法律依据；合理性的说理内容则包括公共行政主体选择事实的依据，选择法律所考虑的因素，诸如政策形势、符合公共利益等。

3.暂时性制度

在现行行政程序法中，随着行政程序结束，行政决定就具有稳定和持久的法律效力。然而在风险行政程序法中，这一规则将被颠倒过来。为了回应风险治理决定是在面临始终存在的不确定性且有适当的保留的条件下做出的现实，同时也为了确保风险行政程序法自身的适应能力和安全性，需要设计暂时性制度。如果从协商民主角度而言，它也可以视为是美国学者孙斯坦教授所主张的"未完全理论化的协议"[①]在风险行政程序法上的翻版，是一种在无法解决不同意见时所寻找到的让风险治理主体继续富有成效行动的方式。它让风险治理主体能够暂时找到一种共同的生活方式，允许他们彼此表示一定的互惠互敬，而不会带来不必要的对抗。从经济学来分析，它能够在异质的、充满分歧的风险治理主体之间出现帕雷托改善的结果。对于暂时性制度，风险行政程序法需要做出以下规定。

（1）适用范围。由于从过程论视角来分析，风险治理过程由四大环节所组成，然而作为特定风险主管机关的公共行政主体做出的能够影响他人权益的行政决定主要是在风险管理环节，因而暂时性制度将重点适用于风险管理环节。可是，在尚未对外做出风险治理行政决策之前，风险治理主体在内部也会做出一系列决定，比如形成风险议题，发布风险评估意见等，它们依然要受制于暂时性制

[①] 它是指尽管彼此对根本性问题存在分歧或者不确定性，但对具体行为或者后果却达成了一致意见。关于该理论的特征、价值等问题，参见[美]凯斯·R. 孙斯坦：《设计民主：论宪法的作用》，金朝武、刘会春译，法律出版社2006年版，第74-78页。

度，即随着新的信息出现，风险治理主体应当及时调整风险议题，修改风险评估意见。

（2）主要制度形态。暂时性制度主要有四种制度形态。一是暂时性行政决定。该项制度在大陆法系国家也被称为暂时性行政处分。比如，德国学者特鲁特认为，在表面看来，可对稳定尚未充分审查的行政法律关系进行细致调控的暂时性行政处分，正好应该在对于风险的关联存在不确定性的领域内得到适用。[1]它是指公共行政主体以自身名义做出的、涉及风险治理的、具有临时性法律效力的行政行为。所谓临时性，是指法律效力仅具有一定期限，过了该期限，法律效力自动终止。二是附款的行政决定。附款是指为了限制行政行为的效果而在意思表示的主要内容上附加的从属性意思表示，包括条件、期限、负担和撤销权的保留。[2]在风险治理实践中，公共行政主体可以先做出允许行政相对人实施具有一定风险活动的行政决定，但该行政决定法律效力的真正发生则需要附加相应条件，比如需要相对人提供更多的风险信息，待公共行政主体进一步评估风险。三是可变更或可中止或可废除的行政决定。它是指根据风险评估，公共行政主体对相对人做出了行政决定，并且已经发生了法律效力，但该行为的效力将随着风险评估结果的变化而发生变更、中止或废除。四是适用于风险治理内部的行政活动，可以称为重复制度。它是指只要出现了足够重要的信息，那么风险治理主体就应当重复风险治理中的某一个环节，比如风险议题的形成。对于这四种暂时性制度的基本结构、适用范围、具体要件等问题，风险行政程序法都需要加以原则性地规定。

4.信息制度

虽然现行行政程序法也会对信息制度做出规定，[3]但在风险行政程序法中，该制度则成为一项极端重要的制度。这不仅是因为整个风险治理过程就是在信息不充分的条件下实施的，风险行政程序法主要是基于信息来保障风险治理过程的合法性，而且还因为风险信息易于受到污染和干预。比如，特定主体要么控制风险信息，要么为了特定立场而包装风险信息以劝服人们，要么把风险信息生产成一种可销售的商品，致使风险治理活动成为一场闹剧或悲剧。对于信息制度，风险行政程序法需要做出如下规定。

（1）信息制度的定义。它是指除了依据法律应当保密的事项之外，在风险治理整个过程中，风险治理主体，特别是公共行政主体，有义务及时公开其制作或者获取的、以一定形式记录、保存的与风险治理有关的信息。

---

① 参见[德]汉斯·海因里希·特鲁特：《设备法中的国家风险管理》，胡博砚译，载刘刚编译：《风险规制：德国的理论与实践》，法律出版社2012年版，第312页。

② 参见叶必丰：《行政行为的效力研究》，中国人民大学出版社2002年版，第154页。

③ 参见章剑生：《现代行政法基本原理（第二版）》，法律出版社2008年版，第447-454页。

（2）公开范围。公开范围应当包括风险治理全过程所涉及的信息，特别是在风险议题的形成、风险交流、风险管理等环节上的信息。

（3）公开程度。风险治理主体所公开的信息应当具有充分性和可理解性，特别是能够为不具备相关专业知识的大部分公众所理解，以及可复制性与可验证性，特别是能够为国内外同行专家所重复实施。

（4）公开方式。风险治理主体应当通过官方网站、公报、新闻发布会、媒体通气会及报刊、广播、电视以及公益热线等媒介予以发布信息，特别是要深度挖掘多种大众传媒的传播能力，实现信息的可得性。

（5）公开与保密的关系。风险行政程序法首先需要明确公开和透明是基本原则，而保密是例外。风险治理主体所产生的信息应当以最大限度地加以公开或让公众获得，而只有在具有法定正当理由情况下，最小数量的信息才能被保密。其次，即使是需要依法保密的信息，也要根据风险事项进行整体主义的衡量。如果为了保障公众健康之所需的社会利益是如此重大，以至于显著压倒了保密所承载的价值追求，那么，该类信息也应当公开，保密要求将被解除，公众有权及时获得该类信息。

（6）法律责任。对于在风险治理过程中出现的隐瞒、谎报、虚报、迟报、提供虚假风险信息、操控风险信息等行为，风险行政程序法需要规定相应的法律责任。

5.遴选风险治理参与者制度

以对特定风险是否负有原始法定治理职责为标准，风险治理主体可以分为主管公共行政主体、协管公共行政主体以及其他参与主体。其中，前两类主体对特定风险负有原始的法定治理职责，而其他参与主体是依法参与风险治理过程并与负有原始法定治理职责的主体分享风险治理权，它们主要包括风险利害关系人、对风险感兴趣的主体以及担负提供咨询意见的专家。由于在风险治理过程中，风险治理参与者在实质上行使着治理风险的权力，而风险治理涉及利益的调整和分配，因而风险治理参与者可能被其他主体所"俘获"或者难以代表公共利益。由此，为了确保风险治理的民主性和科学性，体现公益性，风险行政程序法就需要规定遴选风险治理参与者的制度。

（1）明确候选参与者的标准。风险行政程序法需要针对风险治理参与者的不同类型规定候选人的标准。这些标准包括两类：一是适用于所有参与者的共同标准，主要是政治标准和身体标准，比如拥护中国共产党的领导；拥护党的路线、方针、政策，具有较强的社会责任感，遵纪守法；身体健康。二是针对特定参与者的特定标准，主要是业务标准。比如对于咨询专家，可以规定这样一些标准：从事专业技术工作，具有副高级以上专业职称，年龄在 65 岁以下，业务水平突出等。对于利害关系人，可以规定这样一些标准，比如具有较强参政议政能力、较强的敬业精神，能够按时参加公共行政组织的各项活动，承担各项任务。对于对风险感兴趣的主体，可以规定这样一些标准，比如具有公益精神，熟悉相关风险领域的政策法规，具有从事相关风险领域治理的业务能力，能够按时参加公共行政组织的各项活动等。

（2）规定发布公告程序。发布公告是指遴选机关（通常是对某一领域风险负有法定管辖权的国家行政机关）在官方杂志、自身的网站和主流报纸上发布关于遴选参与者的公告，公告应当载明不同类型参与者的标准。

（3）规定对申请人资格作形式审查。它是指遴选机关在形式上审查每一个申请人的申请的有效性，如果申请人在公告规定的期限内提交了申请，那么该申请就是有效的。

（4）规定对适格候选人作实质评价。它是指遴选机关运用一定的方法和技术对适格候选人是否具备相应的参与能力加以判断。遴选机关的评价标准就是风险行政程序法所规定的不同类型参与者的标准，遴选机关可以对每一项标准赋予不同的分值，随后将之与候选人的条件比照，以便对候选人进行打分，确定候选人的得分。

（5）规定参与者名单以及任命参与者。遴选机关根据打分排名，确定参与者入围名单，根据工作需要，最终确定参与人数，并颁发相应的履行职责聘书，履行任命程序。需要指出的是，由于风险治理中的参与者实质上将行使治理风险职权，因而，风险行政程序法可以规定公共行政机关与参与者之间签订职权委托合同，在合同中约定双方的权利与义务。

（6）规定补充或者更新程序。当出现参与者被辞退、辞职或者需要增加新成员的情形时，公共行政机关应当在候补名单中选择新成员。如果候补名单中没有符合条件的参与者，那么公共行政主体就需要发起一个公告，以选择符合条件的候选人。需要指出的是，公共行政主体重新选择候选人时，同样需要遵守上述遴选程序。

（7）规定利益声明和回避程序。利益声明和回避程序是指在对特定风险予以治理之前，专家和对风险治理感兴趣的主体应当以承诺书的形式向公共行政主体以及其他参与者声明与风险利害关系人不存在身份或经济利益上的关系。如果存在，则需要回避。

（8）规定劳务报酬。由于风险治理参与者参与风险治理需要付出相应的时间和精力，是为了公共利益来履行职责，因而风险行政程序法需要规定相应的劳务报酬作为激励机制来激发参与者认真履行职责。

需要指出的是，风险行政程序法所规定的这五项制度不仅是镶嵌在风险治理基本结构中的制度，而且它们之间是相互联系和彼此依赖的。如果说协商制度和暂时性制度是风险行政程序法的核心制度，那么陈述理由制度和信息制度则是风险行政程序法的基础性制度，而遴选风险治理参与者制度则是它的支持性制度。当在信息制度和协商制度的作用下，风险治理者之间的价值冲突如此激烈，或者它们依然存在严重知识贫乏，以至于无法达成共识时，此时，暂时性制度就能让它们暂且搁置分歧，先就已经形成共识的问题作出风险决策，同时又为面向新的风险事实和价值预留空间，实现所谓的在需要达成协议的时候使之成为可能，以及在不可能达成协议的时候使之成为没有必要的良好局面。①然而，更为重要的是，无论是基本结构，还是主要制度，只有以一种整体主义的视角来看待风险行政程序法的结构和制度，才会发现它们所具有的重新保证风险行政具有合法性的强大功能。

二、三种行政程序理想类型之学理阐释

首先需要说明的是，从学说发展史的维度而言，②行政程序理论具有不同的理论类型，分别形成了"第一代""第二代"和"第三代"行政程序理论。笔者将主要选择"第三代行政程序理论"来审视三种环境风险治理工具的互动与整合。"第三代"行政程序，这一行政程序的新类型最初由西班牙塞维利亚大学著名行政法学者哈维尔·巴恩斯于2009年5月在美国耶鲁大学法学院召开的一场比较行政法学术研讨会上提出。他提出该新型行政程序的目的是要为从21世纪以来设计与全球行政、合作行政、新治理等新的行政国家形态相匹配的行政程序法提供新的知识资源，指明新的发展方向。若要揭开"第三代"行政程序的神秘面纱，我们不得不进入巴恩斯教授所建构的旷阔的行政程序的理想图景。的确，面对西方不同国家、不同时期所拥有的数量繁多、种类复杂的行政程序，如果缺乏科学的研究方法对之加以类型化，那么既无法认清它们的面貌，也不能对之作出预见性的研究，从而有效回应行政国家的新面相。对于巴恩斯教授也意识到了这一困境，他运用德国著名社会学家马克斯·韦伯的理想类型方法，以行政机关在行政程序中的角色以及行政程序所调整的行政行为类型作为变项，将西方国家自19世纪以来的行政程序分为三种理想类型，即"第一代"行政程序、"第二代"行政程序以及当前处于不断发展与演变中的"第三代"行政程序。③由此，对"第三代"行政程序的考察需要置于"第一代"和"第二代"行政程序的背景之中才能完成。

---

① [美]凯斯·R.孙斯坦：《设计民主：论宪法的作用》，金朝武、刘会春译，法律出版社2006年版，第64页。

② 参见戚建刚：《"第三代"行政程序的学理解读》，《环球法律评论》2013年第5期。

③ Javier Barnes, Towards a Third Generation of Administrative Procedure, in Susan Rose-Ackerman and Peter L. Lindseth, eds., Comparative Administrative Law, Edward Elgar Publishing, 2010: 342-349.

(一)"第一代"行政程序

"第一代"行政程序肇端于19世纪中叶。它所调整的行为是行政机关对特定人或事做出的个别决定,比如,行政许可、裁决、处罚、强制等。在欧洲大陆和拉丁美洲的行政程序法中,这些个别决定被称为"行政行为"。而在美国行政程序法中,则被称为"行政裁决"。我们可以在1889年的《西班牙行政程序法》中找到它的典型情形。然而让人吃惊的是,自19世纪以来,"第一代"行政程序的基本结构一直保持相对未变的状态,并且在可以预见的将来,它们依然会保持不变。当今许多国家的行政程序法都属于这一代,比如,德国、葡萄牙、澳大利亚、意大利、法国和拉丁美洲国家等。"第一代"行政程序的目的主要是保证行政机关正确地适用和执行法律以保障公民的权利并限制行政裁量权。为达此目的,它在本质上是一种模仿"法庭程序"和"法官角色"的程序。行政机关类似于法官,它们在做出行政决定之前需要依法履行调查事实、询问当事人、举行听证、审查事实、说明理由、制作行政案卷、送达行政决定书等步骤。这正如美国行政法学者所解释的,要求行政官员坚持司法标准和使用准司法的程序,是行政法的普通法遗产,这一点也影响了对行政官员的法律训练以及这样一个事实,大部分行政机关不得不花费大量的时间来满足这样一种程序。①的确,与行政机关的工作人员相比,法院中的法官,由于受过严格的程序性规则的训练,具有更大的制度能力来处理法律规范问题,而让行政机关模仿法院来做出决定,对于保障行政相对人的权利是非常有利的。这就不难理解,为何时间老人的车轮行驶了100多年,"第一代"行政程序依然保持着活力。

(二)"第二代"行政程序

"第二代"行政程序发轫于第二次世界大战结束之后。它所调整的行为是行政机关制定规章(次级立法)的行为,1946年《美国联邦行政程序法》可以作为它的原型。20世纪50年代以来,欧洲国家的行政程序法中涉及的行政立法的内容也属于这一代。它是这样一个事实的自然结果:迫于现代行政的多样性和复杂性,议会不得不将立法权力授予给行政机关——先是将立法权委托给行政机关行使,后来这种立法委任成为一种常态,最后干脆将某些领域划归行政立法的范畴,行政立法从而取得了自主性。比如,1791年法国宪法规定议会对立法权享有垄断权,而到了1958年宪法则明确将大量行政事务的立法权划归给以总理为首的政府。"第二代"行政程序的目的主要是确保行政机关在从事影响不特定人

---

① Grisinger, Joanna, Law in Action: the Attorney General's Committee on Administrative Procedure, Journal of Policy History, 2008, 20(3): 379-418.

的权利和义务的行为时能够符合议会授权法的目标，从而实现民主的合法性。因而与"第一代"行政程序模仿"法庭程序"不同，"第二代"行政程序模仿了"立法程序"。行政机关在制定行政规章时的角色类似于"立法机关"。它们要依法履行立项、提出草案、审议和交付表决与公布等程序。同时，行政机关也要为受该规章影响的公众提供参与的机会，听取他们的意见和建议。然而，社会公众的参与权并不是一种与行政机关平起平坐的权利，也就是行政机关并没有将受规章影响的人视为自己的合作者。可见，这样一种参与权属于"防御性的参与权"。由于在现代行政国家背景下，促使代议机关不再对授权法的标准保持沉默或者规定实质性标准的条件并没有改变，因而"第二代"行政程序也将继续发挥自己的功能。

（三）"第三代"行政程序

"第三代"行政程序开端于20世纪晚期。它是为了回应全球化行政、合作行政以及目标导向的行政等行政国家的新面相而产生的。它所调整的行为是各种各样的公共政策。我们可以在2001年开始生效的欧盟战略环境影响评估程序，①以及为美国行政法学者斯图尔特教授所推崇、且在美国盛行的"政府—利益相关人网络结构"中找到它的原形。②行政国家新面相下的"第三代"行政程序将不再模仿"法庭程序"或"立法程序"，在公法广袤的世界中，它将取得自己的"身份"，体现显著的"行政"性质。它对行政程序持一种非常宽泛的、综合的理解，即不仅仅旨在作出一个最终决定（裁决或规章），而且还旨在在行政机关之间、行政机关和公民之间、国内行政机关与国际行政机关之间建立一种长久的沟通。"行政程序被结构化为信息收集和处理过程……它们被设计成让行政机关理性的行动。这种程序并不总是导致一个具体的具有法律约束力的决定。直接的行政活动、内部的行政合作以及定期的报告等都可以视为是行政程序的目标。"③从结构上看，不像"第一代"和"第二代"行政程序主要是线性的安排，"第三代"行政程序可以是一种复杂的交织的网络，类似于蜘蛛网，或者星形。它将公共政策视为一个过程，而不是一个产品，不像"第一代"行政程序那样试图从法律中析取或提取行政的方法或决定，而是试图通过程序发现最佳方法（比如最佳的环境

---

① European Commission, Strategic Environmental Assessment, http：//ec. europa. eu/environmen t/ eia/ home. htm.

② Richard B. Steward, Administrative law in the Twenty-First Century, New York University Law Review, 2003, 78(2): 448-449.

③ Eberhard Schmidt-Abmann, Structures and Functions of Administrative Procedures in German, European and International Law, in Javier Barnes, ed., Reform and Innovation of Administrative Procedures, Spain: Global Law Press, 2008: 47.

可持续方法），并将规则、标准、信息、讨论、监督等视为行政程序本身的功能。它通过灵活性、非正式性、公众参与、新的责任形式和相互学习来做出和实施公共政策，因而它已经演变成一个周期性的统一体，没有一个清晰的开始或强制性的结束的标志。从运行环境上看，它也不像"第一代"和"第二代"行政程序，主要是在一个等级制的、以国家行政机关为中心的环境下运作，而是在一种新的、非等级式的和去集权化的环境中运行。它重视公与私的机构之间的相互合作，国家的和超国家之间的治理。它的目的主要不是去控制，而是去调整公共的和私人的行动者之间的关系，建立更有效的参与形式，协调政府之间的多层次合作，允许多样化和分权化，扩大协商领域，相互收集信息，允许更多的弹性。新的行政国家形态方兴未艾，且行政不断进入新的未知领域，因而"第三代"行政程序也处于发展之中，而且其典型特征已经出现，且具有远大前景。

（四）传统行政程序以及程序法面临的困境

当传统行政国家的边界被打破，行政进入了新的未知领域，行政法特别是行政程序法也需要作出回应。这是因为行政法主要通过程序来实现对行政的控制，行政法"使用程序和结构来形成行政机关的自由裁量权，从而确保行政机关对自身行为的负责：行政机关必须向他人证明它们所做出的决定与理性、回应性和可审查性的公法价值是一致的，于是，行政法规制规制者。"[1]可见，行政程序和程序法必须设法穿越曾经是无法逾越的边界，以便为行政国家的新面相保驾护航。然而，面对行政国家新的广阔腹地，传统行政程序以及程序法显得力不从心。它们类似于"罗塞塔石碑"，[2]记录了在一个既定的历史时刻行政国家的发展形态。其主体部分在20世纪中叶已经形成，有助于人们破译那个时代的行政法和社会自身的主要原则和价值。

可是，面对行政国家的新面相，传统行政程序以及程序法已经与社会现实不相匹配，[3]至少就这样一些领域或事项，几乎没有加以规范：（1）公共行政的私生活领域：当行政机构收拾起"制服"，以一个公民身份行动时，它应当如何行

---

① Bamberger, Kenneth A,Regulation, Prisons, Democracy, and Human Rights: The Need to Extend the Province of Adminis-trative Law,Indiana Journal of Global Legal Studies, 2006, 12(2): 511-550.

② 罗塞塔石碑（Rosetta Stone，也译作罗塞达碑），高1.14米，宽0.73米，是一块制作于公元前196年的大理石石碑，原本是一块刻有埃及国王托勒密五世（Ptolemy V）诏书的石碑。石碑上用希腊文字、古埃及文字和当时的通俗体文字刻了同样的内容。由于这块石碑刻有三种不同语言版本，使得近代的考古学家得以有机会对照各语言版本的内容后，解读出已经失传千余年的埃及象形文之意义与结构，而成为今日研究古埃及历史的重要里程碑。

③ Rubin, Edward, It's Time to Make the Administrative Procedure Act Administrative, Cornell Law Review, 2003, 89(1): 95-190.

动与决策，是否应当仅仅受制于私法规制？（2）私人行动者的公共生活领域：当私人行动者的活动与公共利益相关时，它们应当如何行为与决策，是否需要受制于行政法规制？（3）当行政机关不是通过正式的和有约束力的行政手段行动时，它们如何作出非正式的决定，如何制定软法，进行协商，以及寻求一致或披露信息？（4）国内行政的国际生活领域：当行政机关的活动超越国界时，它们应当如何行为和决策，以及它们代表谁？[1]换言之，当行政机关作为国际上的法律制定者，以制定软法或硬法、指南等的角色而行动时，就需要新的程序安排，而这与传统的行政程序法非常不同。（5）当行政机关和不同类型的私人行为主体之间以互动方式实现公共利益时，它们之间的结构就不再呈现为传统行政法所调整的直线型形态，而体现为一种特殊的网络状态，对于行动者及其参与者的行为形式、知识和信息的使用等问题，如何规范？如果不通过科学的程序用以解决上述问题，那么由此造成的行政的无效率性以及对民主与法治原则的放松的弊端是显而易见的。

可见，随着行政国家扩大到以前隐藏在封闭的边界后面的那些领域，对于在那里所发现的对合作和扩展参与的需求，旧的行政程序并不能加以容纳。由此，以西班牙塞维利亚大学哈维尔·巴恩斯教授为代表的行政法学者提出"第三代"行政程序来对之作出有效回应。

（五）"三代"行政程序的联系与区别

然而，通过绘制代际行政程序的方法来评估现行程序并为将来改革指明方向，是否意味着"三代"行政程序之间属于"水火不容"的状态，或者说，"第一代"与"第二代"行政程序已经过时或被淘汰？对此，巴恩斯教授的观点是非常鲜明的。他认为每一代行政程序都是对一个特定的目标或情境做出反应。这就是说，更新一代的行政程序并没有让更老一代的行政程序过时，相反，在实践中，这"三代"行政程序之间还存在重叠。[2]

可是，强调它们之间存在联系，并不能抹杀它们之间的区别。在巴恩斯教授看来，它们之间存在本质上的差异，它们分属于不同的时代，是对行政国家的不同形态作出的回应。如果用托马斯·库恩的话来讲，它们属于"不同范式"[3]的行政程序。那么，它们的区别到底在何处？事实上，前文对"三代"行政程序的各自内涵、特点等的评析已经能够窥探到其中的差异。然而从严格的科学研究角

---

① Zaring, David, Best Practices, New York University Law Review, 2006, 81(1): 294-350.

② Javier Barnes, Towards a Third Generation of Administrative Procedure, in Susan Rose-Ackerman and Peter L.Lindseth, eds., Comparative Administrative Law, Edward Elgar Publishing, 2010: 344.

③ [美]托马斯·库恩：《科学革命的结构》，李宝恒、纪树立译，上海科学技术出版社1980年版，第71页。

度而言，依然需要对其作出更明确和详细的阐述。为此，可以选择能够描述或体现这"三代"行政程序的典型特征的要素来加以比较。在巴恩斯教授的视野中，这些要素多达15项：出现时间、出现地方、范围、目标、程序本质、关注焦点、行政程序的模式、行政模式、规制方法、行政程序和裁量权、信息收集和处理、私人行动者①的角色、作为一种沟通体系的行政程序、行政程序与法的关系以及行政机关与立法机关的关系。他认为，在这15个方面，这"三代"行政程序之间都存在不同。②

　　基于简练以及突出重点的考虑，笔者选择其中的6个要素加以展开分析：

　　（1）就关注焦点而言，"第一代"和"第二代"行政程序都追求行为的结果，区别在于前者所追求的是"行政裁决"的结果。如果用中国行政法上的术语讲就是"具体行政行为"的结果；后者追求的是"行政立法"的结果。"第三代"行政程序的聚焦点则是公共政策的全过程，而这个全过程被定义为行政机关制定、实施或执行公共政策的任何行为，它包括但不限于：识别和定义一项公共政策的议题；为一项新的政策框架定义方案；扩大方案的范围；识别用以解决问题的方法；在方案之间确定优先性；选择优先确定的方案；执行方案；项目管理；制定和适用规章；执行规章；评估决定的影响。③

　　（2）就规制方法而言，"第一代"和"第二代"行政程序都属于"命令—控制型"规制方法，而"第三代"行政程序则是治理的各种新方法，它是区别于对抗或裁决的各种协商和共识的模式、方法或过程，包括但不限于公众参与、协商民主、对话、公众咨询、多元利害关系人的合作、契约或合同、合作式公众管理、谈判、在线商谈以及信息交流等。④

　　（3）就私人行动者角色而言，在"第一代"行政程序中，私人主要是行政决定的目标，他们处于被支配和要求服从的角色；在"第二代"行政程序中，私人是行政规章的实施对象，他们虽然享有听证的权利，但此类权利仅仅是防御权，并不能对行政机关的行为产生实质性的制约作用，因而他们主要处于遵守或不遵守规章的地位。在"第三代"行政程序中，私人与行政机关之间处于平等地位，

---

① 这里的私人行动者的清单包括但不限于：个人、私人公司、金融机构、公共利益组织、国内与国际的标准设定组织、行业协会、工会、商业网络、咨询委员会、专家小组、自我管制组织与非营利组织。

② Javier Barnes, Towards a Third Generation of Administrative Procedure, in Susan Rose-Ackerman and Peter L. Lindseth, eds., Comparative Administrative Law, Edward Elgar Publishing, 2010: 346-349.

③ Lisa Blomager Bingham, The Next Generation of Administrative Law: Building the Legal Infrastructure for Collaborative Governance, Wisconsin Law Review, 2010, 2010(2): 299.

④ Scott Burris et al., Changes in Governance: A Cross-Disciplinary Review of Current Scholarship, Akron law review, 2008, 41(1): 49-53.

他们主要是行政程序的合作者，与行政机关是伙伴关系。私人在行政程序中的作用从纯粹的咨询性升至全面承担决策权力。这种新型的关系是以完全不同于"第一代"和"第二代"行政程序中的行政机关与私人关系的假设为前提的：知识广泛分布在社会之中，行政机关并不能垄断知识。有时私人行动者比行政机关拥有更完整的知识。

（4）就信息收集和处理而言，在"第一代"行政程序中，行政机关通常遵循依据职权调查原则，自行收集和处理作出行政决定所需要的信息。有时，行政程序法虽然也规定了行政机关与公民之间的交流渠道，比如，对于何种具体行政行为需要举行听证、谁有权参加听证、通过何种方式参加等问题，但这种规定通常非常严格和有限。在"第二代"行政程序中，行政机关也是依职权来收集信息。虽然一些国家的法律规定利害关系人和社会公众有权参与行政规章制定过程，但这种参与的主体是非常有限的，且经常是在程序的末端进行参与。在"第三代"行政程序之中，行政机关与各类私人行动者之间的信息交换和沟通将贯穿于公共政策形成和实施的全过程。他们之间的信息交换和处理形式多种多样。行政程序法将提供灵活、多样和"软性"的信息沟通方式；私人行动者也可以调查和收集信息，并与行政机关进行公开的、持续性的和流动性的交换。

（5）就行政模式而言，不论是在"第一代"，还是在"第二代"行政程序之中，它们所对应的行政都是一种等级制的、金字塔形的，或者说是一个锥体的行政等级制。行政机关作出行政决定或制定行政规章主要是一个集中的自上而下的规制过程，是垂直式地传递命令和信息的过程。这种行政是国家导向的，对超国家行政、与私方行动者合作的行政则无暇顾及。而"第三代"行政程序所对应的行政是全球行政、网络行政、合作行政、非正式行政等所谓的"新治理行政"。[①] 此类行政特别强调网络的和合作的方式，通过软法（例如指南、手册和解释等）、非正式的活动（提供服务）、协商和对话（比如协商式规章制定）等形式进行治理等。

（6）就行政程序模式而言，"第一代"行政程序属于司法模式，程序的展开类似于法官作出判决：双方的、对抗性的程序，面向最后一个决定的一系列行政活动过程。行政程序被设计成仅仅适用实体法的一种方法，行政机关可以在法律中发现需要做出的行政行为。"第二代"行政程序是立法模式：程序类似于法律的制定过程，行政行为以一种准立法的方式进行。行政机关所制定的规则和规章是基于先前的法律所确立的实质性标准，因而是一种增量行为。"第三代"行政程序属于治理的新模式，等级制已经被更具流动性和相互性的协商式网络结构所

---

① David M. Trubek, Louise G. Trubek, New Governance & Legal Regulation: Complementarity, Rivalry, and Transformation, Columbia Journal of European Law, 2007, 13(3): 539-564.

代替。程序性要求应当适用于所有行政活动，不仅仅是规章制定和裁决，而且也包括政策制定和执行职能，有时也可以适用于私人活动。行政机关和私人行动者通过行政程序本身来制定规则和标准、收集信息、分配资源、研究计划、指导目标、策略性执行、公与私的合作等。由此，制定公共政策是一种创新性行为，是突破法律规定的"质变"行为。

三、行政程序论对环境风险治理工具互动与整合之意蕴

概括而言，行政程序论之于三种环境风险治理工具互动与整合的意蕴在于借助行政程序理论，特别是"第三代"行政程序理论审视三种环境风险治理工具的互动与整合，将"第三代"行政程序理论主张的基本理念、原理、结构、方法、模式等纳入政府主导型、市场主导型和社会型环境风险治理工具的选择与运用过程之中，通过设置相应的标准、程序或机制来实现不同类型环境风险治理工具之间的组合、优化。

第一，行政程序理论的代际演变历程印证并推动了三种不同类型的环境风险治理工具的产生与发展。首先，"第一代"行政程序理论为政府主导型环境风险治理工具的选择与运用提供了程序规范来源。"第一代"行政程序的目的主要是保证行政机关正确地适用和执行法律，以保障公民的权利并限制行政裁量权。为达此目的，它在本质上是一种模仿"法庭程序"和"法官角色"的程序，行政机关类似于法官，它们在作出行政决定之前需要依法履行调查事实、询问当事人、举行听证、审查事实、说明理由、制作行政案卷、送达行政决定书等步骤。此种行政程序理论对应的是政府主导型环境风险治理工具，它强调以行政行为的合法性审查为中心构建严格的司法审查程序和行政决定程序，以确保行政机关做出的各项行政行为能够受到相应程序的约束和审查。对于诸如环境行政处罚、环境行政许可这样的政府主导型环境风险治理工具，在选择和运用时则会受到相应行政程序的规范和限制，正是受到"第一代"行政程序理论的影响。其次，"第二代"行政程序理论为市场主导型环境风险治理工具和社会型环境风险治理工具引入环境风险治理理论与实践提供了程序构造方面的储备。"第二代"行政程序的目的主要是确保行政机关在从事影响不特定人的权利和义务的行为时能够符合议会授权法的目标，从而实现民主的合法性。"第二代"行政程序理论模仿了"立法程序"，通过设置听证等程序为公众参与行政过程提供了可能。最后，"第三代"行政程序理论为三种不同类型环境风险治理工具的互动提供了理论积淀。环境风险治理工具的互动与整合强调不同类型环境风险治理工具之间的协调性，其体现为治理主体的适宜性、治理目标的恰当性、治理方法的科学性、治理过程的动态性和治理效果的最佳性等方面。环境风险治理工具的选择和使用在本质上是不同工具要素在空间上的分配、重组、展开和运动的动态性过程，其所涉及的基本要素

包括人力、财力、物力、时间、信息、管理技术以及规章制度等。[①]"第三代"行政程序将不再模仿"法庭程序"或"立法程序",在公法广袤的世界中,它将取得自己的"身份",体现显著的"行政"性质。它对行政程序持一种非常宽泛的、综合的理解,即不仅仅旨在作出一个最终决定(裁决或规章),而且还旨在在行政机关之间、行政机关和公民之间、国内行政机关与国际行政机关之间建立一种长久的沟通。

第二,"第三代"行政程序理论要求三种环境风险治理工具的互动与整合应当以建立起多中心的协作治理理念为前提。在"第三代"行政程序中,私人与行政机关之间处于平等地位,他们主要是行政程序的合作者,与行政机关是伙伴关系。私人在行政程序中的作用从纯粹的咨询性升至全面承担决策权力。"第三代"行政程序是在一种新的、非等级式的和去集权化的环境中运行。它重视公与私的机构之间的相互合作,国家的和超国家之间的治理。它的目的主要不是去控制,而是去调整公共的和私人的行动者之间的关系,建立更有效的参与形式,协调政府之间的多层次合作,允许多样化和分权化,扩大协商领域,相互收集信息,允许更多的弹性。据此来审视三种环境风险治理工具的互动与整合,意味着在规制环境风险的活动中,环境风险治理主体不再局限于传统的环境规制机关和环境风险制造者,而是拓展到环境规制机关和环境风险制造者以外的其他主体,如受环境风险影响的企业或社会公众等。此外,"第三代"行政程序理论主张的多元合作还意味着三种环境风险治理工具的互动与整合并不存在孰优孰劣的问题,不同类型的环境风险治理工具的一般价值排序是平等的,只是在面临特定的环境风险时才会显现出不一样的次序。

第三,"第三代"行政程序理论要求三种环境风险治理工具的互动与整合应当动态性地关注不同治理工具选择与运用的整个过程。"第三代"行政程序理论对行政过程的关注类似于前文已提及的行政过程理论,它将公共政策视为一个过程,而不是一个产品,不像"第一代"行政程序那样试图从法律中析取或提取行政的方法或决定,而是试图通过程序发现最佳方法(比如最佳的环境可持续方法),并将规则、标准、信息、讨论、监督等视为行政程序本身的功能。它通过灵活性、非正式性、公众参与、新的责任形式和相互学习来做出和实施公共政策,因而,它已经演变成一个周期性的统一体,没有一个清晰的开始或强制性的结束的标志。这个全过程被定义为行政机关制定、实施或执行公共政策的任何行为,它包括但不限于:识别和定义一项公共政策的议题;为一项新的政策框架定义方案;扩大方案的范围;识别用以解决问题的方法;在方案之间确定优先性;

---

① 参见吴小建:《经济型环境政策工具的描述与实现》,《长春理工大学学报(社会科学版)》2015年第1期。

选择优先确定的方案；执行方案；项目管理；制定和适用规章；执行规章；评估决定的影响。①据此，无论是政府主导型、市场主导型或社会型环境风险治理工具的选择与运用，或者是三种不用类型环境风险治理工具的组合运用，都应当注重工具使用过程的动态性。它不仅涉及环境风险治理工具的运用主体之间的动态协调，还关涉各个环境风险治理工具在治理活动中的动态调整。此外，还应当对不同类型环境风险治理工具与环境风险治理目标之间的匹配性和适应性加以动态设置，对使用不同类型环境风险治理工具所产生的治理绩效进行动态评估和管理。

　　第四，"第三代"行政程序理论要求三种环境风险治理工具的互动与整合应当注重治理体系的开放性。治理体系的开放性包括治理主体、治理手段、治理过程、治理目标和治理效果等方面的开放性。首先，"第三代"行政程序理论囊括了各种治理的新方法。它是区别于对抗或裁决的各种协商和共识的模式、方法或过程，包括但不限于：公众参与、协商民主、对话、公众咨询、多元利害关系人的合作、契约或合同、合作式公众管理、谈判、在线商谈以及信息交流等。②它强调网络的和合作的方式，通过软法（例如指南、手册和解释等）、非正式的活动（提供服务）、协商和对话（比如协商式规章制定）等形式进行治理等。据此，三种环境风险治理工具的互动与整合就应当重视治理工具的开放性，注重不同类型环境风险治理工具的运用，尤其是要将实践中可能出现的新治理工具适时地纳入原有的治理工具类型体系之中。其次，"第三代"行政程序理论主张行政机关与各类私人行动者之间的信息交换和沟通将贯穿于公共政策形成和实施的全过程。他们之间的信息交换和处理形式多种多样。行政程序法将提供灵活、多样和"软性"的信息沟通方式；私人行动者也可以调查和收集信息，并与行政机关进行公开的、持续性的和流动性的交换。据此，三种环境风险治理工具的互动与整合就需要加强不同治理主体之间的合作，增强治理过程的开放性，建立相应的信息交流机制和风险沟通机制。最后，"第三代"行政程序属于治理的新模式，等级制已经被更具流动性和相互性的协商式网络结构所代替。程序性要求应当适用于所有行政活动，不仅仅是规章制定和裁决，而且也包括政策制定和执行职能，有时也可以适用于私人活动。行政机关和私人行动者通过行政程序本身来制定规则和标准、收集信息、分配资源、研究计划、指导目标、策略性执行，公与私的合作等。因此，制定公共政策是一种创新性行为，是突破法律规定的"质变"行为。据此，三种环境风险治理工具的互动与整合还应当注重各个环境风险治理工

---

① Lisa Blomager, Bingham, The Next Generation of Administrative Law: Building the Legal Infrastructure for Collaborative Governance,Wisconsin Law Review, 2010, 2010(2): 299.

② Scott Burris et al., Changes in Governance: A Cross-Disciplinary Review of Current Scholarship, See Akron law review, 2008, 41(1): 49-53.

具之间的关联性和层次性。由于不同类型的环境风险治理工具对应着不尽相同的治理理念，选择和运用不同类型环境风险治理工具遵循的程序也有所不同，组合使用多种类型环境风险治理工具时尤其要注重不同程序的衔接问题，而程序衔接的前提则是不同类型环境风险治理工具的关联性和层次性。

第二部分

我国环境风险治理工具面临的主要挑战

本部分主要从实证与理论角度分析我国不同类型的环境风险治理工具所面临的挑战。其中，实证角度选择当前环境风险最突出的领域，比如大气污染风险、饮用水污染风险等。概括而言，它们面临的合法性危机在于以下几个方面：首先，环境风险治理工具绩效差，难以有效完成风险治理任务；其次，环境风险治理工具成本过高，难以经得起成本与收益分析；再次，政府所选择的环境风险治理工具难以获得社会公众和企业认同，面临被抵制、被规避等现象；最后，环境风险治理工具之间缺乏良性互动，相互抵牾，等等。理论角度则将运用比较法、科际整合等方法，考察当前环境风险治理工具开发不足的现象，难以适应复杂的环境风险治理任务；分析环境风险治理工具规范性不足等问题。

第六章 政府主导型环境风险治理工具面临的挑战
——以"煤改气"为例

第一节 "煤改气"中的治理工具之类型化界定

所谓"煤改气"工程，简而言之，是指国家行政机关主导下的、由多方主体参与的、通过天然气替代散煤，推进散煤的清洁化改造，从而有效改善大气质量的建设项目。[①]"煤改气"工程虽然肇端于2013年，但行政机关大规模推进该项工程则在2017年。这是因为2017年初，原环境保护部[②]等四部委联合京津冀豫鲁晋六地人民政府联合印发《京津冀及周边地区2017年大气污染防治工作方案》，将"2+26"城市[③]列为北方地区冬季清洁取暖规划首批实施范围。同时，2017年也是国务院于2013年颁布的《大气污染防治行动计划》的收官之年。然而，令人遗憾的是，到了2017年12月，原环境保护部下发《关于请做好散煤综合治理确保群众温暖过冬工作的函》的特急文件，"煤改气"工程以"叫停"而告终。国家行政机关的目标——试图通过实施"煤改气"工程来大幅减少燃煤，使用天然气等清洁能源来有效减少烟尘、二氧化硫等污染物，进而解决北方地区严重的雾霾问题则落空。需要特别说明的是，"煤改气"工程中的治理工具类型存在着多元化的特点。它虽然主要包括政府主导型治理工具，但还涉及市场主导型和社会型治理工具，便于行文起见，笔者将其一并分析论述。

一、行政规划

行政规划是指行政机关在利用公共资源实现特定公共事业目标之前，需要对目标实现的方法、步骤、条件等要素做出有约束力的前瞻性筹划的行政行为。行

---

① 参见戚建刚、肖季业：《"煤改气"工程被"叫停"的行政法阐释》，《华中科技大学学报（社会科学版）》2019年第4期。

② 根据2018年《深化党和国家机构改革方案》的规定，原环境保护部的职责并入新组建的生态环境部。

③ 即北京市，天津市，河北省石家庄、唐山、廊坊、保定、沧州、衡水、邢台、邯郸等市，山西省太原、阳泉、长治、晋城等市，山东省济南、淄博、济宁、德州、聊城、滨州、菏泽等市，河南省郑州、开封、安阳、鹤壁、新乡、焦作、濮阳等市。

政规划之所以成为现代行政法上一个重要的行政行为，理由在于：在行政资源有限而需求无限与行政环境瞬息万变的情况下，为有效处理行政事务，并预防临时仓皇的窘境，行政基于事预则立的原则，就必须预先顾及所有重大情况，对于有关行政中的利害关系人作适当衡量与协调，因此，行政计划（规划）遂成为行政的重要项目。①

具体到"煤改气"领域，虽然国家行政机关没有专门制定"煤改气"综合性规划，但由于"煤改气"是一项系统性工程，涉及燃煤锅炉淘汰、能源结构调整、燃气设备采购和安装、天然气管道铺设和维护、天然气源的组织和保障等多个领域，也涉及京津冀及周边不同地区实施"煤改气"工程进度。对于这些领域的规划以及不同地区实施"煤改气"工程进度规划，有的散见在其他规划（计划）中，有的则没有具体制定。比如，《大气污染防治行动计划》第1条第1款规定"煤改气"工程中燃煤锅炉淘汰时间表；第4条第13款规定"煤改气"工程要实现的目标，还规定要制定天然气发展规划。又比如，《京津冀大气污染防治强化措施（2016-2017年）》规定2017年10月底之前，京津冀的平原地区基本实现"无煤化"，保定市实现"煤改气"，北京市再完成3000蒸吨燃煤锅炉清洁能源改造。再比如，《关于推进北方采暖地区城镇清洁供暖的指导意见》②规定，科学编制北方采暖地区城镇供热专项规划，京津冀及周边地区"2+26"城市重点推进"煤改气"工程，加快替代散烧煤供暖，提高清洁供暖水平。可见，"煤改气"工程中存在行政规划，只不过是零星的、分散式的、非正式的和不全面的行政规划。

二、行政协调

行政协调是指行政机关为了有效履行行政职责，而与其他主体（包括行政机关、企业事业单位等）沟通、协商和统筹安排，以共同实现行政目标的行为。它包括横向关系之间的协调、纵向关系之间的协调以及不同层级和管理系统之间的综合协调等多种类型的协调。"煤改气"工程包含着多种类型的行政协调。这是由"煤改气"工程涉及多个国家行政机关职责以及大量企业事业单位的义务的现实所决定的。比如，仅就中央国家行政机关层面而言，国务院诸多部委都承担着相应职责：国家发展和改革委员会（以下简称发改委）、住房和城乡建设部（以下简称住建部）、能源局主要负责制定天然气利用的发展规划；能源局设立部际联席会议办公室，负责"煤改气"气源协调和保障，推进天然气规划的执行；住建部负责"煤改气"的审批以及指导城镇清洁供暖；财政部门负责"煤改气"财

---

① 参见蔡子方：《行政法三十六讲》，台湾成功大学法律学研究所法学丛书编辑委员会1997年版，第26页。
② 该指导意见由住房城乡建设部、国家发展改革委、财政部、能源局于2017年9月发布。

政政策的制定；生态环境部（原环境保护部）作为"煤改气"工程的主责部门负责制定清洁供暖的排放标准以及监管和考核职责，等等。

从政策规范和实践层面来分析，"煤改气"中行政协调包括横向行政机关之间的协调，比如，根据《关于推进北方采暖地区城镇清洁供暖的指导意见》的规定，住建部协调发改委、财政部、生态环境部、能源部等部门推进北方地区"煤改气"工程；纵向行政机关之间的协调，比如，《关于完善北京城镇居民"煤改电""煤改气"相关政策的意见》规定，北京市各县区要协调县区有关职能部门，比如能源、环境保护、财政等部门，确保"煤改气"工程按时完成；区域性协调，比如，根据《京津冀大气污染防治强化措施（2016-2017年）》规定，京津冀及周边地区大气污染防治协作小组[①]协调成员单位推进包括"煤改气"工程在内的区域大气污染防治工作；以及综合性协调，比如，在2017年，"煤改气"工程重点省份河北、河南、山东等省都不同程度地出现"气荒"现象，当地人民政府协调昆仑能源、新奥能源、华润燃气、中国燃气和港华燃气等燃气公司，确保本省的天然气供应。

三、行政指导

行政指导是指行政机关依法做出的，旨在引导公民、法人和其他组织自愿采取一定的作为或者不作为，配合行政机关实现行政管理目的的行政行为。行政机关通常采用说服（通过陈述情理希望相对人接受）、建议（将自己对实现行政目的的方法和途径等看法告诉相对人）、协商（通过与相对人商讨来达成行政共识）等方法来实现行政目标。[②]"煤改气"工程涉及燃煤锅炉淘汰与节能环保型炉灶的安装，作为清洁能源的天然气代替散煤，以及天然气管道的安装等诸多环节。这些环节有的技术性比较强，普通公众不一定能够掌握。有的将改变公民的生产和生活习惯，而这种习惯的改变也会给公民带来心理成本。根据行为经济学中的前景理论，[③]人们通常具有一种损失厌恶的心理倾向——对亏损的反应比对盈余的反应大得多，或者用更为专业的术语来表达就是禀赋效应——人们不愿意割舍自己已经拥有的东西，包括生活和生产习惯。由此，从长远来看，"煤改气"工程即使会给公民带来福利，但从短期而言，公民不一定会接受"煤改气"工程。这就为行政机关实施行政指导提供了更为深层次的人性化理由：除了考虑公共利益需要之外，还应当多关注公民的心理成本。

从法律规范和政策文件规定来分析，在"煤改气"工程中，行政机关明确负

---

① 现为京津冀及周边地区大气污染防治领导小组。
② 参见章剑生：《现代行政法基本原理（第二版）》，法律出版社2014年版，第421-431页。
③ 参见[美]丹尼尔·卡尼曼：《思考，快与慢》，胡晓娇等译，中信出版社2013年版，第252-266页。

有行政指导职责。比如,《环境保护法》第40条第2款规定,国务院有关部门和地方各级人民政府应当采取措施,推广清洁能源的生产和使用。从文义来分析,"推广"其实属于行政指导的一种方式,①天然气属于清洁能源,"煤改气"工程其实是行政机关"应当采取措施"的一种类型。合而言之,行政机关负有采用行政指导方式来推进"煤改气"工程,推广天然气等清洁能源的职责。又如,《大气污染防治法》第36条规定,地方各级人民政府应当采取措施,推广节能环保型炉灶。从文义来分析,"推广"属于行政指导的一种方式。淘汰燃煤锅炉,使用燃烧天然气的壁炉则是行政机关推广节能环保型炉灶的一种形式,而这属于"煤改气"工程中的重要环节。再如,《关于推进北方采暖地区城镇清洁供暖的指导意见》指出,行政机关要以满足群众需求为原则,重点推进"2+26"城市"煤改气"项目,支持鼓励清洁供暖方式。同样,"支持鼓励"都属于行政指导方式,而"煤改气"工程无疑属于清洁供暖方式。可见,在"煤改气"工程中,行政机关依法负有大量的行政指导职责。

四、行政合同

行政合同是指行政主体为行使行政职能,实现某一行政管理目的,依据法律和政策与公民、法人、或其他组织通过协商的方式,在意思表示一致的基础上所达成的协议。②行政合同是现代行政法中合意、协商等行政民主精神的具体体现,是市场经济理念,特别是契约理论向行政管理领域渗透的结果。它包括政府采购、政府特许经营、政策信贷等多种类型。

由于我国的"煤改气"工程主要是由政府运用财政资金,以天然气代替煤炭,实现削减燃煤用量,减少二氧化硫和烟粉尘排放,改善区域的空气质量为目的的重大建设项目,它包含诸多与基础设施、公用事业等有关的公共项目,满足《中华人民共和国招标投标法》③(以下简称《招标投标法》)、《中华人民共和国政府采购法》(以下简称《政府采购法》)等法律对政府采购、招投标等规定,由此,"煤改气"工程中涉及一种非常重要的行政合同,即政府采购合同。④从实践来分析,各地政府在推进"煤改气"工程过程中,运用政府采购这种行政合同方式。比如,"煤改气"工程中的一个非常重要的子工程——取代燃煤锅炉,使用燃烧天然气的壁挂炉工程。地方政府就通过政府采购方式与壁挂炉生产企业共同推进。从记者调研情况来分析,⑤从项目招投标初期,就有70多家壁挂炉企业

---

① 参见莫于川:《行政指导论纲》,重庆大学出版社1998年版,第536-537页。
② 参见方世荣、石佑启主编:《行政法与行政诉讼法》,北京大学出版社2015年版,第246页。
③ 参见《招标投标法》第3条之规定。
④ 参见《政府采购法》第2条之规定。
⑤ 参见何曼:《政策主导 企业"眼尖手快"》,《供热制冷》2017年第11期。

跟进参与，经过层层筛选，直至最后入围十几家企业。而迪森旗下的小松鼠壁挂炉中标了河北省石家庄市的"煤改气"试点工程。又如，"煤改气"工程中涉及天然气管线设计和施工。①这属于《政府采购法》所规定的建设工程采购项目，地方政府也以行政合同方式与天然气管线设计和施工单位合作来推进。不难发现，在"煤改气"工程中，国家行政机关运用行政合同这种管理方式。

五、行政给付

行政给付是指行政机关为实现特定行政目的，为公民、法人或其他组织提供支持或补助，或建设公共设施或其他服务的行政行为。其中，行政补贴属于行政给付的一种重要类型。它是指国家行政机关给企业、个人发放财产性资助以实现行政目的的行为。②行政补贴的双方主体是作为国家行政机关的补贴主体和作为相对人的补贴受领人。

在"煤改气"工程建设过程中，我们发现，2017年国家行政机关开始大幅度运用作为行政给付重要类型的行政补贴。2017年5月16日，财政部等四部委发布《关于开展中央财政支持北方地区冬季清洁取暖试点工作的通知》。该通知规定，中央财政支持试点城市推进清洁方式取暖替代散煤燃烧取暖，中央财政奖补资金标准根据城市规模分档确定，直辖市每年安排10亿元，省会城市每年安排7亿元，地级城市每年安排5亿元。③虽然中央财政奖补资金并非直接针对居民，而是针对地方人民政府，但地方人民政府为了高效推进"煤改气"工程，会将部分中央财政奖补资金用于直接补助居民用户。比如，2017年5月31日，北京市环保局等四部门发布《关于北京市城镇居民"煤改电""煤改气"相关政策的意见相关事项补充规定的函》，对实施"煤改气"的项目进行财政支持，按照每户天然气取暖炉具购置价格的1/3进行补贴。

六、行政命令

行政命令是行政机关限制公民、法人或者其他组织权利，强制相对人按照行政机关的要求和指示作为或者不作为的行政行为。④行政命令一经依法做出，便为相对人设定义务，相对人必须依据行政命令为一定的行为或不为一定行为，否则，将引起行政处罚的法律后果。由于行政命令具有较强的科赋义务的特征，对于行政机关及时和有效管理公共事务、实现行政目标具有重要意义。

---

① 侯振海等：《乡镇"煤改气"工程的安全隐患及对策分析》，《科学管理》2018年第1期。

② 杨解君：《行政法学》，中国方正出版社2002年版，第382-383页。

③ 根据该通知的规定，2017年，中央财政奖补资金重点支持"2+26"个京津冀大气污染传输通道城市，试点期间为3年。

④ 参见熊文钊：《现代行政法原理》，法律出版社2000年版，第373-376页。

在"煤改气"工程中，行政命令已经成为国家行政机关实现行政目标的重要手段。比如，《石家庄市2017年散煤压减替代工作实施方案》第2条第2款规定，通过集中供热、"煤改气"等方式，栾城区、鹿泉区、正定县（含正定新区）等县城建成区年底前实现燃煤归零，完成38万户分散燃煤采暖居民"煤改气"；循环化工园区年底前完成1 229户分散燃煤采暖居民"煤改气"，实现燃煤归零。第4款规定，2017年底前全市乡镇政府、学校、卫生院等分散燃煤采暖企事业单位全部实施"煤改气"等清洁能源改造，一律不得使用散煤。从行政命令的法理来分析，虽然这个实施方案并不是以"令"的方式出现的，但却是实质意义上的行政命令。它既是上级行政机关——市政府对县乡级行政机关下达的行政命令，也是行政机关直接对特定辖区内符合事实要件的相对人做出的行政命令。从文义来分析，"燃煤归零"意味着禁止特定辖区内相对人使用燃煤取暖，属于科以相对人不作为义务。而分散燃煤采暖企事业单位全部实施"煤改气"等清洁能源改造，意味着分散燃煤采暖企事业单位负有作为义务，即实施"煤改气"义务。又如，《京津冀及周边地区2017–2018年秋冬季大气污染综合治理攻坚行动方案》规定，北京、天津、廊坊、保定市2017年10月底前完成"禁煤区"建设任务，散煤彻底清零，全面完成以电代煤、以气代煤任务。不难发现，这个行动方案也属于一项行政命令，既科以特定区域内的相对人禁止使用散煤的不作为义务，也科以特定区域内的相对人作为的义务——实施"煤改气"工程。

以上运用行政行为形式论的相关原理，提炼出"煤改气"中的6种典型行政行为。当然，有学者可能会提出质疑，认为"煤改气"中还可能包含其他行政行为，比如信息公告、行政调查等。笔者认为，这种质疑看似有道理，其实并没有切中问题要害。这是因为，一方面，笔者所提炼的6种典型行政行为是以"煤改气"工程中所涉及的丰富的经验素材为基础的。这些经验素材既包括行政机关发布的各类规范性文件，也包括行政机关的行政实践，而不是凭空建构出来的，由此，脱离"煤改气"工程的丰富经验而建构的行政行为属于研究者主观想象。另一方面，提炼这6种典型行政行为的基本目的是为了解释"煤改气"工程为何在2017年被"叫停"。而根据观察和研究，正是因为这6种典型行政行为存在合法性困境而造成"煤改气"工程被"叫停"。当然，随着"煤改气"工程的深化以及更多行政经验的积累，有必要也有可能提炼其他类型的行政行为。

第二节 "煤改气"中治理工具面临的挑战

在很大程度上，"煤改气"工程是国家行政机关，特别是京津冀及周边地区的国家行政机关实施《大气污染防治行动计划》的一项重要举措。这一工程伴随2013年《大气污染防治行动计划》的生效而开始实施，2017年是《大气污染防治行动计划》实施的最后一年,但"煤改气"工程却被"叫停"。这表明在长达5年的期间内,作为一种行政活动的"煤改气"工程,特别是京津冀及周边地区的"煤改气"工程遭遇到了挫折。如果从行政法层面来分析,则是作为具体化"煤改气"行政活动的6大类典型行政行为陷入了不同程度的合法性困境。

一、行政规划面临的挑战

(一)行政规划缺乏综合性

由于"煤改气"属于一项系统性工程,涉及多个领域事务和多个主体的职责或义务,因此,国家行政机关如何高效、有序推进"煤改气"工程,需要一个综合性行政规划,从而发挥政策目标的设定与达成,行政手段的协调与整合和资讯提供及民间活动的诱导[①]等功能。可是,国家行政机关并没有预先制定一项"煤改气"综合性规划,而是以分散式的、零星的方式来规划"煤改气"中的事务领域,比如,《大气污染防治行动计划》《京津冀大气污染防治强化措施(2016-2017年)》《京津冀及周边地区2017年大气污染防治工作方案》等政策文件都对"煤改气"工程的某个领域或者环节加以规划。综合性规划的缺失使得行政机关在推进"煤改气"工程中难以统筹兼顾,出现顾此失彼现象。比如,行政机关过于关注《大气污染防治行动计划》所规定的燃煤锅炉淘汰指标和期限,而较少注意能够代替散煤的天然气气源是否充足,天然气价格是否能稳定,以及天然气管网铺设能否及时跟进等问题,[②]以至于2017年冬季华北出现较大规模的"气荒",不少华北居民挨冻以及部分地区的天然气价格暴涨的现象。[③]

(二)行政规划出现滞后性

由于大气污染防治行动及其嵌入的社会、政治和经济环境都充满着不确定性,这就会影响行政机关推进"煤改气"工程的连续性和稳定性,也会影响社会公众和企事业单位对生产和生活的预期性。由于"煤改气"工程肇始于2013年实施的《大气污染防治行动计划》,从规范层面而言,如果国家行政机关能够在2013年就制定一项"煤改气"工程的综合性规划,并就"煤改气"工程中的重要事务,比如天然气管网事务、天然气使用总量与气源保障事务、不符合清洁能源标准的燃煤锅炉淘汰事务,制定专项规划,那么就能很好发挥行政规划的作用,既确保"煤改气"工程平稳和有序推进,也为使用煤炭的广大社会公众和企

---

① 参见罗传贤:《行政程序法论》,台湾五南图书出版公司2002年版,第289-290页。
② 参见彭飞:《"煤改气"要统筹兼顾》,《中华工商时报》,2017年12月11日,第003版。
③ 参见陶光远:《气荒危机,如何有效应对》,http://china.caixin.com/2017-12-09/101182801.html,2019年12月4日访问。

事业单位安排自身的生产和生活提供合理预期的功能。可是，纵观"煤改气"工程中的相关规划，却存在滞后性。2013年的《大气污染防治行动计划》虽然明确规定了"煤改气"工程，但仅对该工程中的一些事务，比如燃煤锅炉淘汰指标、散煤"清零"指标和期限作了规定。2016年11月发布的《"十三五"生态环境保护规划》虽然也规定了"煤改气"工程，但仅对该工程中的天然气输送管道等基础设施作了规定。与"煤改气"工程直接相关的行政规划则是2017年12月5日由发改委等10个部门联合印发的《北方地区冬季清洁取暖规划（2017-2021年）》。[①]但在前一天，也就是2017年12月4日，原国家环境保护部以特急函的方式"叫停""煤改气"工程。从这些事实中不难发现，涉及"煤改气"工程的行政规划存在滞后性，没有发挥稳定人们预期、确保工程连续性和一致性的功能。在2013年到2016年期间，国家行政机关虽然也在推进"煤改气"工程，但进度和节奏相对缓慢，但到了2017年，由于是《大气污染防治行动计划》的考核和收官之年，需要完成北京市年均PM2.5浓度降至60 $\mu g/m^3$ 等目标，于是国家行政机关以"秋风扫落叶"的方式推进该项工程，但却以付出惨痛的社会代价而告终。[②]这与"煤改气"行政规划的滞后性而没有发挥预先统筹功能具有很大的关系。

二、行政协调面临的挑战

（一）横向行政协调缺乏权威性

横向行政协调是同一行政级别的国家行政机关协调"煤改气"工程。作为一项涉及多个领域、耗时久、公共资金投入量大的复杂工程，中央多个国家部委，甚至还包括军委后勤保障部等都肩负着实施"煤改气"工程的职责。与中央国家行政机关相对应的地方国家行政机关，诸如地方人民政府的发改、能源、住建、财政、环保、国土、城市规划、金融、工业和信息化、质检、安全等部门也承担本地方行政区域内推进"煤改气"工程的相应职责。从表面来分析，横向的不同行政机关各负其责，能够有序推进"煤改气"工程，但实际却出现不同程度的"各自为政"的局面。虽然"煤改气"工程是一个涉及生产中燃料升级换代、关系民众取暖生活的能源结构改革工程，但它却是以环保为主导因素进行推进，[③]突出各项环保指标按期完成，并以环保督察方式来监督，带有很强环保政治色

[①] 该规划对京津冀及周边地区"2+26"城市天然气供暖发展设定了具体目标，并对天然气供暖发展路线和适用条件作了详细的规定。

[②] 参见黄凯茜等：《失踪煤改气：一场处处失利的环保战役》，http://china.caixin.com/2017-12-09/101182801.html，2019年12月29日访问。

[③] 参见王勇：《气荒下的博弈》，《能源》2018年第1期。

彩。但在我国，特别是北方地区是以煤炭为主力的能源结构，要彻底转变旧能源结构，是极为复杂的系统工程，涉及的部门不仅是一个环保部门，还有发改委、住建部、能源局、财政部等多个部门。而能源结构调整则涉及油气基础设施投资、能源价格调整、储气调峰设施建设、天然气管网建设等多项任务。这些任务分散在发改委、住建部、能源局、财政部等数十个部门。但原环境保护部与这数十个部门都是相对独立的系统，互相之间的关系都是平行的，平级单位之间没有管辖权，在行政系统中也没有隶属关系，加之缺乏"煤改气"工程的综合性规划，作为"煤改气"工程主责部门的原环境保护部自然难以协调国务院其他部门。当2017年"煤改气"工程成为席卷整个华北地区的浩大的环保运动时，发改委和能源局虽然积极协调气源，但带来至少2 400万吨的新增液化天然气供应缺口。①与此同时，发改委虽然对17家天然气企业展开反垄断调查，并发布《关于开展全国城市供水、供气、供暖、电信领域价格重点检查的通知》，但依然难以阻止液化天然气价格扶摇直上的局面。而天然气管网的建设、投资、审批则由发改委、住建部、财政部等多个部门负责。到2017年冬季，华北一些农村地区天然气管网尚未铺设完毕，但在环保压力之下，燃煤锅炉已经被拆掉。在"气荒""挨冻""高气价格"等多重压力之下，面对汹涌的舆论，原环境保护部不得不在2017年12月4日叫停"煤改气"工程。

（二）纵向行政协调缺乏同步性

纵向行政协调是上下级行政机关之间协调"煤改气"工程。由于"煤改气"是一项涉及数十个国家部委职责的复杂工程，因此从理论而言，纵向行政协调应当是综合性的、多管齐下的协调，涉及"煤改气"工程中的各个事务，比如财政拨款，天然气气源供应，天然气价格调整，天然气管网采购、审批、铺设和安全监管，壁挂炉采购、安装，燃煤锅炉淘汰、散煤"归零"等，都会涉及上下级行政机关之间的协调问题。如果这些事务有一项或几项协调不成，就会影响整个"煤改气"工程进度。然而，在2013年到2017年，特别是2017年的"煤改气"工程推进过程中，国家行政机关的纵向协调出现了"单兵突进"的情况——强调下级行政机关按时完成"煤改气"工程中的一个或数个事务，上级行政机关，特别是原环境保护部为主导的国务院部委以签订责任状的形式要求下级行政机关和环保部门限期完成"煤改气"用户的数量，"数字"作为上级行政机关考核和监督下级行政机关绩效的重要甚至是唯一指标。而下级行政机关则层层加码，到了基层行政机关，承诺完成的"煤改气"用户数量已经远远超过上级行政机关下达的指标。比如，根据《京津冀及周边地区2017年大气污染防治工作方案》的规

---

① 佚名：《"气荒"危机：狼来了!》，《环球聚氨酯》2018年第1期。

定，河北省要在2017年10月底之前完成180万户"煤改气"工程，但官方数字显示，截至10月底，全河北省共完成233.9万户，与原计划180万户相比超额完成近30%。①数字虽然非常漂亮，但天然气气源却得不到保障，天然气管网铺设也非简单的事情，这需要发改委、能源部、财政部、住建部等多个上级行政机关协调。但基于诸多客观或主观原因，国务院的这些主管部门并没有能够及时和有效协调，对气源是否落实、落实程度如何、储气调峰设施是否充足，对真实的天然气需求量尤其是高峰期的需求量等问题没有全面准确预估。由于纵向行政机关协调不同步，到了2017年12月，华北地区特别是京津冀及周边地区，"煤改气"用户在数字上已经完成了环保主管部门的指标，但"气荒""高气价"也随之而来。②

三、行政指导面临的挑战

（一）行政指导变异为行政决定

从《环境保护法》《大气污染防治法》等法律规范来分析，作为清洁能源使用方式之一的"煤改气"工程，国家行政机关应当以"推广""鼓励"等方式来实施，也就是通过行政指导方式来实施。换言之，从法律规定来看，作为行政相对人的公民、法人或其他组织是否接受"煤改气"工程，享有自愿选择的权利，而不是在受行政机关意志支配下做出"接受"。可是，从现实来分析，国家行政机关原本依法应当以行政指导方式来推广"煤改气"工程，却大都以"命令和服从"为特征的行政决定方式来实施。③从这一规定来分析，上级行政机关以单方面的行政决定方式规定各地需要完成的"煤改气"指标和期限，作为该地区的公民、法人或其他组织，对于是否接受"煤改气"工程几乎没有选择权。而下级行政机关为了完成上级行政机关规定的指标任务，一方面不断加码，比如，山东省住建厅文件将"气代煤""电代煤"分解到7个地市累计54.36万户，是国家行动方案的1.55倍，并且在实际执行中各地市又进一步加码；④另一方面，一些地方

---

① 参见黄凯茜等：《失算煤改气：一场处处失利的环保战役》，http://china.caixin.com/2017-12-09/101182801.html，2019年12月29日访问。
② 除了横向和纵向行政协调存在困境之外，"煤改气"工程中的综合性协调，即政府协调天然气供应企业、协调壁挂炉企业等方面也存在调查研究评估不足，缺乏科学性等问题。参见周淑慧：《对当前我国天然气供应紧张问题的思考》，《国际石油经济》2018年第2期。
③ 比如，《京津冀及周边地区2017-2018年秋冬季大气污染综合治理攻坚行动方案》规定，2017年10月底前，"2+26"城市完成以电代煤、以气代煤300万户以上。其中，北京市30万户、天津市29万户、河北省180万户、山西省39万户、山东省35万户、河南省42万户。
④ 《山东省7个传输通道城市清洁采暖气代煤电代煤工作实施方案》，http://www.sohu.com/a/197845601_760848，2019年12月29日访问。

行政机关还采取强力手段来推进"煤改气"工程,运用行政强制手段取缔散煤,拆除燃煤锅炉,运用行政处罚等手段处罚燃烧散煤取暖的行政相对人。[1]这些事实表明,一些地区的国家行政机关在推进"煤改气"工程过程中,已经背离了法律所规定应当运用行政指导的方式,而是以强制和命令的方式来推进"煤改气"工程。由于地方行政机关以行政决定代替行政指导方式来推进"煤改气"工程,从短期来看,实现了巨大"成功",数字非常漂亮,但出现了"发力过度"现象,"煤改气"基础设施和取暖壁炉难以按期完成,并助推天然气价格攀升和"气荒"蔓延,这是迫使原环境保护部紧急叫停"煤改气"工程的一个重要原因。

(二)行政指导缺乏灵活性

不论是一般意义上的涉及清洁能源推广和鼓励的法律,还是专门规范"煤改气"工程的各类通知、意见、方案等规范性文件,大都规定了国家行政机关在推进"煤改气"工程过程中,要因地制宜,多能互补,充分考虑居民承受能力,要根据不同区域自身特点,充分考虑居民消费能力,采取适宜的清洁供暖策略。比如,2017年9月30日发布的《山东省7个传输通道城市清洁采暖气代煤电代煤工作实施方案》规定了结合实际,成方连片,宜气则气、宜电则电,实施复合供能、多能互补、清洁用能的总体原则。又如,《石家庄市2017年散煤压减替代工作实施方案》规定,突出"煤改气"工作重点,同时因地制宜,多种形式全面推进城乡居民供热清洁的总体要求。然而,在实践中,一些地方行政机关不仅以行政决定方式代替行政指导的方式来实施"煤改气"工程,而且还以"一刀切"方式来实施"煤改气"工程。而这种"一刀切"的方式在2017年呈现得最为激烈。主要表现为这样一些形态:一些地方政府采用强制禁煤方式来推进"煤改气"工程;[2]一些地方政府禁止原有采暖方式,一概使用"煤改气";[3]一些地方政府要求特定区域在特定时间之前,一律完成"煤改气"工程,并禁止烧煤。[4]一些地方政府以"一刀切"方式来推进"煤改气"工程。虽然超额完成了上级行政机关布置的"煤改气"用户指标任务,但在一定程度上也带来了诸多消极后果,诸如,助推"气荒",一些用户难以接受,一些农民宁可不接受政府补贴,也要继续烧煤等。

---

[1] 参见周东旭:《污染防治与禁煤之寒》,http://opinion.caixin.com/2017-12-04/101180128.html,2019年12月29日访问。

[2] 参见熊志:《一刀切禁煤治霾,"煤改气"别用力过猛》,载腾讯新闻网 https://view.news.qq.com/a/20181118/002918.htm,2019年12月29日访问。

[3] 参见吴铭:《院士翟光明谈北方"煤改气":不能一刀切,全改燃气供暖挑战大》,载网易新闻 http://news.163.com/17/1231/20/D70TJMBP000187VE.html,2019年12月29日访问。

[4] 参见周辰、武骁:《临汾煤改样本:城区燃气供不上,村里暖气用不起》,载财新网 http://china.caixin.com/2017-12-07/101181693.html,2019年12月29日访问。

四、行政合同面临的挑战

（一）行政合同缔结过程存在公开竞争性不足现象

公开要求行政机关将整个行政合同的订立过程向行政相对人、社会公众公开，除非涉及国家秘密、商业秘密和个人隐私。竞争要求行政机关提供"优胜劣汰"的竞争条件，要求行政机关不得差别对待行政相对人，只要法律没有相反规定，国内、国外、外地、本地、国有、集体、私有都应当适用同一条件参与行政合同订立过程。①然而，一些地方行政机关在运用行政合同推进"煤改气"工程过程中，却存在违反公开竞争的现象。比如，根据记者调查，在2017年，一些地方行政机关在实施壁挂炉招投标过程中，主要关注于投标人报价，并对价格进行了不合理限制，出现低质壁挂炉产品中标现象。在河北省，一些地方政府在组织"煤改气"壁挂炉项目招投标过程中，作为我国主流的壁挂炉企业中标率并不高，而外资品牌几乎与当地"煤改气"工程集体"绝缘"，被中国燃气供热专业委员会评选的国产十大品牌也只是出现在部分当地"煤改气"工程的中标告示里。②除了竞争性不足之外，一些地方行政机关在组织"煤改气"壁挂炉项目招投标过程还存在缺少公开性、不透明等现象。比如，在河北某些地方"煤改气"项目尚未组织招标之前，当地一些具有话语权的机构就已经"串通"招标公司预留了中标名额，出现非主流的品牌顺利中标，而主流品牌则惨遭淘汰的局面。类似现象在北京一些地方也存在。③而低价劣质的壁挂炉中标，广大公众使用劣质壁挂炉则会带来诸多安全问题。这正如有学者所指出的，一些临时组建的小企业生产的壁挂炉，质量不过关、能耗高、烟气排放高，两三年后可能频繁发生故障，令人担忧政府投入这么大代价实施的"煤改气"工程，几年后清洁能源利用能否持续。④而此类反常现象的出现与一些地方政府财政实力有限以及为急于完成"煤改气"用户指标任务密切相关，也与国家用于补贴居民用户购置燃气采暖设备的额度有关。比如，根据《石家庄市2017年散煤压减替代工作实施方案的通知》的规定，对实施"煤改气"的分散燃煤采暖居民用户，按每户3 900元给予财政资金补贴，由市、县两级财政按照3∶1比例分担。1 000元用于补贴居民用户购置燃气采暖设备。居民用户选定的燃气采暖设备中标价格与1 000元财政补贴的差额部分，由居民用户自行负担。而国产十大品牌壁挂炉有自身的价格底

---

① 参见章剑生：《现代行政法基本原理（第二版）》，法律出版社2014年版，第444页。
② 参见平心：《"煤改气"中的争议》，《供热制冷》2016年第10期。
③ 参见文子：《清洁供暖项目的招投标"清洁"起来咋就这么难?》，《中国建设报》2017年1月19日，第005版。
④ 参见周淑慧：《对当前我国天然气供应紧张问题的思考》，《国际石油经济》2018年第2期。

线，且多数品牌的价格底线为 3 500～4 000 元。①由此可见，如果品牌壁挂炉企业中标，那么品牌壁挂炉价格就比较高，相对于 1 000 元补贴而言，居民用户购买意愿就不强，甚至不愿意购买。这就会延误"煤改气"工程进度，使得地方行政机关难以在规定时间节点之前全面完成"煤改气"工程指标。

（二）行政合同履行过程存在全面性不足情况

行政合同的履行要遵循全面履行原则，即行政合同依法签订之后，行政机关和行政相对人都必须根据行政合同所规定的权利和义务，不折不扣地履行所有条款，不得任意变更标的或者使用违约金和赔偿损失的方式来代替合同履行。理由在于行政合同的目的是为了实现公共利益，而公共利益具有不可折中性。可是，从"煤改气"工程实际来分析，一些地方行政机关和作为企业的行政相对人却存在没有全面履行行政合同的情况。比如，根据媒体调查，在 2017 年，一些地方行政机关为了完成"煤改气"工程指标，与燃气公司签订了天然气管网建设工程合同，但限于地方财政压力，地方行政机关难以兑现建设工作款项，致使天然气管网施工缓慢，耽误了正常通气时间。一些地方行政机关与壁挂炉中标企业和代理商签订了壁挂炉供应合同，但由于财政原因，同样无法兑现相应款项，致使一些居民用户难以正常购买到中标企业的壁挂炉，而企业也面临资金困难等问题。②

五、行政给付面临的挑战

（一）行政给付面临资金缺口

国家行政机关为了激励地方政府、企业、用户积极推进"煤改气"工程，引入以行政补贴表现出来的行政给付手段。《环境保护法》第 8 条可以为这种行政补贴提供规范依据。③但需要指出的是，行政补贴的目的是为了公共利益，有效推进"煤改气"工程。可是，从实际来分析，一些地方政府受制于有限的财政实力，加上中央政府补贴较少，出现难以按照原先规定支付行政补贴，从而制约"煤改气"工程正常进度情况。以山西省晋中市为例，2017 年山西省下达晋中市"煤改气"任务数 10 万户，晋中市下达县"煤改气"任务数 111 862 户，实际开工 11.67 万户。按照（市政办发〔2017〕51 号）文件要求，对完成"以气代煤"等清洁供热方式采暖改造任务的县（区、市），可一次性给予工程实施企业

① 参见平心：《"煤改气"中的争议》，《供热制冷》2016 年第 10 期。
② 参见李伟：《面对煤改气，我们需要做减法》，《供热制冷》2018 年第 9 期。
③ 《环境保护法》第 8 条规定："各级人民政府应当加大保护和改善环境、防治污染和其他公害的财政投入，提高财政资金的使用效益。"

改造建设补贴，相关费用由市、县两级政府各承担 50%，改造补贴政策 2017 年 12 月 31 日前有效。然而，就一次性改造补贴而言，截至 2018 年，还共有 43 199.28 万元尚未到位。根据晋中市"煤改气"实际开工户数 11.67 万户测算，还需资金 3 289.84 万元。按照（市政办发〔2017〕51 号）文件要求，以"气代煤"采暖改造用户，给予 1 元/m³ 的气价补贴，所需资金 13 070.4 万元未到位，而晋中市的平遥县"煤改电"工程项目所需资金 1 801.013 3 万元，截至 2018 年，县级配套资金 286.744 4 万元尚未到位。①其实，类似于山西省晋中市"煤改气"行政补贴资金不到位现象，在我国其他一些地方政府也存在。"煤改气"工程中行政给付不到位将带来诸多消极后果，诸如，导致施工企业与一些地方行政机关之间的合同纠纷，将原本应当由行政机关承担的部分"煤改气"费用转嫁到用户，引发用户对下级行政机关不满，降低了政府公信力等。

（二）行政给付对象不精准

由于我国不同地区经济发展存在一定差异，地方政府之间财政实力和居民消费水平也不一样，特别是"煤改气"工程还在农村实施，而多数农村用户处于中低收入水平，由此，行政给付的方式和力度也应当区别对待，体现"精准"，从而发挥应有的激励作用。可是，从现实来分析，一些地方行政机关在实施行政给付过程中，采用不分区域、不分类别的给付方式，出现"一刀切"现象。这自然导致行政给付效率降低，引发用户不满。以北京市为例，考虑到城镇居民和农村居民承受能力不一样，北京市政府对两者采取了不同力度的补贴方式，其中，对于城镇居民而言，采暖用气可享受 0.38 元/m³ 的采暖补贴，最高可补贴 311.6 元/户；对于农村居民而言，每户每年给予 2 440 元的暖气补贴。然而，问题是，由于农村地区的居民收入存在巨大悬殊，对天然气使用的承受能力也会存在差距。根据学者的分析，补贴后的农村居民中低收入群体对"煤改气"取暖上限支出费用占收入比 22.8%，而高收入水平占比仅为 4.2%，平均水平的占比仅为 9.1%，低收入群体的下限支出费用占比 3.4%，而高收入水平占比仅为 0.3%。平均水平仅为 1.3%。②可见，不区分具体情况以及不同用户的收入水平，仅按照城镇和农村来区分行政给付方式和力度是不科学的，"大水漫灌式"的行政给付难以发挥给付的激励作用。这就很容易理解，为何在河北省部分农村的农民宁愿不要政府补贴，也要坚持烧煤取暖。

---

① 参见梁锐先、丰华功：《加大资金投入 扎实推进晋中市"煤改气、煤改电"工作》，《山西财税》2018 年第 2 期。

② 参见刘应红：《从价格承受能力看居民采暖"煤改气"——以北京市城乡为例》，《国际石油经济》2017 年第 6 期。

六、行政命令面临的挑战

(一)行政命令存在法律依据欠缺现象

根据《环境保护法》和《大气污染防治法》的规定,行政机关本来应当以行政指导方式来实施"煤改气"工程,但从现实来看,行政机关却以行政命令方式来实施。对于行政命令的规范依据,既不是最高国家权力机关法律授权,也不是国务院行政法规或者决定与命令的规定,而是环境保护主管部门等国务院部门的规范性文件,比如,《京津冀及周边地区2017年大气污染防治工作方案》《京津冀大气污染防治强化措施(2016-2017年)》等,而地方人民政府在落实国务院部门涉及"煤改气"工程的各类方案、规定过程中,也是以通知、决定等规范性文件形式发布。尽管行政机关给予相对人一定行政补贴来实施"煤改气"工程,然而,这毕竟是给相对人增加义务的行政行为,况且,一些地方行政机关在推进"煤改气"工程过程中还伴随以行政处罚等手段。根据《中华人民共和国立法法》(以下简称《立法法》)第80条规定,设定减损公民、法人和其他组织权利或者增加其义务的规范必须有法律或者国务院的行政法规、决定、命令为依据。可见,国务院一些部门和地方一些政府以规范性文件方式强制性推进"煤改气"工程有违《立法法》等法律规定的嫌疑。不仅如此,环境保护主管部门以及地方政府的规范性文件为了推进"煤改气"工程而规定"禁止相对人燃烧散煤"的行政命令也存在违法嫌疑。根据《大气污染防治法》第38条的规定,"城市人民政府可以划定并公布高污染燃料禁燃区""在禁燃区内,禁止销售、燃用高污染燃料""高污染燃料的目录由国务院环境保护主管部门确定"。根据生态环境部办公厅发布的《高污染燃料目录》的规定,煤炭及其制品属于禁燃区Ⅲ类(严格)禁用的燃料。但必须指出的是,根据这一规定,行政机关只能在城市禁燃区内禁止燃烧煤炭,而不是全部行政区域。然而,一些地方行政机关却将禁止燃烧散煤的命令扩大到整个行政区域内,特别是农村地区。比如,《石家庄市2017年散煤压减替代工作实施方案》就规定农村地区也要实现"燃煤归零"。以法律依据不足的行政命令来推动"煤改气"工程,虽然从短期而言获得了"效率",也使得下级行政机关以"超额"形式完成了上级行政机关指派的"煤改气"工程改造用户,但也引发社会公众和舆论不满,同时,也助推了"气荒"。

(二)行政命令存在过度侵害相对人权益现象

国务院《全面推进依法行政实施纲要》对行政机关在行政过程中应当采取的

手段和措施进行了规定，①这一规定同样适用于行政机关推进"煤改气"工程中所涉及的行政命令。但从实际来分析，行政机关为了加速推进"煤改气"工程而采取的一些行政命令则存在过度侵害相对人权益现象。比如，一些地方行政机关禁止居民燃烧散煤取暖，并对违反禁令的行为以污染大气名义实施行政拘留的行政处罚。②虽然《大气污染防治法》第7条第2款原则性规定，公民应当自觉履行大气环境保护义务，但对于公民违反行政机关燃煤禁令，并没有明确规定行政拘留的行政处罚。另外，一些地方行政机关在"煤改气"工程的基础设施尚未完成的情况下，就事先拆除相对人的燃煤锅炉，禁止相对人燃烧散煤的行为也存在过度侵害相对人健康权的情况。③毕竟，在北方地区，特别是北方农村地区，到了冬季，作为相对人的农民使用燃煤锅炉取暖是保障身体健康的习惯性权利，国家法律并没有禁止他们使用燃煤锅炉取暖。显然，在农民尚未能够使用"煤改气"工程取暖情况下，行政机关就事先禁止农民使用燃煤锅炉取暖属于违反行政合理性原则，过度侵害农民健康权的行为。此类过度侵害相对人权益的现象经媒体曝光，形成了对行政机关"公正文明执法"④的强大的舆论拷问，成为迫使国家环保行政主管部门叫停"煤改气"工程的一个重要因素。

第三节　治理工具所面临挑战之成因分析

治理工具选择与运用的过程本身充满着诸多不确定性，通过工具选择与应用能否实现预设的目标通常会受到其他因素的影响。其中，科学地选择治理工具是实现治理目标的关键。针对治理目标与治理工具之间的关系，史密斯教授指出，决定着工具运用效果的首要因素则是治理工具的科学选择。⑤以上对"煤改气"工程治理措施存在的问题进行了分析，其实"煤改气"工程治理措施只是政府主导型大气污染治理工具之一，但它所反映出的问题却在这类工具中具有代表性。如"取缔黄标车"措施、"公路运输转铁路运输"措施等等都同样都面临着立法、执法上相对人权益保护以及救济渠道缺失问题上的缺陷。

---

① 即"行政机关在依法行政过程中，所采取的措施和手段应当必要、适当；可以采用多种方式实现行政目的的，应当避免采用损害当事人权益的方式。"

② 参见刘小红：《山西忻州一工地工人室外烧煤炭取暖被拘5日，警方：污染大气》，载网易新闻网 http://news.163.com/17/1129/21/D4EJ17V9000187VE.html，2019年12月29日访问。

③ 参见单仁平：《推进煤改气 国家不是要让部分群众受冻》，《公关世界》2017年第23期。

④ 中共中央文献研究室编：《习近平关于全面依法治国论述摘编》，中央文献出版社2015年版，第62页。

⑤ Thomas. B. Smith，The policy Implementation Process，Policy Sciences, 1973,4(2):197-209.

一、委托—代理组织关系是根本原因

在我国，无论是大气污染治理、水污染治理、土壤污染治理还是其他环境治理工作，总体来看都在政府主导下开展相关治理工作，因此有学者称之为"政府主导型环境保护"。[1]从上文对"煤改气"措施的具体分析中也能看出，在我国大气污染治理的主要责任在于地方政府，由各地行政机关及其职能部门针对当地实际情况开展具体的制度予以实施，而中央政府则主要负责宏观制度的规定以及执行结果的监督。以大气污染治理的法律规范为依据，如果从组织权威来分析，我国政府主导型环境风险治理工具可以用委托—代理理论进行阐述。"委托—代理"理论认为，一项政策或方案在执行过程中实质上存在委托代理关系，在这一关系中，委托方是政策或方案的制定者，代理方是政策或方案的执行者，其中，制定者与执行者是两个或多个彼此独立却又存在着监督或指导关系。[2]具体而言，政府主导型大气治理机制可以用一个委托方—管理方—代理方的三层级的组织模型来解释，其中中央政府（包括国务院职能部门，比如生态环境部）是委托方，拥有制定大气污染政策、目标设定与激励考核评估等最终职权；基层政府（包括职能部门，比如环保局）是代理方，负有执行自上而下的大气污染治理指令与政策法规的职责；中间政府，如省和市政府及其环境保护职能部门是管理方，中央政府将部分大气污染治理的职权授予中间政府，使得其承担管理职责，督促基层政府有效执行国家有关大气污染治理的政策法规。[3]在理想状态下，从中央到地方各级的职权和职责都在委托—代理关系成立时，即已通过相关的法律法规和政策明确规定，似乎能在大气污染治理中实现有效性与合法性的统一，然而，现实情况并非如此，正如上文列举的"煤改气"措施一样，即使从全国性法律到地方性法规，都可以为"煤改气"措施找到相关的法律依据，但是在具体执行过程中却仍会发生偏离，导致治理效果不佳。其中的原因就在于委托—代理中信息不对称的问题，即在政策执行过程中，委托方一旦将事物委托给代理方，他对代理方的很多行为是观察不到的。[4]一旦信息不对称，代理方可能会在政策执行过程中打着委托方的旗号而满足自身的私利，即所谓的"道德风险"。

就作为管理方的中间政府而言，由于我国属于超大型国家，大气污染治理区域幅员辽阔，由委托方亲自管理几乎不可能，因而，中央政府不得不将部分大气

① 洪大用：《中国民间环保力量的成长》，中国人民大学出版社2007年版，第63页。
② 参见张璋：《政策执行中的"一刀切"现象：一个制度主义的分析》，《北京行政学院学报》2017年第3期。
③ 参见戚建刚、余海洋：《论作为运动型治理机制之"中央环保督查制度"——兼与陈海嵩教授商榷》，《理论探讨》2018年第2期。
④ 参见周雪光：《组织社会学十讲》，社会科学文献出版社2017年版，第52页。

污染治理的权限让渡给省市级政府。于是，省市级政府的任务就是确保作为代理方的基层政府能够如期完成委托方所设定的大气污染治理目标，并且能够通过委托方的督查和检验。然而，从理性经济人角度出发，中间政府的责任人员也是理性经济人，他们与普通社会公众在追求自身利益最大化的层面并无两样，他们同时依据自己的偏好需求去追逐个人利益、名声、地位等。[①] 在政绩和权力的驱动下，中间政府具有巨大的动力给基层政府层层施压，层层加码——中央政府在给省政府分派任务之后，省政府会给市政府分派任务时加码，市政府又会给县政府再次加码。在这样的情况下，第一阶段的委托—代理行为已经与政策发生了偏离。

就作为代理方的基层政府而言，一方面，基层政府的责任人员同样是追求自身利益最大化的理性经济人，他们同样会为了政绩和完成上级分派的目标而对被管理方即行政相对人直接施加任务。于是，在这一过程中，执法人员有时会滥用自由裁量权，更改政策目标，使之对自己更有利，而最终的承受者却是行政相对人。另一方面，基层政府作为政策的具体实施者，往往面临着众多且繁杂的治理任务，例如精准扶贫、城市管理、招商引资等，而大气污染治理任务只是其中的一项，甚至是相对于GDP增长而言不太重要的一项。然而，基层政府的主要责任人员的注意力和精力是有限的，当他们面临上级机关层层加码分派的任务时，往往难以按照委托方要求进行理性决策，于是就出现了"选择性执法""变通执法""自主执法"，甚至是"不作为"等现象。在这样的情况下，第二阶段的委托—代理行为又一次与政策发生了偏离。

以上分析不难发现，我国政府主导型环境风险治理工具出现问题的深层次原因是委托—代理制度下的层层偏离。在大气污染治理中，即使作为委托方的中央政府具有保护大气环境的动机，并且制定出科学的政策规划，但是作为管理方和代理方的中间政府和基层政府却为了追求部门和自身利益最大化而使政策执行发生了偏离。这就从组织关系层面解释了政府主导型环境风险治理工具产生问题的根本性原因。

二、缺乏公众参与是直接原因

虽然我国大气污染治理的主要责任主体是政府，在各地大气污染治理过程中，政府都是当然的领导者、支配者、监督者以及责任的承担者。但是，笔者开篇即提到本文所主张的政府主导型环境风险治理工具并非是仅仅借助于国家或政府的权威及强制力迫使相对人采取或不采取某种行为，以实现公共政策的强制性

[①] James M. Buchanan, Explorations into Constitutional Economics, Texas A & M University Press, 1989: 63.

工具，而是以政府为主导，依靠政府强制力，鼓励全社会参与大气污染防治的治理工具。在这一概念中，政府必须作为首要的监管主体，并在此基础上吸纳一定的社会公众参与，充分听取相关主体意见。在行政机关的行政行为可能对行政相对人的合法权益产生影响时，行政机关听取相对人的意见是行政法治的应有之义，这也是正当程序的核心要求。

然而，在实践中之所以会出现前述忽视相对人权益保护的问题，就是因为政府主导型环境风险治理工具在具体运行过程中缺乏公众参与或者公众参与流于形式，并未发挥实际作用。在具体的大气污染治理过程中，从行政决策到行政执行，从立法到执法，普通公众实际上都处于被动接受者和服从者的角色，而非扮演着制度化的参与者角色。[①]即使在政策执行时，存在行政机关听取利害关系人的意见、召集利害关系人开座谈会等情况，但它们大多流于形式，行政机关仍然将普通公众特别是利害关系人视为大气污染治理的局外人，对其充满戒备或敌意，仅仅只是邀请利害关系人对大气污染治理方案作出简单的评论，未给予公众全面的、广泛的、制度化的参与。即使公众对相关政策进行了评论，但是行政机关是否需要接受，以及不接受是否需要对此进行说明理由，这些法律都没有进行明确的规定。如此一来，在整个大气污染治理过程中行政机关难免会出现价值判断的问题，并且导致行政机关选择的大气污染治理工具难以获得社会公众和企业的认同，面临着被抵制、被规避等现象。

此外，从宏观来讲，通过限制个别相对人的权利确实可以保障国家和社会利益的实现，但是法治国基础上的行政法制度始终是用以限制行政权力，保障相对人权利，所以行政法要求行政机关在运行政府主导型环境风险治理工具时必须充分听取相关主体的意见，统筹兼顾各方主体通过给予不同利益主体维护自己权利的手段等，尽可能实现利益多元化，以避免侵犯相对人合法利益的事情发生。

三、相关立法不完善是主要原因

由多年来我国的环境治理实践不难得知，政府主导型环境风险治理工具在整个治理工具体系中占据重要地位，此外，这一结论也可从我国相关环境立法规范中得出。例如，有学者曾以修订后的《环境保护法》为例对不同类型治理工具出现的频次及所占比例进行了系统的梳理，指出政府主导型环境风险治理工具约占比52.95%，这表明我国的环境风险治理工具仍以政府主导型工具为主。[②]随着新《环境保护法》的实施以及诸如《环境影响评价法》《大气污染防治法》等专项环保立法的修订，可以说，上述相关立法为政府主导型环境风险治理工具的选择和

---

① 参见戚建刚：《我国食品安全风险规制模式之转型》，《法学研究》2011年第1期。
② 参见李翠英：《政策工具研究范式变迁下的中国环境政策工具重构》，《学术界》2018年第1期。

应用提供了较充实的规范依据。然而，深入检视既有环保立法规范可以发现，政府主导型环境风险治理工具的规范依据仍存在着一些不足，这些不足也正是构成政府主导型环境风险治理工具所面临挑战的重要原因。

总体而言，政府主导型环境风险治理工具的相关立法不足主要表现为以下两个方面：一方面是关于环境权力的配置、运行等方面的环境组织法存在一定的缺陷，从而引发的环境管理制度方面的不足；另一方面是关于政府主导型环境风险治理工具机制设计、具体表现形式的环境行为法存在一定的不足，进而产生的环境管理措施方面的缺陷。首先，环境组织法方面的不足体现为：一是环境管理体制呈现出"条块分割"的特点，同一环保行政机关在运用政府主导型环境风险治理工具从事相关环境治理实践中，其权力既受到上级环保行政机关的领导，又可能受到同级其他政府部门的制约；不同环保行政机关之间也存在着类似的问题，如不同层级环保行政机关之间所设定的环境目标有所不同，又如不同地域之间环保行政机关之间可能存在环境利益的冲突，进而造成相互掣肘的局面。二是人、财、物力保障不充分，环保行政机关运用政府主导型环境风险治理工具从事相关环境治理实践，离不开与其相配套的人员、财力、技术等方面的保障。然而，我国相关环保立法并未对环保行政机关的人员配置、技术支持、资金来源等方面进行详细而充分的规定，这就为以政府主导型治理工具为载体的环境风险治理实践增添了难度。其次，环境行为法方面的不足体现为：一是总量控制和排污许可制度的配套立法尚未跟进，尽管新《环境保护法》明确规定了总量控制和排污许可制度，提升了这两项制度在整个环境管理制度中的地位，但制度取得的绩效并不理想；[1]二是规定的区域限批、查封扣押、限制生产、停业整治以及按日计罚等措施存在着法律规定不明确的缺陷。实践表明，新《环境保护法》规定的区域限批措施的适用数量有限并且分布集中，查封扣押措施执法力度有待加强，限制生产、停产整治措施并未真正起到预期作用，按日计罚具有一定的滞后性。[2]对于前述问题，还需要通过部门规章、法律解释等进一步作出相应的细化。

---

① 参见王灿发主编：《新〈环境保护法〉实施情况评估报告》，中国政法大学出版社2016年版，第53页。

② 参见王灿发主编：《新〈环境保护法〉实施情况评估报告》，中国政法大学出版社2016年版，第114-141页。

第七章　市场主导型环境风险治理工具面临的挑战
——以水污染领域为例

第一节　市场主导型水污染风险治理工具的法制现状

一、水污染风险治理工具之选择机制

（一）选择的主体

根据《水污染防治法》《环境保护法》《环境保护税法》等相关法律的规定可知，在水污染风险防治领域内，治理工具的主要选择主体是县级以上人民政府环境主管部门，具体而言，中央一级是国务院生态环境部，地方是生态环境厅、生态环境局，另外，各级人民政府环境主管部门并非唯一的工具选择主体，其他相关政府机构如水利部、农业部、财政部等也在其职权范围内对水污染防治进行监督管理。在各级环境主管部门内部，均设有环境政策法规司（处、科），专门负责相关环保政策的拟定、解释、宣传、落实等工作。由此可见，我国水污染防治领域内的治理工具选择机制是以政府为主导的，这是由环境问题的公共性所决定的。

（二）选择的类型与范围

梳理我国《水污染防治法》等相关立法不难发现，市场主导型水污染风险治理工具主要包括财政补贴机制、生态保护补偿机制、产品淘汰机制、污水处理收费（税）制度等。相较于作为环境领域基本法的《环境保护法》关于市场主导型治理工具的规定，《水污染防治法》中有关市场主导型治理工具的规定更少，缺少对企业参与水污染防治的激励和鼓励措施，市场机制并未在水污染防治中发挥积极作用，也没有规定第三方参与治理水污染的机制。有学者曾对市场主导型水污染风险治理工具在《水污染防治法》中所占的比重进行了统计，指出在该种治理工具仅占 16.8%，其中，补贴、污水处理费、排污收费应用较多，合计占 13.6%，环境税费、交易许可、垃圾处理费、奖励和使用者收费合计仅占 3.2%。

由此可以推断，市场主导型水污染风险治理工具在我国的实践面相是，行政机关给予水污染治理主体及特定企业财政补贴，同时征收一定比率的环境税，将市场化资本用于水污染治理技术和治理绩效的提升方面。①

（三）选择的过程

根据《水污染防治法》的规定，每一种类型的治理工具的选择都应符合相应的条件，例如，该法第8条规定通过财政转移支付的方式建立健全水环境生态保护补偿机制；第49条规定城镇污水集中处理设施的运营单位按照国家规定向排污者提供污水处理的有偿服务，收取污水处理费用，保证污水集中处理设施的正常运行，等等。尽管相关立法对市场主导型水污染风险治理工具的适用条件进行了规定，但在实践中，水污染风险治理主体往往具有较大的裁量空间，对于究竟应当采用何种类型的工具治理某一水污染风险，并没有可供参照的标准和依据。事实上，由于水污染风险的复杂性和不确定性，在对其加以规制的过程中需要综合多方面的考量，为治理主体提出了较高的要求。比如，针对某一项治理工具的选择和应用，通常需要涉及专家论证、公众参与、风险评估等程序，然而，上述程序并未在相关立法中得以体现。这就给治理工具的选择和应用留下了较为模糊的空间，尽管实践中偶有专家论证、听证等程序引入，仍处于非规范化的起步阶段，甚至很多流于形式。

二、水污染风险治理工具之实施机制

（一）实施主体及其机构设置

由《水污染防治法》等相关法律、法规可知，我国水污染风险治理工具的实施主体是以环保行政机关为主、其他负有相应职责的行政机关为辅。县级以上人民政府环境保护主管部门对水污染防治实施统一监督管理。交通主管部门的海事管理机构对船舶污染水域的防治实施监督管理。县级以上人民政府水行政、国土资源、卫生、建设、农业、渔业等部门以及重要江河、湖泊的流域水资源保护机构，在各自的职责范围内，对有关水污染防治实施监督管理。②此外，该法还规定市、县级人民政府每年在向本级人民代表大会或者其常务委员会报告环境状况和环境保护目标完成情况时，应当报告水环境质量限期达标规划执行情况，并向社会公开③。

---

① 参见廖翼、史敏、彭清辉：《我国水污染防治政策的历史演进》，《安徽农业科学》2018年第33期。
② 参见《中华人民共和国水污染防治法》第9条。
③ 参见《中华人民共和国水污染防治法》第18条。

（二）保障机制

为规范水污染防治的科学、合法、高效开展，相关立法设立相应的用以保障水污染风险治理工具得以选择和应用的条款规范。例如，《环境保护法》《水污染防治法》《环境影响评价法》《水污染防治资金管理办法》《环境保护法规制定程序办法》《环境保护法规解释管理办法》《环境行政处罚办法》等法律、法规、规章和规范性文件的制定与实施为水污染防治中治理工具的选择和运用提供了立法上的保障。仍需指出的是，相关立法同样存在着规定较为原则性、相关机制欠缺等不足，需要进一步细化和完善。

三、水污染风险治理工具选择的现状描述

正如《环境保护法》和《水污染防治法》中治理工具条款所占比重显示的那样，市场主导型水污染风险治理工具已在诸多工具中占据重要位置，但所占比重并非最大。就目前而言，政府主导型治理工具仍是最常和最广泛使用的治理工具。根据我国水污染风险治理实践并结合相关已有之研究，可将其现状归结为以下方面：

与大气污染防治领域内的情况相似，水污染防治领域中治理工具的选择和运用也形成了以政府主导型工具为主，而市场主导型工具为辅的局面。综合分析我国在水污染风险治理中采用的政府主导型工具的实施部门、作用时间、作用对象以及实施范围可以得知，政府主导型环境风险治理工具在我国相关环境立法中确立时间早，实践中也占主流位置。与政府主导型环境风险治理工具相比，市场主导型环境风险治理工具无论在立法中还是在环境实践中都还处于起步阶段。[1]例如，《水污染防治法》中就规定了目标责任制、考核评价制、河长制、跨区域联防联控机制、总量控制指标、水环境质量标准、"三同时"制度等多种政府主导型水污染风险治理工具。最新数据显示，针对环境污染风险治理领域，我国已经制定了1 890多项环保标准[2]，其中，水污染防治领域内的标准呈现出多元化、专门化的特点。

政府主导型工具之所以在水污染防治领域占绝对优势，一方面是因为我国环境保护领域传统的治理体制所导致，强调环保行政机关在整个环境治理进程中的地位和作用，环境治理重在惩戒和打击环境污染和破坏行为，因此，必须以强大的公权力推进；另一方面，相较于政府主导型环境风险治理工具已经累积了丰富

---

① 参见李玲：《城市环境承载力提升中的政府工具选择研究》，广州大学2012年硕士学位论文。

② 参见李禾：《我国已发布数千项环保标准和专利》，搜狐网 http://roll.sohu.com/20150813/n418735244.shtml，2020年1月29日访问。

的经验而言，市场主导型工具在我国环境治理领域，尤其是水污染防治领域起步较晚，缺少经验指导。此外，市场主导型治理工具本身对治理主体提出了较高的知识水准要求，因此，广泛应用市场主导型治理工具能否取得理想成效受到质疑，选择主体面对这一类型的治理工具望而却步。

第二节 市场主导型水污染风险治理工具面临困境之成因

以上提炼总结了我国市场主导型水污染风险治理工具所面临的困境，接下来分析造成其所面临困境的原因。考察我国水污染风险治理实践，检视我国水污染防治相关立法，并结合市场主导型治理工具自身特性，笔者认为，可将造成我国市场主导型水污染风险治理工具所面临困境的成因大致分为以下五个方面。

一、市场主导型治理工具设计上的缺陷

尽管在我国环境风险治理实践中，已逐步重视并加大对市场主导型环境风险治理工具的选择和应用，但遗憾的是，市场主导型环境风险治理工具并未能最大程度地发挥其应有之功用。其中一项重要原因便是此类治理工具在设计上存在不足。回顾我国环境治理实践，可将其归结如下：由于受传统的以行政权力为主导的命令控制型环境治理模式影响，尽管我国环境风险治理实践引入了市场化的治理工具，但市场主导型环境风险治理工具的选择和应用仍是以行政机关为主线，由行政机关主导对之的选择和运用。换言之，政府这只"有形的手"支配着环境治理的方方面面，甚至有时会弱化市场型环境风险治理工具的选择和应用。例如，就排污权交易机制而言，在我国环境风险治理实践中，市场机制的作用并未得以充分发挥，就水污染风险治理而言，排污权交易并非真正倚靠市场机制的作用实现对排污权的优化配置，事实上，排污权交易在我国更多依靠的是政府行政权力推进，成为环保行政机关的一种变相的行政手段。[①]有学者甚至认为，我国的排污权交易制度实质上并非基于市场机制的自由交易，由于并没有建立起真正的交易市场，那么市场机制的激励和调节作用就不能影响具体的排污交易行为，因此，与其说是排污权交易不如说是排污补偿。[②]此外，市场主导型环境风险治理工具不仅种类较少，而且适用范围有限，例如责任保险、押金退返等市场化工具零星地应用于某些特定的环境议题，它们通常作为政府主导型环境风险治理工具的补充，通常是在政府主导型环境风险治理工具不能穷尽的领域才选择应用市场主导型环境风险治理工具。

---

① 参见甘黎黎：《我国环境治理的政策工具及其优化》，《江西社会科学》2014年第6期。
② 参见吴健：《排污权交易——环境容量管理制度创新》，中国人民大学出版社2005年版，第204页。

二、市场机制的作用尚未完全发挥

　　相对健全完善的市场机制是市场主导型环境风险治理工具得以充分发挥自身功能和作用的关键要素。市场主导型环境风险治理工具的生成要么是利用市场，要么是创建市场。无论是利用市场还是创建市场，前提必须是市场机制的功能可以较为充分地实现。例如，市场对于价格的调节功能；又如，市场对于信息的整合功能；再如，市场对于产权的吸纳功能；等等。我国市场主导型环境风险治理工具赖以存在的环境市场距离理想中的市场尚存在一定的差距，环境市场中的各方主体地位并不总是平等，环境市场中的相关信息在完整性、及时性、对称性等方面存在着较大进步空间，环境市场主体的市场经济意识有待进一步提高，诸如此类都制约着市场主导型环境风险治理工具的选择和应用。再以排污权交易制度为例，在信息不充分、不对称、不透明的情形下，交易双方都可能存在各自的盲点，此时便需要行政权力强行介入方能促成相关交易，然而，交易的完成通常也并不意味着环境治理目标的实现，即使实现了环境治理目标，交易本身往往也经不起成本收益分析。

三、传统环境监管模式的影响

　　我国传统的环境监管模式是以行政权力为主导的命令控制型模式，环境风险监管的主体是环保行政机关。因此，在环境风险治理实践中，环保行政机关更多地选择和运用政府主导型环境风险治理工具预防和化解环境风险。这在我国的环保相关立法中也得以充分体现。尽管近年来，市场主导型环境风险治理工具越来越多地被应用于环境风险治理实践，但是，政府主导型环境风险治理工具无论在类型上还是在适用对象和使用范围等方面都具有不可比拟的地位和作用。市场主导型环境风险治理工具强调市场在环境资源、环境利益配置中的基础性作用，理想的环境市场理念与传统的命令控制型环境监管模式并不相容。命令控制型环境监管模式强调行政监管权力的优先性，在环境治理活动中，环保行政机关与环境污染企业之间的关系是命令与服从的关系，环保行政机关扮演着环境监管者的角色，而环境污染企业则扮演着环境义务履行者、责任承担者的角色。而在运用市场主导型环境风险治理工具存在的环境风险治理活动中，环保行政机关和环境污染企业不再是简单的命令与服从、监督与被监督的关系，市场主导型环境风险治理工具要求调整改变二者之间的关系，充分调动和激发环境市场主体的积极性，通过市场化的手段构建起环境污染企业与环保行政机关之间的双赢关系，环保行政机关不再是父爱主义式的命令发号者，而应当是提供相应支持和引导的服务者或保持中立的裁判者。我国当前的环境监管模式距离市场主导型环境风险治理工具的内在要求还存在一定的差距，行政权力在市场主导型环境风险治理工具的运用过程中仍发挥着举足轻重的作用，甚至会出现行政权力干预市场的情形，由此带来的后果是，行政权压制市场自由选择，从某种程度上而言，市场主导型环境风险治理工具的选择和运用加大了权力寻租的空间，进而使得环保行政机关与环境污染企业之间形成利益共谋，环境风险的治理目标也就被掩盖或者弱化。

四、立法规范有待细化

虽然我国在环保立法中明确了市场主导型环境风险治理工具的诸多类型，比如，环境补贴、排污权交易、环境税、环境信贷等市场化手段在诸如《环境保护法》《水污染防治法》《大气污染防治法》等相关立法中均有所体现。然而，关于前述不同种类的治理工具究竟应当如何选择和运用等配套性的立法规定付之阙如，无法为其在实践中的运行提供规范性、制度性指引。例如，在环境风险治理实践中，环境风险治理主体可能面临多种不同类型市场主导型环境风险治理工具的选择问题，针对某一特定的环境风险议题，可以选择环境补贴，也可以选择押金退返，还可以同时选择上述多种治理工具。多种治理工具之间究竟应当如何排列组合才能实现工具的最大效益，并没有科学的依据，这就为环境风险治理主体从事治理活动提供了极大的自由裁量空间。与自由裁量相伴而来的是环境治理效果的不确定性和治理成本的高昂性。由于无法科学合理地安排不同类型的治理工具，有时多种治理工具之间存在着相互冲突，使得原本能够以较低成本获得的环境效益变得遥不可及。具体而言，例如，我国2017年修正的《水污染防治法》中明确规定了生态保护补偿机制、财政补贴机制、产品淘汰机制、污水处理收费（税）制度等市场主导型治理工具，可以说，新法的修订实施丰富了我国水污染防治治理工具的类型，为水污染防治实践提供了可供选择的新的治理工具，市场主导型水污染风险治理工具的应用拓宽了原有的以政府主导型工具为主的工具选择范围，能够在一定程度上弥补传统的政府主导型工具的不足，进而有利于水污染防治目标的更好实现。然而遗憾的是，尽管新法规定了前述不同类型的市场主导型水污染风险治理工具，但实际效果并不理想。其中一项重要原因便是，既有规定只停留在法条的宣誓性、原则性规定层面。比如，对于生态环境补偿制度而言，该法只规定国家通过财政转移支付等方式建立和完善该制度，具体到实践层面，缺乏切实可行的操作规范予以指导，究竟除了财政转移支付方式以外，还有哪些方式可以使用等类似问题相关立法并没有予以规定；又如，生态补偿的范围是什么，补偿的形式和补偿的标准又是什么，怎样做到环境保护税和生态补偿的有效衔接等问题都亟待进一步明确；再如，就环境税的征收而言，尽管我国顺利出台并实施《环境保护税法》，该法对水污染开征环境税进行了相对明确的规定，然而，环境税的税率幅度、调整范围如何科学地界定也需要在实践中加以检验和动态调整。此外，《水污染防治法》中规定产品淘汰制度，目的是为了鼓励企业创新，但并没有规定相应的经济补贴机制，也没有规定第三方治理机制，可以说是一大遗憾。总而言之，市场主导型治理工具不应仅停留在抽象的立法条款之中，更重要的是及时出台相应的配套方案，为市场主导型治理工具的科学选择和高效运行提供切实可行的规范指引。

第八章 社会型环境风险治理工具面临的挑战

第一节 社会型环境风险治理工具的行政法检视

一、社会型环境风险治理工具的实施现状

社会型环境风险治理工具是指制造环境风险问题或可能受到环境风险影响的市场主体或公民个人，基于较高的环境风险意识或环保素养自愿作出的防范、处置环境风险的一系列行为、手段和方法的总称。社会型环境风险治理工具虽然是受环境风险影响的主体"自愿"做出的一系列手段、方法，但是这种表面上的"自愿"实质上来自于政府和市场的双重压力。由此可见，尽管社会型环境风险治理工具的运作并非完全倚靠国家强制或市场机制，但其背后蕴含着国家强制和市场调节机制这一对有形和无形的手所施加的压力。

我国当前比较常用的社会型环境风险治理工具主要包括以下类型：（1）环境信息公开机制。在现代风险社会中，信息的重要性不言而喻。环境风险治理实践表明，信息工具扮演着不可替代的角色，环境信息公开便是其中一项重要内容。所谓环境信息公开，就是特定主体依据特定的程序在特定的期限内将环境风险信息向社会公众公开，从理论上而言，环境信息公开的方式可分为依法主动公开和依申请公开两种类型，环境信息公开的主体又可分为环保行政机关等享有环境风险治理权力的公主体和环境风险制造企业等类型。例如，国家生态环境部和地方生态环境厅、局定期向社会公开环境事故统计公报、环境整体状况公报、环境质量指标数据、环境处罚事项等；又如，有关企业根据要求须定期向社会公开自身的环境信息，等等。（2）环境标志。又称为绿色标志（十环标志）、生态标志，它是指环保行政部门或环保公益性组织团体等按照一定的环境评价标准，为对环境可能产生影响的企业所生产的商品进行认证并发给证书，以证明该产品符合环境保护相关要求，允许其进入市场流通，是一种市场准入的标志。该制度在我国实施于1994年，并在环境治理实践中发挥着积极作用。它实质上是一种市场准入标志，不符合环境条件的产品不得上市流通。（3）环境标准规范。它是一种由特定国家行政机关或行业社会团体制定的旨在监测环境风险数据、促进环境技术

进步、防治环境风险扩大的对特定领域、特定企业产生拘束力的评价准则。例如，在大气环境保护领域，生态环境部制定出台了诸如《生活垃圾焚烧飞灰污染控制技术规范》《挥发性有机物无组织排放控制标准》等环境标准规范。（4）环境听证。作为一项重要的程序性机制，行政听证制度能够使利害关系人参与到行政的过程之中，从而较大限度地保障各方利益得以周全地考虑。环境听证作为听证制度在环境领域内的具体反应，也具备听证的一般功能。实践中，环境听证一般可分为环境行政处罚听证和环境行政许可听证。对此，我国制定了《环境保护行政许可听证暂行办法》《环境行政处罚听证程序规定》等对其加以规范。（5）环境信访。作为一项颇具中国特色的治理制度，信访在环境治理实践中也是社会型治理工具的一种重要类型。环境信访就是特定环境企业或与特定环境问题有利害关系的社会公众，就特定环境问题向信访机关及其工作人员进行反映并主张请求的一种途径。

无论是在《环境保护法》这一环保基本法中，还是在《大气污染防治法》《固体废弃物污染防治法》《水污染防治法》等环保专项立法中，社会型环境风险治理工具都受到广泛重视。例如，在《环境保护法》中，明确将公众参与作为一项基本原则，在此原则指引下，专辟"信息公开和公众参与"一章，用以规范社会型环境风险治理工具。又如，2020年最新修订实施的《固体废弃物污染防治法》更是对社会型治理工具进行了大量的、明确且直接的规定，该法第11条规定"国家机关、社会团体、企业事业单位、基层群众性自治组织和新闻媒体应当加强固体废物污染环境防治宣传教育和科学普及，增强公众固体废物污染环境防治意识。"第31条规定了单位和个人的举报权等内容。可以说，近年来，社会型环境风险治理工具在我国环境治理实践中的比重和地位越来越高，并对环境风险治理实践产生了积极的影响。

二、社会型环境风险治理工具的优势和不足

（一）社会型环境风险治理工具的优势

相较于政府主导型环境风险治理工具和市场主导型环境风险治理工具而言，社会型环境风险治理工具具有自身的显著优势。可将其归结为以下几点。

首先，社会型环境风险治理工具的治理主体既可以是享有环境治理公权力的行政主体，也可以是制造环境风险的市场主体，还可以是与特定环境风险问题有利害关系的社会公众。从治理手段而言，社会型环境风险治理工具呈现出更加多元化的色彩，不再局限于单独运用国家强制力或利用市场机制来进行环境风险治理。它兼顾了国家、市场与社会，是一种大格局的治理手段。从治理过程而言，它要求环境风险治理主体在从事环境风险治理活动时需要审时度势并根据环境风

险的不同类型、程度等对治理工具加以比较、选择、组合、调整和优化。可以说社会型环境风险治理工具更加强调环境风险治理过程的动态治理。

其次，对于环境风险治理活动而言，社会性治理工具有助于增强环境风险治理活动的民主性。环境风险治理是一项系统性工程，原因在于作为公共性议题，环境风险涉及社会方方面面，仅仅由政府或市场单一的主体从事环境风险治理往往会显得力不从心。更多时候，由单一主体从事环境风险治理活动并不能保证环境治理目标的实现，相反，缺少环境风险信息的及时公开以及有效的公众监督，环境风险治理夹杂着治理主体的价值偏好、充斥着诸多不可捉摸量化的寻租空间。社会型环境风险治理工具的选择与运用，能够使环境风险信息向社会公众公开，为社会公众参与到环境风险治理实践中提供途径和渠道，实质上对以政府为主导的环境风险治理活动形成了一种外在监督，从而增强环境治理的民主性。

最后，社会型环境风险治理工具的选择和运用还有助于增强环境风险治理活动的科学性。环境风险具有不确定性、复杂多元性等特征，针对某一环境风险议题，可能涉及诸多环境科学知识。面对复杂易变的环境风险，单一的政府或市场主体很难完成规制环境风险的目标，公众参与、专家论证就显得尤为必要。运用社会型环境风险治理工具解决特定环境风险议题，能够广泛吸纳专家和公众的意见，使得环境议题的解决更具有针对性，可以降低环境治理成本，提高环境治理的科学性。

（二）社会型环境风险治理工具的局限性

需要指出的是，社会型环境风险治理工具也有自身的不足，主要表现为以下两个方面：一是社会型环境风险治理工具有着较高的实施成本。不像政府主导型环境风险治理工具或市场主导型环境风险治理工具可以直接利用既有机制对相关环境风险议题加以规制，社会型环境风险治理工具的实施通常需要创建新的机制，比如要建立起系统性的信息机制，包括信息收集、分析、整合、公开等机制，还要更新相应的技术手段。此外，公众获取相应的信息也需要付出较大的人力、物力和财力资源。二是社会型环境风险治理工具对环境风险制造者提出了较高的要求。它要求环境风险制造者能够做到对与自身相关的环境信息进行动态管理和及时公开，要确保自身环境信息的科学性、及时性、客观性、可获得性。实际上增加了环境风险制造者的负担，一些环境风险制造者为减轻自身负担通常选择逃避责任。

第二节　社会型环境风险治理工具面临困境之成因

考察我国环境风险治理实践，检视我国环境保护相关立法，并结合社会型治理工具自身特性，可将造成我国社会型环境风险治理工具所面临困境的成因大致分为以下四个方面。

一、受制于传统的环境治理观念

多年以来，受制于传统行政理念的影响，行政权的运用在我国环境治理活动中占据主导地位，由此形成了以政府主导型环境风险治理工具为主体的环境风险治理工具箱和以命令与服从为显著特征的环境监管模式，有学者将其提炼为"政府主导型环境保护"。[1]由此带来的后果便是，在环境治理实践中，无论是环保行政机关，抑或是环境污染企业、社会公众，逐渐形成了环境治理主要是行政机关的职权与职责的思维惯性。起初，此般认识确有其合理性，因为改革前的社会结构呈现出国家权力占据"总体性支配"地位的局面。所谓"总体性支配"是指国家权力垄断着我国社会的方方面面，其不仅主导着物质资源的分配，甚至在个人发展、信息资源等领域也发挥着主要影响。[2]然而，随着我国各项事业改革的不断加深，总体性支配权力逐渐向技术性治理方向发展，[3]与之相应的是政府职能的转变。从理论上而言，政府角色应当有所转化，由各项事业的管理者角色转变为公共事业的服务者。事实上，就环境治理领域而言，各级环保行政机关也在不断深化职能体制改革，并取得了显著的成效，例如，建立并优化环保督察制度；又如，建立跨区域环境联合执法机制；等等。然而，审视我国环保领域的改革不难发现，这些改革仍是以行政权力为中心进行的，通常是在某些特定环境议题上加强行政权力的主导作用，而在另一些环境议题上简化行政权力，鼓励市场主体和社会公众参与环境治理活动。可以说，一方面，在传统环境监管模式向新模式转变的过程中，由环保行政机关主导的环境治理活动在一定程度上推动了社会型环境风险治理工具的选择和应用进程，如新理念更加强调环境风险治理的多元共治和公众参与，重视环境信息在整个环境治理过程中的作用，无疑能够提升社会公众对于环境议题的认知水平；另一方面，受制于传统环境监管模式强调环保行政机关的核心地位与作用的理念，社会型环境风险治理工具的选择和应用通常也是由行政权力强制推行的，社会型环境风险治理工具是否能够充分发挥其应有功能和作用，更多地取决于环保行政机关的意志而非环境污染企业或社会公众。原因在于，一方面，社会公众对环保行政机关从事环境治理活动产生观念和

---

[1] 参见王芳：《环境社会学——行动者、公共空间与城市环境问题》，上海人民出版社2015年版，第75页。

[2] 参见孙立平、王汉生等：《改革以来中国社会结构的变迁》，《中国社会科学》1994年第2期。

[3] 渠敬东、周飞、应星：《从总体支配到技术治理——基于中国30年改革经验的社会学分析》，《中国社会科学》2009年第6期。

制度上的依赖，环境污染企业和社会公众主动参与环境风险治理的自愿性和积极性并不高；另一方面，由环保行政机关主导的环境风险治理活动客观上也为社会型环境风险治理工具的选择和应用设置了种种屏障，例如，环境风险信息公开的及时性和完整性方面存在着天然的不足；又如，公众参与环境风险治理的机制设计方面还不够具体；即使社会公众拥有极大的参与环境风险治理的意愿，也会因客观条件的缺失而影响参与的实效性。

二、企业和社会公众的环境参与意愿不高

环境污染企业和社会公众的环境参与意识不强是导致我国社会型环境风险治理工具面临困境的重要原因。在以命令与服从为显著特征的传统环境监管模式下，环保行政机关与环境污染企业的关系是管理与被管理、监督与被监督的关系，受到环境污染行为直接或间接影响的公众则处于边缘地位，当其合法权益遭受不法侵害时，方会向环保行政机关或司法机关表达自己的环境诉求，主张自己的环境权益。由此可见，在传统模式下，环境污染企业和社会公众在环境风险治理中处于被动和消极地位，只有当企业的环境污染行为发生以后，企业才以被监督者的身份迫不得已地加入到由环保行政机关主导的环境风险治理活动中去；社会公众更是只有在环境污染行为影响自己合法权益时，才会积极主动地关注环境风险治理活动。无论是企业还是社会公众，对于那些与自身利益或权益毫不相干的环境风险治理活动并不关心，更不会主动参与到治理过程中去。需要指出的是，近年来我国通过设立环境保护日，开展环境保护知识宣传教育活动，提倡推进资源节约型和环境友好型社会建设等多种手段，极大提升了环境保护在整个社会中的受关注程度，社会公众的环保意识也得到显著增强，但是，相关调研数据表明，[1]社会公众环保意识的增强并不意味着公众能够积极主动地参与到环境风险治理活动中去，尤其是对于那些与自己关系不大的环境事件，公众关注度极高但参与度较低。以环境风险治理成绩位于全国前列的上海市为例，有学者曾对公众参与环境治理的意愿进行了数据统计分析，研究显示："居民心目中对最重要的十大社会问题"排名前六位的分别是就业问题、社会治安问题、社会保障问题、贫富不均问题、社会道德问题、环境保护问题，其中环境保护问题是第六位。而"对于自己周围人们的环境保护意识给予评价"的答案是，3.7%的人认为自己周围的人几乎没有环保意识，24%的人认为周围的人们环保意识非常弱，只有16.3%的人回答比较强，认为很强的人只占受访者的1.1%。[2]社会型环境风险治理工具在环境风险治理活动中发挥其应有功能和作用的前提之一是有效的公

---

① 参见李东兴、田先红：《我国社会参与环境保护的现状及其原因探析》，《湖北社会科学》2013年第6期。
② 参见洪大用：《中国民间环保力量的成长》，中国人民大学出版社2015年版，第71页。

众参与。当前，我国环境污染企业和社会公众参与环境风险治理活动的意识不强、意愿不高，无疑会直接影响到该种治理工具在实际运行中的频率和效果。

三、环境公益组织和第三方治理主体缺位

环境公益组织和第三方治理主体的缺位是造成我国社会型环境风险治理工具面临困境的又一重要原因。社会型环境风险治理工具重视环境治理中社会力量的作用，相较于环境污染企业和公民个人而言，环境公益组织和第三方治理主体在环境风险治理活动中具有比较优势，比如，它们由享有相应环境专业知识的人员构成，专业性和科学性较强；又如，它们有规范的运营机制和充足的经费资金保障，具备参与环境风险治理的能力。应当承认的是，自我国环保法颁布实施以来，环境公益组织和第三方治理主体经历了从无到有、由少变多的发展历程。环境公益组织和第三方治理主体在我国环境风险治理活动中发挥了重要的作用。然而，就社会型环境风险治理工具的选择和应用实践而言，环境公益组织和第三方治理主体并未完全发挥出理想的作用和功能。环境公益组织和第三方治理主体在资质获取、行动落实、物质保障、技术支持等方面仍存在较大的发展空间，社会公众对环境公益组织和第三方治理主体的认可度和信任度也不高。在实践中，较多的环境公益组织和第三方治理主体往往带有较浓厚的行政色彩，因为它们要么是由行政机关设立的，[①]要么是由行政机关选择的，在处理具体环境风险议题时，有时并不能真正代表绝大多数民众的利益，甚至不能完全扮演好第三方中立裁判的角色。

四、法律规范的可操作性较低

相关法律规范的可操作性较低是造成我国社会性环境风险治理工具选择与应用面临困境的直接原因。立法是行动的指南，相对完备的法律规范能够为相应行为提供稳定的预期，社会型环境风险治理工具的选择与应用也不例外。梳理相关立法不难发现，我国环保相关立法中对社会型环境风险治理工具进行了相对全面的规定，例如，在《环境保护法》总则中将公众参与作为环境保护的一项基本原则，此外，该法又在第五章专门规定了公众参与和信息公开有关内容。令人遗憾的是，既有立法中关于社会型环境风险治理工具的规定尽管较为全面，但仍然存在较大的模糊性。以《环境保护法》为例，该法虽然规定了公众参与和信息公开，但相关规定只是原则性和宣誓性的。首先，就公众参与环境风险治理而言，该法对于诸如公众参与的定义、公众参与环境风险治理活动的范围、公众参与环境风险治理活动中应当享有何种的具体权利和义务等实体性规范、公众参与环境

---

① 参见吴锦良：《政府改革与第三部门发展》，中国社会科学出版社2010年版，第128页。

风险治理活动的途径机制等程序性规范，以及公众无法切实有效参与环境风险治理活动时的救济性规范等问题并未予以规定。而前述规定对于公众参与环境风险治理是十分必要的，因为在传统环境监管模式以及公众环境意识不高的情形下，对公众参与环境风险治理进行全方位、细致性的规定有助于为艰难的公众参与实践提供规范的、制度上的行动指南和权利保障，从而提高公众参与环境风险治理的积极性和有效性。其次，就环境风险信息的公开与获取而言，社会公众在环境风险治理活动中原本就处于相对弱势地位，对于环境风险信息的敏感度不高，获取、处理和研判环境风险信息的能力不强，因此需要在立法中予以重点规范。环境信息的公开和透明是预防和处置环境风险的关键环节，也是社会型环境风险治理工具得以发挥其应有功能和作用的内在要求。无论是自愿型环境风险治理工具还是信息型环境风险治理工具，都建立在相应的环境风险信息的基础之上。尽管现行立法规定了环保行政机关以及环境污染企业的环境信息公开职责和义务，但这是远远不够的。对于如何确保环境风险信息公开的准确性、及时性、科学性、真实性，以及环境风险信息沟通交流的协调性等重要内容均没有相应规定。实践中，社会公众、环境公益组织或第三方环境风险治理主体想要获取相应的环境风险信息，通常要付出高昂的成本和代价，这就在客观上降低了社会公众、环境公益组织以及第三方治理主体参与环境风险治理活动的热情和勇气，进而影响社会型环境风险治理工具功用的实现。

第九章　三种环境风险治理工具之间缺乏互动与整合

第一节　三种环境风险治理工具互动与整合之现状

环境风险治理的合法性与最佳性目标的实现取决于不同类型环境风险治理工具之间的良性互动，由于不同类型环境风险治理工具反映着不同的价值和理念取舍，加之治理工具的选择和运用者作为理性经济人所具有的局限性等因素，我国环境风险治理工具之间并未能实现良性互动。实践中，针对某一特定的环境风险，如大气污染风险防治领域内的"煤改气"工程，治理者通常综合选用多种治理工具，然而并未取得满意的结果。究其原因，正是治理工具之间各自为战、缺乏有效的互动与整合。倘若不同类型环境风险治理工具之间相互冲突、互相抵牾，则会产生1+1<2的效果；反之，则会激发不同治理工具各自以及相互之间的功效，产生1+1>2的效果。梳理我国既有相关环境立法，并结合环境风险治理实践，可将三种环境风险治理工具互动与整合的现状归纳如下。

一、工具整合的协调一致性不足

理想的环境风险治理工具箱分别由政府主导型、市场主导型以及社会型环境风险治理工具共同组成。环境风险治理目标的实现离不开不同种类治理工具之间的互动与整合。治理工具之间之所以需要进行互动与整合，是为了增加它们的协调性，避免不同工具之间可能产生的相互抵牾等现象。工具之间的协调性不足主要包括两大方面：一是不同类型的环境风险治理工具之间互动性不强、协调性不够；二是同种类型环境风险治理工具的子类型之间相互冲突。

首先，三种不同类型的环境风险治理工具之间是会产生冲突的，因为从理论上而言，每一种类型的治理工具发挥作用的机制不同。例如，政府主导型环境风险治理工具强调国家强制力在工具选择与应用中的基础性作用，在运用此种工具从事环境风险治理实践时，更多需要考虑的是对环境风险制造者各项行为的规制和惩戒，它将事前威慑和事后处置作为环境风险治理的核心环节；又如，市场主导型环境风险治理工具通过创建市场或利用市场的方式实现对环境风险的预防和处置，它强调市场机制自身的资源配置和价格调节功能，运用这一工具从事环境风险治理实践，更多的是采用经济上的引导、劝说等方式促使环境风险制造者通过改进环保技术、降低环境污染水平等途径降低自身的生产成本；再如，社会型环境风险治理工具将公众参与和信息公开视为工具选择和应用的关键，它追求环境风险治理活动的民主性和正当性，强调环境风险制造者的自愿性和社会公众的能动性。由此可知，不同类型的环境风险治理工具有着属于自己的价值属性，当同时选择多种不同类型的环境风险治理工具时，它们各自代表的价值可能会存在冲突。例如，针对大气污染风险防治问题，在预防阶段的治理工具选择与处置和化解阶段的治理工具选择就存在着明显的不同。环境风险治理主体在选择和运用不同类型环境风险治理工具时则需要综合考虑每种治理工具所代表的价值理性。其次，同种类型环境风险治理工具的子类型之间也存在冲突。尽管同类型环境风险治理工具的子类型拥有共同的价值取向和作用机制，如市场主导型环境风险治理工具均是借助市场机制发挥作用，但是各个子类型的适用对象和预设目标存在着一定的差异。例如，排污权交易制度适用于可能制造环境风险的企业之间，它的直接目的在于实现环境资源的合理配置；而环境财政补贴则适用于那些善于技术创新、敢于主动承担环境责任的企业，它的直接目的在于激发和培育企业的环境创新能力。在同一特定的环境风险治理活动中，前述两种类型的市场主导型环境风险治理工具就可能存在冲突。比如，对排污权交易中的接受方给予财政补贴，带来的直接后果便是财政补贴抵消了排污权交易中接受方的交易成本。

二、工具选择的动态适用性不足

工具选择的动态性不足是三种治理工具在我国环境风险治理实践中互动与整合所面临的现状之一。所谓"工具选择的动态性"，是指环境风险治理主体选择不同类型的治理工具从事环境风险治理实践，应当注重对不同类型环境风险治理工具进行动态调整。从理论上而言，又可细分为以下几种情形：首先，对于同一环境风险议题而言，环境风险治理主体可能会选择一种或多种治理工具，需要根据环境风险的变化对所选择的治理工具加以动态调整。例如，在环境风险预防阶段，可以选择社会型环境风险治理工具中的自愿型工具，也可以选择市场主导型环境风险治理工具中的排污权交易制度，还可以选择政府主导型环境风险治理工具中的环境技术标准等，而在环境风险处置阶段，则需要对前述工具类型加以调整，进而选择诸如环境行政处罚、环境责任保险或环境公众参与等不同种类的环境风险治理工具。其次，对于不同的环境风险议题而言，环境风险治理主体也要结合具体的环境风险特点对治理工具进行动态调整。例如，就大气污染风险防治而言，可能某种环境风险治理工具更加有效，而对固体废弃物污染治理而言，另一种环境风险治理工具拥有明显的比较优势，这时环境风险治理主体则应动态选择治理工具。再次，环境风险治理工具箱也应做到及时更新和动态调整，不同类型的环境风险治理工具只是对环境风险治理实践中存在的工具手段进行的提炼和归纳，事实上，随着环境风险治理实践的发展，一定会出现不同于既有治理工具的新类型，环境风险治理主体从事治理活动时也须关注工具类型的创新选择与应用。

工具选择的动态性不足带来的直接后果是治理手段与治理目标的匹配性问题，即环境风险治理主体尽管选择运用了多种环境风险治理工具，但并没有或未完全预防或化解环境风险。梳理我国环保相关立法也可发现，治理工具的动态性调整并未纳入既有法律规范的视野，一些在环境治理实践中形成的环境风险治理工具新类型也未得到体现。此外，考察我国环境风险治理实践可知，环境风险治理工具选择的动态性呈现出明显不足。比如在"煤改气"工程中，各种治理工具的选择与应用并没有根据现实的变化而做出动态性调整，相反，治理活动中出现了很多"一刀切"的手段，也正因如此，"煤改气"工程遭到了一定程度的抵制，治理效果并不十分理想。

三、工具整合的科学合法性不足

在我国环境风险治理实践中，不同类型环境风险治理工具互动与整合所面临的另一现状是工具整合的科学合法性不足。所谓工具整合的科学合法性，是指环境风险治理主体选择应用不同类型治理工具从事环境风险治理，应当根据事先确立的标准、规则、流程等对所欲选择的治理工具加以分析、筛选、组合、排列，以确保所选择的治理工具能够满足治理对象和治理目标的内在要求。据此，工具整合的科学合法性实质上包括两个层面的含义：首先，工具整合应当具备形式意义上的合法性；其次，工具整合还应当满足实质意义上的科学性。形式意义上的合法性是指，环境风险治理主体选择应用环境风险治理工具应当有法有规可依。实质意义上的科学性是指，环境风险治理主体选择不同类型环境风险治理工具时要注重工具类型之间的匹配性，尽可能地确立一些科学的方法和标准用以筛选、组合不同类型环境风险治理工具。例如，对于市场主导型环境风险治理工具中的环境税而言，要明确环境税的税率设置；又如，社会型环境风险治理工具中的环境风险信息收集、分析、研判机制要有科学的风险相关知识为基础，配备具有专门技术的人员对风险信息加以整合；再如，同时运用不同类型环境风险治理工具时，要厘清每一种类型环境风险治理工具代表的价值追求和属性特点，并对其进行定性分析，此外，整合不同类型治理工具时要合理安排价值目标的等级次序，还要适当地引入成本收益分析等定量分析方法。总之，工具整合的科学性要求环境风险治理主体在对治理工具加以整合时，既要满足工具理性的基本标准，又要注重价值理性的内在要求。

就我国不同类型环境风险治理工具的整合实践而言，距离工具整合的科学合法性要求还存在相当长的距离。就工具整合的合法性而言，当前，我国既有环保立法对诸如环境行政处罚、环境补贴、环境信息公开、环境责任保险、环境税等具体环境风险治理工具类型都进行了相应的规定。但是，既有规定存在着较大的模糊性和不确定性，并没有相应的保障机制予以规范，此外，当环保行政主体同时选择多种不同类型的环境风险治理工具时，工具之间应当怎样排列组合使用，它们之间是否存在合法性冲突等问题，既有环保相关立法并没有对此作出相应规定。因此，环境风险治理主体在不同类型环境风险治理工具之间的互动与整合方面并没有法律法规依据可供参考，实践中更多凭借的是治理主体的部门意志或个别领导人的意愿，甚至常常选择自上而下的运动式治理模式解决可能发生或已经发生的环境问题。从工具整合的科学性方面而言，在环境风险治理实践中，环境治理主体在面临可供选择的多种不同类型的环境风险治理工具时，通常忽略工具之间的科学性问题。例如，我国的环境风险治理工具仍以政府主导型工具占据绝对优势地位，而市场主导型和社会型治理工具处于边缘地位。首先，环境风险治理主体较为排斥和抵触政府主导型环境风险治理工具以外的其他类型的治理工具，能够通过应用政府主导型环境风险治理工具解决环境风险问题的，通常不会考虑其他类型的治理工具；其次，在不得不使用其他类型治理工具时，也缺少对工具之间相互整合的科学管理。比如，在运用多种不同类型治理工具从事环境风险治理活动时，环境风险治理主体尚未形成关于每种治理工具所代表价值属性的科学认识，尽管采取不同类型的治理手段，但各个治理手段之间的关联性并不强，治理手段的排列组合标准也不明确，因而无法取得良好的治理效果。

第二节　三种环境风险治理工具缺乏互动与整合之原因

以上梳理了三种环境风险治理工具互动与整合的现状，接下来分析缺乏互动与整合的原因。概括而言，实践中三种环境风险治理工具之所以缺乏良性互动与有效整合，既有治理工具主体方面的原因，也有治理工具自身的原因，还有法律规范方面的原因。

一、主体方面的原因

三种环境风险治理工具之所以缺乏良性互动与有效整合，其中一项重要原因表现为治理工具的选择主体和适用对象等方面。概括而言，治理工具的选择主体难以避免的有限理性、思维惯性以及治理工具适用对象的关注度不高、参与性不强等是造成我国环境风险治理工具缺乏良性互动和有效整合的重要原因。

就治理工具的选择主体而言，我国环境风险治理实践表明，通常由享有公共事务管理权力的环保行政机关担任治理工具的选择主体。无论是以国家强制力为后盾的政府主导型环境风险治理工具，还是以市场机制为依托的市场主导型环境风险治理工具，抑或是以公众参与或企业自愿履行为前提的社会型环境风险治理工具的选择与应用，它们的选择主体均是环保行政机关，这是由我国传统的国家权力结构和环境监管模式所决定的。在环境风险治理实践中，环保行政机关通常负责环境风险的预防、监测、处置、评估和管理工作。尽管"多元共治"的环境治理模式作为优化和完善我国环境治理的一种目标方案设计，在近年来取得了长足的发展，但并不意味着环保行政机关监督和管理环境事务的职能由其他主体所取代，无论在事实层面还是在规范层面，环保行政机关在环境治理活动中发挥着不可替代的决定性作用。环保行政机关的这一角色具有合理性，因为在市场机制尚不完善、公民社会发展尚未成熟的背景下，市场和公众无法完全承担起治理环境风险事务的重任，而环保行政机关作为享有国家公权力的行政主体，在应对纷繁复杂的环境风险议题时，具备市场和公民不可比拟的优势，有能力引领和推动环境治理的顺利开展。但是，环保行政机关作为环境风险治理工具中的选择主体，对于不同类型环境风险治理工具的互动与整合而言，环保行政机关存在着一些不足。首先，从理论上而言，作为理性经济人，环保行政机关及其工作人员有着自己的价值偏好和利益追求，在选择和整合不同环境风险治理工具时难免会受到影响。比如，由于受传统命令服从型环境监管模式的影响，环保行政机关及其工作人员在面对环境风险议题时，习惯性地将政府主导型环境风险治理工具作为首选，而忽视了其他环境风险治理工具类型的选择，因为此种类型的环境风险治理工具在应用时最为简便、快捷。其次，环保行政机关作为政府的部门机构，其在人员设置、技术配置、专业知识储备等方面可能存在偏差，面对复杂的环境事务，在缺乏相应环境知识和专业技术人员的情况下，环保行政机关顺利完成对不同类型环境风险治理工具的科学互动与有效整合任务往往显得力不从心。再次，环保行政机关及其工作人员所具备的理性是有限的，他们在选择环境风险治理工具时常常秉持"工具主义至上"的理念，因为工具主义者机械地认为，特定的治理工具与特定环境治理目标之间存在着固定的、一劳永逸的对应关系。[①]他们通常只追求工具应用的效果，而忽略了工具与工具之间的联系以及工具选择的合法性与合理性问题。

治理工具的适用对象主要是指制造环境风险的企业以及可能受环境风险影响的社会公众。制造环境风险的企业和可能受环境风险影响的社会公众对于环境风险治理工具的选择与互动关注度不高、参与性不强是造成我国环境风险治理工具缺乏良性互动和有效整合的原因之一。如前所述，环保行政机关作为我国环境风

---

① 参见[美]B.盖伊·彼得斯、弗兰斯·K.M.冯尼斯潘：《公共政策工具——对公共管理工具的评价》，顾建光译，中国人民大学出版社2007年版，第208页。

险治理工具的选择主体，本身存在着一定的缺陷和不足，倘若制造环境风险的企业和可能受环境风险影响的社会公众能够监督环保行政机关选择和应用环境风险治理工具的行为，就能够在一定程度上弥补环保行政机关自身的不足。具体而言，制造环境风险的企业在适用由环保行政机关选择的环境风险治理工具时，如果能够对所适用工具的具体情况加以反馈，如环保行政机关选择的市场主导型环境风险治理工具对制造环境风险的企业造成了极大的成本压力，影响了企业创新的积极性，则可以将这一结果告知环保行政机关，进而可以为环保行政机关及时调整相应的工具选择标准以及矫正相应的工具组合方案提供支持；社会公众适用环境风险治理工具也需要为环保行政机关提供相应的反馈意见，不论反馈意见是否科学、是否理性，公众与环保行政机关的互动都有利于增强环境风险治理工具选择和应用的科学理性。

二、工具自身的原因

环境风险治理工具设计上的缺陷和相关技术因素也是影响治理工具良性互动与有效整合的重要原因。具体表现为以下五个方面[①]。

第一，就环境风险治理工具选择主体而言，环境行政主体占主导支配地位，这是由我国传统上的管制型环境模式所决定的。实践中，环境行政主体通常负责环境问题的预防、监测、处置、评估和管理等工作，具有一定合理性。然而，环境行政主体基于传统环境风险治理思维惯性则更倾向于选择政府主导型环境风险治理工具，忽视其他类型环境风险治理工具的选择。此外，作为政府机构，当环保行政主体在人员配置、技术设备、专业技能等方面无法满足环境风险治理工具选择的科学性要求时，从而主动或被迫放弃对工具选择的更高追求。

第二，就其他参与主体而言，环境污染企业和社会公众在环境风险治理工具选择中的参与性不强。在传统模式下，环境污染企业和社会公众在工具选择中处于被动和消极地位，只有当环境污染企业面临被监管的风险时，才以被监管者的身份被迫或主动加入到由环境行政主体主导的环境风险治理活动中去；社会公众只有在涉及切身环境利益时，才关注环境风险治理工具选择。

第三，就选择范围而言，政府主导型环境风险治理工具在实践中所占比重大、使用频率高。例如，责任保险、押金退返等市场主导型环境风险治理工具零星地适用于某些特定环境议题，其通常作为政府主导型环境风险治理工具的补充。

第四，就技术方法而言，用以支撑工具选择的技术水平有限。以排污权交易

---

① 参见戚建刚、兰皓翔：《我国环境治理工具选择的困境及其克服——以协同治理为视角》，《理论探讨》2021年第6期。

为例，选择此种工具需要特定的技术标准作支撑，首要问题在于科学和准确地测算出一个控制区域的最大污染物排放量，但当前难以在技术上确定排污总量和排污量的时空折算。

第五，就保障机制而言，用以确保环境风险治理工具选择科学性、正当性的机制设置不健全。例如，在排污权交易中，存在产权不明晰、信息不对称、价格不透明等问题，致使排污权交易绩效不足。

三、法律规范层面的原因

既有环保相关立法中关于环境风险治理工具互动与整合规范的缺失，是造成我国环境风险治理工具缺乏良性互动与有效整合的直接原因。我国的环境治理体制初步形成了由环保行政机关主导、多元主体共同参与的治理格局。在全面推进依法治国这一背景下，环境风险治理工具的选择、互动等都要有法可依。遗憾的是，针对环境风险治理工具的互动问题，既有环保相关立法并没有作出明确规定，很多地方都存在空白。例如，当前，我国既有环保立法对诸如环境行政处罚、环境补贴、环境信息公开、环境责任保险、环境税等具体环境风险治理工具类型都进行了相应的规定，但是，既有规定存在着较大的模糊性和不确定性，并没有相应的保障机制予以规范。此外，当环保行政主体同时选择多种不同类型的环境风险治理工具时，工具之间应当怎样排列组合使用，它们之间是否存在合法性冲突等问题，既有环保相关立法并没有对此作出相应规定。因此，环境风险治理主体在不同类型环境风险治理工具之间的互动与整合方面并没有法律法规依据可供参考，实践中更多凭借的是治理主体的部门意志或个别领导人的意愿，甚至常常选择自上而下的运动式治理模式解决可能发生或已经发生的环境问题。

第三部分

环境风险治理工具之行政法规制

本部分与第一、二部分呈现出相辅相成的关系，第一部分是关于环境风险治理工具一般理论的解说、阐释与证成；第二部分是关于环境风险治理工具经验实践的检视、提炼与分析；第三部分则是关于环境风险治理工具制度构造的设计、改进与重构。本部分的分析建立在前两部分论述的基础之上，通过借鉴域外国家环境风险治理工具选择与运用的实践经验，并结合环境风险治理工具的一般理论，针对我国环境风险治理工具选择与运用所面临的挑战，从行政法角度提出加以完善的途径。概括而言，本部分主要涉及以下内容：一是借鉴环境风险治理工具选择与运用的域外经验，为完善我国环境风险治理工具的选择与运用提供经验支撑；二是阐释用以优化我国环境风险治理工具选择与运用的基本理念与原则，为进一步设计构造我国环境风险治理工具的行政法制度安排设定框架范围；三是完善我国环境风险治理工具选择与运用的行政法制度建构，比如环境风险治理工具互动与整合的法律机制，以环境风险治理工具运用主体为切入点，以行政法律关系理论和行政程序原理为主要依据，结合具体领域的环境风险治理，借用经济学等学科的相关原理，从行政法角度完善环境风险治理工具的互动与整合机制，比如合作制度之建构、信息共享制度之健全、激励与惩戒制度之完善等。

第十章　环境风险治理工具选择与运用的域外经验

第一节　美国经验

环境风险治理工具在美国环境治理实践中起步较早，且应用范围广泛，形成了颇具特色的环境风险治理工具体系和制度。美国的环境风险治理工具选择与运用的水平较高，注重不同类型治理工具的协调应用，强调环境问题与社会经济的平衡发展。正如有学者指出的那样，美国的环境治理理念是一种涵盖了源头和末端的全过程治理，其治理工具呈现出多元协同发展的局面。[①]

一、引入成本收益分析方法

作为一种经济学上的基本方法，成本收益分析法起初应用于政府规制领域内，后经实践演变，被拓展应用于环境风险治理领域，并取得了良好的效果。[②]该方法适用于环境风险治理领域，要求治理主体选择和应用特定的环境风险治理工具时对工具本身可能产生的收益及成本加以量化分析，当其产生的收益大于成本时，则认为该种工具是可行的。在美国，成本收益分析这一定量分析方法被广泛应用于环境治理活动之中。借助于这一方法，美国的环境规制主体得以对环境风险治理工具的成本及其可能取得的环境效益进行比较和权衡，进而选择出最为合理的治理工具。成本收益分析方法的引入，既有助于增强环境风险治理工具的科学性，又有利于提升环境治理活动的最佳性。[③]例如，针对空气清洁法案中预设的各种治理工具，成本收益法要求对实施每一种工具可能产生的收益或损失加以评估，在面对某一具体的环境议题时，动态地选择最为适宜的治理工具，以消耗最小的社会成本实现环境目标。成本收益分析方法在治理工具选择中的应用表

---

① Benjamin K. Sovacool, Kelly E. Siman-Sovacool. Creating Legal Teeth for Toothfish: Using the Market to Protect Fish Stocks in Antarctica. Journal of Environmental Law, 2008, 20(1): 15-34.

② Barnett, A. H., Terrell, Timothy D. Framing Environmental Policy Instrument Choice: Another View, Duke Environmental Law & Policy Forum, 2000, 10(2): 415-424.

③ Thomas C. Brown，John C. Bergstrom，John B. Loomis. Defining, Valuing and Providing Ecosystem Goods and Services. Natural Resources Journal, 2007, 47(2): 329-376.

明，环境风险治理工具的选择和应用要重视经济学分析方法的作用，通过可视化的数据收集与分析工作实现对治理工具的科学选择是可行的。此外，此种方法对于降低工具成本、提高治理绩效具有积极的推动作用。当然，需要指出的是，仅从成本效益的角度来判断替代性环境风险治理工具是困难的，因为成本的全面评估不仅包括对受监管实体的负面影响，还包括监管和执法成本以及监管目标部门之外的一般均衡影响。①

二、市场主导型环境风险治理工具发挥着重要作用

按照经济规律，运用税收、价格和成本等经济杠杆，选择市场主导型环境风险治理工具能在一定程度上弥补传统的以政府为主导的治理工具所带来的缺陷，市场主导型环境风险治理工具具有灵活性、易接受性等特点。自20世纪70年代开始至今，市场主导型环境风险治理工具在美国环境治理实践中发挥着重要的作用，这与它在美国的起步时间较早和受重视程度较高有着密切的关系。美国的环境治理实践表明，更多地选择市场主导型环境风险治理工具是解决环境问题比较有效也较能形成长效机制的办法。此类治理工具包括排放税、可交易排放配额、减排补贴，以及对新的"清洁"技术研究的补贴等，②这些治理工具具有很大的灵活性，因而环境规制对象对治理工具的可接受程度较高，环境治理目的也就比较容易达成。如果说在此类治理工具引入环境风险治理实践的初期，可能面临着诸如"污染通行证"和"无视环境现实"等质疑，那么随着此类治理工具在美国环境风险治理实践中的发展，种种质疑声逐渐褪去，取而代之的是来自政治的、社会的、专业机构的支持。③此类治理工具在美国环境治理实践中的代表性典范如下：④第一，在环境税收工具上，美国的环境税收工具可以分为两种类型：一种是以污染控制为主的税收和消费税；另一种是环境收入税和开采税。美国联邦政府会建立基本的环境标准和环境税收，各州再依据自己的立法权因地制宜制定符合当地实际情况的环境税体系。目前我国选择的是以排污收税（费）为核心的污染治理工具，是针对企业排污的量而征收的，因收费标准过低，造成企业守法成本高、违法成本低，所以我国应该借鉴美国合理开征新的污染税种，合理处理好污染税和排污收费的关系。第二，在可交易的许可证制度工具上，美国是最早进行排污权交易实践的国家，建立了到目前为止世界上最为完善的排污权交易制

① Lawrence H. Goulder, Ian W. H. Parry. Instrument Choice in Environmental Policy. Review of Environmental Economics and Policy, 2008, 2(2): 152-174.

② Ibid.

③ Scholtens, B., L.Dam, Banking on the Equator Are Banks that Adopted the Equator Principles Different from Non-Adopters? World Development, 2007, 35(8): 1307-1328.

④ 参见李芳慧：《我国环境政策工具选择研究》，湖南大学2011年硕士学位论文。

度，达到了从整体上消减污染物排量的目的。我国对可交易排污制度工具的选择并不多，借鉴美国经验，应该扩大开展对排污权交易制度的试点范围，进一步加强对该治理工具的可行性分析，从而形成规范的排污权交易市场。第三，美国对固体废弃物的处置主要选择押金返还制度，政府对零售商进行一定的市场主导，鼓励其回收固体废弃物的积极性。为了产品的识别，也采取了特定的产品识别标志，例如，美国的加利福尼亚在本州生产的饮料容器上标有"加利福尼亚回收补偿价值"的标志，分别将其贴在货架、广告和零售发票上。随着人们生活水平的提高，我国固体废弃物与日俱增，应该结合废弃物的具体类型有效选择押金返还制度工具。

三、环境管理体制确保治理工具选用的科学性

由于环境问题最先发生在欧美国家，他们在环境治理实践中取得了许多宝贵的经验，行政机关在环境风险治理工具的选择与运用中发挥着举足轻重的作用便是其中之一。在美国，政府部门的一项重要职责便是从事环境保护事业。政府部门非常重视有关环境议题的基础能力建设，通过设立环境专项基金等方式不断提高政府部门应对和化解环境风险的能力。例如，数据表明，美国联邦环境保护部门用以支持环境保护事业的财政预算在整个联邦政府中占据较大比重。[①]不仅如此，美国的环境管理体制也契合本国的环境风险治理实践，可以说，良好的环境管理体制也是促成先进的环境管理能力的重要原因之一。

美国的环保局成立于1970年12月，尽管成立时间只有50多年，但其成立确是美国环境保护史上的一件大事，因为它意味着美国环境管理体制的重大变革。美国联邦环保局具备相当强的环境风险管理能力，并在美国环境风险治理实践中发挥了不可替代的关键作用。[②]在美国联邦环保局成立之前，美国在联邦层面上并没有专门负责环境事务的政府部门，对于环境事业负有管理职责的是各州政府。由于各州政府关于环境保护的认识程度并不相同，采取的治理手段也不一致，[③]因此，为统一全国关于环境事务的理解，美国联邦政府成立了环保局。美国环保局归集和继承了当时由内政部、健康管理机构、教育与福利机构、农业部门、原子能委员会、联邦辐射管理委员会以及环境质量委员会等众多部门所承担

① Robert B. Mc Kinstry, Thomas D. Peterson. The Implications of the New Old Federalism in Climate-Change Legislation: How to Function in a Global Marketplace When States Take the Lead, Pacific McGeorge Global Business & Development Law Journal, 2007, 20(1): 61-110.

② Christine A. Klein. The Environmental Commerce Clause, Harvard Environmental Law Review, 2003, 27(1):1-70.

③ Richad L. Revesz, Federalism and Environmental Regulation: A Public Choice Analysis, 2001, 115 (2): 553-641.

的多项职能。美国环保局的主要职责是协调并采取有效的政府管理措施，系统地控制环境污染和保护环境，具体包括研究、监测、制定标准和污染控制执法活动等。此外，协调、支持州和地方的环保工作，加强联邦部门间的环境相关问题协调也是美国环保局的重要职责。目前美国环保局的主要组成部门包括总部13个办公室（含局长办公室）、10个区域办公室。美国环保局总部的机构设置除了按照环境介质设置了管理水、气、土地办公室外，还设有专门的执法、研发、环境信息、法律顾问、监察长、财务官、国际事务等办公室。10个区域办公室在联邦环保法律法规执行方面发挥了巨大作用。各区域办公室的局长在辖区内代表美国环保局局长。区域办公室有监督、管理、审批、许可和执法等权利，保障联邦法律法规和环保项目能够得到有效的执行和落实，相当于"小的美国环保局"。此外，美国环保局还在全美设有十余所实验室。自成立之日起，美国环保局就在美国环保管理体制中占据了首要地位，职员人数已经从成立之初的 5 000 多名发展到了 18 000 多名；财政预算约每年 80 亿美元。美国环保局成立以后，美国很快颁布了《清洁空气法》《清洁水法》和《安全饮用水法》等多部重要联邦法律，通过法律明确规定了美国环保局的工作职责。不同于我国的由中央环保行政部门统一领导全国的环境保护工作这一环境管理体制，美国尽管成立了联邦环保局，但联邦环保局与各州之间的关系却不是上级与下级之间的领导与被领导的关系，他们之间实际上是不同部门之间的合作伙伴关系。美国联邦环保局对各州关于环境法律法规的执行情况进行监督，只有在地方不能执行联邦有关法律法规时，联邦环保局才可代替地方执行。[①]由此可知，美国联邦环保局不仅拥有专业环境管理人员，同时管理体制的上层设计相对科学合理，因此造就了美国较强的政府环境风险治理能力。

四、治理工具之间的协调性程度较高

梳理分析有关美国环境风险治理中工具选用与互动的既有法规与实践可知，环境风险治理工具之间的协调性程度较高。之所以如此，一方面是因为美国具备较强的环境治理能力，另一方面则是因为美国拥有较完备的用以规范各种环境风险治理工具的法律法规。以水污染防治领域为例，美国"基本上形成了以基于污染控制技术的排放标准管理为主，以水质标准管理为补充，以总量控制和排污许可证为主要内容的水污染防治机制。"[②]再以土壤污染风险防治领域为例，著名的拉夫运河事件促使卡特政府于1980年颁布了具有划时代意义的《综合环境反应、

---

① 参见李瑞娟、李丽平：《美国环境管理体制对中国的启示》，《世界环境》2016年第2期。
② Galema, R., A.Planting, B.Scholtens, The Stock Sat Stake: Return and Risking Socially Responsible Investment, Journal of Banking and Finance, 2008, 32(12): 2646-2654.

赔偿与责任法》(又称《超级基金法》)。该法的意义在于美国政府首次注意到了土壤污染风险治理的重要性,是美国在土壤污染防治立法上的进步。[1]该法区分了"棕色地块"与"绿色地块","棕色地块"是指被废弃、闲置或不使用的工业场地,由于环境污染物的存在或有存在的可能性,开发或再开发困难土地。[2]"棕色地块"问题与固体废弃物污染土壤问题联系紧密,能够引发土壤的污染问题,因此,美国对"棕色地块"问题的治理是美国土壤污染风险防治的一个重要方面。新《超级基金法》针对"棕色地块"污染问题确立了若干项制度。

第一,"棕色地块"治理主体制度。美国"棕色地块"治理主体呈现多方主体共同治理的特征,大体包含联邦政府、地方政府、土地所有者、社区以及非政府组织等。依据新《超级基金法》的相关规定,联邦政府对州政府、地方政府提供资金,具体表现在给予示范引导补助、循环贷款等方面。就示范引导补助而言,联邦政府向"棕色地块"土壤污染治理相关主体提供20万美元的补助。就循环贷款而言,联邦政府向"棕色地块"土壤污染治理相关主体提供50万美元的低息贷款。州政府也会运用减少税金、提供低息贷款等治理工具,针对对象提出自愿治理"棕色地块"的治理主体。地方政府在"棕色地块"的治理中会运用到增加财务奖励、减少税金、提供低息贷款等治理工具。比如,在2000年美国市长会议上提出的"棕色地块"再开发与再利用的重要的行动计划当中,就包含了奖励税金、财务援助等措施。[3]

第二,"棕色地块"评估示范试点制度。"棕色地块"评估示范试点制度起始于1993年9月,由联邦环境保护局负责实施。"棕色地块"评估示范点分为国家级和区域级两类,国家级示范点由联邦环境保护局依据竞争程序标准进行评选,区域级示范点由州一级环保局依据各州特点自行确定评选标准进行评选,无论是国家级还是区域级示范点,联邦环境保护局均提供补助金,上限为20万美元。[4]

第三,"棕色地块"治理修复基金制度。新《超级基金法》要求设立"棕色地块"治理修复基金,其上限为每年2亿美元。接受基金的适格实体为州、地方政府、印第安部落、得到州政府认可的再开发机构以及地方政府的土地治理机关。新《超级基金法》规定有"棕色地块"治理修复基金的适用范围,不仅包括

---

[1] 参见李静云:《土壤污染防治立法国际经验与中国探索》,中国环境出版社2013年版,第1-3页。

[2] 参见李静云:《土壤污染防治立法国际经验与中国探索》,中国环境出版社2013年版,第4页。

[3] 参见李静云:《土壤污染防治立法国际经验与中国探索》,中国环境出版社2013年版,第18-21页。

[4] 参见李静云:《土壤污染防治立法国际经验与中国探索》,中国环境出版社2013年版,第30-31页。

"棕色地块"，还包括受到石油污染的土地。同时规定有某些不适用的情形。新《超级基金法》规定有发放基金用于"棕色地块"治理修复的内容。为帮助适格主体治理和修复"棕色地块"，"棕色地块"治理修复基金可以为第一"棕色地块"提供上限为 20 万美元的补助金。①此外，美国于 1976 年通过了《资源保护和回收法》。该法专门控制固体废物对土地的污染，对固体废物、危险废物管理、州或地区固体废物计划、商业部长在资源回收中的责任、联邦职责以及研究、推广、示范和情报等制度。②1997 年 8 月国会颁布的《纳税人减税法》明确规定了税收优惠措施，用以鼓励私人资本参与到"棕色地块"的治理和再开发。③同时，美国还积极运用补助金、基金手段吸引社会团体参与到土壤修复中来。④美国除了《超级基金法》和新《超级基金法》之外，还有《固体废物处置法》《清洁水法》《安全饮用水法》《有毒物质控制法》《联邦杀虫剂、杀真菌剂和杀鼠剂法》⑤等法律规定土壤保护相关内容。⑥

五、重视公民权利保障

美国在环境风险治理过程中十分注重对公民权益的保障。以大气污染防治领域为例，1970 年《清洁空气法修正案》中就首次确立了公民诉讼的条款，从而形成了大气污染治理上的公众参与机制。该条款被认为是国会赋予公民以"私人检察总长"的身份，条款的原意是"任何人以个人名义提起针对下列人员的诉讼：（1）任何人违反了法定的禁令或要求；或（2）美国联邦保护局，如果其疏于履行不属于其自由裁量权的任何行为或义务。"⑦因此，在美国，公民针对他人违反法律的行为可以代表自己提起一个民事诉讼，也可以针对联邦环保局长的非自由裁量范围内的失职行为提起一个行政诉讼。此外，美国联邦环保局为了保证公众参与质量，还不定期在全国开展公众参与的培训班，使公众了解参与的方式方法和程序等内容，保障公民有效参与。法律对公民享有的知情权作了规定，即每个州实施规划应当有效通知公众，对超出国家一级环境空气质量标准的区域应

---

① 参见李静云：《土壤污染防治立法国际经验与中国探索》，中国环境出版社 2013 年版，第 38-39 页。

② 参见罗丽：《外国土壤污染防治立法之比较研究》，《当代法学》2008 年第 4 期。

③ 参见罗思东：《美国地市的"棕色地块"及其治理》，《城市问题》2002 年第 6 期。

④ 参见周艳、万金忠、林玉锁等：《浅谈我国土壤问题特征及国外土壤环境管理经验借鉴》，《中国环境管理》2016 年第 3 期。

⑤ 参见王世进、许珍：《美、英两国土壤污染防治立法及对我国的借鉴》，《农业考古》2007 年第 6 期。

⑥ 参见李晨：《中外比较：污染场地土壤修复制度研究》，法律出版社 2013 年版，第 17 页。

⑦ 参见[美]詹姆斯·R.梅：《超越以往：环境公民诉讼趋势》，王曦、张鹏译，《中国地质大学学报（社会科学版）》2018 年第 2 期。

当告知公众与污染有关的健康损害，提高公众意识。告知方式包括在州际高速公路与大城市的入口处张贴警示标志，或通过电视、广播、报纸等媒体发布。[1] 据此，美国大气污染治理中公众参与机制形成。实践证明，《清洁空气法》中规定的公民诉讼是一个成功的环境公益诉讼制度，这项制度设计后来成为各国争相效仿的典范。[2]

第二节　英国经验

英国是世界上最早进入工业时代的国家，也是迄今为止世界城市化程度最高的国家之一。快速的城市化和工业化进程给英国带来的不仅仅是福祉，还有日益严重的环境污染。尤其是随着伦敦烟雾事件爆发，英国政府开始探索一系列环境风险治理措施。

一、健全的环境风险治理法律规范

面对日益严重的环境风险，起着主导作用的英国政府迅速出台了大量的法律规范。首先，以大气污染防治领域为例，早在1863年英国议会通过了《工业发展环境法》（又称《碱业法》），目的在于减少制碱工艺所产生的毒气。1874年英国议会又颁布了第二个《工业发展环境法》（又称《碱业及化学工厂法》，开始要求采取措施来控制有毒气体排放，并且首次制定了氯化氢的最高排放量。在以上两个法案基础上，英国又于1906年颁布了《工业发展环境法》（又称《制碱法》），制定了有毒气体行业的细目单，以控制化学工业排放有毒气体。到了20世纪中期，随着现代工业发展，特别是汽车工业增长，英国大气污染现象日益严重，因此加强了环境保护的立法工作。例如，英国于1926年颁布旨在防治烟害的《公共卫生（烟海防治）法》，1930年又颁布旨在防治道路运输车辆排放废气的《道路交通法》。[3]其次，以土壤污染风险防治领域为例，英国土壤污染防治立法由两部分组成，第一部分是有关土壤污染防治的相关法律法规。英国于20世纪70年代开始陆续制定有关土壤污染防治的外围立法。此类立法涉及加强垃圾填埋场、农药、化学品、危险废物等对土壤污染源头方面的管控，主要包括《计划法》《放射性物质法》《食品安全法》《健康与安全法》《垃圾填埋税法》《综合污染预防与控制法》《废弃物管理法》《水资源法》等。第二部分是土壤污染防治

---

① 参见谢伟：《美国清洁空气法若干问题研究——从命令—控制手段的视角》，厦门大学出版社2015年版，第34-39页。
② 参见李芳慧：《我国环境政策工具选择研究》，湖南大学2011年硕士学位论文。
③ 参见梅雪芹：《工业革命以来英国城市大气污染及防治措施研究》，《北京师范大学学报（人文社会科学版）》2001年第2期。

的专门性立法。英国于1990年颁布并实施了《污染场地法》，规范了治理修复土壤污染的流程，填补了土壤污染防治没有专门性立法的空白。1993年以后，英国立法机构修订了1990年《环境保护法》，专章规定了确定、评估以及修复污染场地的新的规则体系。在此规则体系下，英国环境、食品以及农村事务部与英国环保署制定了基于风险管理的程序。英国环保局于2000年颁布了《污染场地条例》，该条例的具体实施文件即《关于污染场地管理的导则》则由英国环境、运输以及地方事务部于不久以后予以颁布，并于2006年得以修订。①

除了前述有关大气污染和土壤污染风险防治的专项法律以外，英国颁布了大量综合性治理措施的法律文件，其中最有影响力的要属1956年《清洁空气法案》，这是英国大气污染治理的基本法律。该法对相关的主体行为进行了约束，包括禁排放黑烟、建立无烟区、控制使用烟煤、限定烟囱的高度等。就无烟区而言，英国政府规定在无烟区内只能选择无烟煤、燃料油、煤气、电等低污染的燃料，其他燃料被禁止使用。同时还加强了在锅炉结构方面的研究，推广使用污染较低的能源。②

在20世纪末期，这些法律逐渐发挥实效，然而英国的空气质量并没有显著提高。在上述法律基础上，英国政府又制定了大量系统性环境保护法律。如1974年颁布的《污染控制法》，囊括了大气污染、水污染、土壤污染等各个环境体系。1995年颁布的《环境法》，旨在规制地方空气质量监管工作，同时要求建立一个在全国范围内对新型空气污染进行综合治理的长期战略。③根据该法，《国家空气质量战略》于1997年颁布。④随后，伦敦于2001年颁布《空气质量战略草案》。

二、相对完善的环境治理权限配置

英国的环境风险治理涉及多个政府机构，包括地方政府、中央的环境部门等，然而在环境事务管理方面，英国的中央和地方政府又存在着巨大分歧。地方政府为了保护环境而主张对个人和企业的污染行为进行控制，而中央政府则认为应当保护公民个人的权利和自由，因此对地方政府的管辖权进行干涉。如此一来，中央政府和地方政府充满矛盾，一方权力的扩大意味着另一方权力的削弱，

① 参见李静云：《土壤污染防治立法国际经验与中国探索》，中国环境出版社2013年版，第101-102页。

② 参见叶林：《空气污染治理国际比较研究》，中央编译出版社2014年版，第33-35页。

③ 参见邓力：《国际大气污染环境立法的研究》，华东政法大学2014年硕士学位论文，第24-25页。

④ Krzyzanowski,M.,Vandenberg,J., Stieb,D.,Perspectives on Quality Policy Issues in Europe and North America,Journal of Toxicology & Environmental Health: Part A, 2005, 68(13): 1057-1061.

二者始终关心自己权限的此消彼长，因而摩擦不断。①也正因为此，英国的环境污染情况一直止步不前，没有得到明显的改善。

以大气污染防治领域为例，一直到20世纪50年代伦敦爆发大规模的烟雾事件后，《清洁空气法》才随之出台，这在很大程度上促使了中央和地方治理逻辑的转变，央地政府的权力范围得到确定。在《清洁空气法》颁布之前，中央和地方按照污染源不同，分别负责不同的治理对象，中央政府主要负责有毒有害气体，而地方政府的职责则是治理煤烟。在《清洁空气法》颁布后，这种划分方式得到改变，新的划分方式以技术难易程度为标准，注册工业企业的排放物又由中央有关部门管辖，未注册工业企业的排放物由地方政府管辖。如此一来，重新划分两者的管理职责能够有效避免中央对地方的过度干涉，减少中央与地方在治理过程中的摩擦。②改革后的英国大气污染治理体制具有总体协调的特点。在中央层面上，成立环境、食品与农村事务部，全面负责环境治理，包括环境保护方面的政策法规制定以及行政执法监督。在管理权限上，该部门具有权力综合集中的特点，集合了环境保护中所需要的政策决定权限、司法权限以及财政预算权限，有利于减少环境政策推行中的阻力，保证环境治理措施的高效运行。此外，根据1995年《环境法》的相关规定，环境、食品与农村事务部还建立了一个独立运行的环境署，该部门在环境保护方面采取了更为综合的方式，首次将土地、空气和水资源纳入了一个统一的体系，专门负责环境保护的相关技术标准和政策实施。在地方层面上，各地建立了"地方空气管理"系统，以增强地方政府的环境保护职能，这些职能之一就是治理地方大气污染风险，并针对空气污染的"排放热点地区"进行重点监控。此外，中央环境、食品与农村事务部还在地方设立了分支机构，协助中央实施相关环保政策，特别是有关防治大气污染政策。由此，英国在大气污染治理中形成了一套强有力的中央部门与高效执行的地方政府相协调的综合治理体制，保证了大气污染治理政策的有效实施。③

三、专家和社会公众在环境风险治理中发挥重要作用

在《清洁空气法》颁布之前，英国中央和地方政府在治理大气污染过程中因为权限划分问题矛盾重重，这在一定程度上导致了公众对环境风险治理的漠视态度。此外，物质经济条件也影响了普通弱势群体对治理大气问题的态度，比如，一些公众因为自身有限的经济条件，导致其抗拒使用成本更高的无烟燃料，而矿

---

① 参见叶林：《空气污染治理国际比较研究》，中央编译出版社2014年版，第46页。
② 参见鲁晓雯：《英国大气污染的政府治理模式及启示》，黑龙江大学2017年硕士学位论文，第39-40页。
③ 参见叶林：《空气污染治理国际比较研究》，中央编译出版社2014年版，第43-47页。

工享有使用有烟煤炭的权利。①由于公众麻木地接受大气污染，英国1863年通过的号称世界上实际运行最严格的法律《碱业法》也无法解决英国严重的环境污染问题。②

直到19世纪末20世纪初，公众对大气污染的冷漠才受到了挑战。这一转变源于1981年通过的一项《公共卫生（伦敦）法》，其中有关烟雾危害的规定同1875年颁布的《公共卫生法》一样无法发挥应有功能，这些法案执行的失败却汇集了一批致力于清洁空气事业的先驱者，随后国家清洁空气协会成立。③在这之后的50年里，越来越多的公共卫生工作者、化学家以及工程师参与到环境风险治理实践之中，增加了环境风险治理的科研力量。英国政府在吸取经验教训后也十分注重民间科研力量的参与，对许多有关环境保护的研究机构进行经济上的支持，这些科研机构为英国地方政府评估环境风险治理效果提供咨询，成为英国环境风险治理活动的重要组成部分。

第三节　日本经验

作为环境治理的亚洲典范，日本的经验同样能够为我国环境风险治理工具的选用提供宝贵且丰富的经验。从总体上而言，日本的环境政策经历了一系列变迁，可将其划分为以下几个阶段：④第一，采用强制手段治理环境问题阶段。该阶段主要发生时期为第二次世界大战之后到20世纪70年代。这一阶段，日本环境政策的特征是较多采用直接的、强制性的环境治理手段，对出现的环境问题予以事后处置。第二，强制性手段与市场性手段兼用阶段。该阶段主要发生在20世纪80年代至90年代。这一阶段，日本的环境治理不再拘泥于单一类型的治理手段，开始重视市场在环境治理中的作用，利用市场机制进行环境治理，并取得了较好的成效，弥补了前一阶段仅仅通过制裁或国家赔偿手段治理环境的弊端。第三，全民参与治理环境问题阶段。这一阶段开始于21世纪，日本的环境治理理念发生变化，将环境问题视为影响和制约日本全体国民可持续发展的重要组成部分，在采用强制性手段、市场化手段之外，更强调社会公众参与环境治理的必要性。

---

① 参见鲁晓雯：《英国大气污染的政府治理模式及启示》，黑龙江大学2017年硕士学位论文，第39-40页。

② See Alan A. Mister, British's Clean Air Acts, The University of Toronto Law Journal,1970,20(2):268.

③ See Alan A. Mister, British's Clean Air Acts, The University of Toronto Law Journal,1970,20(2):269.

④ 参见卢洪友、祁毓：《日本的环境治理与政府责任问题研究》，《现代日本经济》2013年第3期。

一、完备的治理工具法律规范

日本是亚洲环境治理中的楷模。[1]日本环境保护领域的立法相对成熟，已经形成了以基本法为核心、多种法律规范并存的环境保护法律体系。该体系构成具体表现为：以1993年颁布的《环境基本法》为核心，由《公害对策基本法》《自然环境保全法》《水质污染防治法》《大气污染防治法》《噪声控制法》《恶臭防治法》以及《公害防治事业费企业负担法》等法律规范所构成。以土壤污染防治为例，日本将土壤污染定义为"有毒物质直接或通过水或空气等中介渗透进土壤而发生的污染（通常称为二次污染）。"[2]日本于1970年修正《公害对策基本法》时，就将土壤污染增列为典型公害之一。[3]土壤污染防治立法由两部分构成：一是专门性的土壤污染防治立法，比如《农业用地土壤污染防治法》《土壤污染对策法》等。二是与规定有土壤污染预防相关内容的外围立法，比如《公害对策基本法》《自然环境保全法》《水质污染防治法》《大气污染防治法》等。[4]日本政府对于公害污染的治理采用了包括税制优惠、绿色采购等多种治理工具。就税制优惠而言，日本现有的税制优惠措施主要有两类：法人税（国税）特别折旧制度和地方自治体固定资产税减免措施。前者指企业对公害防治设施进行投资时，该类设施的资产折旧可提前列入费用中去，后者指在一定年限内对企业引进的公害防治设施给予纳税减免。前述税制优惠的对象就包括垃圾处理设施等。[5]就绿色采购而言，日本于2000年通过议员立法颁布了《国家和其他实体有关促进环保货物和服务的法律》，即"绿色采购法"，要求国家机关（省厅、国会、法院）每个年度依据本法的基本方针制定并公布达成环保物品采购目标的采购方针，且每年均重新评估基本方针。2016年2月，日本内阁会议公布了最新基本方针，修订了涉及46种商品的审核标准，制定了21个领域涉及270个品种的标准。根据该制度的要求，所有政府车辆一律是节能环保车，要完全采购亮度低的再生纸以及节能型电脑、复印机等。同时，"绿色采购法"也要求地方公共团体积极制定绿色采购方针和采购环保物品，推动和普及政府绿色采购这一制度。[6]就利息补贴而言，日本政策投资银行于2004年在全世界范围内首次建立了环境评级制度，该

---

① 参见李晨：《中外比较：污染场地土壤修复制度研究》，法律出版社2013年版，第33页。

② Akemi Ori, Soil Pollution Countermeasures in Japan, Environmental Claims Journal, 1993,6(1):15-25.

③ 参见刘宗德：《土污规制行政上法执行之实效性论义》，《月旦法学杂志》2014年第234期。

④ 同前注①。

⑤ 参见[日]南川秀树等：《日本环境问题：改善与经验》，王伟、周晓娜、殷国梁译，社会科学文献出版社2017年版，第235-236页。

⑥ 参见[日]南川秀树等：《日本环境问题：改善与经验》，王伟、周晓娜、殷国梁译，社会科学文献出版社2017年版，第244页。

项制度评估企业的环保水平以此来决定企业的融资条件。环境省为支持该项制度，对企业融资和项目融资给予年利率1%～5%的利息补贴。[①]

二、重视环境部门责任能力建设

日本的环境部门责任能力建设也体现为两个方面：一是环境管理体制设置的科学性；二是环境财政支出的力度较大。首先，就环境管理体制而言，与美国的环境管理体制相类似，日本当前实行的也是环境联邦主义管理体制，重视中央对地方环境治理的监管指导以及中央政府与地方政府的环境治理互动。日本环境行政管理体制是政府行政管理体制的重要组成部分，与两级区划行政管理体制一样，日本的环境管理机构分为中央环境管理机构和地方环境管理机构。尽管日本环境治理方面的财政资金分散于15个省府，甚至在有些年份环境保护资金主要来自于其他14个省府，但是负责牵头日本环境治理事务的依然是环境管理部门，主要是环境省和都道府县市町村所对应的环境管理机构。日本《省厅改革基本法》和《环境省设置法》特别指出，环境省有权通过强化相关行政之间的调整以及相互促进等以谋求环境行政的综合展开，而且，对于其他府省所管辖环境事务及其事业，环境省可以从环境保护的角度给予必要的指导和帮助。其次，就环境财政支出而言，中央政府的环境支出规模呈现出较为稳定的增长趋势。1971–2009年，中央政府环境支出的平均增长率为9.26%，高于同时期日本GDP增长率和财政收入增长率；同时，中央政府环境支出占财政支出的比重较小，从1971–2009年，日本中央政府环境支出占中央财政支出的平均比重为1.2%。[②]由此可见，日本在环境治理中对于环境部门责任能力建设的重视程度非常高。

三、注重环境技术研发和工具绩效评估

日本的环境风险治理非常注重环境技术研发方面的支持。另外，日本建立了覆盖全过程的环境风险治理工具选用机制，重视对治理工具绩效的评估和管理。例如，随着环境风险治理逐步向纵深迈进，技术因素所发挥的作用越来越重要。日本政府非常重视环境研究与技术开发工作，财政资金不仅直接地投入到环境研究和技术开发当中，而且还引导社会资金参与其中，产生了良好的效应。2000年，日本环境领域的专利申请数为806件，到2009年就达到了2 081件，增长了1.58倍。日本环境省的统计资料显示，2001年环境研究与环境技术开发资金预算

---

① 参见[日]南川秀树等：《日本环境问题：改善与经验》，王伟、周晓娜、殷国梁译，社会科学文献出版社2017年版，第246-247页。

② 参见卢洪友、祁毓：《日本的环境治理与政府责任问题研究》，《现代日本经济》2013年第3期。

为 44.03 亿日元，2009 年上升到 120.29 亿日元。[①]正因如此，日本的环境企业也有着极大的积极性参与环境风险治理并发挥了重要作用。[②]又如，日本的环境政策是以经济利益为中心决定的，[③]日本非常重视对环境政策影响效果的评估。每一项环境政策都遵循"制定—实施—评估—修改—再实施"的过程，《日本环境基本法》第 28 条要求"国家应当实施必要的调查，以便掌握环境状况、预测环境变化或预测由于环境变化而造成的影响以及为制定旨在保护其他环境的政策"；第 29 条要求为了掌握环境状况和妥善实施有关环境保护的政策，国家应当努力健全监视、巡视、观测、测定、实验和检查的体制。[④]环境技术研发和治理工具绩效评估管理都能够为日本环境风险治理主体从事治理工具的选用提供相应的科学标准和依据，并能够适时地加以动态调整，因而取得良好的环境治理效果。

第四节　域外环境风险治理工具选择与运用的启示

随着现代化快速发展，我国正处于美国、英国、日本等国曾经历过的经济高速增长期以及随之产生的环境风险日益严峻时期。

一、完备的法律规范

无论是政府主导型还是市场主导型抑或是社会型环境风险治理工具，其在运行过程中只有以法律为依据才能获得充分的合法性，才能使得环境风险治理活动有理有据，并且在执行过程中发挥权威作用。这一点可以从美国、英国和日本等国的环境风险治理过程中看到，前述域外各国都十分重视相关立法工作，重视环境风险治理工具的规范依据，拥有相对完善的环境风险治理法律体系。例如美国，以大气污染防治领域为例，在 1955 年颁布《空气污染防治法》，1963 年颁布《清洁空气法》，1967 年颁布《空气质量法》，1970 年、1988 年、1990 年分别对《清洁空气法》进行重大修订，逐渐形成了完备的大气污染治理的法律体系，为大气污染治理风险工具的运行提供了有力的依据和支撑。此外，《清洁空气法》在大气污染治理中取得的成就还使得其成为各国争相效仿的典范。[⑤]

---

① 参见卢洪友、祁毓：《日本的环境治理与政府责任问题研究》，《现代日本经济》2013 年第 3 期。

② 参见宫笠俐：《多中心视角下的日本环境治理模式探析》，《经济社会体制比较》2017 年第 5 期。

③ 윤석상, Japanese Environmental Policy from the Perspective of Economism, The Journal of Political Science & Communication, 2020, 23(1): 247-271.

④ 同前注①。

⑤ 参见叶林：《空气污染治理国际比较研究》，中央编译出版社 2014 年版，第 244 页。

我国在环境风险治理过程中应当注重完善相关的立法，并根据地方实际情况出台配套操作性强的具体规范性文件，确保环境风险治理工具运行有法可依，确保环境风险治理工具具有合法性。

二、健全的环境治理体制

在制定严格完备的立法之后，同样重要的问题是法律的执行，即环境风险治理工具的具体运行。从域外相关经验中可以看出，明确各级行政机关的行政职权（责），高度协调配合的行政执法是环境风险治理工具实践成功的关键。

英国在环境风险治理实践的初期，中央和地方有关职权部门在权力划分问题上各执一词，摩擦不断，进而导致即使在具有完备法律情况下治理效果仍然不佳的现象。美国联邦政府和州政府在职权配置上同样经历了一个漫长的博弈过程，但最终形成了联邦和州政府之间相互协调配合的高效管理体制，对环境风险进行了有效治理。以加州环保局为例，为使各个具体执法部门的执法行为保持一致性和持续性，加州环保局专门设立了一个统一方案管理和咨询组织，促进地方政府、州政府和联邦机构之间的有效合作，州环保局制定实施方案的标准，而基层地方政府负责相应的执行，由州环保局对执行机构进行周期性评估，从总体上监督这些方案的执行，统一方案由经州长认证的83个政府机构负责执行。[①]

由此可见，美国是联邦和地方分权自治、合作治理环境风险的典型。英国则是中央环境管理部门在地方设立分支机构，地方也具有一定的环境风险治理自主权限。但有效地执行环境风险治理工具需要明确各级行政机关的权限范围，也需要各级行政机关加强协调配合。面对政策执行偏离的问题，我国在环境风险治理过程中应当更加注重各级行政机关的协调配合。因为环境风险治理不是哪一级或哪一个政府独立就能解决的，必须依赖各级行政机关，特别是基层行政机关。

三、活跃的公众参与

纵观美国、英国、日本等国有关环境风险治理工具实施的整个过程，公众在环境风险治理过程中发挥着不可忽视的重要作用。英国在环境风险治理初期对公众的权益保障相对忽视，进而造成了公众对环境风险治理的冷漠态度，公众的不积极也导致了英国环境风险治理的缓慢进程。在吸取这一经验教训后，英国政府开始重视对公众权益的保障以及公众参与的支持，使得公众慢慢成为环境风险治理的重要力量。与英国对公众参与的态度从忽视到重视相比，美国做到了公众参与贯穿于环境风险治理的始终，公众有权利参加几乎所有的行政监管事项。环境

---

① 参见谢伟：《美国清洁空气法若干问题研究——从命令—控制手段的视角》，厦门大学出版社2015年版，第98页。

风险治理法律也为公众参与提供支持和保障。为了保证公众能有效参与、切实参与，美国还在各大城市举办公众参与环境风险治理的培训班，指导公众参与的方式和程序，提高公众参与的能力和素质。此外，美国为促进公众参与还设立了公民诉讼制度，以确保公民权利的实现。"没有救济就没有权利"，美国的公民诉讼制度为公民提供了广泛的救济渠道。

　　可见公众参与的重要性，因为即使在政府主导型环境风险治理工具发挥主要作用的情形下，要想有效预防和及时化解环境风险也不能单单依靠行政机关，还必须得到公众的支持、参与和监督。就我国而言，公众参与制度还不甚完善，社会型环境风险治理工具在环境风险治理实践中面临着诸多困境，对公民权益保障也多有忽视，借鉴美国、英国、日本等国的先进经验，优化和推进我国环境风险治理活动中社会型环境风险治理工具的选择和运用，构建环境风险治理实践中的公众参与配套性机制就显得十分必要。

第十一章 行政法规制环境风险治理工具的基本遵循

第一节 行政法规制环境风险治理工具的总体思路

通过检视三种类型环境风险治理工具所面临的困境及其成因，我们认为，行政法若欲实现规制环境风险治理工具的目标，应当从理念、主体、方法、标准、法律规范等方面确立用以规制风险治理工具的总体思路，具体表现为以下四个方面。

一、重塑工具选用的理念

理念是行为的先导，环境风险治理工具的选择与运用自然也会受到治理主体自身价值偏好的影响。通过我国环境风险治理实践及相关环境立法不难得知，传统的工具选择行为倚靠的是一种"工具本位"理念，它过分关注工具自身的特性而忽略了工具所指向的环境议题本身。在此种理念指导下，环境风险治理工具的选择侧重对特定工具类型自身的考察，对于工具能否实现预期目标以及工具之间的协同问题关注不够。工具选择应该转变思路。因为工具选择不仅与工具特性有关，也与其应用的环境有关。工具选择必须能够在各种政府工具与环境背景之间建立起一种相对稳定的恰当匹配关系。对大多数决策者来说，特定治理工具的优缺点将取决于特定环境问题的背景，而确保实现环境目标的重要性则取决于风险水平。[①]

所谓"工具理性"，根据韦伯的定义，它是指借助于有关外部事物情况以及他人行为的某种愿景，同时将此种愿景当作实现与我们的理性目标相一致的条件或手段。[②]据此可知，工具理性本质上追求的是工具效能实现的最大化，而不考虑工具本身所具有的价值属性。如果套用成本收益分析的方法，就是指采用某种工具所付出的成本要低于工具所产生的效益，此时就可以认为满足了工具理性的

---

① Robert M. Friedman, Donna Downing, Elizabeth M. Gunn, Environmental Policy Instrument Choice: The Challenge of Competing Goals, Duke Environmental Law & Policy Forum, 2000,10(2): 327-388.
② 参见[德]马克斯·韦伯：《经济与社会》(上卷)，林荣远译，商务印书馆1997年版，第56页。

要求。所谓"价值理性"，韦伯认为，它是指在一个包含了特定的价值预设的行为中，只考虑该行为的内在价值，这种价值可以是诸如美学价值、宗教价值、伦理学价值等各个领域的价值，而不考虑价值以外的其他东西。[1]据此可知，不同于工具理性，价值理性并不注重行为的效果，也不注重实现目标所采取的手段，它更注重的是行为本身所具备的价值。通过对"工具理性"和"价值理性"内涵的揭示，我们可以得出以下推断：工具理性与形式理性相对应，价值理性与实质理性相对应；工具理性指涉工具选用的科学性、有效性和协同性，价值理性指涉工具选用的合法性、民主性和正当性。

在我国，环境风险治理主体尚未形成运用工具治理环境风险的理念和意识，工具在环境风险治理实践中的地位和作用并没有得以彰显，因而更不用提工具理性和价值理性了。对此，治理主体应当重塑工具理性和价值理性并重的治理理念。具体而言，这一理念对环境风险治理主体提出了如下要求。

第一，工具理性首先要求环境风险治理主体认识到工具的选用在环境风险治理活动的重要作用，提升对工具选用的重视程度。在环境风险治理实践中，环保行政机关凭借法律赋予的职权从事各项环境事务的管理工作，对于环境风险的监管要么采用突击检查、一刀切的运动式治理方式，要么严格按照既有相关法律法规执行相应规定，环境治理主体并没有真正建立起"工具—问题"导向型的工具意识。由此造成的后果便是，无视治理工具在环境治理活动中的客观作用，因而治理工具的科学性、合理性、有效性、合法性、民主性以及正当性等问题就更难以顾及。环境风险治理主体要认识到工具在环境风险治理活动中的重要地位，因为环境风险的预防和化解都离不开工具发挥作用，治理工具事实上是环境意志、环境目标的载体，环境治理主体的意志和环境治理的目标都通过治理工具的选用得以实现。

第二，工具理性还要求环境风险治理主体重视治理工具选用的科学性、有效性、协同性。首先，就治理工具选用的有效性而言，环境风险治理主体要建立由不同工具类型共同组成的环境风险治理工具箱，区别并明确每一种环境风险治理工具的特性，并依据工具所具备的不同特性，构建不同工具所针对的环境风险范围。例如，在选择应用治理工具从事环境风险治理实践时，要明确该种治理工具的适用条件、适用阶段、调整对象以及适用效果，并能够对该种工具加以动态调整。工具的适用条件不仅包括工具选用主体的内部条件，也包括工具选用的外部条件，即选择治理工具要做到因时因地制宜。其次，就治理工具选用的科学性而言，工具的选用还应符合一定的技术标准。标准的设立应当根据工具自身的属性来决定。例如，社会型环境风险治理工具中的信息型工具的选用，就应当确立明

---

[1] 参见[德]马克斯·韦伯：《经济与社会》(上卷)，林荣远译，商务印书馆1997年版，第56页。

晰的信息收集、研判、分析、公开标准，以便为该类型治理工具效用的发挥提供技术上的支持与保障。再次，就治理工具选用的协同性而言，要求环境风险治理主体加强对不同类型环境风险治理工具的组合使用，分析预判不同类型治理工具之间可能产生的冲突以及冲突协调方案，对于那些相互抵牾的治理工具要尽可能通过优化流程、改进技术等方式予以化解，从而实现不同治理工具之间的协调一致。

第三，价值理性要求环境风险治理主体重视治理工具选用的合法性和正当性。环境风险治理活动不仅要实现治理效果最佳，也要关注治理过程的合法性和正当性，这也是现代行政法治理论的基本要求。重视环境风险治理工具选用的价值理性对于实现环境风险治理过程的合法性至关重要。它要求环境风险治理主体在选用治理工具时不仅满足形式意义上的合法，也要符合实质意义上的合法。就形式意义上的合法而言，环境风险治理主体选用治理工具要有法可依，它的职权、程序要符合既有法律法规的规定，不能越权选用治理工具，也不能违反法定程序选用治理工具；就实质意义上的合法而言，治理主体选用治理工具要能够符合既定的法律目的，能够在治理工具发挥作用的过程中保障各方主体的环境利益和环境权利。对此，治理主体在设计不同类型环境风险治理工具时，还需要对其进行法治维度的考量，通过设立法律上的权利义务、法律程序等实现对环境风险治理工具的合法性控制。

二、拓宽工具选用的主体

环境风险治理工具的选用主体是指在环境风险治理活动中，享有选择或不选择某种环境风险治理工具决定权的组织或个人。从理论上而言，环境行政机关、环保公益组织、制造环境风险的企业以及可能受环境风险影响的社会公众都可以成为环境风险治理工具的选用主体。环境风险治理工具的选用主体不同于环境风险治理工具的适用对象，环境风险治理工具的适用对象是治理工具指向的对象受众，对于某一环境风险议题，适用对象并没有对于治理工具的主动选择权，他们是工具的接受方，治理工具的选用主体选择了某种类型的环境风险治理工具，治理工具的适用对象只能无条件地接受这种治理工具。因此，可以说环境风险治理工具选用主体主导着治理工具的选择和应用全过程，对于治理工具效用的发挥起着非常关键的作用。

我国环境风险治理实践表明，治理工具的选用主体过于单一，并因此产生了一系列不利影响。当前环境风险治理工具的选用主体通常由享有公共事务管理权力的环保行政机关担任治理工具的选择主体。无论是以国家强制力为后盾的政府主导型环境风险治理工具，还是以市场机制为依托的市场主导型环境风险治理工具，抑或是以公众参与或企业自愿履行为前提的社会型环境风险治理工具的选择与应用，它们的选择主体均是环保行政机关。这是由我国传统的国家权力结构和环境监管模式所决定的，在环境风险治理实践中，环保行政机关通常负责环境风险的预防、监测、处置、评估和管理工作。尽管"多元共治"的环境治理模式作为优化和完善我国环境治理的一种目标方案设计，在近年来取得了长足的发展，但并不意味着环保行政机关监督和管理环境事务的职能由其他主体所取代，无论在事实层面还是在规范层面，环保行政机关在环境治理活动中发挥着不可替代的决定性作用。环保行政机关的这一角色具有合理性，因为在市场机制尚不完善、公民社会发展尚未成熟的背景下，市场和公众无法完全承担起治理环境风险事务的重任，而环保行政机关作为享有国家公权力的行政主体，在应对纷繁复杂的环境风险议题时，具备市场和公民不可比拟的优势，有能力引领和推动环境治理的顺利开展。但是，环保行政机关作为环境风险治理工具中的选择主体，对于不同类型环境风险治理工具的互动与整合而言，环保行政机关存在着一些不足。首先，从理论上而言，作为理性经济人，环保行政机关及其工作人员有着自己的价值偏好和利益追求，在选择和整合不同环境风险治理工具时难免会受到影响。比如，由于受传统命令服从型的环境监管模式的影响，环保行政机关及其工作人员在面对环境风险议题时，习惯性地将政府主导型环境风险治理工具作为首选，而忽视其他环境风险治理工具类型的选择，因为此种类型的环境风险治理工具在应用时最为简便、快捷。其次，环保行政机关作为政府的部门机构，其在人员设置、技术配置、专业知识储备等方面可能存在偏差，面对复杂的环境事务，在缺乏相应环境知识和专业技术人员的情况下，环保行政机关顺利完成对不同类型环境风险治理工具的科学互动与有效整合任务往往显得力不从心。再次，环保行政机关及其工作人员所具备的理性是有限的，他们在选择环境风险治理工具时常常秉持"工具主义至上"的理念，因为工具主义者机械地认为，特定的治理工具与特定环境治理目标之间存在着固定的、一劳永逸的对应关系。①他们通常只追求工具应用的效果，而忽略了工具与工具之间的联系以及工具选择的合法性与合理性问题。

　　有鉴于此，需要拓宽我国环境风险治理工具选用主体的范围，将治理工具的选用权分散给环保行政机关以外的其他主体。在实践中，制造环境风险的企业、环境公益组织以及可能受环境风险影响的社会公众通常作为环境风险治理工具的适用对象，被动地接受由环保行政机关选择的治理工具，他们无法参与到治理工具选择的启动阶段，因而对环境风险治理工具的选择与互动关注度不高、参与性也不强。如若能够让制造环境风险的企业、环境公益组织以及可能受环境风险影

---

① 参见 [美]B. 盖伊·彼得斯、弗兰斯·K. M. 冯尼斯潘：《公共政策工具——对公共管理工具的评价》，顾建光译，中国人民大学出版社2007年版，第208页。

响的社会公众参与到治理工具的选择过程之中，赋予企业、环境公益组织以及社会公众一定的工具选择决定权，势必激发他们主动参与环境风险治理的积极性。另外，制造环境风险的企业、环境公益组织以及可能受环境风险影响的社会公众对于环境风险有着切身的体会和感知，对于某些环境风险治理工具的特性和效用有着更为深刻的理解，在选用环境风险治理工具时可以发挥独到的作用，从而有利于提高环境风险治理工具选用的科学性和有效性。此外，需要特别指出的是，拓宽环境风险治理工具的选用主体范围，将选择决定权赋予企业、环境公益组织和社会公众，并非意味着让其取代环保行政机关的绝对优势，在环境风险治理工具的选用过程中，环保行政机关的决定权依然具有优先性，因为毕竟环保行政机关在资源整合、职能设置、财政资金等方面具有他者不可比拟的天然优势。

三、优化工具选用的方法和标准

从我国环境风险治理实践可知，环境风险治理工具的选用存在着诸多问题。比如治理工具的选择匹配性不足，不同类型治理工具之间相互冲突，治理工具时常被抵制，等等。之所以产生上述种种问题，其中一个重要原因便是环境风险治理工具的选用不科学、不合理。那么，如何科学合理地选用与环境治理目标、治理对象相一致、相匹配的治理工具变成了亟需解决的难题之一。实践中，环境风险治理主体选用治理工具的随意性较大，特别是在面临多种不同类型环境风险治理工具可供选择时，环境风险治理主体通常因缺乏科学的选择方案而显得无所适从，甚至有时更是"软硬兼施"，多种不同类型的治理工具同时使用。殊不知，在被选择的治理工具中，工具之间存在着直接或间接的相互冲突，因此抵消了工具原本具有的效能，进而制约了环境治理效果的实现。例如，就大气污染防治领域内的机动车尾气治理工程而言，各地环保行政部门普遍采取了广泛多元且强有力的治理措施，但治理效果并不十分明显。有些地方采取了控制机动车牌照申领、单双号限行等带有明显强制性的政府主导型环境风险治理工具，但这些工具的治理效果如何却鲜有讨论和分析。诸如机动车尾气究竟在诸多大气污染来源物中占据多少比重，控制机动车牌照和实行单双号限行究竟能够减少多少尾气排放，控制牌照和单双号限行付出的成本是多少，这两种治理工具与早已施行的机动车环境标准、环境税等治理工具之间存在怎样的互动关系，牌照控制和单双号限行造成的机动车拥有者的权利减损问题如何进行权衡，是否符合环境正义的内在要求等问题，环境风险治理主体在选择这些治理工具时并没有予以充分的考虑。再如，地方环境行政部门面临上级限期考核的压力，通常在年末责令本地区产生环境污染的企业停工停产，此类治理手段是否符合行政法中的依法行政原则和合理行政原则本身就存在极大的疑问。

环境风险治理工具选用的方法和标准不科学、不合理是造成上述环境治理困境的直接原因。倘若环境风险治理主体在选择运用环境风险治理工具时，能够利用科学的方法和标准筛选出可行的治理工具，那么，治理工具在实践中面临的诸多困境将得以化解。我们认为，环境风险治理主体在作出选用每一种环境风险治理工具的决定时，都应以科学的方法为依托，并根据已经确立的相应标准组合排列使用有关治理工具。科学的方法应当具备多元性的特征。比如，引入经济学中的成本收益分析方法，在选用环境风险治理工具时，首先要对运用这一治理工具需要付出的成本以及可能取得的收益进行量化分析，当付出的成本低于可能取得的环境收益时，方可证明该项治理工具具有可行性，否则，就不能选择该种治理工具。又如，运用行政法学中的比例原则对拟选择的治理工具加以分析，在具有多种类型的治理工具可供选择时，对要选择的这种工具是否具有必要性，以及该种治理工具是否对治理对象产生不利的影响，如何将该种治理工具对治理对象产生的不利影响降至最低等问题都需要进行综合考虑。再如，治理主体选择某项环境风险治理工具时，可以对其进行博弈论层面的分析，即该种治理工具的选用是否会涉及多方主体，不同主体之间的利益关系是怎样的，选用此种治理工具后对各方主体是否产生激励或限制，治理的结果是互利双赢的正和博弈还是两败俱伤的负和博弈抑或是输赢参半的零和博弈，等等。选用的标准也应当是多维度、多层次的。比如，在价值位阶上进行排序，将每种类型的治理工具分别与效率、自由、公正、民主等价值相勾连，并根据不同的价值次序对治理工具所欲解决的环境风险议题轻重缓急联系起来进行综合判断，最终作出合适的选择。又如，根据环境风险的不同类型，也可设置相应的治理工具选择标准，在大气污染风险防治领域，市场主导型治理工具的选用更容易获得认可，而在土壤污染风险防治领域，政府主导型环境风险治理工具的选用更利于环境目标的实现，那么就可以据此设立一定的选择标准。再如，根据环境风险所处的不同阶段，确立相应的治理工具选用标准：在环境风险预防阶段，治理工具的选用标准应具备更多的灵活性、可接受性；在环境风险处置阶段，治理工具的选用标准应体现更多的强制性、参与性；在环境风险的后续评估管理阶段，治理工具的选用标准则应具有更多的动态性、全局性等。

四、完善工具选用的法律规范

完备的法律体系能够为环境风险治理工具的选用提供规范性来源支撑，理想的法律规范既能够促进环境风险治理工具选用的合理性，又能够保障环境风险治理工具选用的合法性。然而，梳理我国既有环保相关立法可以发现，从总体上而言，既有立法并没有直接对环境风险治理工具加以规定，类似的是在《环境保护法》《大气污染防治法》《水污染防治法》《固体废弃物污染防治法》等法律规范中规定了相应的环境手段。可以说，既有立法缺乏以环境风险为视角的治理工具规范设计。在既有的相关规范中，政府主导型环境风险治理工具的规定较多，因为此种治理工具具有明显的强制性和惩戒性特征，从立法技术上而言，具备了行为主体、行为模式和法律后果等形式要件，更容易通过法律条文的形式加以确定。除此之外，既有立法关于市场主导型环境风险治理工具和社会型环境风险治理工具的规定大都属于授权性、宣誓性规定，也并没有详细的、可供具体操作的立法条文。因此，对工具选用的法律规范进行完善可以从以下两个方面进行：首先，宏观层面上而言，要以环境风险治理为视角，以立法形式明确环境风险的不同议题设置和环境风险治理工具的不同类型，确立环境风险治理工具选用主体和选用理念，提升环境风险治理工具选用的合法性与合理性，等等；其次，中微观层面而言，要进一步细化环境风险治理工具选用的方法和标准，提高市场主导型和社会型环境风险治理工具在整个环境风险治理工具中的比重，明确环境风险治理工具选用的程序和机制，设计环境风险治理工具选用过程中的各方权利和义务；等等。

第二节　行政法规制环境风险治理工具的基本原则

从行政法视野审视环境风险治理工具选择和运用，要求其遵循相应的行政法基本原则。概括而言，选择和运用环境风险治理工具需要遵循行政合法性原则、行政合理性原则，以及行政效率原则等。

一、行政合法性原则

（一）法律优位原则

法律优位原则又称法律优先原则，是合法性原则的首要组成部分。这一概念最早由德国行政法学家奥托·迈耶提出，后来被德国、日本以及我国台湾地区的学者广泛使用。然而，他们所使用的法律优先原则内涵十分广泛，即法律优越于一切行政活动。"依法行政是法治国家、法治政府的基本要求，"[1]其"基本含义是指政府的一切行政行为应依法而为，受法之约束。"[2]在我国，对法律优位原则的运用则主要限定在行政立法方面，即认为法律优位原则的基本涵义是指法律对于行政立法即行政法规和规章的优越地位，具体包括"根据法律"原则和"不相

---

[1] 参见姜明安：《行政法与行政诉讼法》，北京大学出版社、高等教育出版社2015年版，第66页。

[2] 参见姜明安：《行政法与行政诉讼法》，北京大学出版社、高等教育出版社2015年版，第67页。

抵触"原则。①因此，在行政立法当中，法律具有最高效力，位阶高于其他行政法规、行政规章等规范性文件，因此低位阶的立法应当与高位阶的立法保持一致，并且还要求低位阶的立法不得与高位阶的立法相抵触。

在环境风险治理工具的实际运行过程中，由于高位阶的法律通常只能对相关工具作指导性规定，具体实施标准和细则则需要依靠行政机关通过制定相关规范性文件来落实，为保证环境风险治理工具规范的正当性，以及整个相关法律的统一性和有序性，必须遵守法律优位原则。具体而言，法律优位原则对环境风险治理工具的要求是，第一，行政机关在制定环境风险治理工具的相关规范文件时，应当严格遵循上位法的规定，以上位法作为制定规范性文件的依据。只有这样才能保证行政机关制定的规范性文件能承接宪法和法律所具有的民主性，由此来防治行政机关选择工具时的肆意，进而保障公民合法权益。第二，行政机关在制定环境风险治理工具相关规范文件时，必须严格按照上位法的规定，不得与上位法相冲突。当然，环境风险治理主体在面临紧急性的环境风险事件时，根据宪法、法律的规定，可以暂时性地突破这一原则的限制。但当该紧急性事件过去之后，还要受到法律优位原则的严格限制。

（二）法律保留原则

法律保留原则作为合法性原则的另一重要内容，它是法律优位原则的补充和进一步延伸。因为法律优位原则只能消极地要求行政机关的行政行为不得与法律相违背，但是当法律并没有规定的时候，则需要依靠法律保留原则对行政权进行有效控制。法律保留原则同样在德国、日本以及我国台湾地区广泛运用。其内涵是，宪法、法律规定只能由法律规定的事项则只能由其规定，只有在法律明确授权时，行政机关才能做出规定。②因此，在行政立法当中，行政机关只能针对除了专属于立法机关立法权限之外的事项进行规定，防治地方各级行政机关在制定相关规范性文件时超越职权，造成法律体系混乱，同时，有助于防治行政机关滥用行政权力。

随着国家任务增多，行政机关职能随之扩大，特别是在环境风险治理领域，行政机关只有积极的作为才能有效地治理污染。为了维护法律体系有序性，防治行政机关自我膨胀，行政法规范环境风险治理工具必须遵循法律保留原则。具体而言，法律保留原则对环境风险治理工具要求如下：第一，政府主导型环境风险治理工具多有行政命令行为、行政强制行为以及行政处罚行为等会侵害或干预公民权益的行为，为了防止对公民人身、财产等其他权益造成侵害，行政机关在规

---

① 参见周佑勇：《行政法基本原则研究》，武汉大学出版社2005年版，第175-177页。
② 周佑勇：《行政法基本原则研究》，武汉大学出版社2005年版，第187-188页。

范和选择治理工具时必须遵循法律保留原则，即"法无授权不可为"。第二，随着行政机关治理手段发展，市场主导型环境风险治理工具也存在着众多的行政补贴行为，这类补贴行为实际就是行政给付行为之一。在给付领域，学界普遍认为行政给付行为受到法律保留原则的规范成为一种趋势。因为基于国家对公民的生存照顾义务，公民获得国家的服务和扶持是一种应有权利，如果行政机关拒绝提供给付同样会对公民权利造成侵害，并且影响并不亚于侵害性或干预性行政行为对公民权利的侵犯。因此，给付行为虽然是一种授益性行政行为，但它同样会因为行政权天然的扩张性而使公民的基本权利遭受侵害。所以，环境风险治理工具中的行政补贴行为同样需要依据法律做出，立法机关应当通过法律将其规范化。但是，这并不意味着所有的给付行为都需要有法律依据，因为行政机关在进行具体治理时，需要有灵活的执法权限，并且给付一般都通过权力机关的预算，所以不应过度严格限制，以防行政机关在给付方面的不作为发生。

二、行政合理性原则

行政法上的合理性原则是作为合法性原则的补充，是为了应对行政自由裁量权而产生，能够促使行政行为符合现代实质法治要求，这对于增加环境风险治理工具的可接受性具有着重要的意义。"行政机关实施行政行为应兼顾行政目标的实现和适当手段的选择、保障公共利益和相对人权益的均衡，如为实现行政目标可能对相对人权益造成不利影响时，应将这种不利影响限制在尽可能小的范围和限度内，保持二者处于适度的比例。"[①]具体而言，行政合理性原则包括合目的性原则、最小损害性原则以及均衡性原则。

（一）合目的性原则

合目的性包含了两层含义。首先，行政机关采取的行政行为所欲实现或达到的目的是否具有正当性，是否符合法律的规定。如果行政行为的目的并不具有正当性，那么这个行政行为的正当性将受到责难。其次，目的被证成具有正当性后，行政机关所采取的行政手段是否符合行政法目的，是否能实现该目的。如果行政机关在行政管理过程中选择了与实现行政目的无关的行政行为，导致行政目的无法实现，那么该行为就不具有妥当性，也不符合行政合理性原则。

在环境风险治理工具的选择和运行过程中，目的的不明确或不正当通常是行政机关在选择治理工具时出现失误的重要原因，因此，行政行为的合目的性能够为行政机关选择及实施治理工具指明方向，有助于问题的有效解决。在环境风险

---

① 参见姜明安：《行政法与行政诉讼法》，北京大学出版社、高等教育出版社2015年版，第73页。

治理实践中，治理主体选择治理工具的目的应当是改善环境质量，防治环境风险，并确保公众身体健康，维护公众合法权益。这就要求行政机关在选择和实施治理工具时要符合改善环境质量，保障公众身体健康的基本要求，只有当该工具能够达成预期目的时，该工具才能被实施。

（二）最小损害性原则

最小损害性原则是指行政机关在多种可供选择和实施的符合正当性行政目的手段和方式中，应当采取对行政相对人人身权、财产权等合法权益侵害最小的手段来实现行政目的[①]。换言之，即所采取的措施是必要的，并且是对相对人产生的负面效果是最小的。这不仅是最小损害性原则的要求，也是对公民权益予以尊重和保障的体现。

在环境风险治理过程中，行政机关所选择的工具、采取的措施很有可能对公民的人身权、财产权等造成损害，特别是政府主导型环境风险治理工具中的行政强制行为和行政处罚行为，因此需要尽量选取对公民损害最小的工具。即使因为特殊情况，无法避免对相对人造成人身和财产上的损害，那么也尽可能地减少对相对人人身权益的损害，保障公众身体健康，同时，对公民财产权损害也应当做出相应补偿。

（三）均衡性原则

均衡性原则也是狭义比例原则。这个原则一定程度上吸收了经济学中成本收益理论的观点，用经济学的术语来讲就是付出的成本与取得的收益之间应成比例，用行政法学的术语来说要求行政机关所采取的行政行为对公民带来的侵害损失不能超过为了实现行政目的所追求的公共利益，也即要求对公民个人合法利益的干预应当与所欲实现的公共利益相适应，合乎比例。可见，均衡性原则要求对行政行为进行价值考量，从价值取向方面来规范行政行为的合理性。

均衡性原则在行政法规范环境风险治理工具选择中发挥着重要的作用，在均衡性原则的要求下，行政机关应当充分考虑所选工具会带来的成本以及可能避免的损失，尽量采取成本最低、收益最大的工具。

三、行政效率性原则

效率原则是指，行政主体及其工作人员在行使紧急权力时，要力争以尽可能快的时间、尽可能少的人员，尽可能低的经济消耗处理环境污染风险治理，从而

---

① 参见姜明安：《行政法与行政诉讼法》，北京大学出版社、高等教育出版社2015年版，第69页。

取得最大可能的社会和经济效益。[①]在环境污染风险治理工具的使用中，效率原则包括行政机关内部的效率以及对外应对风险的效率。

　　行政机关内部的效率主要是指机构和人员的效率。对风险的应对往往需要行政机关在短时间内及时、准确地作出判断，并迅速采取较为合理的措施。环境污染风险的突发性和短时间内的巨大破坏性，对行政机关的机构和人员的效率提出了更高的要求。在机构设置上，承担环境污染风险预防和应对的部门必须精简，职权明确和相对集中。[②]冗杂的内部程序和臃肿的机构设置很有可能成为应对环境污染风险的阻碍，大大减缓对环境污染风险的反应速度。当环境污染风险来临时，一旦无法迅速、有效地运用相应治理工具，很有可能造成损失的扩大，对人民群众的生命财产造成二次伤害。同时，治理工具的运用主体应当具有相对集中的权力，环境污染风险一旦发生后，政府往往需要调动民政局、卫健委、环保等多个部门，如果权力过小且不集中，无法有效地调动各个部门，环境污染风险治理工具的使用效果就会减弱。第二，在使用环境污染风险治理工具的人员方面，参与应对的人员应当精干，反应迅速，能在各种情况下临危不惧，保持高度冷静的头脑，快速有效地采取应对措施。

　　行政机关的外部效率主要体现在环境污染风险治理工具的运行程序、步骤以及相关的制度保障方面。为了应对突如其来、难以预测的环境污染风险，有效使用环境污染风险治理工具，行政机关的运行程序及步骤显得尤为重要。当环境污染风险来临、开始使用具有应急性的环境污染风险治理工具时，"作出紧急性具体行政行为时无须严格遵守常态下的程序"[③]，其运作方式和步骤应当尽可能的简洁，一切应当以有效地应对风险和保障人民生命财产为主线。同时，为了避免行政机关拖延，可以充分发挥行政时效和期限制度的功能，强制其在一定时限内履行某种应急性的治理工具。"行政时效制度主要是为特定的行政法律关系主体设立某种必须在特定的时间内履行的权利或义务，否则将承担不利法律后果。行政期限制度的主要特点是要求特定的行政法律关系主体在法定的时间内履行某权利或义务，这两种程序制度的共同功能是提高行政效率。"[④]《环境污染防治法》中所规定的当发生环境污染事件时，有关机关应当在两小时内向同级人民政府和上级主管部门进行汇报，否则就要承担法律责任的规定，就是属于行政期限制度。在环境污染风险治理中，则要求相应的机关在环境污染风险发生后，根据其发生的程度等，快速、有效地使用具有针对性的环境污染风险治理工具，该制度可以督促行政机关提高效率，积极作为。

---

① 参见戚建刚：《中国行政应急法学》，清华大学出版社2013年版，第98页。
② 参见戚建刚：《中国行政应急法学》，清华大学出版社2013年版，第99页。
③ 参见戚建刚：《中国行政应急法学》，清华大学出版社2013年版，第102页。
④ 同上注。

第十二章　行政法规制环境风险治理工具的进路

第一节　规制政府主导型环境风险治理工具的路径

本节重点分析行政法规制政府主导型环境风险治理工具的具体进路。结合政府主导型环境风险治理工具自身的特点及其面临的挑战，在遵循行政法规制社会型环境风险治理工具的总体思路和基本原则的前提下，还应当重点对以下五个方面加以关注。

一、优化选择与运用主体

不同类型的治理工具蕴含着选择和运用它的工具主体（如行政机关、利害关系者）自身的价值偏好，[①]要保障政府主导型环境风险治理工具能够在行政法律的框架内有效运行，行政法首先要对政府主导型环境风险治理工具的主体进行完善，明确不同主体在工具中的不同角色和法律地位以及应当承担的责任。

（一）明确治理工具制定者的角色

在政府主导型环境风险治理工具中，立法机关和行政机关承担着工具制定者的角色。其中，立法机关作为法律的制定者通常负责确定治理工具所实现的目标或目的，并对治理工具进行宽泛的规定。行政机关作为法律的实施者通常负责细化法律，为治理工具提供可操作的实施细则。

具体而言，在对治理工具制定过程中，立法机关和行政机关主要职责是：首先要完善法律法规体系，立法机关制定相关法律后，行政机关应当在法律框架内及时制定与治理工具相配套的行政法规、规章等规范性文件，为工具的运行者提供选择和使用工具的标准，避免出现法律监管不到的盲区。其次是增加所选择工具的可接受性，应当特别重视对工具规范出台前的论证工作，按照相应的程序对规范进行广泛而充分的论证，保证工具实现目的的正当性，只有获得广泛认同和

---

① Kenneth R. Richards, Framing Environmental Policy Instrument Choice, Duke Environmental Law & Policy Forum, 2000, 10(2): 221-286.

支持，才能确保工具在实施过程中有效运行。最后是合理确定各方主体的地位。政府主导型环境风险治理工具是以政府为主导，依靠政府强制力，鼓励全社会参与环境风险防治的治理工具。因此，在角色定位中，行政机关的地位是首要的监管主体，是治理工具运行主导者；社会公众地位是参与主体，是治理工具运用的参与者和监督者，立法机关和行政机关应当将各类主体的角色精确定位，并且进行制度化和规范化，从而更好地指导政府主导型环境风险治理工具的行政法制化工作。

（二）理性规定运用者的角色

在政府主导型环境风险治理工具中，行政机关承担着运用者角色。行政机关作为法律的执行者以及具体行政行为的实施者，在政府主导型环境风险治理过程中扮演着重要角色。其作为治理工具运用者的主要职责是作出和发布有关环境风险治理的行政命令的职责，包括"命令""通知""指示""决定""布告"等，以及对环境风险治理事项作出其他行政处理的职责，例如，为实现环境政策目标而对私人发放财产的行政补贴，对排污行为的行政许可，为实现行政目的，对违法排污行为的行政处罚，对环境风险治理过程中遭受损失的相对人实施的行政补偿，对行政区域内环境风险治理的行政规划，定期发布有关环境风险的行政信息等等。

此外，我国政府主导型环境风险治理工具之所以会在执行过程中发生偏差，一个重要原因是在委托#代理组织关系中发生了偏离。我国由中央政府领导全国环境污染风险治理，地方政府主要负责执行，作为工具运用者的行政机关，为了确保行政职责的有效实现，还应当完善行政机关的内部管理组织协调制度。具体而言，包括两个方面：首先，在纵向上面，行政法应当明确中央和地方环保行政机关各自的职权职责，以防治环保行政机关之间可能出现的相互越权或推卸责任的情形。纵向关系之间的协调实际就是上下级之间的命令与服从，指示与请示，要求与汇报，而这种协调通常都是通过会议的形式来进行，为确保会议的有效性，行政法应对这类会议参与主体、会议参与程序，以及会议的法律后果进行规定。①其次，在横向上面，地方同级政府之间也应当相互协调。因为环境风险具有流动性特点，环境风险通常会影响到好几个省，并非一个单独区域所能解决。为了避免环境风险外部性的问题，应当加强地方同级政府之间的协调。由于同级地方政府之间不存在命令与服从的关系，它们之间的协调通过行政协议、行政协助或联防联控机制的方式进行，为确保这种协议、协助以及机制的有效性，行政

---

① 参见戚建刚：《河长制四题——以行政法教义学为视角》，《中国地质大学学报（社会科学版）》2017年第6期。

法应当对协调方式的相关主体、参与程序、法律效果、纠纷解决途径作出规定。①

（三）明确监督者的角色

在政府主导型环境风险治理工具中，公众承担着环境风险治理工具监督者的角色。公众既是行政行为的相对人，又是环境风险问题的主要受害者，因此公众应当对环境风险治理工具的运行进行有效监督，是环境风险治理的中坚力量。然而，目前在治理工具运行过程中存在着对相对人权益忽视的问题，其中原因就在于公众参与意识薄弱，行政法目前对公众参与的规定无论是在事前环境风险治理工具决策，还是事中监督环境风险治理工具实施，以及事后权利救济都只作出了原则性的规定，并未发生实质性的作用。因此，行政法应当进一步明确公民、法人和其他组织对行政机关行使管理职权进行监督的权利，包括完善公众参与的形式和程序，确保公众获得完整的政策制定背景信息，为公众保留接受治理工具的合理时间，以及完善行政复议和行政诉讼制度。

二、完善相关立法

（一）完善立法体系

完善立法体系是行政法规范政府主导型环境风险治理工具的基本要求，这就需要对现行立法进行相应的修订、增补、废除等，以构建统一的立法体系。

1.国家层面立法完善

在国家层面上，首先，应当扩大有关政府主导型环境风险治理工具法律的调整范围。随着环境风险治理的迫切需要，一系列行政任务、行政措施随之产生，但因为法律具有天然滞后性特点，导致这些行政活动难以被法律所调整和约束。其次，在具体条文规范中，应当加强条文的可操作性和可实施性。以"煤改气"措施为例，《大气污染防治法》对清洁能源使用的规定都是使用"国家鼓励和支持""国家采取"等表述，但并未对具体措施和采取方式加以规定，由此，需要加强法律的可操作性，避免地方政府扩大解释条文相关内容，滥用行政职权。

2.地方层面立法完善

在地方层面上，首先，应当因地制宜，结合地方实际进行环境风险治理工具的规定。各地方可以根据本地实际，对环境风险的各项标准和指标做出规定，还可以将各地的环境风险治理工具经验纳入地方法规、规章，以增强规范的灵活性和可适用性。其次，应当注重完善程序性规定。地方立法一般都是根据国家层面

---

① 参见戚建刚：《河长制四题——以行政法教义学为视角》，《中国地质大学学报（社会科学版）》2017年第6期。

的法律进行规定的，在上位法的框架内，地方立法应当更加注重有关程序的规定，细化实施细则，弥补上位法笼统性和原则性规定所带来的弊端。

（二）完善规范性文件事前合法性审查

在立法方面，除了在法律体系上存在不足之外，另一个重要的问题是规范性文件合法性存疑。尤其是随着行政机关制定规则的权力不断扩大，大量的治理工具都是各地政府通过行政法规范性文件形式作出，可以说规范性文件是行政机关作出行政行为、运行治理工具最直接、最广泛的依据。这从"煤改气"具体措施的相关规范性文件中就可以看出。因此，针对规范性文件合法性存疑的问题，需要完善规范性文件的事前合法性审查。

1.统一审查机构

针对规范性文件的事前审查制度，可以在2017年12月新修订的《规章制定程序条例》中找到依据。该条例第36条明确规定了规范性文件的制定程序参照条例执行。根据该条例第19条的规定，可以发现规范性文件的送审稿应当由法制机构负责审查。然而在实践中，各地对"法制机构"的解释和操作不一。例如，山西、江西、广东等地在实践中是由政府的法制机构进行审查；河北、湖南等地则是先由政府部门内部的法制机构初审，初审通过后再由政府的法制机构审查。①这种审查方式总体上而言是由政府的法制机构进行最终审查。但是，我国绝大部分地区是按照不同的制定主体进行分散审查，政府制定的规范性文件由政府法制机构审查，而部门制定的规范性文件由部门法制机构审查。这样一种分散的审查模式往往会导致各地方政府、各职能部门为了追求部门和自身利益最大化而难以做到公正合理，进一步导致了有关治理工具的规范性文件从中央到地方层层偏离的情况发生。因此，笔者建议统一审查机构，并且提升审查机构的行政级别，由规范性文件制定者的上一级政府法制机构统一行使规范性文件的审查权，具体而言，即是部门制定的规范性文件由本级政府法制机构进行审查，而政府制定的规范性文件应当由上一级政府的法制机构进行审查。只有这样才能让事前审查制度真正发挥作用，增强审查的中立性，有效避免规范性文件层层偏离的情况发生，同时也方便对规范性文件的统一管理和信息公开。

2.统一审查标准

对规范性文件的审查标准同样要符合行政合法性和行政合理性原则的要求。具体而言，就是要从规范性文件的制定主体、主体权限、制定程序、法律依据等方面来判断其是否符合合法性原则的要求，同时还要对规范性文件目的的正当性、手段的最小损害性以及成本的均衡性来判断其是否符合合理性原则的要求。

---

① 参见刘权：《论行政规范性文件的事前合法性审查》，《江苏社会科学》2014年第2期。

总体而言，就是要使政府主导型环境风险治理工具所赖以依据的规范性文件符合法治的要求。

三、改进相关执法

（一）治理工具的多样化选择

关于行政机关对政府主导型环境风险治理工具选择的情况，笔者曾对2016年全年的环境保护行政案件裁判情况做了相关梳理。[①]通过梳理可以看到，行政机关在环境司法案件中最常用的治理工具是罚款，占比近50%，其次是责令改正，占比达到29.94%。不难发现，相对于其他治理工具而言，强制程度较强的罚款和责令改正的使用频率过高。笔者在上文结合"煤改气"工程措施也提到过大气污染治理工具执行过程中，政府偏向强制性。在政府主导型环境风险治理工具中，行政机关是治理过程的主导力量，但不代表着行政机关能够为了实现目标可以不顾相对人的可接受性而采用强制力程度最强的行政处罚、行政强制等手段。反而，行政机关应当创新治理工具，改变执法手段，运用激励惩戒的方式提倡行政相对人的参与，减少行政执法违法现象发生。因此，一方面，行政机关需要多采取强制力较弱的工具，如行政补贴等工具来激励相对人改变制造环境风险的行为，还可以通过行政奖励等工具来鼓励相对人参与，鼓励他们对制造环境风险的行为进行举报。另一方面，在处罚手段上，行政机关应当将处罚、教育、指导相结合，处罚只是惩戒制造环境风险行为的一种手段，让相对人更新观念，参与环境保护才是处罚的最终目的，在处罚的同时注重对相对人的教育，增强相对人对排污行为危害性的理解。

（二）健全环境执法管理体制

当前我国环境执法管理体制是影响政府主导型环境风险治理工具有效实施的重要因素，健全的环境执法管理体制是科学选择政府主导型环境风险治理工具的一个条件变量。一是进一步提升国家环境行政主管部门的法律地位和权威。当前我国环境行政主管部门的权威虽然在一定程度上得到了提高，比如原来国家环保总局现在已经改为国家生态环境部，然而生态环境部自身的政策法规决策能力、执行能力、沟通协作能力等方面仍存在提升空间。此外，在必要时，建议在现有体制不变基础上，由一位副总理兼任环境保护部的部长。当国家环境主管部门的地位和权威得到加强之后，政府所选择的政府主导型环境风险治理工具就能较好

---

① 参见戚建刚：《环保行政判决的结构分析及其制度意蕴——以2016年度203份环保行政判决文书为分析对象》，《法学杂志》2018年第3期。

地实现环境政策目标。二是合理界定中央政府与地方政府的环境管理权力。政府主导型环境风险治理工具主要是由地方政府直接来实施的，但地方政府在环境风险治理中却会出现"政府失灵"的情况。对此，在中国语境下，切实可行的方法之一便是理顺既有的环境监管体制，强化环保行政机关上下级之间的监督与被监督关系，当下级环保行政机关出现环境违法行为时，上级环保行政机关能够及时发现并予以纠正。另外，各级环保行政机关之间的职权职责范围需要进一步明确。在中央一级，国家环保行政机关统领全国环境治理工作，统一制定相应的规章制度，设置统一的环境规划和环境整治目标；在地方层面，各地环保行政机关要严格遵循中央环保行政机关的统一领导，还要在各自职权范围内充分发挥地方积极能动性，在不突破相关法律、法规、规章的限制下，尝试进行相应的实践创新。当中央和地方政府环境管理权力合理界定的情形之下，地方政府在实施政府主导型环境风险治理工具时，一方面能充分利用地方政府的行政资源来保障工具的有效性，另一方面地方政府在中央政府的有力约束下基于环境问题的地方保护主义行为得到很大程度上的遏制。三是进一步明确各级地方政府在环境管理中的职能及分工。根据我国环境治理实践不难发现，地方环保行政机关主要承担着监督者、管理者的角色，这样的角色定位也是政府主导型环境风险治理工具在整个工具体系中所占的比重所决定的。地方环保行政机关在环境风险治理活动中的重要性不言而喻，优化地方环保行政机关的职能就是要进一步明晰其有关环境治理的职权和职责，一方面是它与环境风险制造者之间的权义关系，另一方面是它与社会公众之间的权义关系，还有一方面是它与其他部门之间的权义关系。目前环境执法管理体制过于破碎。参与者众多，力量分散，甚至相互冲突、彼此竞争。机构和组织之间缺乏必要和有效的沟通和协调。"多龙治水"，不能形成一股"合力"。随着市场主导型和社会型环境风险治理工具的逐步兴起，地方环保行政机关的职权和职责也要发生相应的变化。地方环保行政机关的角色不能仅仅停留在环境问题的监督管理者层面，它还应是环境市场的引导者、参与者、沟通者，在市场和社会公众之间搭建起沟通的桥梁，为社会公众参与环境风险治理提供切实可行的路径保障。因此，在传统的环境治理监管体制之下，还需要引入新的机制，如第三方治理机制中环保行政机关的职权与职责等。各级政府在环境管理中的职能及其分工的科学分配，可以避免政府主导型环境风险治理工具实施过程遇到的权力分割、职责不清的问题，从而保障治理工具的有效实施。

（三）执法过程的正当性程序

在实践中，对环境风险治理工具运行的争议通常是对执法程序的认定，即是否遵守了正当法律程序，是否滥用行政裁量权。前文中也提到了"煤改气"措施暴露出来的问题，其中之一就是行政执法方式不合理，表现为滥用自由裁量权，导致执法发生偏离。事实上，无论是负担性行政行为,还是授益性行政行为，无论是政府主导型环境风险治理工具，还是市场主导型环境风险治理工具，这些行为和工具都会对行政相对人以及利益相关人产生一定影响。因此，政府主导型环境风险治理工具在具体运行过程中，需要严格按照法律规定的方式、步骤、权限等法律程序进行。一方面，要求行政机关的执法行为符合正当性程序的基本要求，包括事前的告知和通告、说明依据和理由、组织听证，事中的听取陈述和辩解，还有事后的提供救济等，以此保障整个行政行为的正当性、合理性和可接受性。另一方面，对于目前执法人员素质普遍偏低的情况，需要加强基层环境执法人员对环境行政法律程序特别是行政处罚中的法定程序的培训和学习。因为基层政府的执法人员是委托#代理关系中最底部的一层，他们往往直接与公众接触，基层环境执法人员的执法行为往往备受争议。因此，基层环境执法人员需要加强对执法程序的理解和运用，不仅包括对各种类型执法行为的裁量标准、执行程序等技术性知识的学习,还需要加强对法律目的和立法价值的抽象性理解。

（四）执法信息的主动公开

在前述有关环境风险治理工具存在的问题及其原因的论述部分中，笔者提到了大气污染治理过程中公众参与不足的问题，实际上公众参与不足一部分原因是由行政机关执法过程中信息公开不透明、不充分导致的。然而，在其他环境风险领域，环境风险成因复杂，污染源广泛，治理工具的方式相对而言也复杂多样。在这样的情况下，行政机关才更需要重视信息的公开，这样不仅有利于促进行政机关在治理环境风险污染过程中的高效性，还有利于规范企业的排污行为，更有利于公众了解相关信息，规避污染风险，[①]监督行政行为，增强执法可接受性。由此可见，执法信息的主动公开是环境风险治理工具良好运行的一个关键，是公众参与环境风险治理的重要环节。因此，需要完善行政机关信息公开的内容，推进执法的事前、事中、事后全过程的公开，在不同的阶段公布不同的信息资料，事前公布工具运行的依据，包括法律法规和理由；事中公布工具运行的具体事项，通过听证会等形式；事后需要公布公民救济的渠道。

四、强化相关监督

我国政府主导型环境风险治理工具存在着监督救济渠道不充分的问题。然而，由于权力存在着天然扩张的特点，如果缺乏了约束和监督，对行政机关而言，行政权力特别是自由裁量权可能会被滥用，政策执行特别是工具运行可能会

---

① Uzuazo Etemire, Public Access to Environmental Information Held by Private Companies, Environmental Law Review, 2012, 14(1): 7-25.

在委托#代理的组织关系模式下发生偏离。由此，行政法对政府主导型环境风险治理工具的规范，一个很重要的内容就是完善监督制度。据此，从事前、事中、事后三个阶段对监督制度提出完善的建议。

（一）事前公众参与行政决策

公众对政府主导型环境风险治理工具的事前监督主要体现在公众参与行政决策上。在立法机关制定法律，行政机关制定规范性文件、选择治理工具时，公众通过法定程序参与这一过程，不仅有利于提高决策的民主性，更有利于对治理工具的制定者进行监督。针对目前我国存在的公众参与形式化现象，提出如下建议：首先，为了增强行政决策正当性，应当采取奖励措施，鼓励多元主体进行决策前的论证和参与。工具的制定者应当充分听取各方利益主体的意见，并且需要保障其说明理由、阅读卷宗以及陈述和申辩的权利。例如在"煤改气"措施中，涉及了多方主体利益，在措施实施前应当听取有关居民、企业意见，以确保决策科学和民主。其次，为了提高公众参与能力，保证公众参与质量，可以在实际情况的基础上有效借鉴美国对公众参与的保障性规定，即定期在全国各地开展有关公众参与的培训班，通过培训班的课程学习，指导公众了解和掌握有关环境风险治理工具法律规范以及行政机关所欲采取的工具和措施，确保公众对工具制定者所采取的措施有更深层次的理解，以便在平等的基础上献言献策，增加事前监督的效果。最后，为了保障公众参与能够落到实处，还可以设置公众参与效果公示制度。即决策颁布前，行政机关收集到了哪些公众意见，采取了哪些公众意见，采取和不采取的理由分别是什么，这些都可以通过法律进行规范落实，以避免公众参与沦为形式，公众的监督成为一纸空谈。

（二）事中公众监督治理工具运行过程

公众对政府主导型环境风险治理工具的事中监督主要体现在公众对治理工具运行过程的监督上。对环境风险治理工具的事中监督主要是为了保障工具运行的效果，避免行政机关行为的肆意，导致工具运行偏离。可以借鉴河长制中有关社会监督员的监督制度，在环境风险防治中同样可以聘请社会监督员对政府主导型环境风险治理工具运行效果进行监督。行政法的任务就是将社会监督员予以制度化、法制化。具体而言，首先，需要确定社会监督员的组织体系，即社会监督员遴选的程序和条件，以及遴选的组织机构，建议由环境保护部门统一遴选，选取那些热爱环保事业并且具有一定素养的人来担任。其次，需要确定社会监督员的权利和义务，例如，为了更好地监督而获得执法信息的权利；在紧急时刻，特别会对公民权利造成损失时参与协同执法的权利；获得相应报酬和经费的权利。最后，还需要确定社会监督员监督的法律效果，即为了使监督评价标准有据可循，应当设立一套社会监督员监督评价的硬性指标，并由监督员依次参评，对于评价不合格的治理工具及其实施机关采取相应的责任追究措施。

（三）事后公众救济渠道完善

公众对政府主导型环境风险治理工具的事后监督主要体现在公众对治理工具事后救济的渠道上。我国的行政复议和行政救济制度虽然日趋完善，但是由于政府主导型环境风险治理工具种类繁杂，其是否都属于行政法教义学意义上的行政行为还需要进一步论证。笔者在前文以"煤改气"措施为例，通过行政行为形式理论将其类型化也只是理论上的推断，对于行政实践中存在的部分工具可能不具有可预期性，故而需要完善政府主导型环境风险治理工具的事后救济制度，以确保行政机关采取的所有工具行为都能纳入法律框架，对行政机关滥用、误用各类治理工具而影响到相对人合法权益的提供具有行政法上的救济渠道。由此，立法者在颁布具体治理工具的相关法律、法规等规范性文件时，需要明确规定公民、法人和其他组织认为行政机关运用治理工具侵犯其合法权益的，享有申请复议和提起行政诉讼的权利，以此来保障公众对环境风险治理工具监督，保障公众自身合法的权益。

五、缓解环保督察制度消极后果之可行途径

前文笔者分析了中央环保督察制度的权威性和合理性基础，阐述了它是一种具有中国特色的政府主导型环境风险治理工具，同时，它会带来一定的消极后果。如何缓解①该制度所带来的消极后果？根据陈文的观点，就是将其"法治化"。笔者认为，虽然表面上，"法治化"或许能暂时"克服"中央环保督察制度所带来的消极后果，但结果则是中央环保督察制度将不成为本初意义上的制度，它的权威类型再也不属于卡里斯玛权威，而变成法理权威，由此，该项制度所具有的功能也将消失，这类似于将婴儿与洗澡水一起倒掉的做法。然而实质上，如果没有消除产生中央环保督察制度的土壤（组织环境），那么每隔一段时间，随着环境领域的问题越积越多，通常以某一重大环境污染或者破坏事件为契机，②

---

① 笔者之所以不像陈文那样使用"克服"或者"化解"之类词语，是因为如果导致运动型环境风险治理的国家治理矛盾没有消灭，如果引发中央环保督察制度的组织环境没有改变，那么只能"缓解"，而不能"克服"或者"化解"该制度带来的消极后果。

② 正如孔飞力笔下的"叫魂事件"，为清朝的弘历皇帝动用专制权力提供了机会，当代中国党中央和中央政府发动运动型环境风险治理也是组织环境突变，常规环境风险治理机制失效的情况下，比如，2005 年松花江特大水污染事件，引发了 2006 年第二次"环保风暴"。而党中央和中央政府在 2015 年再次发动"环保风暴"，最直接的环境污染事件则是"毒雾霾"。参见小嫣：《"APEC 蓝"将引爆新一轮环保风暴》，《中国冶金报》2014 年 11 月 29 日，第 001 版。

中央政府又会发动一场运动型环境风险治理——尽管那时不是以中央环保督察制度的名义出现。由此，"法治化"并不能真正"克服"中央环保督察制度带来的消极后果，而可能的出路则是通过尽量消除产生运动型环境风险治理的条件来加以缓解。

依笔者之见，比较可行的途径是在法治轨道内不断增强环境风险治理领域的基础性国家权力。根据英国学者迈克尔·曼的观点，国家权力可以分为专断权力和基础权力，前者是国家单方面主张的权力，后者是国家能够渗透到公民社会、在其统治的领域内有效贯彻其政治决策的能力，是国家对社会的渗透和统合性权力，是国家能够事实上实现的权力。①而在一个国家中，为了实现超常规治理绩效目标，国家所拥有的专断权力越强，基础权力越弱，那么国家发动运动型治理的空间就越大，推进法理型或者常规型治理空间就越小，反之，国家发动运动型治理空间就越小，而推行法理型或者常规型治理空间就越大。②就我国环境风险治理领域的国家能力而言，中央的权力很大，但地方政府和环保职能部门的基础权力比较弱。虽然环境法律规范规定环保科层体系大量权力，但它们在决策、价值、权威、目标等方面呈现碎片化现象，以致环境风险治理绩效退化。党中央不得不动用专断权力来展开运动型治理。由此，在党中央（中央政府）的专断权力尚未、事实上也难以法治化的背景下，只有在法治轨道之内不断增强国家在环境风险治理领域的基础权力，提升常规型机制治理环境风险的绩效，才能尽量减少或避免党中央动用专断权力发动运动型治理的概率。

而在笔者看来，在环境风险治理领域，当前需要重点强化的四大类基础性国家权力③，从而提高环境风险治理能力。它们包括：（1）吸纳与整合性权力，即国家（特别是县级地方政府与环保职能部门）能够将治理环境风险的所有力量（非政府组织、新闻媒体、社会公众、企业等）纳入环境法上的制度性参与渠道，能够充分运用社会的、企业、公众等的资源，同时对不同主体关于治理环境风险的价值和偏好能够加以整合，从而形成各类环境政策和法律制度；（2）统领性权力，即国家能够有效管理履行环境风险治理职能的各级各类机关、部门以及相应的工作人员。目前地方政府及环保职能部门存在大量不作为、乱作为等现象，表明国家统领性权力的弱化。（3）认证性权力，即国家能够及时和有效制定或者调整认定环境污染和破坏生态环境行为、维持社会可持续发展的环境负荷标准。即对于哪些行为属于污染和破坏生态环境的行为，维持某一地区，甚至整个国家的

---

① Michael Mann, State War and Capitalism, Oxford: Blackwell, 1988: 5-9.

② 参见冯仕政：《中国国家运动的形成与变异：基于政体的整体性解释》，《开放时代》2011年第1期，第82-84页。

③ 参见王绍光：《国家治理与基础性国家能力》，《华中科技大学学报（社会科学版）》，2014年第3期，第8-10页。

可持续发展需要的环境生态资源负荷是什么等棘手问题，国家应当制定一整套科学的标准或制度来加以规范和确认，能够推行如黄仁宇所说的"数目管理"。[①]当前我国政府的认证性权力比较薄弱，比如环境监测制度落后，环境风险评估制度缺失，环境标准不健全，衡量环境负荷的指标缺乏等。（4）管制性权力。即对于污染环境、破坏生态等种种复杂行为，国家能够及时发现和有效处理。虽然我国环境问题的形势极为严峻，但由于环境领域的信息不对称，环境执法资源严重短缺等因素，使得国家在环境领域的管制性权力难以实施，诸多环境法律沦为"文字游戏"。由此，强化管制性权力势在必行。

第二节　规制市场主导型环境风险治理工具的路径

市场主导型环境风险治理工具具有灵活性和易接受性的特点，能够在一定程度上弥补传统的政府主导型风险治理工具的不足，在环境风险治理实践中的应用空间广泛，科学合理地利用市场主导型环境风险治理工具成为影响环境风险治理成效的重要因素之一。尽管在我国环境风险治理实践中，已逐步重视并加大对市场主导型环境风险治理工具的选择和应用，但是，市场主导型环境风险治理工具并未能最大程度地发挥其应有之功用。概括而言，我国环境风险治理中的市场主导型工具存在着种类较少、适用范围不准确、作用机理不明晰、价值属性不确定、配套机制不健全、选用主体过于单一、立法规范可操作性较低等诸多问题。鉴于此，行政法亟需规制市场主导型环境风险治理工具，优化的内容主要包括以下六个方面。

一、优化种类设计

优化种类设计是完善市场主导型环境风险治理工具的首要选择。通过梳理我国既有环保立法、总结我国环境风险治理实践可以得知，目前我国市场主导型环境风险治理工具的种类主要包括环境税、排污收费、排污权交易、财政补贴、押金退返、环境责任保险、生态补偿等，可以说，我国环境风险治理中的市场主导型治理工具的类型相当多元。[②]那么，这是否意味着就不需要对市场主导型环境风险治理工具的种类进行进一步的优化设计呢？答案显然是否定的。原因在于：一方面，尽管我国环境风险治理实践中出现了多种不同类型的治理工具，但就总体而言，市场主导型环境风险治理工具在所有治理工具中所占的比重并不高，且

[①] 参见黄仁宇：《十六世纪明代中国之财政税收》，生活·读书·新知三联书店2001年版，第1-20页。

[②] 参见刘亦文：《基于市场的环境政策工具的认知迭代与中国实践》，《湖湘论坛》2019年第5期。

被选择和应用的频率较低，不同种类的风险治理工具之间并没有实现优化组合；[1]另一方面，不同种类的市场型治理工具也只不过是根据环境风险治理实践提炼、概括出的理论类型。随着环境风险治理实践的不断发展，一定会出现新的市场化治理工具类型，既有种类设定可能会出现不能够指导环境风险治理实践的情况，因此需要对我国市场主导型环境风险治理工具的种类设计进行优化。首先，需要保持治理工具类型的开放性，根据环境风险治理实践的变化，引入与治理实践相适应的、新的市场化治理工具类型。例如，可以根据我国环境风险治理实践的地方特征，结合环境风险治理的特定领域，提炼出符合我国环境风险治理模式的、具有地方性特色的市场化治理工具类型。其次，也要厘清不同种类市场化治理工具所特有的属性价值，这是优化市场主导型环境风险治理工具种类设计的内在要求。尽管不同种类的市场化治理工具有着基本的市场属性，但它们也存在着一定的差异。例如，征收环境税和排污权交易尽管都是依靠市场机制发挥作用，但它们一个是利用市场，一个则是创建市场，进而在选用不同具体类型的市场化治理工具时需要具备不同的条件；再如，不同种类的市场化治理工具的功能导向也有所不同，环境责任保险主要发挥事前预防和事后处置的功能，而财政补贴手段则起着促进技术改进、预防和降低环境风险发生可能性的作用。

二、厘清作用机理

厘清作用机理是完善市场主导型环境风险治理工具的内在要求。不同于以"命令与服从"为特征的政府主导型环境风险治理工具，市场主导型环境风险治理工具主要依靠市场机制发挥作用，健全的市场机制是该种类型环境风险治理工具得以充分实现其功能效用的必要条件。[2]所谓市场主导型环境风险治理工具的作用机理，就是指市场在该种类型治理工具的选用中究竟处于何种地位以及通过什么样的机制实现对环境风险的规制。明晰市场主导型环境风险治理工具的作用机理对于该种类型治理工具的选用具有重要意义。它是科学选用市场主导型环境风险治理工具的前提和基础。作用机理实质上是基础性、本源性的发生机制。它决定了治理工具是否能够实现其本身的价值和目标。市场主导型环境风险治理工具在我国环境风险治理实践中存在着多种不同的表现形式。从总体上而言，每一种治理工具的表现形式有着共同的作用机理，即市场对资源的优化配置与调节。深入分析可以发现，每一种子类型之间又存在着一定的差异。原因在于，在既有市场主导型环境风险治理工具中，有些治理工具是通过利用市场生成的，而另一些则是通过创建市场产生的。利用市场生成的治理工具与创建市场生成的治理工

---

① 参见陈平、罗艳：《环境规制促进了我国碳排放公平性吗？——基于环境规制工具分类视角》，《云南财经大学学报》2019年第11期。

② 参见王曦：《中国环境治理概念模型：一个新范式工具》，《环境保护》2020年第2期。

具在作用机理上的根本差异在于，前者发挥作用通常依靠的是市场的自发性，环境市场中的各方主体对该种治理工具的可接受性程度普遍较高，治理工具体现出的自主性、灵活性更强，基本上不需要市场以外的其他主体进行干预或支持就能较好地实现环境目标；而后者发挥作用不仅需要市场的自发性机制，还需要借助于像行政权这样的外力加以推动，因为该种工具依靠的市场并非是凭空产生的，而是通过类似于环保行政机关这样的环境规制主体仿照既有的市场机制特别建立的。因此，诸如必要的市场准入标准、市场交易规则等在该种治理工具选用中的作用不可忽视。在明晰市场主导型环境风险治理工具的作用机理之后，当该种环境风险治理工具不能有效发挥其应有功能和价值时，治理工具的选用主体便可通过检视该工具的具体作用机理发现问题的症结所在，并据此进行相应的优化调整。

三、明确适用范围

明确适用范围是完善市场主导型环境风险治理工具的必要条件。"为了有效地制定政策，政策制定者必须了解自己可能采取的政策工具的范围"。[1]经验表明，市场主导型环境风险治理工具的选用并不是在任何环境风险议题中都发挥着积极的作用，[2]也不是针对所有的环境风险制造者都是最有效的治理工具。换言之，市场主导型环境风险治理工具的选用要有其合理的适用范围。市场主导型环境风险治理的适用范围就是指该种治理工具在哪些环境风险议题中对哪些工具适用对象发挥作用。当前，在我国环境风险治理实践中，市场主导型环境风险治理工具的适用范围并不科学。例如，责任保险、押金退返等市场化工具零星地应用于某些特定的环境议题，它们通常作为政府主导型环境风险治理工具的补充，是在政府主导型环境风险治理工具不能穷尽的领域才选择应用。因此，对市场主导型环境风险治理工具的适用范围加以科学规定和优化是保障该种治理工具科学选用的重要保障。概括而言，可以根据市场主导型环境风险治理工具在具体实践中的效用发挥程度，调整其适用范围。具体而言，对于每一种市场化治理工具的表现形式，都要明确其不同的适用范围，某一种子类型的市场化治理工具，可能在某一环境议题中有效，而在另一个环境议题中失效；另外，也可能当组合选用多种不同子类型的市场化治理工具时方能实现工具的最大效能。确立市场化治理工具的适用范围需要引入相应的评价标准和研究方法。比如，通过建立市场主导型环境风险治理工具的效用模型，设立相应的主体资格、利益目标、价格成本等指标，完成对该种治理工具的定量分析。当然，市场主导型治理工具的适用范围并

---

① 参见顾建光：《公共政策工具研究的意义、基础与层面》，《公共管理学报》2006年第4期。

② 参见林枫、徐悦、张雄林：《环境政策工具对生态创新的影响：研究回顾及实践意义》，《科技进步与对策》2018年第14期。

非一成不变，而是应当根据环境风险治理实践加以动态调整。

四、健全配套机制

健全配套机制是完善市场主导型环境风险治理工具的重要保障。毋庸赘言，市场主导型治理工具的科学选用当然需要以相应的配套机制为依托。[①]因为市场存在的固有缺陷导致不可避免地发生"市场失灵"，配套机制的建立和完善实质上是对市场固有缺陷的预防和补救。所谓配套机制，是指与市场主导型环境风险治理工具相适应的、用以保障市场各项功能顺利实现的辅助性机制安排。具体来讲，就利用市场生成的治理工具而言，市场本身存在着不同的主体，不同主体间的地位大多处于基本的平衡状态，市场本身具有的价格机制、信息机制等能够为该种治理工具的选用提供相应的规则支撑；而对于通过创设市场生成的治理工具而言，市场中的产权机制、信息机制、价格机制、交易机制、责任机制等也都需要在创设该种治理工具的同时加以规定，它们并不会凭空产生，因此，在选用此种类型治理工具时，就需要分别对市场中的各方主体地位、公共物品的价格、市场交易的规则、物品信息的完整性、透明度等方面加以明确规定。此外，即使是同一个子类型的治理工具，对它们的作用机理也要分别进行有针对性的规定。例如，对于环境税和排污权交易这两种不同的子类型而言，前者更加强调税率设置的科学性，应当重点区分其适用的不同对象和不同环境风险类型，以确保不同主体之间在适用该种类型治理工具时的相对公正性；后者则更加注重信息机制在治理工具选用过程中的完整性和公开性，以实现环境利益和资源在不同环境市场主体间的自由、高效流动。

五、拓展选用主体

拓展选用主体是完善市场主导型环境风险治理工具的关键所在。环境风险治理工具的选用主体是指在环境风险治理活动中，享有选择或不选择某种环境风险治理工具决定权的组织或个人。从理论上而言，环境行政机关、环保公益组织、制造环境风险的企业以及可能受环境风险影响的社会公众都可以成为环境风险治理工具的选用主体。环境风险治理工具的选用主体不同于环境风险治理工具的适用对象，环境风险治理工具的适用对象是治理工具指向的对象受众。对于某一环境风险议题，适用对象并没有对于治理工具的主动选择权，他们是工具的接受方，治理工具的选用主体选择了某种类型的环境风险治理工具，治理工具的适用对象只能无条件地接受这种治理工具。因此，可以说环境风险治理工具选用主体主导着治理工具的选择和应用全过程，对于治理工具效用的发挥起着非常关键的

---

① 参见吴小建：《经济型环境政策工具的描述与实现》，《长春理工大学学报》2015年第1期。

作用。就市场主导型环境风险治理工具而言，我国环境风险治理实践表明，尽管近年来市场主导型环境风险治理工具越来越多地被应用于环境风险治理实践，但政府主导型环境风险治理工具无论在类型上还是在适用对象和使用范围等方面，都具有不可比拟的地位和作用。市场主导型环境风险治理工具强调市场在环境资源、环境利益配置中的基础性作用，理想的环境市场理念与传统的命令控制型环境监管模式并不相容。在市场主导型环境风险治理工具存在的环境风险治理活动中，环保行政机关和环境污染企业不再是简单的命令与服从、监督与被监督的关系，市场主导型环境风险治理工具要求调整二者之间的关系，充分调动和激发环境市场主体的积极性，通过市场化的手段构建起环境污染企业与环保行政机关之间的双赢关系。环保行政机关不再是父爱主义式的命令发号者，而应当是提供相应支持和引导的服务者或保持中立的裁判者。

我国当前的环境监管模式距离市场主导型环境风险治理工具的内在要求还存在一定的差距，行政权力在市场主导型环境风险治理工具的运用过程中仍发挥着举足轻重的作用，甚至会出现行政权力干预市场的情形，由此带来的后果是，行政权压制市场自由选择。从某种程度上而言，市场主导型环境风险治理工具的选择和运用加大了权力寻租的空间，进而使得环保行政机关与环境污染企业之间形成利益共谋，环境风险的治理目标也就被掩盖或者弱化。

对此，我们认为，优化市场主导型环境风险治理工具的选用主体显得尤为必要。第一，改变原有的环保行政机关作为市场主导型环境风险治理工具选用主体的垄断性地位，可以让制造环境风险的企业、环境公益组织以及可能受环境风险影响的社会公众参与到治理工具的选择过程中，赋予企业、环境公益组织以及社会公众一定的工具选择决定权，势必激发他们主动参与环境风险治理的积极性。另外，制造环境风险的企业、环境公益组织以及可能受环境风险影响的社会公众对于环境风险有着切身的体会和感知，对于某些环境风险治理工具的特性和效用有着更为深刻的理解，在选用环境风险治理工具时可以发挥独到的作用，从而有利于提高环境风险治理工具选用的科学性和有效性。第二，理顺中央与地方以及地方与地方之间关于市场主导型环境风险治理工具选用的权力分配问题。在实践中，市场主导型环境风险治理工具的选用不但要遵循中央环境部门的统一领导和安排，也要注重地方积极性的发挥，尤其是对于那些经济较为发达的地区，市场主导型环境风险治理工具起步时间较早并取得较为丰富的经验，则应适当赋予地方自主创新地选用市场主导型环境风险治理工具的权力，激发其选用市场主导型环境风险治理工具的能动性。此外，地方与地方之间关于市场主导型环境风险治理工具选用的权力之间也应当尽量协调一致，这就要求在不同地方，尤其是那些环境情况相似或拥有共同环境管理权限的地方之间尽可能地加强合作与交流，避免市场主导型环境风险治理工具出现异化现象。第三，建立起与治理工具的多元选用主体相适应的公平参与机制、信息交流机制以及责任机制。将环境风险制造企业、第三方治理主体、环境公益性组织以及社会公众纳入市场主导型环境风险治理工具的选用主体范围，首先需要构建相应的公平参与机制。这种机制主要规定参与治理工具选用的资格、条件、标准、流程等内容，目的是确保参与进去的各方主体能够满足市场主导型环境风险治理工具选用的内在要求。其次，还要建立起与环境市场相配套的信息交流机制。信息对市场的重要性不言而喻，实现信息的充分自由完整交流与沟通，则是不同选用主体科学理性选择治理工具的必备条件。信息交流机制主要包括信息收集、分析、研判、评价、管理、公开等主体设定，信息交流的内容以及信息交流的程序等方面。最后，也要建立起市场主导型环境风险治理工具选用主体的责任机制。针对不同类型的选用主体，都应当明确其应承担的相应责任。对于环保行政机关而言，要强化其对市场主导型环境风险治理工具选用的引导和监督责任，建立相应的责任评价和追究制度；对于制造环境风险的企业以及其他主体而言，则应重点规范其在治理工具选用过程中是否存在偏私、违反市场规则等方面的责任，确立相应的淘汰制度。

六、完善立法规范

完善立法规范是完善市场主导型环境风险治理工具的制度归宿。虽然我国在环保立法中明确了市场主导型环境风险治理工具的诸多类型，比如环境补贴、排污权交易、环境税、环境信贷等市场化手段在诸如《环境保护法》《水污染防治法》《大气污染防治法》等相关立法中均有所体现，然而，关于前述不同种类的治理工具究竟应当如何选择和运用等配套性的立法规定付之阙如，无法为其在实践中的运行提供规范性、制度性指引。这就为环境风险治理主体从事治理活动提供了极大的自由裁量空间，与自由裁量相伴而来的是环境治理效果的不确定性和治理成本的高昂性。市场主导型治理工具不应仅停留在抽象的立法条款之中，更重要的是及时出台相应的配套方案，为特定主体科学选择和高效运行市场主导型治理工具提供切实可行的规范指引。

对此，优化我国市场主导型治理工具的立法规范应着重从以下两个方面入手：首先，提升市场主导型环境风险治理工具的立法层级，在国家层面进行统一立法，明确市场主导型环境风险治理工具在整个环境风险治理活动中的地位和作用。国家层面的立法不仅要进行综合性立法，也要针对市场主导型环境风险治理工具选用的专门领域加以立法，以提高立法的普遍适用效力和特殊领域的针对性。其次，就立法内容而言，要提升立法的技术规范性和可行性，针对前文已分析论证的诸如市场主导型环境风险治理工具的种类设计、适用范围、作用机理、选用主体、信息机制、参与机制、信息交流机制以及责任机制等方面内容，通过运用相应的诸如风险评估方法、风险管理技术、成本收益分析、信息甄别技术等分别予以明确规定。

第三节　规制社会型环境风险治理工具的进路

本节重点分析行政法规制社会型环境风险治理工具的具体进路。结合社会型环境风险治理工具自身的特点及其面临的挑战，在遵循行政法规制社会型环境风险治理工具的总体思路和基本原则的前提下，还应当重点对以下四个方面加以关注。

一、加大环境信息公开力度

1992年联合国环境与发展大会通过的《里约宣言》第10条宣布"当地环境问题只有在所有有关公众的参与下才能得到最好解决。每个人应有适当途径接触政府掌握的环境资料，包括关于他们的社区的危险物质和活动的资料，并有机会参与决策过程。各国应广泛传播信息，促进和鼓励公众知情和参与。应使公众能够有效地利用司法和行政程序，包括补偿和补救程序。"①这一内容显示，环境信息公开是社会参与的前提条件。的确如此，环境风险治理工具选用的实践表明，公众参与环境风险治理的一个重要前提便是，公众能够较好地理解和认识环境风险治理的相关法律法规和政策，可以较为便利和完整地获取同自身利益密切相关的环境风险信息。唯有如此，公众方能迈过参与环境风险治理的门槛，进而可以对相关治理活动提出有用的建议或评价。因此，环境风险治理主体在选择社会型环境风险治理工具来治理环境时，环境信息的公开化是这一工具有效实施的前提条件，是政府优化选择必须考虑的首要因素。

二、提高社会公众环境风险意识

公众作为生产者和消费者，他们的行为直接影响环境。环境压力减轻的一个重要动力来源在于公民环境素质和意识的提升，公众的环境意识愈强，则保护环境的意愿就越高，事实上对其他环境破坏行为产生了抵制作用。环境问题的制造者迫于压力不得不通过改进技术等方式来降低环境风险产生的可能性。公众较高环境保护意识是社会型环境风险治理工具在环境风险治理中发挥效用的重要条件，也是政府在选择和应用社会型环境风险治理工具时必须考虑的要素之一。

当前，要提高我国公众环保意识，可以从如下方面着手：首先，开展环保教育。例如，我国《环境保护法》及其他环保相关立法中均对此作出了相应规定，要求各级政府、社会组织和志愿者要加强环保宣传，学校等教育机关要加强学生

---

① 参见吴锦良：《政府改革与第三部门发展》，中国社会科学出版社2010年版，第92页。

的环保教育等。其次，确立相应的制度规范。比如，有关生活垃圾分类处理的制度规范，有关能源节约环保等与公民生活息息相关的制度规范；再如，关于环境保护普法宣传的制度规范，等等。

三、发展壮大环境公益组织

相较于制造环境风险的企业和公民个人而言，环境公益组织在环境治理活动中具有比较优势。它们由享有相应环境专业知识的人员构成，专业性和科学性较强；它们有规范的运营机制和充足的经费资金保障，具备参与环境治理的能力。自我国环保法颁布实施以来，环境公益组织经历了从无到有、由少变多的发展历程。环境公益组织在我国环境治理活动中发挥了重要的作用。然而，就社会型环境风险治理工具的选择和应用实践而言，环境公益组织在资质获取、行动落实、物质保障、技术支持等方面仍存在较大的发展空间，社会公众对环境公益组织的认可度和信任度也并不高。因此，要加强社会型环境风险治理工具在环境风险治理中的积极效果，壮大环保组织是比较重要的举措，也是完善我国社会型环境风险治理工具选用时要考虑的重要因素之一。

具体而言，可以从以下四个方面入手：（1）处理好行政机关与环境公益组织之间的关系。政府的主要职责是依法管理、宏观调控，但不应该对环保进行直接管理或包办代替。（2）处理好非官方环境公益组织与官方环境公益组织之间的关系。官方环境公益组织是非官方环境公益组织的过渡形式。应该在加强原有政府性环保社会团体并继续发挥作用的同时，推进非官方环境公益组织的发展，平等对待这两类组织，毕竟这两类组织在法律上的地位最终应该是平等的。（3）稳妥发展环保非政府组织。要在促进市场经济发展，加强环境保护的基础上积极稳妥地建立和发展环保非政府组织。（4）加强环保非政府组织能力建设。分政府组织能力是综合的，包括一个组织的活动能力、管理能力、创新能力、扩张能力和可持续发展能力等。发达国家环保的政策开发能力和组织能力都很强，而中国的环保非政府组织只是标榜环保的宗旨，还没有具体、明确的分工，目前从事的活动还比较初级，专业化程度不高。

四、完善公众参与环境风险治理工具相关法制保障

为了提高社会参与型环境风险治理工具实施的有效性，应该通过立法逐步建立健全社会参与环境管理的法律机制，为社会参与型环境风险治理工具的实施提供基本的法律保障。倘若没有相关立法规范的支持，公众参与环境治理就只能停留在口号宣传层面，因为公众参与环境治理涉及公众与行政机关以及公众与环境风险制造者之间的权利和义务问题，只有在相关立法对前述权义问题加以明确规定，才能为公众参与环境治理提供正当性基础。

　　当前，我国在为推动社会参与环境保护所需要进一步加强的法律问题有：尽管公众参与环境风险治理具备了一定的法制基础，无论是在《环境保护法》这一环保基本法中，还是在《大气污染防治法》《固体废弃物污染防治法》《水污染防治法》等环保专项立法中，公众参与都受到一定重视。例如，在《环境保护法》中，明确将公众参与作为一项基本原则，在此原则指引下，专辟"信息公开和公众参与"一章，用以规范社会型环境风险治理工具。又如，2020年最新修订实施的《固体废弃物污染防治法》更是对社会型治理工具进行了大量的、明确且直接的规定，该法第11条①规定了多元主体参与固体废弃物污染防治的基本原则和重点内容，此外，该法第31条②规定了单位和个人的举报权等内容。但遗憾的是，立法中关于公众参与环境治理的规定较为模糊，大多是宣誓性、原则性规定，对于公众通过什么样的机制参与环境治理以及公众在参与环境治理过程中享有怎样的权利等问题并未作出详细的规定。此外，对于公众参与权受阻时，环保行政机关和相关企业应当承担的责任问题也缺少明确细致的规定。

　　综上所述，当前我国政府在选择社会参与型环境风险治理工具时要考虑到环境信息的公开、公众环保意识的提高、社会力量的壮大以及相关的法律保障等方面的满足情况。在满足四个方面情况下，社会参与型环境风险治理工具可以有力地发挥出环境保护作用。当然，在上述条件不能同时满足的情况下，也要尽量考虑在满足更多条件的情况下来选择和使用社会参与型环境风险治理工具。

---

① 该条规定："国家机关、社会团体、企业事业单位、基层群众性自治组织和新闻媒体应当加强固体废物污染环境防治宣传教育和科学普及，增强公众固体废物污染环境防治意识。"

② 该条规定："任何单位和个人都有权对造成固体废物污染环境的单位和个人进行举报。生态环境主管部门和其他负有固体废物污染环境防治监督管理职责的部门应当将固体废物污染环境防治举报方式向社会公布，方便公众举报。接到举报的部门应当及时处理并对举报人的相关信息予以保密；对实名举报并查证属实的，给予奖励。举报人举报所在单位的，该单位不得以解除、变更劳动合同或者其他方式对举报人进行打击报复。"

第十三章 三种环境风险治理工具互动 与整合的行政法制度

第一节 整合三种环境风险治理工具的基本原则

前文关于不同类型环境风险治理工具各自的优缺点、面临的困境等相关论述，实质上提炼了三种环境风险治理工具的理想类型，即政府主导型、市场主导型和社会型环境风险治理工具。因每一种治理工具有着特定的产生和运用背景，它们都有优点与不足，在实际运用过程中，欲使治理工具发挥自身的最大功效，则需要综合考虑各种治理工具之间的关系。需要指出的是，不同的治理工具并没有绝对意义上的好坏之分，只是在针对特定的环境风险议题时，不同类型治理工具所具有的作用有所不同。如就实现环境治理的公平性而言，社会型环境风险治理工具可能更容易达成这一目标；而就有效性而言，政府主导型环境风险治理工具可能在大气污染风险治理中表现更为出色。当然，治理主体选择和运用治理工具从事环境风险治理，绝不是非此即彼地选择某一种治理工具，更多时候需要组合使用。相关环境风险治理主体在选择和运用不同类型环境风险治理工具从事环境风险治理的实践中，通过对不同种类的治理工具加以优化组合，以实现环境风险治理效果的最佳性。换言之，就需要在三种不同类型的环境风险治理工具之间实现互动与整合。要实现三种不同类型环境风险治理工具之间的互动与整合，需要遵循以下四项原则。

一、科学性原则

科学性原则是指环境风险治理主体选择应用不同类型治理工具从事环境风险治理，应当根据事先确立的标准、规则、流程等对所欲选择的治理工具加以分析、筛选、组合、排列，以确保所选择的治理工具能够满足治理对象和治理目标的内在要求。概括而言，科学性原则要求环境风险治理主体在对治理工具加以整合时，既要满足工具理性的基本标准，又要注重价值理性的内在要求。首先，该原则要求环境风险治理主体在不同类型治理工具互动与整合时，应当兼顾效率与公平。价值理性对应着公平，工具理性对应着效率，工具的互动与整合要满足价值理性和工具理性的双重标准，自然要兼顾效率和公平。进而言之，既要追求工具组合使用的效果最佳性，也要满足工具之间互动选择的形式合法性，确保工具互动与整合不能损害社会公共利益。其次，该原则进一步要求环境风险治理主体在选用不同类型环境风险治理工具时要注重工具类型之间的匹配性，要厘清每一种类型环境风险治理工具代表的价值追求和属性特点，并对其进行定性分析。另外，整合不同类型治理工具时要合理安排价值目标的等级次序，还要适当地引入成本收益分析等定量分析方法。

二、互补性原则

互补性原则要求环境风险治理工具的互动与整合应当满足治理工具自身效用的最大发挥，因为不同类型的环境风险治理工具分别代表着不同的价值理念，它们也有着不同的优势和不足。在不同的应用场景中，各自发挥的作用也有所不同。可能在某一特定的环境风险议题中，选用某一种环境风险治理工具就能够实现环境治理目标，相反，多种不同类型治理工具的组合使用反而会出现工具之间相互排斥的问题，此时就需要引入这一原则。事实上，互补性原则更多地要求环境风险治理主体具备风险治理的全局性视野，要求其对每一种治理工具的属性、作用都能够作出科学理性的判断，在处置具体环境风险议题时，最大可能地对不同类型环境风险治理工具加以优化组合使用。

三、动态性原则

动态性原则是指环境风险治理主体选用不同类型的治理工具从事环境风险治理，应当注重对不同类型环境风险治理工具进行动态调整。该原则对环境风险治理主体提出了以下要求：第一，对于同一环境风险议题而言，环境风险治理主体可能会选择一种或多种治理工具，需要根据环境风险的变化对所选择的治理工具加以动态调整；第二，对于不同的环境风险议题而言，环境风险治理主体也要结合具体的环境风险特点对治理工具进行动态调整；第三，环境风险治理工具箱也应做到及时更新和动态调整，不同类型的环境风险治理工具只是对环境风险治理实践中存在的工具手段进行的提炼和归纳，事实上，随着环境风险治理实践的发展，一定会出现不同于既有治理工具的新类型，环境风险治理主体从事治理活动时也须关注工具类型的创新选择与应用。

第二节　三种环境风险治理工具互动与整合的进路

我国环境风险治理工具缺乏互动与整合的现状表现为协调一致性、动态适用性、科学合法性等方面的不足。造成三种治理工具缺乏互动与整合的原因在于工具选用主体、工具自身设计以及相关法律规范等方面。因此，行政法视野下的三种环境风险治理工具互动与整合，也可从工具选用主体、自身设计以及法律规范层面加以完善。需要说明的是，由于笔者已在前章分别对不同类型环境风险治理工具的自身设计以及相应法律规范的完善路径进行了分析和论证，故本节不再重复上述两方面的内容，转而重点从行政法学的视野出发，对工具选用主体方面的行政法制度设计加以阐释和剖析。

一、强化治理工具互动的意识和理念

强化治理工具互动的意识和理念，就是要对治理工具选用主体关于工具互动意识和理念进行深化，增强工具选用主体对于工具互动重要性的科学认知。治理工具的选用主体既包括工具选择主体，也包括工具适用对象。前者主要是指环保行政机关，后者主要指制造环境风险的企业、第三方治理主体以及可能受环境风险影响的社会公众。如前所述，治理工具的选择主体存在着难以避免的有限理性、思维惯性，以及治理工具适用对象对于环境风险治理工具的选择与互动关注度不高、参与性不强等，是造成我国环境风险治理工具缺乏良性互动和有效整合的重要原因。对此，我们认为，行政法可以分别从以下两个方面进行规制。

首先，强化治理工具互动的意识和理念，就是要强化治理工具选择主体的相关意识和理念。第一，强化治理工具选择主体的风险意识。环境风险治理工具本身并不是治理工具选择主体从事环境风险治理活动的目的，及时有效地预防和化解环境风险才是根本目的。因此，风险意识的确立对于环境风险治理工具选择主体从事相关实践具有重要意义，它是治理主体选择治理工具开展环境风险治理实践的前提。在实践中，环境治理主体的风险意识较差，并不能科学地认识环境风险的复杂性，因此，在选择治理工具时不能够根据风险的特殊性顺利开展治理活动，环境风险治理工具的独特意蕴也不能够被充分地揭示出来，进而影响工具本身效能的发挥。对此，环境风险治理工具的选择主体应当主动适应环境风险的内在要求，加强对环境风险相关理论知识的学习与理解，进而真正树立起环境风险意识。第二，强化治理工具选择主体的工具互动意识。实践中，环境风险治理主体的工具互动意识并不高。作为"理性经济人"，他们有着自己的价值偏好和利益追求，习惯性地将政府主导型环境风险治理工具作为首选，而忽视了其他环境风险治理工具类型的选择。另外，环保行政机关作为政府的部门机构，在人员设置、技术配置、专业知识储备等方面可能存在偏差，面对复杂的环境事务，在缺乏相应环境知识和专业技术人员的情况下，环保行政机关顺利完成对不同类型环境风险治理工具的科学互动与有效整合任务往往显得力不从心。对此，环境风险治理工具的选择主体还应当转变自身的治理理念，注重工具理性在环境风险治理中的价值与作用，具备工具选择的全过程性视野，以强化自身对工具良性互动的整体性把握。第三，强化治理工具选择主体关于工具互动的法治理念。工具互动的法治理念要求工具选择主体在选用治理工具时注重工具之间组合使用的合法性问题，综合性考虑工具选择和组合使用时是否违反法律规定、是否对其他主体的合法权益造成损害等。

其次，要强化治理工具适用对象的相关意识和理念。环保行政机关作为我国环境风险治理工具的选择主体，自身存在着一定的缺陷和不足，倘若制造环境风险的企业和可能受环境风险影响的社会公众能够监督环保行政机关选择和应用环境风险治理工具的行为，就能够在一定程度上弥补环保行政机关自身的缺陷和不足。具体而言，制造环境风险的企业在适用由环保行政机关选择的环境风险治理工具时，如果能够对所适用工具的具体情况加以反馈，如环保行政机关选择的市场主导型环境风险治理工具对制造环境风险的企业造成了极大的成本压力，影响了企业创新的积极性，则可以将这一结果告知环保行政机关，进而可以为环保行政机关及时调整相应的工具选择标准以及矫正相应的工具组合方案提供支持；社会公众适用环境风险治理工具也需要为环保行政机关提供相应的反馈意见，不论反馈意见是否科学、是否理性，公众与环保行政机关的互动都有利于增强环境风险治理工具选择和应用的科学理性。

二、完善治理工具互动的方法和程序

完善治理工具互动的方法和程序，要求环境风险治理主体在组合选用治理工具时应当依据一定的方法和遵循相应的程序，其所依据的方法应当具备科学性与合理性，所遵循的程序应当具备中立性和时效性等。可以说，治理工具互动的方法和程序构成了治理工具之间实现良性互动和有效整合的关键因素。缺乏组合选用治理工具的方法和程序，治理工具就无法实现良性互动，进而影响治理结果最佳性与合法性的实现。我们认为，可以从以下方面完善治理工具互动方法和程序。

首先，对治理工具互动应当依据科学的方法进行完善。完善治理工具互动的科学方法包括但不限于以下三个方面：第一，注重风险评估方法在治理工具互动中的应用。治理工具互动的目的在于有效预防和及时化解环境风险，由于风险本身具有复杂性和不确定性等特征，在组合选用不同类型环境风险治理工具时，对于特定环境风险进行相应的风险评估就显得十分必要，通过风险评估可以获得特定环境风险的严重程度和作用范围等，进而能够为组合选用不同类型治理工具提供相应的依据。第二，重视与信息相关的技术方法在治理工具互动中的应用。这里所指的信息不仅包括环境风险信息，还包括环境市场中的各种信息，如价格信息、成本信息、交易信息等。信息的互通对于环境风险治理工具之间的互动与整合同样不可或缺。只有在信息相对完整、对称、透明的情形下，选用某种或多种治理工具的决策才可能获得相应的权威性、灵活性、可接受性，才不至于不同类型治理工具因信息的缺失而相互抵牾。对此，需要注重信息获取、收集、整理、分析、管理等各项技术的研发工作。第三，加强诸如经济学、政治学、法学等多学科研究方法在治理工具互动中的运用。既可以通过经济学中的成本收益方法分析不同类型环境风险治理工具组合选用时的边际效益和成本问题，进而得出治理工具互动与整合的最佳方案，也可以借助于法学研究中的比例原则，组合选用不同类型治理工具在特定风险议题中的优先次序，还可以价值分析的方法对每一种所欲选用的治理工具所代表的利益价值进行区分，并根据不同的价值目标组合选用治理工具。

其次，对治理工具互动应当遵循的程序加以完善。程序作为与实体相对应的一个概念，它是指完成某项工作或实现某种任务应当依照的步骤、次序和时限。程序不仅具备规范权力行使、防治权力恣意的功能，还具备促进权利义务合理配置、实现既定目标的作用。当然，程序功能的发挥离不开程序设置的科学性。科学的程序应当具备时效性、中立性等特征。不同类型环境风险治理工具的良性互动和有效整合自然也离不开相应的程序，它包括但不限于：第一，确定环境风险治理工具选择主体的程序设计。理想意义上的治理工具选择主体包括环保行政机关、制造环境风险的企业、第三方治理主体以及社会公众等多种类型，在面对某一具体的环境风险议题时，则需要确立相应的工具选择主体，进而需要进行相应的主体选择程序设计。在这一程序设计中，要将主体资格、专业能力、财务能力、人员素质、经验表现等因素纳入其中，同时对主体之间的竞争与淘汰程序进行相应规定。第二，规定专家论证的必要程序。由于环境风险治理工具的互动与整合既涉及具有高度不确定性的环境风险议题，又涉及不同类型治理工具的组合选用标准，因而对治理工具选用主体提出了非常高的专业技术要求。对此，一个较好的解决方案便是在治理工具的选用过程中引入专家论证。确立专家论证程序需要考虑专家来源的中立性、专家的知识构成、专家的待遇薪资以及专家责任等方面问题。第三，规定公众参与的程序设置。环境风险治理工具的互动与整合离不开有效的公众参与。公众参与不仅能为治理工具的组合选用提供朴素的、直接的意见反馈，同时能够监督治理工具组合选用的合法性与合理性。公众参与的程序设计应当包括公众参与的范围，如与特定环境风险有直接利害关系的个人或组织，也应当包括公众参与的方式，如公众可以采取申请召开听证会、政府信息公开等方式参与其中，还应当包括公众参与的时限，如在组合选用不同类型治理工具之前提前告知公众可以参与工具选用过程。第四，规定交流协商的程序设置。环境风险治理工具的互动不仅包括工具之间的组合选用，也包括不同工具选用主体之间的互动，因此，相应的交流程序也十分必要。交流程序应当包括启动交流的必要条件、交流协商的方式、交流协商的内容以及交流协商的争议解决等。例如，可以规定当涉及不同的工具选用主体时必须进行交流协商；再如，还可规定交流协商应当符合行政效率性原则基本要求；等等。

三、设定治理工具互动的职权（权利）与职责（义务）

设定治理工具互动的职权（权利）与职责（义务），就是要对环境风险治理工具的选用主体在组合选用不同类型治理工具时应当享有的职权（或权利）与职责（义务）进行明确规定，以保障治理工具互动与整合的合法性。从理论上讲，由于治理工具互动与整合的主体是多元的，那么就需要分别对其应当享有的职权（或权利）与职责（义务）加以设定。我们认为，行政法可以分别从以下两个方面进行规制。

首先，科学设定环保行政机关及其工作人员在治理工具互动与整合过程中的职权与职责。在环境风险治理实践中，环保行政机关通常负责环境风险的预防、监测、处置、评估和管理工作。尽管"多元共治"的环境治理模式作为优化和完善我国环境治理的一种目标方案设计在近年来取得了长足的发展，但并不意味着环保行政机关监督和管理环境事务的职能由其他主体所取代，无论在事实层面还是在规范层面，环保行政机关在环境治理活动中发挥着不可替代的决定性作用。因此，设定环保行政机关及其工作人员在治理工具互动与整合过程中的职权与职责是确保环境风险治理工具实现良性互动和有效整合的重中之重。行政法可以设定环保行政机关及其工作人员关于治理工具组合选用的提议权和启动权；设定环保行政机关及其工作人员关于对工具组合选用进行风险评估的权力；设定环保行政机关及其工作人员关于对工具组合选用进行专家论证的权力；设定环保行政机关及其工作人员关于对工具组合选用进行效果评价与管理的权力；设定环保行政机关及其工作人员关于对工具组合选用违反科学方法和程序的法律责任；设定环保行政机关及其工作人员关于对工具组合选用违反公众参与的法律责任；设定环保行政机关及其工作人员关于对工具组合选用违反交流协商的法律责任；等等。

其次，科学设定制造环境风险的企业、第三方治理主体以及可能受环境风险影响的社会公众等其他主体在治理工具互动与整合过程中的权利与义务。如前所述，环保行政机关作为我国环境风险治理工具的选择主体，本身存在着一定的缺陷和不足，倘若制造环境风险的企业、第三方治理主体以及可能受环境风险影响的社会公众能够监督环保行政机关选择和应用环境风险治理工具的行为，就能够在一定程度上弥补环保行政机关自身的不足。对于制造环境风险的企业、第三方治理主体以及可能受环境风险影响的社会公众而言，行政法可以赋予他们参与治理工具组合在选用与互动的全过程的权利，即在治理工具选用与互动的启动阶段，应当明确规定他们享有提出建议与意见，作出选择和决定等权利；在治理工具选用与互动的实施阶段，应当明确规定他们享有收集、分析相关信息，申请听证、信息公开、风险评估治理或专家论证等权利；在治理工具选用与互动的结束后阶段，应当明确规定他们享有评价治理工具运行实效，反馈治理工具运行中存在的不足，监督治理工具的合法性，对受到的权益侵害提出申诉和救济等权利。

四、引入社会性许可权等新型权利构造

（一）社会性许可权的界定

所谓社会性许可权，[1]是指受到项目影响的社会性许可被申请人向作为社会性许可申请人的项目企业以及对项目承担行政许可职责的国家行政机关享有的某种主张或者资格。[2]社会性许可的被申请人是受到项目影响的各类利害关系人。既可以是直接利害关系人，即自身的合法权益受到项目径直影响的主体，比如，行政机关许可某企业在某居民区建造一个垃圾焚烧厂需要征用该居民区的房产和土地，房产和土地被征用的居民就是直接利害关系人，也可以是间接利害关系人，即除直接利害关系人之外的对项目感兴趣的主体，比如，行政机关许可某企业在一个栖息着大量猴子的国有森林公园内建设一个大型游乐场，猴类保护协会对此高度关注，该协会就属于间接利害关系人。社会性许可的申请人是项目企业和对项目实施许可权的国家行政机关。所谓项目，是指具有特定目标，有特定开始和终止日期，具有一定约束条件（比如资金有限、消耗资源）的活动和任务。项目企业通常承担项目的启动、计划、执行、控制和结束等工作。享有许可权的行政机关通常对项目承担考察、审查、审批、监督等职责。有的是国家环境保护方面的行政机关，有的是安全生产方面的行政机关，有的是土地管理方面的行政机关。他们共同构成社会性许可申请人。从属性上分析，社会性许可权属于以公权利为主的新兴权利。

1.社会性许可权属于以公权利为主的权利

从学理上探讨社会性许可权属于公权利还是私权利，不仅是明确其部门法归属，而且还是确定其保障和救济途径的前提性问题。这就需要运用公法，特别是行政法上的私人公权利理论。从历史角度来分析，现代行政法上的私人公权利概念，最早由德国学者 C. F. V. 哥伯在1852年所著的《公权论》中提出，意指当个人与全体相结合时对国家具有的权利就是公权利，最主要的公权利是参政权，尤其是选举权。[3]德国学者奥托·迈耶认为，真正的公法上的权利是从授予个人参

---

[1] 参见戚建刚：《社会性许可权的行政法建构》，《武汉大学学报（哲学与社会科学版）》2018年第4期。

[2] 尽管关于"权利"的定义学界并未形成一致观点（参见郭道晖：《法理学精义》，湖南人民出版社2005年版，第85-90页），然而，作为一种分析社会现象的工具，权利定义的众说纷纭并不妨碍笔者选取其中一种或者两种定义来研究社会性许可权。

[3] 参见王和雄：《论行政不作为之权利保护》，三民书局股份有限公司1994年版，第26页。

与权开始的。①日本学者美浓布达吉指出，公权是国家或共同团体本身居于当事者或义务者地位。②我国学者则认为，③私人公权，不仅是为保护权利主体自身的个人利益而赋予的，而且是为了实现公共利益，或者说主要是为了实现公共利益而确认的。④

国内外学者对私人公权利判断标准的研究，无疑为我们分析社会性许可到底属于公权利还是私权利提供了重要启发。笔者认为，根据私人权利所对应的义务主体是否行使公共行政权力，特别是国家行政权力，私人权利的目的是为了追求公共利益还是私人利益，私人权利主体的意志和行为所指向、影响和作用的客观对象是否是国家和社会公共事务，在学理上可以将私人权利分为公权利与私权利。据此标准，社会性许可权属于以公权利为主的权利。对此可以从四个层面来理解。

（1）社会性许可权所对应的义务主体是享有对项目行使国家行政许可权的国家行政机关以及从事项目开发和建设的企业。在我国行政法语境中，行使国家行政许可权的行政机关无疑是享有公共行政权力的主体。而项目企业虽然不享有行政权力，但在公有制占主导地位的当下中国，许多项目企业往往是国有企业，拥有大量物质资源，诸如人、财、物、资本、信息和技术等，属于我国学者郭道晖教授所谓的社会权力主体。⑤比如，于2013年5月发生在云南省昆明市的"对二甲苯"事件中，项目企业就属于中国石油天然气集团有限公司（以下简称中石油）。由此，社会性许可权所对应的义务主体主要是享有公共行政权力和社会权力的主体，而不是纯粹的私人主体。

（2）社会性许可被申请人行使社会性许可权利的目的不仅是为了维护个体利益，更是为了维护社区集体利益，还为了保障公共利益。从社会性许可权实践来观察，受到国家行政机关许可项目影响的直接利害关系人通常是某一社区或集体的复数意义上的公民。他们既为了维护个体利益，比如因私人财产所有权和使用权而主张权利，也为了保护社区或集体的权利，比如社区或集体的清洁水源、干净空气、有益的投资环境等，还为了促进更大范围内的社会公共利益，比如，确保项目与当地社会协调和可持续发展，维护下一代人的生存环境等。而对国家行

① 参见[德]奥托·迈耶：《德国行政法》，刘飞译，商务印书馆2013年版，第116页。
② 参见[日]美浓布达吉：《公法和私法》，黄冯明译，台湾（地区）商务印书馆1998年版，第124页。
③ 参见杨建顺：《日本行政法通论》，中国法制出版社1998年版，第190页。
④ 也有学者认为行政法上私人公权利是行政法确认的权利，即将是否由行政法确认作为判断私人公权利的一个标准（参见方世荣：《论行政相对人》，中国政法大学出版社2000年版，第60-61页）。笔者认为，这一观点仅具有有限的解释力，因为他排除了非法定的私人公权利，故不作为判断社会性许可权属性的标准。
⑤ 参见郭道晖：《论权力的多元化与社会化》，《法学研究》2001年第1期。

政机关许可项目感兴趣的间接利害关系人，诸如各类环保公益组织，通常为了维护社会公共利益，为了保障生态环境资源来主张权利。比如，前述发生在云南省昆明市的"对二甲苯"事件中，作为直接利害关系人的昆明市民的诉求就是洁净的水、新鲜的空气，担心该项目危害居民健康，而作为间接利害关系人的"绿色河流"与"绿色家园"的诉求则是保障昆明的美丽。①由此，社会性许可被申请人行使社会性许可权利的目的主要是为了维护和促进社区的、公共的利益。

（3）社会性许可被申请人意志和行为所指向的对象是国家行政机关许可的项目——包括已经履行完毕许可程序或者尚未履行完毕许可程序的项目。从功能来分析，这些项目通常是为了实现国家产业政策，促进社会和经济发展而由国家安排或扶持的社会公共事业，比如，2014年5月10日浙江省杭州市余杭区市民反对处于前期规划公示阶段的中泰垃圾焚烧厂项目就属于杭州市2014年规划重点工程项目。②

（4）社会性许可权也具有私权利的特征。虽然社会性许可权主要属于公权利，但并不排斥或者否定其具有私权利特征。理由在于，作为社会性许可权主体的利害关系人，特别是直接利害关系人行使该权利也包含着对个体利益的追求。这符合经典马克思主义作家的观点。马克思曾经说过："人们奋斗所争取的一切，都同他们的利益有关"。③利害关系人之所以要行使社会性许可权也为了实现自身利益，满足自身的"需要"。

以上四个方面合而言之，社会性许可权属于以公权利为主的权利。揭示社会性许可权的公权利属性的法律意义在于：一是为行政法规范社会性许可权提供客观基础。即社会性许可权应当由作为公法的行政法来规范，而不应当由作为私法的民商事法律来调整。这意味着社会性许可权中的各方主体应当遵循行政法基本原则和制度。二是将社会性许可权与私人的私权利区分开来。即社会性许可权的主体在行使此类权利时，需要以促进社会公共利益为主要出发点，以保障某一地区的社会、经济、政治和文化等全面协调可持续发展为旨归，不能为了一己私利而滥用权利。

2.社会性许可权是新兴权利

明确社会性许可权是以公权利为主的权利，是从实质角度来分析其属性，而阐释其是一种新兴权利则从形式层面来明确其属性。根据法学理论界关于新兴权

---

① 参见国家行政学院应急管理案例研究中心主编：《应急管理典型案例研究报告（2015）》，社会科学文献出版社2015年版，第87-109页。

② 参见张乐等：《余杭：中泰垃圾焚烧厂项目群众不支持就不开工》，http://news.sohu.com/20140511/n399410594.shtml，2020年1月29日访问。

③ 参见[德]马克思：《第六届莱茵省议会的辩论》（1842年2月），《马克思恩格斯全集》（第1卷），人民出版社1956年版，第82页。

利的判断标准，社会性许可权无疑属于新兴权利。[①]对此，可以从如下三方面来论证。

（1）从时间标准来分析，我国过去的法律文本以及当前的法律文本尚未对社会性许可权有任何明确的规定。在我国目前的法律文本中，特别是在行政法中，立法者尚未规定社会性许可权。与之在名称上相近的一个概念是行政许可权，即作为行政相对人的公民、法人和其他组织依法向履行国家行政许可职责的行政机关申请从事某种活动的资格。但社会性许可权与行政许可权在内容上根本不同。它们之间存在本质差异。社会性许可权是不具有国家行政权力的、但受国家行政许可项目影响的社会公众——利害关系人允许国家行政许可机关和企业实施某一项目的权利。换言之，在社会性许可权利关系中，社会公众占主导地位。他们有权授予国家行政许可机关和企业开展项目。而在行政许可权关系中，具有国家行政权力的行政机关占主导地位。他们依法授予公民、法人和其他组织从事某种活动的资格。可见，社会性许可权根本不同于行政许可权，我国目前行政法中没有对之加以规定。

（2）从空间标准来看，我国境内的法律没有对社会性许可权加以明确规定，但国际上的法律文件对此隐含地作了规定。比如，2007年9月13日联合国人权理事会第107次会议通过了《联合国土著人民权利宣言》。该宣言第10条规定，如果未事先获得有关土著人民的自由知情同意和商定公正和公平的赔偿，并在可能时提供返回的选择，则不得进行迁离。第11条第2款规定，对未事先获得他们自由知情同意，或在违反其法律、传统和习俗的情况下拿走的土著文化、知识、宗教和精神财产予以补偿，包括归还原物。这就是著名的事先的、自由的、知情的同意原则。依据该原则，政府或企业的项目影响了土著人的财产，需要事先获得土著人自由的和知情的同意。虽然该原则主要针对土著人，但国际上一些学者认为这一原则其实隐含着社会性许可权。[②]尽管我国是联合国常任理事国，并且我国政府公开承诺支持该宣言，[③]然而，我国毕竟不是该宣言的缔约国，因而该宣言对我国政府没有约束力。

（3）从权利内容标准来看，现行法律尚未对社会性许可权的主体和客体加以规定，属于"纯粹"新兴权利。[④]凡权利都是一定社会关系的体现。[⑤]社会性许可

---

① 参见姚建宗：《新兴权利论纲》，《法制与社会发展》2010年第2期。

② Kathleen M. Wilburn , Ralph Wilburn , Achieving Social License to Operate Using Stakeholder Theory, Journal of International Business Ethics, 2011,4(2):3-16.

③ 参见杨伶：《中国支持人权理事会通过土著人民权利宣言》，http://news.sohu.com/20060628/n243972852.shtml，2020年1月29日访问。

④ 参见姚建宗：《新兴权利论纲》，《法制与社会发展》2010年第2期。

⑤ 参见郭道晖：《法理学精义》，湖南人民出版社2005年版，第92页。

权的主体是社会性许可被申请人和社会性许可申请人。其中，申请人是积极提出要求，能促进被申请人实现或顺应自己要求的主体，即项目企业和对项目实施许可职责的国家行政机关。而被申请人是消极顺应申请人的要求的主体，即受项目影响的直接或者间接利害关系人。社会性权利的客体则是社会性许可当事人的行为和意志作用的对象——通常属于国家和社会公共事业的项目。对于具有这样一种内容的权利，我国现行法律特别是行政法律尚未明确加以规定。

由此，可以判断社会性许可权属于新兴权利。当然，有学者可能会提出质疑，认为现行环境行政法所规定的利害关系人基于环境权或环境利益主张的参与权（以下简称环境利害关系人参与权）与社会性许可权存在相似之处，因而可能否定社会性许可权作为新兴权利的属性。笔者认为，这两种权利至少存在两大区别。一是义务主体不同。环境利害关系人参与权所针对的义务主体是国家环保行政机关，而社会性许可被申请人所针对的义务主体是项目企业以及对项目承担行政许可职责的国家行政机关——环保行政机关仅仅是其中一个行政机关。二是权利类型不同。环境利害关系人参与权的类型到底包括哪些，学理上存在诸多争议，但可以明确的是，现行环境行政法①中的利害关系人参与权的类型要远远少于笔者在下文所建构的社会性许可权类型，特别是环境利害关系人并没有表决权——有权否决一项已经经过行政机关许可的项目。也有学者可能会提出质疑，社会性许可权与行政法上的利害关系人参与权是什么关系？为何不使用行政法上利害关系人参与权，②而使用社会性许可权？笔者认为，这两种权利也存在三大区别。首先，两种权利所针对的义务主体不同。前者的义务主体是项目企业以及对项目承担行政许可职责的国家行政机关；后者的义务主体是国家行政机关——对项目承担行政许可职责的国家行政机关仅仅是其中的一种类型。其次，两者所指向的客体不同。前者所指向的客体是属于国家和社会公共事业的项目；而后者所指向的客体要广泛得多，除了项目之外还包括人事、财政等方面事项。最后，两者权利类型不同。行政法上参与权③主要包括批评和建议权、控告与检举权、协助公务权、知政权和行政契约权。但笔者下文所建构的社会性许可权包括两项核心权利——表决权和动议权，则是行政法上参与权所无法涵盖的。可见，不论是环境利害关系人参与权或行政法上参与权与社会性许可权均存在重大差异，特别是它们都没有包括社会性许可权的核心权利类型——对项目的表决权。而正是在核心权利类型上的差异，使得它们难以充分解释或说明当前我国行政管理的难题——诸多项目虽然已为国家行政机关所'选中'或者已为国家行政机关依法许可，但却被社会性压力否决的现象。也正是这种差异，使得社会性许可权可以表

---

① 主要是《中华人民共和国环境保护法》（以下简称《环境保护法》）第53条第1款规定。
② 为简洁起见，笔者沿用行政法上作为通说的参与权来与社会性许可权加以比较。
③ 参见方世荣：《论行政相对人》，中国政法大学出版社2000年版，第84-87页。

征为一种新兴权利。

揭示社会性许可权的形式属性是新兴权利的主要法律意义在于：从形态分析，社会性许可权是一种法外权利，即它虽非由国家法律规定，但特定领域的社会公众事实上在行使的权利；它也是特定国家行政机关面对公众压力有时不得不承认的权利。

（二）创设社会性许可权的学理依据

以上，笔者从实质和形式两个层面揭示了社会性许可权的属性，并将它与环境利害关系人参与权和行政法上参与权做了区分，不难发现它是一种具有独立内涵的权利，但目前仍然是一种法外权利。由于在极端情况下，它将产生巨大的爆发力和破坏作用，因而，它是行政法的立法者和实施者以及项目企业都不得不予以重视的权利。行政法的立法者通常有两种选择：一种选择是顺势而为，通过行政法机制来及时确定此类法外权利，规定当事人，特别是规定社会性许可被申请人行使权利的合理程序，将此类权利所具有的潜在破坏性控制在法律轨道之内，扬其善，遏其恶。另一种选择是彻底禁止或者否定这种法外权利。可是，从社会性许可实践来分析，国家行政机关若选择彻底禁止或否定，则不仅将抛弃社会性许可权的积极功能，还将付出巨大的合法性代价。可见，行政法的立法者做出第一种选择是明智之举。这恰如美国法哲学家博登海默所说的，法律对于权利来讲是一种稳定器，对于失控的权力来讲则是一种抑制器。[①] 但将一种法外权利转化为行政法上的权利，则是需要加以充分论证的。这是因为，如果没有基于客观的共同条件生活需要的社会性的"正当"这种评价，"我要"永远只是"我要"，永远变不成"权利"。[②] 由此，需要从深层次的学理和法理层面来阐释社会性许可权纳入行政法的依据。

1.社会性许可权是合作治理社会问题的新形式

与第三次科技革命浪潮相伴随的是现代社会的日益复杂化、人们价值取向多元化、公民权利意识和自组织化程度不断增强，因社会与经济发生结构性变迁而产生的大量社会和经济矛盾。而传统的以命令和服从为主要特征的行政管理模式受到极大挑战，主要依赖国家行政机关来提供公共物品，实施社会管理的做法也不断遭遇合法性危机。这就是所谓的政府治理危机。在这样一种背景下，多层次治理、多中心治理、网络治理、社会治理、善治、治理创新等新的管理社会模式不断涌现。[③] 虽然这些治理类型名称各异，但它们一个基本的共同点是要求政府

---

① 参见[美]E.博登海默：《法理学——法哲学及其方法》，邓正来译，华夏出版社1987年版，第290页。

② 参见张恒山：《法理要论》，北京大学出版社2007年版，第336页。

③ 参见臧雷振：《治理类型的多样性演化与比较》，《公共管理学报》2011年第4期。

职能发生转变：在纵向层面，国家行政权力向国际组织和基层政府和社区转移；在横向层次，国家行政权力从国家行政机关向非政府组织，甚至公民个体转移。国家行政机关被嵌入一个由各种不同层次的组织、机构、协议和制度相互交织的网络，成为提供公共物品的诸多权威形式的一种。由于这种转向，使得公共权力与私人权利的界限变得日益模糊，非政府组织和公民个体的角色也发生改变，公民社会与国家的区别也变得不是很明显。

　　社会性许可权就是在这种转变中逐渐兴起的。在很大程度上，社会性许可权是公与私合作治理或者互动治理的一种最新的制度化形式。它超越了早期的参与式治理。它既要解决"政府失灵"和"市场失灵"，也要克服早期参与式治理本身失灵问题。通过赋予受行政机关许可项目影响的各类利害关系人系列权利，就意味着无序和低效参与将转变成一种有序和高效的参与，意味着各类利害关系人将以责任者和主人翁的姿态参与复杂项目的规划、选址、执行和操作过程。作为项目的最敏感治理行动者，通过赋权，他们既能促进行政机关科学决策和灵活监管，也能帮助项目企业提升业绩；既能阻止那些严重破坏生态环境的"恶劣"项目，也能防治掠夺式的开发活动，实现政府、市场和公民社会三赢。对于社会性许可权的这种功能，国外学者也有论述，比如，澳大利亚学者甘宁汉等认为，[1]社会性许可（权）能够敦促行政机关及时执法，提高执法频率，增强执法效果。他们指出，虽然行政法律规定了企业排放恶臭硫磺的限度，但行政机关从来不会将控制气味作为其执法优先事项，因为气味对环境影响很微小。然而，在纸浆厂项目中，社区居民却将恶臭气味作为最优先事项来考虑，这就迫使行政机关动用执法权力对气味加以严格控制。驰莱克则认为，社会性许可（权）能够帮助企业节省成本，降低社会风险并有助于项目在没有遇到社区冲突情况下持续运作。为此，他引用世界资源研究所的一项研究来佐证，世界著名石油企业荷兰壳牌在菲律宾开采天然气，因该项目获得当地社区同意，为壳牌节约7 200万美元费用。[2]

　　2.社会性许可权是实现可持续发展的重要途径

　　20世纪60年代以来，随着世界人口不断增长，人与自然矛盾日益加剧，国际组织提出了可持续发展理论。[3]该理论主张需要一种新的、较少具有危害的长远发展策略，需要将社会的、经济的和环境的问题以一种整体性方式加以解决的

---

① Neil Gunningham, Robert A. Kagan, Dorothy Thornton, Social License and Environmental Protection: Why Businesses Go Beyond Compliance, Law & Social Inquiry, 2004, 29(2): 307-341.

② Slack, K. Corporate Social License and Community Consent, (2008)https://www.carnegiecouncil.org/publications/archive/policy_innovations/commentary/000094.

③ Sinclair, A.J., Diduck, A., Fitzpatrick, P.J., Conceptualizing Learning for Sustainability Through Environmental Assessment: Critical Reflections on 15 Years of Research, Environmental Impact Assessment Review , 2008, 28(7): 415-428.

发展策略。在当代中国语境中，科学发展观——以人为本、不折腾，全面、协调、可持续；"五位一体"总体布局——经济建设是根本，政治建设是保证，文化建设是灵魂，社会建设是条件，生态文明建设是基础；①新发展理念——创新、协调、绿色、开放、共享，既是对可持续发展理论的继承，更是对其的超越。具体到政府对重大投资项目的行政许可、企业开展项目建设等领域，如何确保可持续发展，体现新发展理念则需要具体途径。对于途径探索，我国政府其实是在不断试错中改进。早期，以政府为主导，突出国家行政许可活动的经济和技术理性，后来强调企业的社会责任，要求企业做文明社会中的"公民"。到了21世纪，随着我国社会进入环境风险敏感期，各地公众时而发生针对"一切都合法"项目的反对活动。人们逐渐意识到如果缺乏作为利害关系人的社会公众的参与，如果没有给社会公众有效赋权，则不可能做到协调和共享式发展。这是因为，在项目投资领域，政府、公众和企业在价值取向、利益偏好、长期利益与短期利益等方面存在冲突。政府主要追求便宜的政治和技术理性，企业主要追求经济理性，而社会公众偏爱社会理性。在公众缺场或者形式上存在但实质上缺场的情况下，政府和企业不可避免结成"伙伴关系"以追求经济和政治便宜理性最大化。

为了因应此类棘手的困境，社会性许可权就孕育而成。社会性许可权不仅能够增强政府或企业决策内容的科学性，比如，当社区成员能够实质性地参与影响他们切身利益的企业项目，那么政府和企业就能够设计出实质上更好和更平等的方案，体现可持续发展中的"公平和质量"，②而且公众参与本身就是一种目的。因为这让整个决策过程就变得更为民主，比如，公众参与为社区成员提供机会来了解一个项目的影响和收益，发表自己的见解，讨论项目面临的潜在挑战，体现可持续发展中的"动力"。③如果没有赋予公众社会性许可权，如果没有给公众提供实质性学习和了解项目的机会，那么他们就不可能同意那些影响其切身利益的企业项目——即使项目经过了国家许可，也难以有可持续发展，更不能体现共享式发展。

3.实定法层面隐含着社会性许可权

如果说社会性许可权是合作治理社会问题的新形式以及实现可持续发展的重要途径，主要是从功能角度来为其从法外权利转变成法上权利提供正当性，那么从实定法层面来考察，则是从已经存在的为立法者隐含认可的利益事实角度来为这种转变提供正当性。

---

① 参见胡锦涛：《坚定不移沿着中国特色社会主义道路前进 为全面建成小康社会而奋斗——在中国共产党第十八次全国代表大会上的报告》，《人民日报》2012年11月18日，第1版。
② 参见牛文远：《可持续发展理论内涵的三元素》，《中国科学院学刊》2014年第4期。
③ 同上注②。

（1）《宪法》为社会性许可权提供了根本性的规范依据。根据《中华人民共和国宪法》（以下简称《宪法》）第2条第3款的规定，我国人民依法通过各种途径和形式，管理国家事务、经济和文化事业以及社会事务。从法解释学角度而言，《宪法》这一条款为社会性许可权提供了根本性的规范依据。这是因为，"国家事务、经济事业和社会事务"当然包括国家行政机关许可的企业项目，而特定社会公众通过行使社会性许可权就是他们参与国家事务和经济事业以及管理社会事务的一种途径。又如，《宪法》第27条第2款规定，一切国家机关和国家工作人员必须倾听人民的意见和建议，接受人民的监督。在这里，"倾听人民的意见和建议，接受人民的监督"也为社会性许可权提供了依据。因为，特定社会公众行使社会性许可权的过程，就是对行政许可机关的监督过程，是他们倾听人民的意见和建议的过程。再如，《宪法》第13条规定国家依法保护公民的私有财产权，国家为了公共利益需要，在依法给予补偿的情况下可以征用公民私有财产。据此，如果企业项目——虽然经过行政机关许可，将严重侵害某一社区居民房屋所有权，那么国家行政机关或者企业在没有依法给予补偿或者补偿不足的情况下，该企业项目能否在该社区"落户"，自然应当征求该社区居民的同意。因为社区居民的房屋所有权是受宪法保护的权利，如果未经居民同意就"落户"建设，就是侵犯居民私有财产权的行为，自然会遭到居民的反对。而征得社区居民同意则是社区居民行使社会性许可权的重要内容。可见，《宪法》第13条规定的公民私有财产权也为社会性许可权提供了依据。

（2）《环境保护法》等法律规范也为社会性许可权提供了规范依据。《环境保护法》第1条规定该法的宗旨之一是促进经济社会可持续发展。根据权威机构的观点，该法所规定的可持续发展主要是确保代内公平和代际公平。而代内公平的要义是，代内所有人都有平等利用自然资源与享受清洁、良好的环境的权利，当代一部分人的发展不能以损害另一部分人的发展为代价。[①]这一规定直接为社会性许可权提供了依据。社会性许可权是实现可持续发展的最重要途径之一，赋予受项目影响的特定社会公众社会性许可权可以有效阻止那些获得非法许可或者虽然合法，但却是污染环境的项目，防治污染企业通过掠夺特定社会公众的环境权利来获得畸形发展，从而实现代内平等，进而有助于促进代际平等。《环境保护法》第53条第1款规定，公民、法人和其组织依法享有获取环境信息、参与和监督环境保护的权利。这一条款所规定的获取环境信息权、参与和监督环境权不仅为社会性许可权提供了直接的法律依据，而且它们本身就是社会性许可权的重要组成部分。除了《环境保护法》的规定之外，《大气污染防治法》第5条、《环境噪声污染防治法》第7条等法律规范都为社会性许可权提供规范依据。

---

① 参见信春鹰：《中华人民共和国环境保护法释义》，法律出版社2014年版，第6页。

（三）行政法创设社会性许可权的主要类型

以上分析表明，将社会性许可权纳入行政法轨道并不是虚妄的"权利"呓语，而是符合我国经济社会客观发展要求以及宪法和法律规定的选择。那么接下来需要论述的则是社会性许可权在行政法上的主要类型问题。对此，首先需要明确一个前提，即社会性许可权不是一项单个的权利，而是一种权利束或者权利的集合。在这个权利束或集合内包含着诸多子权利。在这个权利集合中，行政法可以根据我国社会经济发展条件，不断增加或者减少相应的子权利。作为认识事物的一种通常方法，人们一般通过分类来分析事物。由此，可以依据不同标准来对社会性许可权加以分类。笔者依据社会性许可权行使者——社会性许可被申请人，依法实现其意志和利益的方式为标准，将其分为行动型社会性许可权和接受型社会性许可权。①

1. 行动型社会性许可权

所谓行动型社会性许可权是指，作为权利享有者的社会性许可被申请人有资格做某事或以某种方式采取行动，是对社会性许可申请人主动作为的权利。从规范层面而言，被申请人所享有的行动型社会性许可权主要包括如下类型。

（1）知情权。知情权也称为了解权。它是指除依法保密之外，出于正当目的，社会性许可被申请人有权知晓、查阅和复制社会性许可申请人所收集、制作、保留的与项目的行政许可以及项目的建设和开发等有关的信息和资料的资格。何为正当目的，则需要做广义理解，比如被申请人担心项目对自身健康带来影响；又如被申请人基于环境科学研究需要等，都属于正当目的。对于知情权需要从四个方面来理解：一是就面向的主体而言，社会性许可被申请人既可以向作为社会性许可申请人之一的国家行政许可机关行使知情权，比如要求行政许可机关公开项目的环境影响评价报告；也可以向项目企业行使知情权，比如要求企业公开每日排污数量。二是就覆盖面而言，知情权不仅将覆盖到国家行政机关考察、审查、许可和监督项目的整个管理过程，也将覆盖到企业开发、建设、运行和结束项目的整个过程。换言之，国家行政许可机关对项目的整个管理过程以及企业对项目的整个生命运作过程所制作和保存的信息，都属于社会性许可被申请人知晓的对象。三是就行使知情权方式而言，行政法需要规定社会性许可被申请人可以通过复制、摘抄、查阅、拷贝等方式来进行。四是就保密与公开关系而言，行政法需要规定公开主导下的保密，而不是保密主导下的公开，特别是对于直接利害关系人而言，对于不能知晓的事项需要加以列举。知情权是社会性许可

---

① D. D. Raphael, Problems of Political Philosophy, New York: Humanities Press International Inc, 1990: 64-74.

权中一项基础性权利，是社会性许可被申请人行使其他权利的手段。这恰如有学者所指出的那样，公民要想成为自己的主人，要想具有行动的能力，就必须用可得的知识中隐含的权力武装自己。如果公民没有知情权，那么所谓面向公民的社会性许可权，也就沦为一场滑稽剧或悲剧的序幕。①

（2）评论权。评论权是指出于正当目的，社会性许可被申请人享有对国家行政许可机关以及企业做出的涉及项目许可和管理的政策和措施提出建议和发表意见的权利。社会性许可被申请人既可以针对与自身有直接利害关系的涉及项目安全的政策和措施加以评论，比如对于垃圾焚烧厂项目，周边居民有权向企业提出要求其使用国际先进的消除二恶英的过滤器，也可以出于研究兴趣等理由而对相关政策和措施加以评论，比如要求项目企业内部建立完善的环境质量防控责任机制。与知情权相类似，评论权也将贯穿到国家行政机关对项目的整个许可和管理过程以及企业对项目的整个开发和建设过程。对于评论的方式，社会性许可被申请人既可以运用书面形式，也可以使用口头形式；既可以采用电子数据形式，也可以采用传统的书信形式；既可以向行政机关或企业直接提出建议和评价，在不违法的情况下，还可以借助互联网等形式来加以评价。行政法需要特别规定，社会性许可被申请人行使评论权的法律效果，比如国家行政机关和项目企业负有定期反馈和答复的义务；对于某些涉及被申请人重大利益的措施，非经被申请人评论不能实施或者生效等。

（3）申请权。申请权是指基于正当目的，社会性许可被申请人就与项目有关的事情向社会性许可申请人提出请求的主张。社会性许可被申请人行使申请权的目的是希望参与国家行政许可机关和项目企业的管理活动，了解项目安全情况。申请权同样覆盖到企业项目的许可和运作整个过程。被申请人既可以面向国家行政许可机关行使该权利，比如被申请人向行政机关申请公开某季度对项目的执法信息，要求行政机关公开所保存的关于项目的排污量信息；也可以面向项目企业行使该权利，比如被申请人向项目企业申请参与该企业内部环境质量安全管理活动，申请监督项目企业日常施工影响环境情况。申请权是社会性许可被申请人实现深度参与项目治理的重要手段。目前我国环境法等法律虽然规定了公民的申请权，比如公民向行政机关申请获得环境信息的权利，但这与笔者所指的申请权具有很大差异。笔者所指的申请权不仅包括获得信息的申请权，而且还包括其他参与项目管理活动的申请权，不仅包括向国家行政机关申请从事特定活动或要求满足某种需要的权利，而且还包括向项目企业行使该权利。对于申请权，针对不同环节的项目管理以及不同的社会性许可申请人，行政法需要规定社会性许可被申

---

① 参见[美]斯蒂格利茨：《自由、知情权和公共话语》，宋华琳译，《环球法律评论》2002年第3期。

请人提出申请权的条件、方式等内容。

（4）动议权。动议权是指社会性许可被申请人向国家行政许可机关和项目企业等主体提出建议，要求其依法履行项目安全管理职责，开展项目治理工作，国家行政许可机关和项目企业对被申请人提出的建议予以审查，并做出相应决定。如果社会性许可被申请人对他们的处理决定不服，可以依法请求法律救济的主张。社会性许可被申请人行使动议权，不以自身在法律上所享有的权利受到侵害为必要条件。他们出于关心项目安全即可提起。动议权指向对象是行政许可机关的法定职责或者项目企业的法定义务。比如根据《环境保护法》第54条的规定，县级以上地方人民政府环境保护主管部门应当依法公开环境质量、环境监测、突发环境事件以及行政许可等信息。据此，社会性许可被申请人有权对县级环保行政主管部门负有的与项目有关的职责提出动议，要求他们履行相应职责。又如，根据《环境保护法》第55条规定，重点排污单位应当如实向社会公开其主要污染物的名称、排放方式、排放浓度和总量、超标排放情况以及防治污染设施的建设和运行情况，接受社会监督。据此，社会性许可被申请人有权对项目企业此类义务提出动议。对于社会性许可被申请人的动议申请，行政许可机关或项目企业应当予以审查，如果发现属于自身的法定职责或义务，就应当积极履行。如果认为被申请人的动议缺乏依据，动议的事项不属于自身的法定职责或法定义务，则可以驳回被申请人的动议。对行政许可机关的驳回决定不服的，社会性许可被申请人可以申请行政复议或提起行政诉讼。对项目企业驳回决定不服的，被申请人根据要求项目企业依法履行义务的类型为标准，可以向相应的主管行政机关申请裁决。动议权属于社会性许可权中的一项极为重要的权利。行政法需要规定社会性许可被申请人行使动议权的条件、程序、法律救济等内容。

（5）表决权。表决权是社会性许可权中最重要也是最有特色的一项权利，当然也是在极端情况下才能运用的权利。其含义是，当被申请人之间对是否授予申请人社会性许可存在争议时，直接利害关系人通过行使表决权来最终决定。对于表决权需要从如下几个层面来理解：一是表决权的行使主体仅限于社会性许可被申请人中的直接利害关系人，即自身的合法权益直接受到行政许可项目影响的主体。此类合法权益主要包括财产权、生命和健康权、环境法上的权利，对于间接利害关系人则不享有此类权利。二是表决权行使的条件则是特定地区的直接利害关系人之间就是否同意某一行政许可项目"落户"存在分歧，难以通过前期的协调和沟通等方式解决时才能启动。换言之，表决权是解决项目能否在"我们家后院落户"的最后手段。如果社会性许可申请人通过协调、开听证会和交流会等形式取得了项目所在地直接利害关系人同意或默许，直接利害关系人没有通过对抗性手段来表示反对，那么就无需启动表决权。只有当协调和沟通手段难以解决直接利害关系人之间对项目的分歧，部分直接利害关系人出现对抗性话语和手段，行政机关才能依法组织社会性许可被申请人行使表决权。三是表决权的组织者应当由与项目许可行政机关、项目企业等没有利害关系的组织来担任。虽然表决权的行使主体是直接利害关系人，但由于项目往往影响某一地区诸多社会公众的合法权益，因而直接利害关系人的数量通常比较庞大，由此，让所有直接利害关系人自身来组织行使表决权既无必要，也缺乏可操作性。而比较可行的方法是由一个相对独立的主体来组织直接利害关系人行使表决权。此类主体可以由上级政府法制部门来担任，成员可以由法学专家、管理专家、人大代表和政协委员以及普通居民所组成。行政法需要规定该组织的产生程序、组成人员、法律职责的问题。比如，该组织在与直接利害关系人协商的前提下制定表决权行使规则和纪律，该组织依据客观公正的方法产生直接利害关系人代表等。四是表决权的主要目的是为了在社会理性、经济理性和技术理性之间获得一种平衡，促进代际和代内公平，并不是为直接利害关系人要挟社会性许可申请人提供一件"法宝"。直接利害关系人行使表决权将遵循相应的法律规则或者组织者制定的议事规则，他们不能借此谋"私益"。社会性许可申请人，特别是项目企业禁止与个别直接利害关系人"私下交换"来获取他们的表决权。否则，他们都将承担相应的法律责任。在这个意义上，表决权并不是直接利害关系人的一种个人利益。这印证了我国著名法理学家郭道晖教授的观点："有时行使个人权利是出于公心而非私利，有时甚至要牺牲个人利益。"[1]对于表决权，一些学者一定会提出质疑，如果直接利害关系人行使表决权没有通过法定多数，意味着项目将难以获得社会性许可，则会削弱行政许可机关代表国家推进产业政策和实现公共利益的能力。笔者认为，这种质疑背后依然是行政法管理论[2]所指导下的行政机关垄断性的代表和诠释公共利益的思维。它与社会性许可权的功能相背离，也不符合当今我国社会经济发展对行政机关提出的新要求。从我国社会性许可实践来分析，行政机关强行推进在自身看来"一切都合法的"项目遭到当地社会公众阻止的情况并非罕见。这就表明，即使行政法没有赋予被申请人表决权，被申请人事实上已经在行使这项权利。如果行政法能够顺势而为，赋予被申请人此项权利，并建立相应的行使规则，那么既可以防止被申请人滥用此类权利，也能够为申请人顺利取得社会性许可提供规则指引。

除了上述五项行动型权利之外，社会性许可被申请人所享有的行动型权利还包括发布项目信息权，提出申诉、控告权，申请回避权以及举证权等。

2.接受型社会性许可权

所谓接受型社会性许可权是指，作为权利主体的社会性许可被申请人有资格

---

[1] 参见郭道晖：《法理学精义》，湖南人民出版社2005年版，第128页。

[2] 参见罗豪才等：《现代行政法的理论基础——论行政机关与相对一方的权利义务平衡》，《中国法学》1993年第1期。

接受某事物或被以某种方式对待的资格，而社会性许可申请人则处于给付某物或者做出某种对待的积极行动状态。从规范层面而言，被申请人的接受型社会性许可权主要包括以下类型。

（1）获得通知和参加会议权。它是指社会性许可被申请人在国家行政许可机关、项目企业等主体制定或做出涉及项目的政策、措施、决定之前，有得到告知有关内容、理由、依据以及何时和以何种方式参与项目治理并参加会议的资格。由于行政许可机关和企业对项目的许可和管理涉及诸多环节和事项，有的涉及到环境评价，有的涉及安全生产，有的涉及财产权的征收或者征用，这诸多环节和事项大多需要被申请人参与和开会讨论，因而行政法赋予被申请人获得通知并参加会议的权利就十分必要。被申请人行使此项权利所面向的主体既包括各类承担项目许可职责的行政机关，比如环保行政机关、安全生产行政机关，也包括项目企业。比如，履行安全生产许可职责的行政机关在审查项目企业安全生产方面的条件、技术和制度时，被申请人如果愿意参与此类活动，就享有获得行政机关通知并参加会议的权利。又如，项目企业在起草或制定企业安全生产方面规章制度时，应当告知被申请人并邀请被申请人参与讨论。对于被申请人获得通知和参加会议的权利，行政法需要规定他们获得通知并参加会议的事项。从理论而言，所有重要的、涉及被申请人利益的事项，他们都有权获得社会性许可申请人的通知并参加相关会议。行政法还需要规定被申请人获得通知和参加会议权的期限，确保他们有一个合理期限来做准备，进行高质量的参与。此外，行政法还需要规定公民获得通知和参加会议的方式，一般应当以书面形式，因为书面形式具有客观性。当然，在紧急情况下，可以采用口头形式。总之，获得通知和参加会议权是被申请人一项基础性的接受权利，行政法需要做出详细规范。

（2）获得不利决定的理由权。它是指在项目的许可和启动、生产和管理等环节中，当国家行政许可机关、项目企业做出不利于被申请人合法权益的决定时，被申请人有从其获得相应决定的合法或合理依据的资格。由于不论是在行政机关许可项目过程中，还是在企业生产和经营项目过程中，作为分散个体的被申请人通常处于相对弱势地位，授予其获得理由权，既能够制约行政机关和项目企业滥用权力（权利），也能够促进被申请人与他们合作，进而实现超出法律规定的收益。被申请人获得理由权的前提是其合法权益受到行政许可机关和项目企业的侵害，比如，行政机关未经被申请人同意就做出对其房产的征收补偿决定。又如，项目企业无故否定被申请人的知情权和动议权等。被申请人获得理由权的内容是行政机关和项目企业对其做出不利决定的合法或者合理的依据。比如，环境、生产安全方面的客观事实和规范依据；国家行政机关的产业政策，项目企业的特殊情况、本地区产业布局现状等。对于获得理由权，行政法需要规定行政机关和项目企业违法不说明理由的法律后果，比如，对于项目企业而言，行政法可以规定相应的行政处罚责任。对于行政许可机关而言，在未说明理由情况下对被申请人做出的不利决定属于可撤销的行政行为，同时，其工作人员将受到相应的行政处分。

（3）不受妨碍权。它是指被申请人在行使行动型社会性权利过程时，有向国家行政许可机关、项目企业等主体主张不得被无故干扰、冷漠对待、剥夺或者变相剥夺的资格。在项目的许可和管理等各个环节中，无论是被申请人行使行动型社会性许可权，还是享有接受型社会性许可权，都会对国家行政机关和项目企业构成一种监督。由此，行政机关或者项目企业可能会妨碍被申请人行使权利。比如，直接利害关系人在行使表决权过程中，行政机关通过施加不当压力的方式暗示直接利害关系人服从行政机关的意志；又如，在项目企业环境安全风险交流过程中，国家行政机关或者项目企业以专业术语来进行解释，致使被申请人无法理解项目的环境安全问题；再如，被申请人向行政许可机关或者项目企业提出改进项目环境或者安全生产方面的合理建议，他们应当认真听取，记录在案，必要时加以合理解释，而不应当冷漠对待，持反感态度。被申请人享有不受妨碍权，其实是要求项目企业和行政许可机关尊重被申请人在项目治理中的角色，将他们作为一个具有独立意识和利益的主体来参与项目治理，真正实现澳大利亚学者甘宁汉等学者所期待的"超越合规"[1]的效果。对于不受妨碍权，行政法需要规定行政机关或项目企业实施妨碍行为的具体体现，以及相应的法律后果，比如，对于项目企业实施妨碍行为的，主管行政机关应当责令其改正，并处以警告等行政处罚；对于行政许可机关实施妨碍行为的，监察机关或者上级行政许可机关应当责令其改正，并对相关工作人员给以相应处分。

（4）受到平等对待的权利。它是指具有相同法律地位的社会性许可被申请人有向行政许可机关或项目企业主张平等机会参与项目治理的资格。所谓法律地位，意指作为直接利害关系人的被申请人所具有的行政法上的地位和作为间接利害关系人的被申请人在行政法上的地位。这两类被申请人的法律地位除了在表决权上存在差异之外，其他方面是一致的。所谓机会，意指被申请人参与项目治理，行使各类社会性许可权的空间和余地，是一种资源。机会平等涉及被申请人获得平等资源、平等选择空间和余地的问题。但机会平等并不是绝对的平均主义，而是一种符合社会性许可权的内在要求，有助于实现社会性许可权作为公私合作治理、实现可持续发展重要途径的目的。由此，这里的机会平等仅指向才能开放的平等，而不是罗尔斯所说"民主的平等"——公正的机会平等。[2]所谓向

---

① Neil Gunningham, Robert A. Kagan, and Dorothy Thornton, Social License and Environmental Protection: Why Businesses Go Beyond Compliance, Law & Social Inquiry, 2004, 29(2): 307-341.

② 参见[美]约翰·罗尔斯：《正义论》，何怀宏等译，中国社会科学出版社2006年版，第3-45页。

才能开放的机会平等，[①]意指强调直接利害关系人或者间接利害关系人参与项目治理的能力，而不关注他们在起点上是否平等具备参与项目治理的能力。换言之，虽然同是直接利害关系人或者间接利害关系人，如果某些个体不具备参与项目治理能力，因而没有机会参与行政许可机关或项目企业的各类管理活动，则不被认定为违反平等权利。由于受行政机关许可项目影响的利害关系人人数众多，人人行使社会性许可权势必带来巨大的成本，由此，主张向才能开放的平等，既不违反平等的基本要义，也具有可操作性。比如，对于极端情况下行使表决权的直接利害关系人，虽然从规范意义而言，每一位直接利害关系人都享有表决权，但实际情况则是大部分直接利害关系人因缺乏相应议事和判断能力而难以行使表决权。在这种情况下，组织投票的行政机关确定具有特定议事能力的直接利害关系人进行表决就不违反平等原则。当然，为避免"偏私"，以及确保具有相应的代表性，行政机关或项目企业在确定"才能"的问题上，需要根据不同事项来判断，并让全体被申请人知晓的方式来事先制定相应的规则。由此，行政法在规范受平等对待权利时，需要引导行政机关和项目企业从依据才能的机会平等入手，确保被申请人从实现公共利益和合作共治的角度来行使社会性许可权。

除了上述四项接受型社会性许可权之外，被申请人所享有的接受型社会性许可权还包括获得行政机关奖励权、告知救济途径权等。从行政法角度建构社会性许可权就是为了让这种法外的力量进入行政法治轨道，实现政府、市场和公众之间的"多赢"，确保社会经济可持续发展。

五、构建社会性许可制度推进工具整合

从发生学上来分析，社会性许可最初是采矿行业的一个隐喻，即就像政府有能力中止一个采矿项目一样，社区也有能力中止它。[②]在当代国家治理过程中，社会性许可泛指这样一种现象，国家或企业的项目即使已经为政府所"选中"，有的甚至已经依法取得了国家行政许可，但如果没有满足项目所在地的人们，甚至更为广泛的公众期待和要求，他们极可能面临流产的悲惨结局。[③]对于这种现象，我国行政法律工作者尚未加以充分研究。本部分旨在从行政法角度阐释社会

---

① 参见李海青：《公民、权利与正义：政治哲学基本范畴研究》，知识产权出版社2011年版，第107-108页。

② Michal C. Moore, The Question of Social License and Regulatory Responsibility, The School of Public Policy Publications, 2016,8(7):1-8.

③ 比如在2007年厦门PX事件、2012年宁波镇海PX事件、2013年昆明PX事件中，虽然项目都符合国家法律，有些甚至已经获得行政许可（包含环境影响评价），但因遭到所在地民众抵制而被迫停止。参见黄玉浩：《"PX项目"群体过敏症》，《新京报》2012年12月24日，第A16版。屈丽丽：《大连PX项目警示企业环评风险》，《中国经营报》2011年8月22日，第A10版。

性许可的基本含义，分析社会性许可对国家环境行政的多重影响，并提出社会性许可对行政法治改革的寓意。

（一）社会性许可之行政法阐释

对于社会性许可的一个简洁定义是，受项目影响的社会公众对项目企业以及履行项目许可职责的行政机关决策和管理活动给予持续不断的接受或者认可。对此定义，需要作如下解释。

1. 社会性许可具有多重法律效果。在行政法体系中，"许可"具有特定法律含义。它既是一个法律概念，也是行政法学理上的一个重要概念，是特定行政主体根据相对人的申请，经依法审查，准予或不准予其从事特定活动的决定的行政行为。[①]在社会性许可中，"许可"更多的是一项隐喻或者一种修辞，似乎与行政法上的行政许可没有相似性。但作为修辞或隐喻的"许可"却具有重要的意义，它是组织值得付出某种代价来获得并维持的东西。在这个意义上，对组织而言，社会性许可并不是可有可无的东西，而是其活动的必要组成部分。这正如有学者指出的，企业在经营、环境保护和引导社区居民参与方面的卓越绩效与良好声誉让其获得并保持社会性许可，让它吸引和留住最优秀人才以及让它取得多样化的和低成本的资源。[②]

社会性许可不像行政许可那样因具有确定法律效力——要么准许，要么不予准许，而仅具有较为单一的法律效果，而是具有多重法律效果。在光谱一端，社会性许可中被申请人——姑且模仿行政许可被申请人，有时会断然拒绝或者强烈抵制一项已经合法取得行政许可的项目。面对这种抗议，社会性许可申请人——姑且模仿行政许可申请人，不得不让步。这预示着社会性许可具有高于行政许可的法律效力，社会性许可被申请人能够"撤销"国家行政机关发布的行政许可，能够影响行政管理法律秩序，也能够挑战国家行政机关的权力地位。在光谱的另一端，社会性许可被申请人接受申请人的项目，认同行政机关的许可决定，从内心深处信任申请人，对申请人投入了感情，将申请人视为伙伴关系，甚至主动维护申请人，从而使申请人获得远远超过国家行政许可所带来的利润、声誉等各类有形或无形收益。这种效果恰恰是社会性许可申请人所梦寐以求的，也是他们试图获得或维持社会性许可的目的所在。而在光谱之间，社会性许可将展示多样的法律效果，比如，申请人与被申请人之间定期开展联谊活动，加深彼此友谊，提升申请人的动员能力；申请人慰问被申请人中的困难者，增强彼此信任；申请人利用新技术改善环境设施条件，增强被申请人安全感，等等。

① 参见《行政法与行政诉讼法》编写组：《行政法与行政诉讼法》，高等教育出版社2017年版，第158-159页。

② Richard Parsons, Kieren Moffat, Constructing the Meaning of Social License, 2014, 28(4):340-363.

　　2.社会性许可具有内涵极为丰富的结构形式。行政许可的结构形式通常包括两种情况：一是行政主体（被申请人）与行政相对人（申请人）；二是行政主体（被申请人）、行政相对人（申请人）以及利害关系人。^①在这两种结构形式中，所有主体都是特定的，且一方是代表国家行使行政许可权力的公方主体（公权力主体），其他是私方主体（私权利主体）。社会性许可的结构形式看来比行政许可的结构形式要简单，即仅仅是单一的被申请人和申请人结构，但其内涵则要复杂得多。在奉行小政府、大社会，市场经济比较发达国家，社会性许可的申请人通常是私方主体——项目的开发者、销售者、设计者、运营者等，而我国是行政权力尤其强大，公有制经济（与之对应的是国有企业）占主导地位的国家，并且绝大部分项目，特别是重大项目都需要经过国家行政机关许可，由此，社会性许可的申请人除了在特殊情况下是私方主体之外，在通常情况下属于公方主体，或者是私方主体与公方主体的混合主体。比如，在2008年上海市民以"散步"方式反对建悬磁浮列车事件中，^②期待上海市民同意建设该项目的主体——社会性许可的申请人，包括上海市人民政府、上海市环保局、上海市规划局，以及该项目的建设企业等多个主体。社会性许可的被申请人则是"社会"。"社会"这一概念表明，社会性许可并不是由官方发布的，而是来源于"民间"。然而，何为"社会"？杰尔·班克斯认为，从理论而言，"社会"既可以指整体意义上的社会，也可以指社会的一个组成部分，比如社区，甚至是社区的一个部分。^③凯瑟琳·威尔伯恩与拉尔夫·威尔伯恩则直截了当地认为，^④社会性许可中的"社会"就是指利害关系人，由此，可以运用利害关系人的理论来确定社会性许可中的被申请人。而他们所说的"利害关系人"包括两种类型：既得利害关系人与非既得利害关系人。前者是指对申请人所欲取得的许可活动享有某种有形权利的主体，比如申请人的活动涉及占用被申请人的土地使用权和房产所有权，涉及污染或破坏或使用被申请人所居住地的生态环境资源。后者是指，对申请人所欲取得的许可活动感兴趣的主体，比如，野生猴保护协会对一个准备在野生猴子保护区附近申请建设大型机场的社会性许可感兴趣。

　　笔者认为，由于社会性许可是相对于行政许可（或者官方许可）的一个概念，由此，这里的"社会"其实也是在隐喻意义上来使用的，即相对于"官方"。然而，如果要将"社会"作为一个具有法律意义上的概念来使用，显然存在诸多

---

① 参见《行政许可法》第47条。

② 参见杨传敏：《上海"散步"反建磁悬浮事件本末》，《中国市场》2008年第11期。

③ NigelBankes,The Social License to Operate: Mind the Gap, http://ablawg.ca/2015/06/24/the-social-licence-to-operatemind-the-gap/.

④ Kathleen M. Wilburn , Ralph Wilburn , Achieving Social License to Operate Using Stakeholder Theory, Journal of International Business Ethics, 2011, 4(2): 3-16.

困难。毕竟，"社会"的内涵和外延极为不确定。而目前学界主流观点将"社会"解释为利害关系人无疑是明智的，这也符合经典马克思主义作家的观点。马克思曾经说过："人们奋斗所争取的一切，都同他们的利益有关"。[①]被申请人之所以要实施社会性许可无非是因为申请人的申请活动与自身有利害关系，能够满足自身的"需要"，而"需要是人的行为的最终原因和原动力"。[②]可见，社会性许可的被申请人就是指利害关系人。而这里的利害关系人则需要作广义理解，除了凯瑟琳·威尔伯恩与拉尔夫·威尔伯恩给出的两分法之外，还可以有其他分类，比如，直接利害关系人与间接利害关系人，前者是指特定主体的现有合法权益将直接受到社会性许可被申请人的活动影响的人，这里的合法权益既可以是公法上的权益，也可以是私法上的权利；后者是指出于诸多理由，特定主体对社会性许可被申请人的活动给予关注的人。这里的"理由"是一个开放性概念，可以泛指各种正当理由，比如出于科学研究需要，出于人道原则需要等。这里的"关注"，则包含多种意思，比如担心、喜欢、感兴趣、有兴致等。

3. 社会性许可具有以私方主体占主导地位的结构关系。在行政法上的行政许可结构关系中，通常而言，公方主体即行政主体占主导地位。然而，在社会性许可的结构关系中，作为申请人政府或者项目企业或者项目企业与政府的混合主体处于被支配地位，而私方主体——受项目影响的利害关系人则处于支配地位。换言之，虽然申请人通常是享有公权力的政府，以及拥有大量资源的国有企业，因而往往被视为"强者"，而被申请人则是"社会"，属于私权利主体，因不拥有公权力，且力量处于分散状态而被视为"弱者"。但在社会性许可结构关系中，居于"弱者"地位的被申请人占主导地位。其中缘由既有来自心理方面，也有来自道义方面；也有出于可持续发展的长远考虑，还会顾及短期的利润损失。对于社会性许可被申请人的主导地位问题依然可以借助光谱的比喻来理解。在光谱一端，是社会性许可被申请人的主导地位的最强烈表现形式，即否决权或者同意权，意指没有经过被申请人的同意，申请人的项目不能开展，行政机关的许可决策不能实施，行政许可管理活动无法开展，即便是申请人的决策合法，已经取得国家行政许可，被申请人也可以行使否决权。在光谱另一端，社会性许可被申请人的主导地位最弱表现形式，即默示同意或者接受，对项目表示欢迎。而在光谱两端之间则是其他类型的表现形式，比如被申请人对申请人的项目提出建议，要求申请人提供项目信息，要求申请人说明理由，等等。

4. 社会性许可条件具有超越国家实定法和流动性的特征。社会性许可条件意指满足何种标准，申请人将获得或者维持或者丧失社会性许可。与行政许可条件

① 参见[德]卡尔·马克思：《第六届莱茵省议会的辩论》（1842年2月），《马克思恩格斯全集》（第1卷），人民出版社1956年版，第82页。
② 参见徐伟新：《新社会动力观》，经济科学出版社1996年版，第364页。

具有法定性和确定性相比，社会性许可条件具有超越国家实定法，以及具有流动性特征。所谓超越国家实定法，至少包括两层含义：一是社会性许可的条件不是由国家法律，特别是行政法明确规定的。它是社会性许可申请人与被申请人之间通过多种多样的交流、观察、协商、试探等或隐晦或明朗的方式形成的。二是社会性许可条件往往会超过国家法律对被申请人所施加的标准，被申请人将遵循更多的"义务"。这些额外的标准或者"义务"，通常超过单一的经济效益维度而包含了伦理的、生态的、环境的、习俗的甚至是心理方面的因素。如果用一个具有现代法治观念的人来衡量这些额外的标准，就会发现有些标准是合理的，比如要考虑下一代人的利益；而有些标准可能过于苛刻而显得不合理，比如，需要为社区居民解决教育和养老问题等。所谓流动性，至少也包括三层含义：一是项目的社会性许可条件是在特定的情景下形成的。同一个项目可能会被一类被申请人所接受，但被另一类被申请人所拒绝；二是社会性许可的条件会随着被申请人的价值观念和偏好、社会舆论导向等因素的变化而变化。从根本而言，社会性许可的条件根植于被申请人对项目的信念、理解、认知和感觉之中，以及对行政机关的信任之中。而信念、理解、认知与感觉是容易发生变化的，并不是固定不变的。三是这种流动性不仅存在于代内之间，而且还出现在代际之间。政府或企业的某些大型项目的决策，比如核电站选址，一旦确定，通常会影响二代甚至几代人的利益。当一代社会性许可被申请人接受了申请人的项目，并不表明下一代被申请人同样会接受，申请人可能需要获得来自下一代被申请人的再次许可。社会性许可条件的流动性表明，社会性许可不是一次性批准的，申请人取得了一项许可，并不能一劳永逸。它还表明，社会性许可将贯穿于一个项目的开发、建设、完成的全过程。在开发阶段获得一项社会性许可并不能保证在建设阶段就能有效维持。

社会性许可除了具有以上四方面显著特征之外，在形式上它也不同于国家行政许可。行政许可的形式是由法律明确规定的，通常表现为物质化的许可证件或者执照等。而社会性许可的具有多样化表现形式既可以是无形的，比如默示同意，也可以是有形的，比如申请人与被申请人共同庆祝项目的开工；既可以是口头的，比如社区代表口头赞成申请人的项目，也可以是书面的，比如被申请人与申请人直接签订象征性的"社区许可协议"。[①]社会性许可所具有的特征表明，它与国家行政许可是两种类型不同的许可，在实践中，项目企业获得了国家行政许可并不表明就能取得社会性许可，但申请人如果取得了社会性许可，就比较容易获得国家行政许可。

---

① Nwapi Chilenye, Can the Concept of Social License to Operate Find Its Way into the Formal Legal System, Flinders Law Journal,2016,18(2): 349-375.

（二）社会性许可对国家环境行政的影响

1.对国家环境行政的评价作用

社会性许可的评价作用，是指它成为判断和衡量国家行政许可活动的一个标准和尺度。它既要判断国家行政机关对某一项目的许可活动合法与否，也要衡量国家行政机关对某一项目的许可活动是否符合道德和伦理要求。它既要评价国家行政许可活动是否以经济和技术理性为唯一追求目标，也要判断国家行政许可活动是否仅仅遵循政治的和权宜的理性，或者行政机关的许可活动体现了充分的社会理性。诚然，从行政法治角度来分析，现代国家行政许可活动的合法性问题随时面临被评价的境地，比如行政诉讼、行政复议、行政监察等，然而，社会性许可的评价具有自身特色。

（1）个性化或者情景性。所谓评价的个性化或情景性，是指针对每一个项目的行政许可活动，社会性许可被申请人都具有相对独立的标准来加以评价。这意味着同一项目的行政许可在某地获得一项社会性许可，并不一定在其他地方也能获得社会性许可。项目在选址或者开始阶段获得了一项社会性许可，并不表明在项目运行或者结束阶段也能保持住该项社会性许可。为特定时段的被申请人所同意的社会性许可，可能会随着时间的推移，申请人需要重新申请社会性许可。社会性许可评价的情景性或个性化根源于社会性许可的形成条件，即它是在特定时间和背景中形成的，反映了社区公众的社会、经济和环境条件。而社区公众的价值偏好、能力和期待将随着条件的变化而变化。[①]可是，个性化或者情景性并不表明，社会性许可被申请人缺乏相应的评价标准，或者说评价标准随时随刻都会发生变化。比如，基伦·莫法特和阿蓉·张通过对澳大利亚煤矿地区实施一项纵向研究来衡量社会性许可被申请人授予或维持一项许可的关键评价要素。[②]他们的研究发现，社会性许可被申请人对项目的信任是申请人取得或维持许可的最核心要素，而衡量信任指标则有三项：项目对当地社区的正面或负面程度；被申请人与申请人之间的沟通数量和质量；被申请人对待申请人的方式，诸如程序是否公正、信息是否公开等。换言之，申请人是否能赢得被申请人的信任，是取得和维持社会性许可的关键要素，也是被申请人评价申请人的最重要标准。将是否赢得被申请人信任作为取得和维持社会性许可的评价标准其实也为我国社会性许可实践所证实。比如，在震惊全国的浙江杭州余杭区中泰垃圾焚烧厂项目中，当地

---

① Jason Prno, D. Scott Slocombe, Exploring the Origins of Social License to Operate in the Mining Sector: Perspectives from Governance and Sustainability Theories, Resources Policy, 2012, 37(3): 346-357.

② Kieren Moffat, Airong Zhang, The Paths to Social License to Operate: An Integrative Model Explaining Community Acceptance of Mining, Resources Policy, 2014, 39(1): 61-70.

政府和企业将如何化开不信任的"坚冰"作为打破项目停滞的僵局的"钥匙"，[①]他们认为"只有工作做到位了，百姓才可能投信任票"。在笔者看来，"工作做到位"其实就是获得社会性许可被申请人信任的具体途径。这与国外学者的研究结论相互印证。

（2）超越形式的法律规定。社会性许可评价超越形式法律规定，意指区别于国家行政机关运用法定评价标准来确定是否准予许可，社会性许可被申请人运用一种根植于自身的价值偏好、文化观念、心理习俗、社会福利等的新标准来评价国家行政许可项目，这就意味着即使国家行政机关对项目的行政许可活动符合形式意义上的法律规定，即使在国家行政机关看来某一项目能够给"民众"带来福利，但也要再次受此项目影响的更为广泛的主体依据自己的标准来评价。此类评价标准如果用一个相对统一的术语来指称则是社会规范，以与国家法律规范相区别。[②]此类社会规范不一定为国家行政法律所规定，有时甚至高于国家法律的规定。然而，这却是国家行政机关或者项目企业必须认真对待的标准，否则会遭到严重的后果。这正如有学者所指出的，虽然社会性许可没有法律效力或者不被法律所承认，但强烈的公众反对能够影响项目的成功。这种潜力是驱使项目的开发者采用超过法律标准的一个重要动力——尽管是一个负面的动力。[③]

可是，需要追问的是，社会性许可被申请人运用不同于国家标准的社会规范来评价国家行政许可项目是否具有合理性？笔者认为，因社会性许可申请人担心遭到抵制而接受被申请人的评价并不能完全解释社会性许可所运用的标准不同于国家行政许可标准。如果循此思路，那么就在倡导运用暴力反抗。显然，这在当代任何一个法治国家中都是被禁止的。这背后一定有更深层的理据来支撑这种超越国家法律规定的评价标准。其中，代表性的理据有以下三种。

一是治理理论。[④]该理论认为，面对现代社会不断增加的复杂性、流动性和多元性，单独依赖国家行政机关来管理再也无法实现合法性，由此，国家行政角色发生着转向，即在垂直方向，国家行政权力向国际组织和地方社区转移；在水

---

① 参见王慧敏、江南：《杭州解开了"邻避"这个结》，《人民日报》2017年3月24日，第019版。

② Richard Parsons, Justine Lacey, Kieren Moffat, Maintaining Legitimacy of a Contested Practice: How the Minerals Industry Understands It's Social Licence to Operate, Resources Policy , 2014, 41(1): 83-90.

③ David Bursey, Rethinking Social License to Operate — A Concept in Search of Definition and Boundaries, Business Council of British Columbia, Environment and Energy Bulletin, 2015, 7(2): 1-10.

④ Eckerberg, K. , Joas, M. , Multi-level Environmental Governance: A Concept Under Stress? Local Environment , 2004,9(5):405-412. Lemos, M.C., Agrawal, A., Environmental Governance, Annual Review of Environment and Resources, 2006, 31(1): 297-325.

平层次，国家行政权力从政府行动者向非政府行动者转移。由于这种转向，使得公共权力与私人权利的界限变得日益模糊，志愿机构的角色也发生改变，公民社会与国家的区别也变得不是明显。社会性许可就是在这种转变中逐渐形成的。在很大程度上，社会性许可是一种公与私合作规制，社会性许可被申请人运用自身标准来衡量国家行政，判断企业项目是否具有合法性则是规制的核心所在，毕竟社会性许可被申请人是项目的最敏感"治理行动者"①。试想，如果社会性许可被申请人运用与国家行政许可相似的评价标准，这种公与私规制将变得毫无意义。

　　二是可持续发展理论。②该理论主张需要一种新的、较少具有危害的长远发展策略，需要将社会的、经济的和环境的问题以一种整体性方式加以解决的发展策略。这种新的发展策略也称为可持续发展策略，而在可持续发展策略中公众参与则是核心方法。因为公众参与不仅能够增强政府或企业决策内容的科学性，比如，当社区成员能够实质性地参与影响他们切身利益的企业项目，那么政府和企业就能设计出实质上更好和更平等的方案，而且公众参与本身就是一种目的，因为这让整个决策过程就变得更为民主。如果没有公众参与，如果没有给公众提供学习和了解项目的机会，那么他们就不可能同意那些影响其切身利益的企业项目——即使项目经过了国家许可，也难以可持续发展。而社会性许可则是一种赋予公众权利，让公众参与政府和企业决策的最新发展方式。在其中，社会性许可被申请人运用自身的标准来评价国家行政许可则是实现可持续发展的关键环节，因为社会性许可被申请人所运用的评价标准其实体现了自身的价值偏好和对发展问题的理解，而这正是可持续发展理论主张整体性方式解决社会问题的要义所在。

　　三是社会契约观念。虽然在古典启蒙思想家那里，社会契约双方主体是主权者和集体意义上的人民，但国际上一些学者还是从古典的社会契约观念那里吸取灵感，将之改造之后作为社会性许可具有超越国家形式法特征的理据。根据国际学者波特利等人的观点③，社会性许可其实可以视为由诸多微型契约所构成，比如，各类不同利害关系人之间的契约——直接利害关系人之间、间接利害关系人

---

① Jason Prno, D. Scott Slocombe, Exploring the Origins of Social License to Operate in the Mining Sector: Perspectives from Governance and Sustainability Theories, Resources Policy, 2012, 37(3): 346-357.

② Sinclair, A. J., Diduck, A., Fitzpatrick, P. J. Conceptualizing Learning for Sustainability through Environmental Assessment: Critical Reflections on 15 Years of Research. Environmental Impact Assessment Review, 2008, 28(7): 415-428.

③ R. G. Boutilier, L. D. Black, I. Thomson, From Metaphor to Management Tool—How the Social License to Operate can Stabilize the Socio-Political Environment for Business, International Mine Management, 2012: 227-237.

之间,以及直接利害关系人与间接利害关系人之间;被申请人(项目企业与政府)之间的契约、被申请人与申请人之间的契约等,只有当各类当事人之间达成共识并维持共识,各种微型契约的核心条款能够取得最大限度的一致,社会性许可才能形成并维持。而这些微型契约的核心条款主要依据被申请人的社会规范而定,体现了被申请人的意志和评价标准。虽然这些社会规范不一定符合国家形式法律,但却为社会性许可方当事人所认可,至少在社会性许可各方当事人之间具有了合法性。换言之,社会性许可的合法性主要体现被申请人评价标准,而不是国家行政许可法律的授予,这就可能与国家行政许可法律之间存在距离。事实上,将社会性许可视为一份契约的主张已经为一些国家的组织所采纳。比如,澳大利亚矿业协会在它的一份关于企业的可持续性发展报告中用"社会契约"这个词来描述社会性许可,即社会性许可是一种不成文的社会契约。除非一个企业获得了它这份许可,并以良好的绩效为基础维持这份契约,否则,企业无疑会遇到消极后果。①由此可见,社会性许可被申请人运用不同于国家标准的社会规范来评价国家行政许可项目具有深厚的合理性基础,这是国家行政机关和行政法制度设计者必须注意的事实。

2.对国家环境行政的抵消作用

社会性许可对国家行政抵消作用,是指影响特定地区社会公众福利的国家行政许可项目或者已经为行政机关"选中"的项目,如果没有满足或不符合该地区社会公众的期待或者要求,与该地区社会公众所形成的社会规范相抵触,那么很可能遭到该地公众或明或暗、或软或硬的抵制,致使国家行政活动的合法性遭到削弱,经行政许可的项目也难以实施,甚至带来更严重的社会危害。社会性许可之所以会对国家行政产生抵消作用,一个重要原因是社会性许可被申请人对项目的评价标准与国家行政机关对项目的评价标准之间存在"差距"。从社会性许可实践经验来分析,依据抵消所针对的直接对象是国家行政机关还是项目企业,可以分为直接抵消和间接抵消。

(1)对国家环境行政的直接抵消作用。社会性许可的直接抵消作用,是指它能够撤销、否定、拖延国家行政机关对项目的许可活动,致使国家行政机关无法实现行政许可目标,甚至造成更大负面影响。直接抵消作用可以发生在行政机关许可的整个过程中,比如,社会性许可能够否定一项已经通过国家行政机关环境影响评价并且已经开工的项目。2013年我国云南省昆明市发生的"PX"事件所涉及炼油项目早在2012年7月就获得国家环境保护部的批准,但在2013年5月因

---

① Minerals Council of Australia , Enduring Value the Australian Minerals Industry Framework for Sustainable Development, https://www. ipaustralia. gov. au/tools-resources/certification-rules/ 1259716,2005:2.

遭到昆明市民抗议而被迫中止。①又如，社会性许可能够打断国家行政机关的许可程序，2012年7月江苏启东市民迫使启东市政府永久取消"虽经政府批准，但尚处于环评阶段"的南通大型达标水排海工程。②2014年5月10日浙江省杭州市余杭区市民抗议处于前期规划公示阶段的中泰垃圾焚烧厂项目。面对市民抗议，余杭区政府不得不中止该项目的许可程序，并提出"在项目没有征得大家理解支持的情况下，一定不开工的承诺"。③从实践中来分析，社会性许可被申请人运用多种方式来对国家行政进行直接抵消。既有常规的、比较理性的方式，比如行政复议与行政诉讼、行政信访、向上级行政机关投诉等，也有非常规的、违法的，甚至是构成犯罪的手段。比如非法聚集，散发抗议传单，非法示威和游行，堵路，袭击政府部门，打、抢、砸、烧等，致使危害后果远远超过影响行政许可项目本身。

（2）对国家环境行政的间接抵消作用。社会性许可对国家行政的间接抵消作用是通过给企业（项目）造成负面影响所体现出来。这背后的行政法原理是：国家行政机关许可项目的目标既是为了让企业获得更多利润，也是为了让企业创造更多社会财富，实现社会利益和企业利润的双赢，从而促使社会整体福利最大化。换言之，企业项目能够获得成功与行政机关许可该项目的目标是一致的，企业项目是实现国家产业政策的最重要方式。如果企业项目遭到延误、破坏、抵制甚至流产，那么行政机关许可该项目所欲实现的目标就会落空或者被严重削弱，国家产业政策被迫中止。间接抵消作用通常发生在项目日常的施工、经营或者生产过程中，被申请人直接对项目企业发难。此类情况在国内并非罕见。比如2007年我国厦门市民以"散步"方式迫使一项已经取得国家行政机关合法许可的、投资108亿元在建"PX"项目停工，致使项目企业腾龙芳烃(厦门)有限公司每月经济损失上亿元，而该企业每年为厦门市将创造工业800亿元产值的目标也落空。④

3.对国家环境行政的促进作用

社会性许可对国家行政的促进作用是指，如果国家行政机关所"选中"或许可的项目能够满足受其影响地区的公众的期望和要求，真实反映该地公众的生产、生活、精神和文化等方面需求，那么这个项目就能得到当地公众的支持，行政许可所设定的预期目标，以及国家产业政策就能顺利实现，甚至带来超越行政

---

① 参见王秀娟：《昆明PX事件》，《中国石油石化》2013年第11期。

② 参见孙堃伦：《关于对地方政府决策问题的思考——以"江苏启东7·28事件"为例》，《管理观察》2017年第3期。

③ 参见张乐等：《余杭：中泰垃圾焚烧厂项目群众不支持就不开工》，载搜狐网，http://news.so-hu.com/20140511/n399410594.shtml，2019年2月11日访问。

④ 参见薛子进：《维权之路有多长》，《法人》2008年第6期。

许可法律或产业政策所规定的预期收益。从社会性许可实践经验来分析，依据促进所针对的直接对象是国家行政机关还是项目企业，可以分为直接促进和间接促进。

（1）对国家环境行政的直接促进作用。社会性许可的直接促进作用是指，它能够为国家行政机关在项目的决策、审查以及后续监督等各类环节提供多种形式支持，确保行政许可机关决策更为科学，帮助行政机关节约执法成本，督促行政机关有效执行法律。对于这种促进作用，学者们也作了一些探讨。比如，澳大利亚学者甘宁汉等认为，①社会性许可能够敦促行政机关及时执法，提高执法频率，增强执法效果。他们指出，虽然行政法律规定了企业排放恶臭硫磺的限度，但行政机关从来不会将控制气味作为其执法优先事项，因为气味对环境影响很微小。然而，在纸浆厂项目中，社区居民却将恶臭气味作为最优先事项来考虑，这就迫使行政机关动用执法权力对气味加以严格控制。笔者认为，社会性许可对国家行政的直接促进作用体现在行政机关对项目的整个生命周期的管理过程中，不论是在项目的前期考察、评估阶段，还是中期的许可阶段，以及后期的监督管理阶段，社会性许可都能对国家行政带来积极的作用。比如在前期考察阶段，行政机关如果能够深入受项目影响的社区，倾听多方利害关系人的建议，就能形成完整的项目评估结论，为许可阶段的决策提供科学依据。又如在项目后期监督和管理阶段，行政机关如果能够与利害关系人合作，及时处理利害关系人提出的关于项目运行过程中的意见，那么既能降低行政执法成本，也能确保项目平稳开展，从而在整体上提升社会福利。

（2）对国家环境行政的间接促进作用。社会性许可对国家行政的间接促进作用是通过给企业（项目）带来正面功效所体现出来的。这背后的行政法原理与社会性许可对国家行政的间接抵消作用的法理相同，即企业项目能否获得成功与行政机关许可该项目的目标，以及国家相关产业政策宗旨是一致的，而事实上行政许可机关非常关心企业能否提供比在行政规制情况下更多的社会和环境方面收益，创造更卓越的经济绩效和社会绩效。可见，如果社会性许可能够为企业（项目）带来超越常规的收益，就能够间接实现行政许可的目标。而这恰恰也是诸多项目企业愿意投入一定资本以获得或者维持社会性许可的目的所在。那么社会性许可能够给企业带来哪些直接的正面功效，进而间接促进行政。对此，学者们做了相当丰富的论述。比如科鲁兹等学者概括了四个方面的积极意义：降低企业的成本和风险，比如，取得社会性许可的企业能够减少公共机构的审查和监督概率；在市场中取得竞争优势；获得良好的声誉和合法性；为企业的股东创造多元

---

① Neil Gunningham, Robert A. Kagan, Dorothy Thornton, Social License and Environmental Protection: Why Businesses Go Beyond Compliance, Law & Social Inquiry, 2004, 29(2): 307-341.

价值。① 而类似的情况在我国则显得更为明显。比如，因在2014年没有获得社会性许可而遭到杭州市余杭区市民抵制的中泰垃圾焚烧厂项目，在2016年，项目企业与当地政府终于获得项目所在地市民许可。一旦有了社会性许可，项目企业在施工和建设过程中即使出现损害当地市民权利的情况，也能得到他们的原谅。根据记者调查，该项目施工爆破震裂了周边市民的玻璃窗，却获得市民的谅解，"不闹也不吵"，项目红线范围内的"老坟"需要拆迁，否则会影响项目进度，但让项目企业和政府吃惊的是，"只用了7天时间，村民冒雨将全村570多座坟全部迁了出去"。②

（三）行政法制之改革

1.行政法需要为申请人成功取得并维持社会性许可提供程序性规范

由于申请人能否取得或维持一项社会性许可直接关系着国家行政的合法性，而现代行政法的核心任务始终是为行政活动提供一种合法性评价和理解框架，③由此，如何发挥社会性许可对行政的促进作用，避免对行政的消极作用自然是行政法内在使命。而行政法能够实现这一使命的机制则是借助于体现一定价值取向的程序制度来规范社会性许可各方当事人行为。从规范层面而言，这一程序制度主要由五个环节所构成。④

（1）公告。它是指作为申请人的国家行政机关和企业将项目的详细信息向可能受其影响的社会公众正式公布或公开宣布。一项完整的公告通常包括形式、内容、标准、期限等要素。就形式而言，公告应当通过当地官方媒体，如官方报纸、官方网站、官方电视台发布，以体现权威性。就内容而言，公告应当详细描述项目特征，项目对社会特别是对该地区社会公众的潜在正面和负面影响，申请人为抑制负面影响将采取的措施等内容。就公告标准而言，公告所使用的语言应当通俗易懂，申请人需要将项目涉及的专业术语，特别是化学方面术语转译成"民间话语"，公告要多运用对比性话语和图式性话语来解释项目给公众带来的好处和负面影响。就公告期限而言，申请人至少应当在1个月内连续不断发布公

---

① Kurucz, E.C., Colbert, B.A., Wheeler, D., The Business Case for Corporate Social Responsibility, (2008)https://corpgov. law. harvard.edu/2011/06/26/the-business-case-for-corporate-social-responsibility/.

② 参见王慧敏、江南：《杭州解开了"邻避"这个结》，《人民日报》2017年3月24日，第019版。

③ 参见[美]理查德·B.斯图尔特：《美国行政法的重构》，沈岿译，商务印书馆2011年版，第3页。

④ Kathleen M. Wilburn, Ralph Wilburn , Achieving Social License to Operate Using Stakeholder Theory, Journal of International Business Ethics, 2011, 4(2): 3-16.

告。行政法规定公告程序的主要作用在于：告诉特定地区社会公众关于项目的所有信息。它类似于申请人向被申请人发出缔结契约的要约，为使作为受要约人的被申请人有缔结契约的用意，作为要约人的申请人发出的要约内容应当明确和具体。

（2）调查。它是指申请人向可能受项目影响的社会公众了解对项目的看法、意见等活动。一项完整的调查包括调查问题、调查形式、调查对象、调查范围、调查内容、调查期限、调查案卷等内容。就调查问题而言，申请人需要将项目的公告内容转换成易于回答的问题，特别是要将受影响地区公众可能存在的担心提炼成问题。就调查形式而言，可以采取直接的面对面的形式，比如听证会、座谈会、论证会、恳谈会；也可以使用间接的非面对面形式，比如书面形式、互联网调查形式。但对于主要利害关系人，申请人要多采用直接的面对面沟通形式；就调查对象而言，既要涉及到直接的或者主要利害关系人，也要覆盖到间接的或者次要利害关系人，但主要是向直接利害关系人调查。就调查范围而言，根据项目影响规模，尽可能扩大调查范围。就调查内容而言，除了需要调查清楚申请人所预设的问题之外，还要深入了解受影响地区公众提出的新问题，尤其是调查清楚该地区的文化传统、风俗习惯、主流媒体价值偏好、主要利益团体分布情况和受教育水平、对环境资源依赖情况等内容。就调查期限而言，根据项目复杂性、调查对象范围等因素确定，但行政法需要规定一个最低限度，比如2个月。就调查案卷而言，申请人需要将调查结果做成案卷，并加以分类。行政法规定调查程序的主要作用在于：让申请人了解社会性许可被申请人对该项目的评价标准或者特有的社会规范。它类似于契约一方当事人了解契约其他当事人关于契约条款的主要内容。由于受项目影响的利害关系人通常类型复杂，规模较大，因而他们关于缔结社会性许可契约的主要条款内容也相当复杂，有的条款之间可能存在严重的利益冲突或观点分歧。由此，调查程序就非常重要。

（3）分析。它是指申请人解析受项目影响的社会公众关于该项目的社会规范是否与自身关于项目的社会规范，以及法定许可条件相符合。一项完整的分析包括分析主体、分析对象、分析标准、分析结论等内容。就分析主体而言，申请人中的专业人士、具有决策或者领导权的人士，以及普通员工都应当占有一定比例，即申请人需要成立一个由多元主体组成的分析委员会，避免单一主体因思想和观点相同或相似而出现先入为主的极端情况。[1]就分析对象而言，则是调查案卷所呈现的所有观点、建议、意见等信息，特别要分析直接利害关系人对项目的主张或者看法。就分析标准而言，首先要体现全面性，既要分析反对意见，也要

---

[1] 参见[美]凯斯·R.孙斯坦：《设计民主：论宪法的作用》，金朝武、刘会春译，法律出版社2006年版，第12-17页。

分析赞成意见，还要分析摇摆不定的意见；既要分析直接利害关系人的意见，也要分析间接利害关系人的意见。其次要体现客观性，要实事求是解析各类利害关系人的态度、主张和见解，并以相应的事实作为佐证；最后要体现深刻性，分析主体不能简单地将各类不同意见分类，而是要深入到各类利害关系人之所以会提出此类意见的背景性原因中去，力求透过材料的表面现象来揭示材料背后的本质性内容。就分析结论而言，需要得出被申请人关于该项目的社会规范与申请人关于项目的社会规范，以及法定许可条件是否相一致。如果发现双方存在妥协余地，存在达成共识的空间，那么就进入协商阶段。行政法规定分析程序的主要作用在于：让申请人知晓自身的社会规范，以及法定许可条件与被申请人的社会规范之间的差异及其原因，为是否需要协商提供依据。

（4）协商。它是指在特定主体主持下，社会性许可申请人与被申请人之间就社会性许可条件进行商议，并达成共识的活动。一项完整的协商包括协商主体、协商对象、协商期限、协商结果等内容。就协商主体而言，行政法需要规定特定行政机关负责成立协商委员会，成员由申请人代表、被申请人代表，以及作为主持人的行政机关工作人员构成。作为主持人的行政机关工作人员应当与项目的许可机关没有法律上的利害关系。被申请人代表应当具有广泛的代表性，既有直接利害关系人代表，也有间接利害关系人代表；既有持反对意见的代表，也有持赞成意见的代表，还有持中立态度的代表。被申请人代表人数应当根据项目影响受众面来确定，尽可能扩大人数，特别是直接利害关系人的人数，但行政法需要规定一个确定代表的方法，比如占受影响人口比例的千分之一到万分之一。就协商对象而言，则是双方关于社会性许可的条件，特别是那些存在分歧或争议的条款，这类似于契约双方就存在争议的条款讨价还价。就协商期限而言，需要根据项目难易程度、参加协商人数等因素来确定，但行政法需要规定一个最低期限，比如1个月。就协商结果而言，如果申请人与被申请人之间就社会性许可条件能够圆满达成共识，那么申请人就直接获得该许可。如果申请人与被申请人之间，或者被申请人之间存在难以妥协的分歧，那么就通过投票方式来解决。行政法需要规定被申请人中的直接利害关系人或者其代表具有投票权，并且遵循参加人数三分之二以上多数赞成的规则。如果法定多数意见赞成该项目，那么申请人就获得一项社会性许可。对于获得一项社会性许可的凭证可以在申请人与被申请人之间签订类似于驰莱尼所说的社区发展协议。[①]如果法定多数意见否定该项目，那么申请人就没有获得该社会性许可，申请人就中止项目的准备工作。一旦取得社会性许可，申请人就按计划开展项目建设。行政法规定协商程序的作用在于：为

---

① Nwapi Chilenye, Can the Concept of Social License to Operate Find Its Way into the Formal Legal System, Flinders Law Journal, 2016, 18(2): 349-375.

申请人和被申请人之间是否能够形成社会性许可条件，进而为申请人是否能够最终取得社会性许可规定制度遵循。

（5）监督。它是指为确保申请人能够维持社会性许可，特定主体观察、检查和评价危害社会性许可持续的各种因素的活动。一项完整的监督制度包括监督主体、监督对象、意见反馈、整改落实等要素。就监督主体而言，应当由与申请人和被申请人，特别是与申请人没有直接利害关系的主体来担任。比如特定领域的非政府组织、公益机构。笔者认为，相对独立的监督主体能够增强监督效果的公平性，进而提升申请人的信任。就监督对象而言，主要是影响和破坏申请人和被申请人之间信任的各类行为和活动，以及被申请人社会规范变迁情况。意见反馈是指监督主体通过各种方式，比如召开会议、发送提醒邮件等将影响和破坏信任的各类情况定期或不定期地向申请人与被申请人反映。整改落实是指，申请人根据反馈意见及时改正影响或破坏信任的各类行为或者对被申请人改变了的社会规范做出回应，必要时重新申请社会性许可。行政法规定监督程序的作用是：保障申请人能够持续获得社会性许可，提升申请人对被申请人的信任，进而带来超越常规的社会整体福利。

2.行政法需要合理定位国家行政机关的法律角色

恰如德国著名行政法学者斯密特·阿斯曼所说的，公法任务的所有光谱均涉及责任，同时并决定国家与私部门共同履行任务时国家所负责任的种类与范围。①社会性许可对国家行政的客观影响，以及申请人为获得和维持一项有效的社会性许可均对行政机关和行政法带来巨大挑战。从国家行政机关在社会性许可中的地位而言，他们可能是申请人，也可能是协商主体中的主持人，还可能是社会性许可的助成者、信息提供者、组织服务者、秩序维持者，但他们不是社会性许可的主要决策者。如何确保行政机关能够有效担任诸多可能存在利益冲突的角色，防止他们实施不当联结；同时，又如何保障作为私方主体的被申请人依法享有权利，保持应有的自主性和独立性，行政法首先需要明确行政机关的法定职责。

（1）作为申请人的行政机关的法律职责。当行政机关以申请人身份出现时，行政法需要重点规定如下几项职责。

一是提供信息职责。行政机关负有向同为申请人的项目企业，以及作为被申请人的各类利害关系人提供与社会性许可有关的所有信息的义务。此项职责将涵盖从社会性许可的公告到监督的所有过程。比如，行政机关所掌握的关于项目企业对环境带来影响的信息；又如，行政机关保存的关于被申请人基本情况的信息。

---

① 参见[德]斯密特·阿斯曼：《秩序理念下的行政法体系建构》，林明锵等译，北京大学出版社2012年版，第161页。

　　二是组织并参与调查和分析职责。即行政机关负有与项目企业共同确定调查问题、形式、对象、范围、内容，并组织实施的义务，以及负有与项目企业共同建立分析委员会，确定分析对象和标准，并组织实施的义务。

　　三是参与协商与整改职责。参与协商是其一项重要职责，行政法需要规定行政机关在参与协商过程中没有投票权，不得行使命令和指挥权，禁止不当联结。比如，行政机关不得对被申请人中担任公务员的人施压，要求该公务员服从行政机关的意志。又如，行政机关不得要求被申请人同意申请人的要求，否则，降低被申请人的社会福利。参与整改职责则指对于社会性许可监督主体提出的整改建议，行政机关负有与项目企业一起整改的义务。

　　四是说明理由与公平补偿职责。说理理由职责是指行政机关负有向项目企业和被申请人就社会性许可申请和维持过程中的疑问予以解释和说明的义务。公平补偿职责包括两个层面：在社会性许可申请和维持过程中，被申请人合法权利受到项目影响的，行政机关与项目企业共同承担补偿的义务；当社会性许可在维持阶段被中止，项目企业破产，如果被申请人合法权利遭到损失，行政机关负有担保性的补偿义务。这背后的行政法理是：从根本而言，社会性许可是实现行政任务，推进公共福利的一种公与私合作治理手段，社会性许可项目是实现国家产业政策的重要载体。就补偿方式而言，除了金钱之外，行政机关应当采用综合措施来减缓项目对环境、社会、文化方面的影响。比如，前述已经取得杭州市余杭区市民社会性许可的中泰垃圾焚烧厂项目，作为申请人之一的杭州市政府出台一系列补偿措施，诸如专门给中泰街道拨1 000亩的土地空间指标，用来保障当地产业发展；设立环境改善专项资金，从2017年起在原有260元/吨的垃圾处理费基础上，增加75元/吨的标准，以补偿余杭中泰区域。[①]

　　（2）作为非申请人的行政机关的法律职责。当行政机关以非申请人身份出现时，行政法需要重点规定如下几项职责。

　　一是组织协商职责。为确保公平，这项职责应当由与作为申请人的行政机关没有直接利害关系的行政机关来行使，比如政府法制部门。行政机关在履行组织协商职责时，重点要确定协商主体和协商对象，控制协商进程，提高协商效率。由于协商主体一方是被申请人，而被申请人通常人数众多，类型复杂，为了体现民主性，行政机关需要通过科技手段依法确定被申请人或者被申请人代表数量。比如，根据自愿报名原则，以身份证号码为标准，以摇号方式产生被申请人代表。确定被申请人代表之后，行政机关要组织建立协商委员会，依法确定协商委员会的议事规则，明确协商委员会各类成员的权利和义务，确保协商委员会合法与高效开展协商工作。对于协商对象，行政机关需要明确协商成员之间的分歧焦

[①] 参见王慧敏、江南：《杭州解开了"邻避"这个结》，《人民日报》2017年3月24日，第019版。

点，合理引导他们采取相应措施来减少分歧，增强妥协。

二是组织投票职责。虽然被申请人投票属于协商程序中的一个环节，但由于这是一项极为关键的任务，因而行政法有必要单独为行政机关设定一项职责。同样，为增强信任，该项职责应当由政府法制部门来行使。行政机关在履行组织投票职责过程中，需要确定投票的情景，即在哪些情况下，需要由被申请人或者其代表通过行使投票权来决定是否授予社会性许可。当然，行政机关需要征求申请人和被申请人代表的意见。为确保投票公正、公开和高效，行政机关需要依法制定投票规则，比如确定投票人资格、无记名秘密投票、实时唱票、由政协委员或人大代表参与监督投票、全程直播公开投票过程等；行政机关需要制定投票中可能出现违法违规行为的惩戒责任，防止拉票、贿赂等现象发生。

三是披露信息与监督职责。与具有申请人身份的行政机关一样，不具有申请人身份的行政机关同样负有及时披露信息的职责。他们在履行组织协商和投票等职责过程中记录、制作或保存的信息都应当依法及时主动向被申请人公开。由于社会性许可的申请和维持是一项涉及多方利益的活动，不同主体之间难免会出现冲突，造成社会不稳定情况，由此，行政机关还负有监督职责。这项职责应当由行政机关中负责社会稳定的部门来行使。

3.行政法需要科学配置被申请人权利和义务

虽然从目的而言，被申请人参与社会性许可主要为了自身利益，由此，有学者可能会认为行政法没有必要规定他们的权利和义务，而应当由私法规定。笔者认为，这种观点是错误的。这是因为，利益的类型——公益还是私益的区分与利益主体无关，被申请人尽管没有行使公共权力，然而他们也能诠释和代表公益。无论是直接利害关系人，还是间接利害关系人，他们参与或者决定社会性许可都是为了增进一种与自身利益相符合的公共利益，况且被申请人通常不是个体身份出现，而是代表受项目影响的整个地区的公众，由此，他们所代表或追求的利益无疑体现公益属性。可见，既然被申请人在社会性许可中的行为主要为了实现公共利益，那么由行政法来调整其行为就具有客观基础。而行政法为其配置权利和义务的目的则是确保他们理性决定社会性许可，既不受行政机关和项目企业非法干扰，也能够切实代表自身利益，进而促进公共利益。

（1）被申请人的权利。从属性分析，被申请人的权利和义务主要是公权利和义务。[①]行政法需要重点规定如下权利。

一是表决权。表决权由被申请人中的直接利害关系人享有。当被申请人之间对是否授予申请人社会性许可存在争议时，直接利害关系人通过行使表决权来最

---

① 如果用权利来表述，就是私人主体的公权利。相关研究参见方世荣：《论行政相对人》，中国政法大学出版社2000年版，第60-61页；戚建刚：《食品安全社会共治中的公民权利之新探》，《当代法学》2017年第6期。

终决定。表决权是被申请人所享有的一项最重要的权利，也是社会性许可对行政法制提出的最具特色的要求。对此，有学者可能会担心这是否意味着，如果被申请人行使否决权，国家行政机关就难以推进产业政策，国家行政机关所代表的公共利益角色就遭到削弱。笔者认为，这种担心背后依然是传统行政法上管理论[①]所指导下的行政机关垄断性地代表和诠释公共利益的思维。它与社会性许可所体现的治理理论和可持续发展理论相背离。从国内外社会性许可实践来分析，行政机关强行推进项目遭到当地社会公众不满的情况比比皆是。这就表明，即使行政法没有赋予被申请人表决权，被申请人事实上已经在行使这项权利。如果行政法能够顺势而为，赋予被申请人此项权利，并建立相应的行使规则，那么既可以防止被申请人滥用此类权利，也能够为申请人顺利取得社会性许可提供规则指引。

二是建议权。建议权涉及两个层次：一个层次是间接利害关系人就社会性许可事项向直接利害关系人提供建议，比如，公益性环保组织向当地社区居民提供项目环保方面的信息来为其决策提供建议；第二个层次是直接或间接利害关系人在社会性许可的调查、协商和后续监督方面向申请人或者不具有申请人身份的国家行政机关提出建议，比如，就如何减缓项目对被申请人经济方面的影响，向申请人提出改进建议；就如何制定投票规则，如何确定被申请人代表，向不具有申请人身份的国家行政机关提出建议。

三是知情权。除依法保密外，出于正当目的或理由，被申请人有查阅和知晓申请人所收集、制作、保存的与社会性许可有关的资料、信息的权利。知情权应当贯穿于社会性许可的全过程，体现在项目的整个生命周期过程中。比如，在中泰垃圾焚烧厂项目中，当地政府专门成立群众监督小组，村民到村里登个记，就可以戴上"监督证"进项目工地实地察看。碰到地质勘测、进场施工等重点环节，政府都定期组织村民现场监督，听取项目方的介绍。[②]

四是获得通知和参加会议权利。它是在社会性许可的各个阶段，当国家行政机关和项目企业制定或做出涉及社会性许可的规则、措施、决定之前，被申请人有得到告知有关内容，以及何时和以何种方式参加会议的资格。由于社会性许可涉及环节和事项众多，而这众多事项和环节几乎都关系到被申请人利益，大都需要被申请人参与和评论，因而赋予被申请人此项权利就十分必要。

五是获得奖励和适当经费补贴权。它是指对于被申请人积极参与社会性许可做出一定贡献的情况，有从国家行政机关获得物质或者精神奖励或适当经费补贴的权利。获得奖励和适当经费补贴权是对公民的正面激励。因为被申请人参与社

① 对行政法上管理论的批评，参见沈岿：《平衡论：一种行政法认知模式》，北京大学出版社1999年版，第1-20页。
② 参见王慧敏、江南：《杭州解开了"邻避"这个结》，《人民日报》2017年3月24日，第019版。

会性许可在很大程度上是出于维护公共利益需要，他们提供了一种具有正外部效应的公共物品。而依据公共选择理论，①为了确保作为理性人的被申请人有持续不断地行使行动权利的动力，就需要给以相应的激励。

(2)被申请人的义务。行政法在赋予被申请人一系列权利的同时也需要规定他们的义务。其中最为关键的义务有两项。一是不得滥用权利的义务。即被申请人在行使权利，特别是表决权过程中，不能以违反国家法律、行政机关制定的规则和纪律，以破坏和影响公共利益和社区利益方式来行使。被申请人需要意识行政法赋予他们系列权利是要求他们与国家行政机关和项目企业来共同推动地区经济、社会、文化事业可持续发展，他们是作为国家和社会治理主体身份来行使权利，而不是为追求狭隘的私人利益。二是自觉维护公共秩序的义务。由于社会性许可的申请和维持过程涉及多方主体反复博弈，需要消耗大量时间和精力，而被申请人素质参差不齐，从实践来观察，有时会出现破坏公共秩序的情况。行政法就需要规定被申请人负有自觉维护社会稳定的义务，禁止实施破坏公共秩序各类行为，诸如散布谣言、传播虚假信息。否则，将承担相应的法律责任。

4.行政法需要合理规定项目企业的权利和义务

就项目企业而言，虽然他们通常以个体身份出现，也主要为了自身的经济利益而申请或者维持社会性许可，但在我国经济和社会语境中，诸多项目企业属于国有企业，甚至是政府经营的企业，他们开发项目的一个重要目的是为了执行政府的产业政策，他们所追求的利益可以说是公共利益的构成部分。即使少量企业属于民营或外资企业，但他们开发和建设项目也具有帮助政府执行产业政策，带动地区经济和社会发展功能，由此，从整体而言，项目企业行为也具有浓厚的公益色彩。况且，他们与行使国家行政许可权的行政机关共同作为社会性许可申请人。这就为行政法规定其权利义务奠定了事实基础。行政法为其配置权利和义务的目的则是确保他们合理取得并维持社会性许可，赢得被申请人的信任，促进公共利益，同时避免出现不必要的损失，防治社会福利无畏损失。

（1）项目企业的义务。尽管项目企业与同作为申请人的国家行政机关的职责在形式上存在类似之处，比如披露信息义务、说明理由义务，然而它们的内容上却不一样，因此，行政法依然需要加以规范。可需要指出的是，由于社会性许可主要依靠信任来取得和维系，而为了获得信任，企业有时会遵循一些伦理方面的要求，这些伦理要求通常会超越法律对企业的要求，那么行政法是否能够直接将这些伦理要求法定化呢？笔者认为显然不能。行政法仅需要规定确保项目企业能够取得和维持社会性许可的最低限度的义务，对于体现更高层次伦理要求的义务，应当由企业规章制度来规定或者企业通过自身行为来实现。这正如有学者指

---

① Dennus C. Mueller, Public Choice: A Survey, Journal of Economic Literature, 1976, 14(2): 395-433.

出的，法律在复杂关系调整和多元利益调适中的"中庸"或者"中人"标准决定了其必须保持"一般"和"普遍"的性质，所以法律规范所能吸收的只是道德伦理规范体系中最基本的内容和最起码的要求。[①]

从规范层面而言，项目企业的义务主要有如下几项：一是持续不断披露信息的义务。即从社会性许可的公告到监督阶段，项目企业都负有向同作为申请人的行政机关，以及被申请人连续披露关于项目开发、生产、使用等过程中能够影响被申请人福利的各类信息。二是邀请被申请人参与企业日常管理的义务。在社会性许可维系阶段，企业负有定期或不定期邀请被申请人参与企业日常生产经营，参观企业生产设施，参与企业保护生态环境等活动的义务，让被申请人切身体会企业生产经营活动，增强对企业的认同感。三是接纳被申请人建议并及时反馈的义务。无论在社会性许可的申请阶段，还是在维系阶段，被申请人都会对企业提出各种各样要求，有些要求符合法律规定，有些要求超越法律规定，项目企业都负有接纳的义务，即项目企业应当提供便于被申请人提出要求和建议的渠道。对于这些建议和要求，项目企业要给出合理的解释和说明，并加以及时反馈。四是负有合理补偿的义务。此项义务其实与行政机关所负的补偿职责存在重叠，在实践中，通常与行政机关联合补偿被申请人。

（2）项目企业的权利。如果说项目企业的义务主要是其面向被申请人的某种负担，那么其所享有的权利则主要是面向国家行政机关的某种利益，特别是当项目企业属于非国有或非政府所有时。作为一种公权利，行政法需要重点规定如下两项：一是要求行政机关提供信息的权利。它是指项目企业有权要求当地行政机关及时提供能够帮助其取得和维系社会性许可的各类信息。诸如行政机关所掌握的当地社会的经济、文化、生态环境情况，被申请人基本概况等信息资料。二是要求行政机关给予行政指导和协助的权利。它是指在社会性许可申请和管理的各个阶段，项目企业有权要求当地行政机关给予指导、建议、咨询、提醒、说明、帮助等。行政机关的科学指导和有效协助对于项目企业及时了解被申请人情况、赢得被申请信任非常重要。

以上四个方面构成社会性许可对行政法的寓意，为了行文方便起见，不妨称之为社会性许可行政法制度。从中不难发现，第一方面主要是行政法上的程序性架构，而第二、第三和第四方面其实是为程序性制度中的各方主体设定相应的权利义务（职责），以便具有实施性。

---

① 参见徐向华：《中国立法关系论》，浙江人民出版社1999年版，第102页。

六、创设竞争性环境执法制度增强工具互动①

为了实现环境风险得以有效规制的目标，我国法学界设计了种种环境治理模式，可是效果并不明显。一个重要原因是现有环境风险治理类型并没有摆脱环境行政执法是国家行政机关，特别是环境行政机关垄断性任务的窠臼。笔者提出竞争性环境行政执法的新类型，并以在我国环境行政执法制度体系中最重要的执法机关——县级环保行政机关为对象加以分析，试图突破现有的研究视野，从根本上扭转环保法律被虚置的局面。需要指出的是，虽然以县级环保行政机关为分析对象，但研究结论也适用于其他层级的环保行政机关，甚至是所有承担环境行政执法的其他国家行政机关。

（一）竞争性环境行政执法的含义

虽然科学研究的基本规则是以问题为中心的研究，论述竞争性环境行政执法基本含义的做法似乎陷入写教材的俗套，但由于我国行政法学尚未对这种执法类型加以研究，由此对其含义的界定本身就成为需要认真研究的问题。对此，笔者将从三个方面加以分析。

1.关于"竞争"之理解

为准确描述竞争性环境行政执法，有必要对"竞争"一词加以阐释。语义学上的"竞争"具有两种含义：一是指互相争胜；二是指商品生产者为争取有利的产销条件而展开的角逐。②追溯"竞争"的词源，其属于生物学中的概念，在自然法则支配下，不同物种或相同物种之间为获得能够满足自身生存需要的物质从而施加给对方的不利影响，这一过程称之为竞争。社会学视角下的"竞争"一词有着更为丰富的内涵：首先，竞争标的具有同一性和排他性。所谓同一性就是指存在共同的竞争标的；所谓排他性是指竞争标的不能被同时占有，这是竞争得以存在的前提。其次，竞争标的具有稀缺性。稀缺性意味着标的的获取不是轻而易举的。竞争的根本任务是获取竞争标的，击败竞争对手只是获取标的的必要方式。最后，竞争的开展要遵守相应的社会规范，竞争应是在规则支配下的有序竞争，而不是无序竞争。③

由"竞争"内涵可知，理解"竞争"的关键在于"竞争"涉及的主体要素、对象要素、运行要素以及保障要素等内容。其中，主体要素是指竞争要在两个或两个以上的主体之间进行，存在竞争主体与被竞争主体；对象要素是指不同主体

① 参见戚建刚、兰皓翔：《论竞争性环境行政执法——以县级环境保护行政主管机关为分析对象》，《武汉科技大学学报（社会科学版）》2018年第5期。
② 参见夏征农、陈至立：《辞海》，上海辞书出版社2010年版，第1161页。
③ 参见杨明方：《社会学视野中的竞争观》，《社会》1994年第7期。

开展竞争是为了指向具有排他性的共同的标的；运行要素是指竞争得以有序开展需要有相应的制度规范；保障要素是指为确保竞争的有效性对竞争主体的惩戒与激励机制的规定。

　　2.竞争性环境行政执法的内涵

　　就竞争性环境行政执法而言，其与一般意义上的环境行政执法的显著区别在于竞争，因此，其内涵的关键在于从竞争四要素入手加以解析。

　　（1）主体要素。竞争性环境行政执法的主体要素涉及不同环境行政执法主体。在本文的语境中，竞争主体是国家法律授权的环保公益组织，被竞争主体是县级环保行政机关。其中，竞争主体又可以分为两类：第一类是直接的竞争主体，即依法与县级环保行政机关直接展开环保行政执法比赛的法定环保公益组织；第二类是潜在的或者后备的竞争主体，即当直接的竞争主体因出现法定的被中止竞争执法资格事由时，符合法定条件的其他环保公益组织作为代替者而与县级环保行政机关展开执法比赛。[①]不论是直接的竞争主体，还是潜在的竞争主体，它们都属于环保公益组织，而不是国家行政机关。但它们不是一般的环保公益组织，而是具备与环境行政执法相关的专业人员和专业知识，掌握相应的环保法律规范的公共组织，类似自然之友、绿色和平组织等公益组织，同时，它们也不隶属于国家行政机关，特别是国家环保行政机关。就执法权力来源而言，它们所享有的权力并非由自身章程所规定，而是由国家法律、法规所授予。

　　（2）对象要素。竞争环境行政执法的对象要素指向环境保护法律规范。在本文语境中，就是县级环保行政机关负有法定职责来实施的各类环境保护法律规范，比如《中华人民共和国大气污染防治法》《环境保护法》《中华人民共和国固体废弃物污染环境防治法》《中华人民共和国放射性污染防治法》等。根据依法行政基本原理，我国县级环保行政机关所执行的环保法律具有排他性，即这些环保法律规定了县级环保行政机关的职责，县级环保行政机关是执行相应环保法律的唯一主体。法定环保公益组织将与县级环保行政机关就此类环保法律展开执法比赛。

　　（3）运行要素。竞争性环境行政执法的运行要素是指环境行政执法主体之间开展执法比赛应遵循相应的法律程序。运行要素既要解决直接的竞争主体如何产生，如何与被竞争主体展开执法竞赛，如何退出等问题，也要解决潜在的竞争主体如何产生，如何代替直接的竞争主体等问题。比如，在直接竞争主体——法定环保公益组织，如何与被竞争主体——县级环保行政机关展开执法竞争上，法律可以规定三种竞争方式：一是依申请方式，即法定环保公益组织可以主动申请加入县级环保行政机关的执法活动；二是受邀加入，即县级环保行政机关邀请法定

[①] 从这个意义上讲，直接竞争主体与潜在的或者后备竞争主体之间也展开竞争。

环保公益组织加入自身执法活动；三是自主开展执法，当具备法定条件时，比如，县级环保行政机关怠于履行执法权力，或者发生大规模执法腐败以至于难以履行执法职责时，法定环保公益组织自主开展执法活动。

（4）保障要素。竞争性环境行政执法的保障要素是指确保各类执法主体严格履行法定职责的激励与约束机制。激励机制主要包括获取与环境行政执法相关的物质或非物质资源。约束机制主要指违法履行职责时需要承担的法律责任。竞争性环境行政执法中的保障要素是以新制度经济学中的这样一个原理为出发点来设计的，"一个人，无论他是一个政府官员还是一个企业主，都被认为在他所依存的体制所允许的界限内进行自己的选择、追求自己的目标。"①换言之，在竞争性环境行政执法中的县级环保行政机关工作人员、法定的环保公益组织工作人员等各类主体不可能是大公无私，而是追求自身利益最大化的理性人。

通过以上分析，笔者尝试对竞争性环境行政执法作初步界定：通过国家法律和法规授权，符合法定条件的环保公益组织就执行环保法律依法与县级环保行政机关之间展开比赛，同时后备环保公益组织与法定环保公益组织对执法资格予以角逐的执法形式。需要说明的是，法定的环境公益组织与县级环保行政机关之间开展执法竞争并没有突破现有环境行政执法管辖权的规定，因为法定环保公益组织主动申请或受邀参加执法并未剥夺县级环保行政机关的管辖权，而且法定环保公益组织开展自主执法的前提是县级环保行政机关已经依法丧失了管辖权。

3.相似概念的辨析

以上分析了竞争性环境行政执法的含义，随之而来的问题是，它是一种独立的环境行政执法类型吗？我国目前类似环境法实施或者执行方式能否涵盖它？对此，有必要辨析与其相似的概念。

（1）与环境行政公益诉讼的区别

通说认为，环境行政公益诉讼是指当环境行政机关的违法行为或不作为对公众环境权益造成侵害或有侵害可能时，法院允许无直接利害关系人为维护公众环境权益而提起行政诉讼，要求行政机关履行法定职责或纠正、停止其侵害行为的制度。②在我国，提起环境行政公益诉讼的法定主体是检察机关。虽然竞争性环境行政执法与环境行政公益诉讼制度在目标方面具有一致性，即都是为实现环境法律的有效实施，都有利于对环境行政执法权力的监督，③但它们在制度定位、竞争程度等方面存在根本不同。

第一，制度定位不同。从法学理论而言，法律的实施分为立法、执法、司

---

① 参见卢现祥主编：《新制度经济学》，武汉大学出版社2011年版，第18页。
② 参见夏云娇、王国飞：《外国环境行政公益诉讼相关立法对我国的启示——以美国、日本为例》，《湖北社会科学》2007年第9期。
③ 参见陈泉生、张梓太：《宪法与行政法的生态化》，法律出版社2001年版，第319页。

法、守法四个环节①。环境行政公益诉讼制度虽然也属于实施法律的一种形式，但属于司法范畴，是一种结果导向性的实施法律形式，体现法谚"司法是维护社会公平正义的最后一道防线"的意蕴。在我国，检察机关提起环境行政公益诉讼的前提是环境行政机关存在违法或不作为。然而，环境行政执法中的违法行为具有很强的隐蔽性和复杂性，对于某些环境行政违法行为，检察机关可能难以发现，比如，环境行政执法主体与环境相对人达成利益共谋而损害公共利益情况，或者即使发现了，但环境损害已经发生。相比之下，竞争性环境行政执法属于执法范畴，是法定的环保公益组织与县级环保行政机关通过开展竞争的方式来防治和纠正环境行政违法行为或不作为。它是一种过程导向型的制度设计，将对环境行政执法行为的关注视野扩展到执法全过程，因而可以提前预防和及时纠正环境行政违法行为。

第二，竞争程度不同。环境行政公益诉讼实质上是司法机关对环保行政机关的监督，二者是监督与被监督的关系，并不存在严格意义上的竞争。竞争性环境行政执法则是法定环保公益组织与县级环保行政机关之间开展执法比赛，以及潜在的环保公益组织与直接的法定环保公益组织之间的竞争，这是一种连环竞争。可见，竞争性环境行政执法是通过竞争来达到监督，确保环保法律有效实施的目的，具有强烈竞争性。

（2）与环境行政联合执法的区别

通说认为，环境行政联合执法是环境行政执法机关之间或环境行政执法机关与其他主体采取联合行动，对某些环境行政事务进行综合性整治的执法活动。②如果仅从执法主体上来考察，竞争性环境行政执法似乎与环境行政联合执法存在共通之处，例如，二者都是某一环境行政机关与其他主体之间的执法活动。那么，竞争性环境行政执法是否属于环境行政联合执法的一种特殊类型？对此，笔者持否定态度。

第一，执法权力来源之区别。环境行政联合执法并没有严格的法律依据，其通常出自地方"红头文件"的规定或个别领导的指示③，环境联合执法主体并没有获得新的权力，而是彼此依法行使原有权力；而在竞争性环境行政执法中，环保公益组织获得与县级环保行政机关开展执法竞争资格及相应职权的前提是获得国家法律和法规的授权。

第二，功能定位之区别。竞争性环境行政执法的一项重要功能是借助于法定环保公益组织对县级环保行政机关执法权力的竞争来实现环保法律被有效实施，而环境行政联合执法主要是解决不同环境行政执法主体之间因执法交叉、重叠等

---

① 参见张文显主编：《法理学》，高等教育出版社和北京大学出版社2007年版，第223页。

② 参见韩舸友：《我国行政联合执法困境及改进研究》，《贵州社会科学》2010年第8期。

③ 参见杨春科：《关于联合执法的思考》，《行政法学研究》1996年第3期。

原因而产生执法困难问题。

第三，职权行使方式之区别。竞争性环境行政执法中的环保公益组织可以依法参与到县级环保行政机关的执法过程中，在特定情形下，也可以代替县级环保行政机关开展自主执法活动；而环境行政联合执法中的各个环境行政执法机关不存在竞争与否的问题，而是彼此分别行使执法权，只是在形式上相互配合而已。

（3）与环境行政参与的关系

行政法学界通说认为，行政参与是指行政相对人以权利主体的身份参加公共行政，通过抒发相关意见、表达利益诉求等方式参与到行政主体所从事的行政活动过程之中，使得行政主体做出的行政行为尽可能符合民主行政、正当行政、科学行政之要求的活动。[1]环境行政参与是指环境行政相对人基于环境公共利益或者环境私人利益之维护，在获知相关环境信息前提下，通过多种方式表达自己的环境利益诉求参与到环境行政过程中，并由此影响环境行政决策的活动。[2]由行政参与、环境行政参与的定义不难看出，它们与竞争性环境行政执法存在一定相似性，比如，就目标而言，都是为增进（环境）行政活动的民主性和科学性。又如，就途径而言，均在（环境）行政过程中引入了新主体。但从本质上而言，竞争性环境行政执法并不等同于环境行政参与。

第一，竞争性环境行政执法中的环保公益组织所行使的是法定环境行政执法权，而环境行政参与中的行政相对人所行使的是参与权利。而所谓参与权利，是指人民参与国家意思之形成，并由此而取得对国家之请求权。[3]由此可知，从本质上而言，参与权利属于请求权范畴，相对人可以放弃，也可以行使，并不会因此承担法律责任。而环保公益组织行使的是一种法定执法权，能对特定相对人产生行政法上的效果，是不能任意放弃的一种职责，否则，将承担相应法律责任。

第二，竞争性环境行政执法强调环保公益组织与县级环保行政机关之间的执法比赛，而环境行政参与中行政相对人不存在与县级环保行政机关竞争问题。法定环保公益组织通过多种方式与县级环保行政机关展开执法比赛，在特定情形下，县级环保行政机关的执法地位可能被法定环保公益组织所取代。而在行政参与中，受行政相对人自身的权利所限，行政主体在整个行政活动中占据主导地位，行政相对人则处于从属地位，它们之间不存在相互竞争问题。

---

① 参见邓佑文：《行政参与的权利化：内涵、困境及其突破》，《政治与法律》2014年第11期。

② 参见朱谦：《公众环境行政参与的现实困境及其出路》，《上海交通大学学报（哲学社会科学版）》2012年第1期。

③ 参见王和雄：《论行政不作为之权利保护》，台湾三民书局1994年版，第47页，转引自叶必丰：《行政法的人文精神》，北京大学出版社2005年版，第157页。

(二)竞争性环境行政执法之合理性基础

以上分析表明，竞争性环境行政执法是一种具有独特含义的执法形式。然而，有学者可能会产生疑虑，认为这是一种激进的观点，将破坏目前的环境行政执法秩序。也有学者可能会认为这是一种毫无价值的执法类型。将这些疑虑或者担心提炼成一个问题就是竞争性环境行政执法的合理性基础是什么。对此，笔者将从如下方面加以论证。

1.竞争性环境行政执法具备规范依据

(1)《宪法》相关条文为竞争性环境行政执法提供根本性规范支撑。正如美国著名学者波斯纳所言，"宪法创制者给我们的是一个罗盘，而不是一张蓝图。"①作为国家根本大法的《宪法》是对国家生活所涉及的各项基本问题予以高度抽象化、概括式规定，它实际上为各项部门法中具体权利与义务的设计提供了广阔余地。在此意义上，竞争性环境行政执法正是对我国《宪法》规范的具体化。

首先，竞争性环境行政执法的目的与《宪法》第26条确立的生态环境保护目的相一致。②《宪法》第26条为环境保护领域内的立法、行政、司法等活动提供了根本性依据，竞争性环境行政执法作为理想型的执法类型，根本目的是通过改善现行环境行政执法的困境来实现生态环境保护，符合《宪法》第26条的宗旨。

其次，《宪法》序言和总纲中的条款为竞争性环境行政执法提供了直接依据。《宪法》序言规定，"全国各族人民……各社会团体、各企业事业组织，都负有维护宪法尊严、保证宪法实施的职责。"由于竞争性环境行政执法中的竞争主体是法定的环保公益组织，在我国法律语境中，它们属于社会团体，而其工作人员无疑是"人民"的组成部分，可见，法定环保公益组织及其工作人员既负有保证宪法实施的职责，也有权通过各种途径和方式管理国家事务。而保证宪法实施既内含着保证宪法中的环境保护条款的实施，也包括依据宪法中的环保保护条款而制定的环保法律规范的实施。可见，竞争性环境行政执法无非是保证宪法实施的一种方式。进一步而言，《宪法》第2条第3款规定，"人民依照法律规定，通过各种途径和形式，管理国家事务，管理经济和文化事业，管理社会事务。"第27条第2款规定，"一切国家机关和国家工作人员必须依靠人民的支持，倾听人民的意见和建议，接受人民的监督。"而法定环保公益组织通过与县级环保行政机关竞争的方式来执行国家环保法律无疑属于宪法规定的管理事务的一种方式。法定

---

① 参见[美] 理查德·波斯纳：《法理学问题》，苏力译，中国政法大学出版社2002年版，第178页。

② 《宪法》第26条规定："国家保护和改善生活环境和生态环境，防治污染和其他公害。国家组织和鼓励植树造林，保护林木。"

环保公益组织参与国家环保行政执法，也是县级环保行政机关接受"人民"监督，倾听"人民"建议的形式，更是依靠"人民"执法的途径。可见，竞争性环境行政执法既是"人民"（法定环保公益组织及其工作人员）参与管理国家的一种途径，也是县级环保行政机关倾听"人民"（法定环保公益组织及其工作人员）意见，接受"人民"（法定环保公益组织及其工作人员）监督的方式。据此，竞争性环境行政执法具有坚实的《宪法》依据。

（2）环境法律中的相关条款也为竞争性环境行政执法提供了规范依据。《环境保护法》第5条规定了综合治理、公众参与原则。第53条规定，"公民、法人和其他组织依法享有参与和监督环境保护的权利。"笔者认为，《环境保护法》的这些规定为竞争性环境行政执法提供了直接的规范依据。《环境保护法》中的综合治理原则实质上是对我国环境治理体系所做出的一种整体性安排，它改变了以往主要依靠环保行政机关单打独斗的传统方式，体现了社会共治的现代环境治理理念。[1]竞争性环境行政执法作为一种创新性环境行政执法形式，正是"综合治理原则"的直接体现。因为，它是法定的环保公益组织与县级环保行政机关等多元主体针对县辖区内的环境问题的共同治理，它打破了目前由县级环保行政机关单独执法的局面。当然，竞争性环境行政执法无疑体现了《环境保护法》所规定的公众参与原则，也是公众行使参与权和监督权的方式。因为法定环保公益组织及其工作人员属于公众，它们与县级环保行政机关展开执法比赛，既是行使参与国家环保法律执行的权利，也是行使监督县级环保行政机关执法环保法律的权利。

2.竞争性环境行政执法具有学理依据

从以上分析不难发现，竞争性环境行政执法看似比较激进，其实是有明确的宪法和法律依据。不仅如此，它还建立在一定的理论基础之上，具备理论上的合理性。

（1）竞争性环境行政执法以公共选择学派观点作为理论来源依据。虽然竞争性环境行政执法是一种执法新类型，但它是建立在一定理论基础之上的。其中，如何预设这项制度所涉及的"人"的价值偏好，以及该制度的运行机理则是关键性问题。[2]对此，竞争性环境行政执法直言不讳地以公共选择学派的观点作为理论依据。公共选择学派旨在将市场制度中的人类行为与政治制度中的政府行为纳入同一分析的轨道，它的核心观点是"方法论上的个人主义""理性人假设"，以及"将政治过程理解为市场交易之过程"。[3]根据公共选择学派的方法论个人主义原理，竞争性环境行政执法中县级环保行政机关，以及法定环保公益组织等主体

---

① 参见冯永锋：《看新〈环保法〉三大突破——访环保部副部长潘岳》，《光明日报》2014年4月2日。

② 参见戚建刚、黄旭：《论风险行政法的人性预设》，《云南社会科学》2017年第4期。

③ 参见丁煌：《西方公共行政管理理论精要》，中国人民大学出版社2005年版，第315页。

并非为超越具体的工作人员之上的有机体，并非是与工作人员分离的行动主体。它们自身不会思考和选择，真正行动的主体是各类工作人员。恰如公共选择学派的代表人物布坎南等人所指出的："作为分析方法的个人主义仅仅意味着，所有的推理，所有的分析，最终都被消解为个人作为决策者时所面临的考虑。"[1]而根据该学派的理性人假设，不论是县级环保行政机关的工作人员，还是法定环保公益组织的工作人员，抑或其他工作人员都是由一些与普通人没有区别的"理性人"——自利的、理性的和效用最大化的追求者，即他们关注自身的权力、地位、声望和利益，追求权力最大化和寻求预算最大化。[2]根据这样一种解释，法定环保公益组织与县级环保行政机关之间开展执法竞争也就转化为这两个组织的工作人员之间的竞争。他们都是"理性人"，存在自己的利益和价值偏好，追求个人利益的最大化。竞争性环境行政执法之所以能够实现环境法被有效实施的目的，根本动力在于这些工作人员通过执法能够获得相应的利益。更为重要的是，竞争性环境行政执法过程实质上体现了市场交易之过程。如果法定环保公益组织及其工作人员能够比县级环保行政机关及其工作人员提供更好的公共物品，那么就能获得更多的执法收益，甚至代替县级环保行政机关及其工作人员的执法资格。如果它们存在违法滥权行为，则将被潜在的环保公益组织及其工作人员所替换。可见，法定的环保公益组织、潜在的环保公益组织，以及县级环保行政机关类似于自由市场上提供执法产品的"商人"，它们之间相互博弈与竞争，谁能够提供更好更多的公共物品，谁就是市场中的"赢家"，而市场的"消费者"或者"顾客"则是享受环境公共产品的公众。这就是竞争性环境行政执法以公共选择学派观点作为理论来源的学理解释。

（2）竞争性环境行政执法以公共治理理论作为制度设计的理论资源。笔者建构竞争性环境行政执法制度并非平地而起，而是以公共治理理论的核心观点作为理论资源。个中原因在于竞争性环境行政执法所需要解决的环境领域的行政问题与公共治理理论直面的公共行政问题相一致。公共治理理论从一开始就直面公共行政存在的"政府失灵"和"市场失灵"问题。该理论试图解答如何在日益多样化的政府组织形式下保护公共利益，如何在有限的财政资源下以灵活的手段回应社会的公共需求。这一理论的核心观点是多元主体治理机制、协调合作机制，以及责任追究机制。[3]而从行政法角度而言，之所以需要环境行政执法，是因为存

---

① James M. Buchanan, Gordon Tullock, The Calculus of Consent, Ann Arbor: The University of Michigan Press, 1962: 315.

② 参见包万超：《行政法与社会科学》，商务印书馆2011年版，第113页。

③ 参见陈振明、薛澜：《中国公共管理理论研究的重点领域和主题》，《中国社会科学》2007年第3期；孙柏英：《当代地方治理——面向21世纪的挑战》，中国人民大学出版社2004年版，第224页。

在"市场失灵",即诸多污染环境与破坏生态资源行为难以或者无法通过私方主体之间的行为来解决①,由此需要行政权力的介入和干预,而环保行政机关,特别是县级环保行政机关的行政执法则是行政权力干预的最重要和最直接的方式。可是,现实则是,环境行政执法同样存在失灵问题②——突出表现就是出现政治"公地悲剧"。换言之,当前我国环境保护领域同时存在"市场失灵"与"政府失灵"问题。而竞争性环境行政执法就是要解决环境保护领域的这两大失灵问题。换言之,竞争性环境行政执法所直面的问题就是环境保护领域的"市场失灵"与"政府失灵"。这就与公共治理理论所面对的公共行政的问题相一致。由于问题一致性,公共治理理论所开出的"药方"就为竞争性环境行政执法提供了理论依据。

面对市场和政府双重失灵问题,公共治理理论提出了多元主体治理机制、协调合作机制以及责任追究机制。即现代意义上的社会治理主体应当由政府、企业和社会公众共同构成,各方主体在治理过程中应当通过协商与合作的方式来协调处理多方利益,唯有如此,方能实现社会治理的善治目标。③公共治理理论还认为,不同治理主体之间应当建立起完整的责任追究机制,没有责任机制,公共治理无从谈起。④笔者认为,竞争性环境行政执法就是以公共治理理论的这些主张作为重要理论资源。竞争性环境行政执法改变了以往环境行政执法中由国家行政机关垄断执法的局面,将单一、特定主体的执法转变为多元主体执法。竞争性环境行政执法中的各个主体在开展执法竞争时,并没有忽视相互之间的合作。在很大程度上,协调与合作是法定的环保公益组织与县级环保行政机关之间开展竞争的前提,竞争性环境行政执法要求竞争主体之间就有关执法信息、执法资源等实现公开与共享,也正因如此,竞争的另一层涵义便是合作,可以说,没有合作,竞争便无从谈起。同时,竞争性环境行政执法也强调建立完善的责任机制,以提升环境治理绩效。无论是法定的环保公益组织,还是县级环保行政机关,在竞争

---

① 产生环境领域市场失灵的原因有诸多种:比如,环境污染具有严重的负外部性;制造环境污染的企业与公众之间存在信息的极端不对称;社会公众存在搭便车的行为等。参见[英]安东尼·奥格斯:《规制:法律形式与经济学理论》,中国人民大学出版社2008年版,第30-40页。

② 环境行政执法的政府失灵有多种表现形式,比如,运动式执法、执法不作为与乱作为、选择性执法等。而造成政府失灵的原因也是多种多样,比如,片面保护地方经济发展、执法人员被污染企业俘获等。参见周雪光:《基层政府间的"共谋现象":一个政府行为的制度逻辑》,《开放时代》2009年第12期,第40-55页。陈海嵩:《解释论视角下的环境法研究》,法律出版社2016年版,第80-108页。

③ 参见孙柏英:《当代地方治理——面向21世纪的挑战》,中国人民大学出版社2004年版,第224页。

④ 参见王余生、陈越:《机理探析与理性调适:公共治理理论及其对我国治理实践的启示》,《武汉科技大学学报(社会科学版)》2016年第4期。

性环境行政执法过程中都承担相应的职责，以及与职责相对应的法律责任。这就是竞争性环境行政执法以公共治理理论作为制度设计的理论资源的学理解释。

3.竞争性环境行政执法具有独特功能

以上，笔者从规范依据和理论依据层面论述竞争性环境行政执法的合理性基础。对于这两个层面依据，一些学者可能会认为虽然具有一定道理，但觉得比较空洞。以下，笔者将从该项执法制度独特功能层面来论述其合理性。

（1）相较于行政复议、行政诉讼等监督方式，竞争性环境行政执法能够更加有效预防和纠正环境行政执法中的违法行政，降低救济和监督成本。就县级环保行政机关而言，在没有引入竞争主体条件下，它们开展环境行政执法活动中的一些隐蔽的违法行为往往难以被发现，比如，它们可能会与行政执法相对人之间达成利益共谋而选择不严格执法；它们也可能公然实施一些违法行为，比如，因对特定行政执法相对人存在偏见而做出强行科以相对人义务或加重相对人责任的过度执法。当法定环保公益组织加入县级环保行政机关执法活动时，后者的执法权力将受到监督，公然或隐蔽的违法行为将大大减少。原因在于，竞争性环境行政执法实际是一种"实时监督"执法，即一旦参与到县级环保行政机关执法活动，那么整个执法过程都将受到法定环保公益组织的监督。此时，不但特定行政相对人与县级环保行政机关共谋危害公共利益的机会将大大减少——如果合谋成果，它们需要同时俘获县级环保行政机关和法定环保公益组织，需要付出两倍代价，[1]而且县级环保行政机关滥用执法权的情形也将急剧降低——法定环保公益组织将时时刻刻监督县级环保行政机关的执法行为。显然，这样一种"实时监督"方式的效果远远高于行政复议、行政诉讼，以及上级环保行政机关的层级监督。因为，行政复议、行政诉讼和层级监督主要是事后监督，是环保行政相对人认为县级环保行政机关的行为侵犯了其合法权益而申请上级环保行政机关或者复议机关或人民法院监督和救济。此类监督方式不可避免地具有救济成本过高、效率低下等缺陷，也难以预防隐蔽性的行政违法行为。而在竞争性环境行政执法中，在县级环保行政机关做出侵犯相对人权利行为之前，法定环保公益公共组织能够对其进行监督和评议，及时纠正违法或者不适当行为。可见，这是一种预防性监督，除了能够遏制县级环保行政机关违法行政之外，还能有效避免特定相对人权利受到不法侵害，从而降低行政救济成本，提升社会整体福利。

（2）竞争性环境行政执法具有自我防治执法违法和执法腐败的功能。对于笔者引入法定环保公益组织来监督县级环保行政机关执法的主张，有学者可能会担心，如果法定的环保公益组织发生执法违法和执法腐败，那么是否还要设计另一

---

[1] 有学者运用数理知识，从博弈角度证明了作为理性人的执法对象此时不愿意付出两倍代价同时俘获两类执法主体。See Ian Ayres, John Braithwaite, Response Regulation: Transcending the Deregulation Debate, Oxford: Oxford University Press, 1995: 69-73.

项制度来监督法定环保公益组织。这正如有学者所指出的，"基于对监管者自身的不信任，当设计出第 N 个监管者时，则必须再设计第 $N+1$ 个监管者对第 N 个监管者加以监管，使得监管设计无穷无尽。"[1]笔者认为，这种担心是没有必要的。竞争性环境行政执法的一项独特功能恰恰是为了防止陷入无限监管困境。竞争性环境行政执法实际上来自自由市场中的竞争理念，该理论指出，"在商品市场中，倘若只存在一个或极少数量的商家提供市场所需的各项产品，也就是说，该商家获得绝对垄断性市场地位时，那么，整个市场中的商品不可能是质优价廉，相反，即可能是商品质量差、价格低。竞争性市场的理念正是为了弥补垄断性市场的不足，它主张市场进入机制应当面向各个平等主体开放，新的商家进入市场后则会对原有垄断商家形成一种竞争，新商家提供更优惠的价格和更优质的服务，原有垄断商家迫于压力也要降低自身的成本来抢占市场，否则，原有垄断商家自然会被新商家所取代。"[2]具体到环境行政执法领域，竞争性环境行政执法中的"竞争"不仅仅存在于符合法定条件的环保公益组织与县级环保行政机关之间，还存在法定环保公益组织与大量潜在的环保公益组织之间，换言之，法定环保公益组织同样面临着来自其他环保公益组织的竞争，当法定环保公益组织存在严重违法行政时，其他潜在环保公益组织就将依法代替该法定环保公益组织。这种来自潜在环保公益组织的竞争压力迫使法定环保公益组织严格依法履行职责，由此，竞争性环境行政执法具有实现自我防治执法违法的功能。

（3）竞争性环境行政执法有助于提升县级环保行政机关的执法能力。实践表明，县级环保行政机关自身缺乏足够的执法能力是造成我国环境行政执法困境的原因之一，其突出表现为缺乏执法意识、执法素质低下、执法技术落后等。例如，一些环保部门采取"宁静日、零收费、零罚款"的"土政策"挡执法，假"挂牌督办"顶执法，允许企业长期"试生产"拖执法，甚至"边建设边环评""先建设后环评"来骗执法。一些县级环保机构执法人员对存在的环境问题视而不见、思想麻木，上级没有要求的不查，老百姓没有举报的不查，缺乏执法者应有的责任感。[3]可是，一旦引入竞争性执法，法定环保公益组织与县级环保行政机关之间实质上就是通过比较各自在执法技术、执法素质以及执法意识等方面的优劣来开展执法比赛，有竞争则有压力，这就迫使县级环保行政机关不断提升执法意识、执法素质和执法技术，从而改善执法绩效。

（4）竞争性环境行政执法有助于克服环保领域的地方保护主义。在实践中，

---

① S. P. Shapiro, The Social Control of Impersonal Trust, American Journal of Sociology, 1987, 93(3): 633.

② 参见王振峰、解树江：《竞争理论的演变：分析与评述》，《北京行政学院学报》2006年第6期。

③ 参见李飞：《环境执法暴露五大"怪现象"》，《中国环境报》2007年1月12日，第05版。

普遍存在的地方保护主义是影响环境行政执法效能的重要原因。地方保护主义通常表现为本应成为县级环保行政机关执法对象的污染企业由于受县级政府干预而游离于环境行政执法之外。例如，部分地方政府通过制定"环境防治重点保护企业名单"对环境行政执法的范围和对象加以限定，未经地方政府批准，不得对名单中的企业开展环境行政执法。①尽管理论和实务界针对环境行政执法中的地方保护主义问题提出了相应的解决方案，例如，实行省级以下环境行政执法垂直管理、改变地方政府部门的政绩观等②。但笔者认为，以上方案并不能有效化解地方保护主义难题。而竞争性环境行政执法则有助于从根本上克服这一困境。原因在于：一旦引入竞争性环境行政执法，借助于行政法上良好的制度设计，比如，法定环保公益组织在全国范围之内招聘，有省级环保行政机关来考核与监督，那么地方政府将难以实施干预。从整体而言，目前的县级地方政府和县级环保行政机关双方之间的隶属关系将转化为县级地方政府、法定环保公益组织、县级环保行政机关三方之间互动与监督（被监督）关系，而法定环保公益组织在财政和人事上并不隶属于县级政府，由此，县级政府若要干预环境行政执法，不得不考虑法定环保公益组织，这无疑将增加干预难度。由此，竞争性环境行政执法通过从制度上铲除县级政府的干预动力，以便从根本上克服地方保护主义。

（三）竞争性环境行政执法之建构

作为环境行政执法领域一种新型执法类型，欲将其转化为环境行政执法实践，成为环境行政执法各方主体的行为规制，当然需要行政法制度来建构。为此，笔者将从两个层面来阐述。

1.建构竞争性环境行政执法之基本原则

（1）平等性原则。竞争性环境行政执法中的平等性原则是指，法定环保公益组织在整个环境行政执法过程中享有与县级环保行政机关平等的法律地位。该原则不仅将贯穿于法定环保公益组织依申请或受邀加入县级环保行政机关所从事的执法活动，也将适用于法定环保公益组织自主开展执法活动的情形。平等性原则意味着法定环保公益组织与县级环保行政机关之间不存在上下级隶属关系，它们在行政法上处于平等的法律地位，并独立承担相应法律责任。平等性原则是建构竞争性环境行政执法一项基本原则，它能够为法定环保公益组织（潜在环保公益组织）、县级环保行政机关之间开展环境行政执法竞争确立公平的竞争环境。

（2）公开性原则。历史经验表明，保密多的政府，行政腐败也多。受到公众监督的政府为公众服务的精神也较好。③这一著名论断揭示了公开性原则对现代

---

① 参见曹和平：《环境保护行政执法的困境与反思》，《学术探索》2016年第11期。

② 参见胡斌：《论独立环境监察执法体制与机制的建构》，《中国环境管理》2016年第2期。

③ 参见王名扬：《美国行政法（下册）》，北京大学出版社2016年版，第717页。

行政活动的重要性。具体到竞争性环境行政执法，公开性原则具有两层涵义：一是从外部关系而言，公开性原则要求法定环保公益组织不论是在参与县级环保行政机关执法活动或者是自主开展执法活动时，除依法应当保密的以外，执法活动的依据、过程和结果都应当向社会公众予以公开；二是从内部关系而言，公开性原则要求县级环保行政机关在执法活动中收集、整理、获取的信息向法定环保公益组织公开，确保法定环保公益组织能够顺利参与执法，与县级环保行政机关展开竞争。

（3）高效性原则。高效性原则是指，法定环保公益组织与县级环保行政机关开展执法竞争应当以提高环境行政执法之效能为出发点。这一原则意味着法定环保公益组织应当具备相应的环境执法专业能力和专业素质，意味着行政法需要建立对法定环保公益组织科学的遴选、考核、奖惩等机制，实行优胜劣汰，也意味着县级环保行政机关应当为法定环保公益组织提供执法便利，法定环保公益组织应当积极参与县级环保行政机关执法等。

（4）权责一致原则。权责一致原则是指，行政法在为竞争性环境行政执法各方主体配置权利或者职权时，需要为其配置相应的义务或者职责，不能出现只配置义务或职责而不赋予权利或职权的情况，也不能出现职权（职责）或权利（义务）严重失衡现象，比如，行政法规定法定环保公益组织大量的执法职责或义务，但却没有规定其享有相应的职权或权利。同时，行政法还要规定如果各执法主体不履行法定职责将承担相应法律责任。权责一致原则其实体现了公共选择理论将竞争性环境行政执法中的各方主体视为"理性人"的假设，也是竞争性环境行政执法得以顺利推进的保障。

2.各方主体权利义务（职权与职责）之配置

从理论而言，虽然竞争性环境行政执法涉及多个主体，诸如法定环保公益组织、县级环保行政机关，对法定环保公益组织实施遴选、考核等任务的主体，社会公众，潜在的环保公益组织，行政执法相对人等，但最为重要的主体则是前三类。限于篇幅，笔者为这三类重要主体配置行政法上的权利与义务（职权与职责）。[①]

[①] 在行政法学理中，行政权力、行政法上的权利与义务，行政职权与职责等概念的确切含义一直存在争议。笔者沿用通说，行政权力是国家行政机关或者法律规范授权组织依靠强制手段，为有效执行宪法和法律而对社会进行管理的一种能力。行政职权，是国家行政权的转化形式，是特定行政机关和法律规范授权组织实施国家行政管理活动的资格及其权能。行政职责是指，特定行政机关和法律规范授权组织在行使行政职权，实施国家行政管理活动的过程中，所必须承担的法定义务。行政法上权利和义务是一种公权利与公义务，是特定主体为了公益利益而享有的某种资格或者承受某种负担，它们与行政职权和职责关系密不可分，有时相互解释。参见戚建刚：《食品安全社会共治中的公民权利之新探》，《当代法学》2017年第6期；张文显：《法哲学范畴研究》，中国政法大学出版社2001年版，第298-309页。

（1）法定环保公益组织的权利（职权）与义务（职责）

第一，申请或受邀参加环境行政执法全过程之权利。行政法需要规定法定环保公益组织享有主动申请或受邀参加县级环保行政机关执法全过程的权利。具体而言，一是申请执法权。法定环保公益组织获悉县级环保行政机关开展环境行政执法时，有权依法向县级环保行政机关提出参加行政执法，县级环保行政机关须在法定期限内予以答复。二是受邀参加行政执法权。县级环保行政机关开展环境行政执法时，法定环保公益组织享有获得县级环保行政机关依法主动邀请参加环境行政执法的权利。三是参与环境行政执法全过程的权利。法定环保公益组织享有参与县级环保行政机关从立案、调查、审查、评议、裁决到执行等行政执法各个环节活动的权利。

第二，自主开展环境行政执法之职权。行政法需要规定的例外情况下，法定环保公益组织享有自主开展环境行政执法之职权。如果法定环保公益组织申请或受邀参加县级环保行政机关执法活动职权是一种常态性权利，那么，自主开展执法活动则属于非常态性的例外职权。为此，行政法需要对"特殊情形"加以限定。这通常包括两种情形：一是相对人或其他社会公众认为县级环保行政机关存在执法不作为或者迟延作为情形，转而向法定环保公益提出执法申请，法定环保公益组织经过审查认为情况属实，经知会县级环保行政机关之后，即可开展自主环境行政执法。二是当县级环保行政机关存在执法不能之情形，比如，县级环保行政机关工作人员存在大规模腐败或者其他严重违法问题致使其无法履行环境行政执法职权，此时，法定环保公益组织即可开展自主执法。

第三，知情权、评议权、建议权、要求县级环保行政机关说明理由权、特定情况下做出决定权。知情权是指法定环保公益组织享有知悉和获取县级环保行政机关制作、收集和保存的与环境行政执法有关的所有信息的权利。根据公开原则，知情权将贯穿于县级环保行政机关执法的全过程。评议权是指法定环保公益组织享有对县级环保行政机关执法决定予以评价的权利。它属于一种前置性权利，即县级环保行政机关在做出环境行政执法决定之前必须经过法定环保公益组织的评议，未经评议而作出的环境行政执法决定无效。建议权是指法定环保公益组织享有对县级环保行政机关的执法活动提出意见的权利，比如建议县级环保行政机关依法公开执法信息。要求县级环保行政机关说明理由权是指法定环保公益组织享有要求县级环保行政机关就拒绝执法请求、拒绝公开依法依据和执法事实等情况说明理由的权利，比如县级环保行政机关如果拒绝法定环保组织申请参加执法，就应当说明理由。又如县级环保行政机关在做出行政执法决定之前，法定环保公益组织享有要求其说明理由的权利。特定情况下做出决定权是指法定环保公益组织开展自主环境行政执法时，享有依据事实和法律做出环境行政决定的权力。依据平等原则，法定环保公益组织做出的环境行政决定具有与县级环保行政机关做出的环境行政决定同样的法律效力。

第四，获得环境行政执法咨询费用权、必要执法经费权、奖励权。咨询费用权是指当法定环保公益组织以申请或者受邀方式参加县级环保行政机关执法时，享有获得咨询费用的权利。行政法需要规定咨询费用的数额、咨询费用的发放形式、来源等问题。比如，咨询费用统一纳入省级财政预算、按次计算、年终考核时发放等。必要执法经费权是指，当法定环保公益组织自主开展环境行政执法时，享有必要执法经费权。行政法需要规定执法经费来源，比如县级环保行政机关因违法行政被扣减的执法经费、国家财政拨付的经费、部分罚没款等。行政法还需要规定执法经费的获取方式、使用方式等。执法奖励权是指法定环保公益组织因执法业绩突出，有获得精神或者物质上的执法奖励权利。行政法需要规定法定环保公益组织获得执法奖励权的形式、条件等内容。

第五，主动申请或受邀请参加环境行政执法之义务、参加执法评议之义务、自主依法开展执法之职责、公开执法信息之职责、参加执法会议义务等。根据行政法上的权责（权利与义务）一致原则，法定环保公益组织在依法享有法定职权或者权利的同时，也将履行一系列法定职责或者义务。它们主要包括主动申请或受邀请参加行政执法之义务，即法定环保公益组织获悉县级环保行政机关开展行政执法或者收到县级环保行政机关执法邀请，负有主动申请或及时加入县级环保行政机关执法的义务，它不能推诿或放弃，否则将承担相应的法律责任。参加执法评议之义务是指，法定环保公益组织应当依据法律和事实评价县级环保行政机关执法活动、执法决定。对于法定环保公益组织的评议情况，县级环保行政机关应当记录在案。自主开展环境行政执法之职责，即当出现法律规定自主开展环境执法情形时，法定环保公益组织就应当履行执法职责，不能迟延和放弃，否则将承担相应的法律责任。公开执法信息之职责，即除依法应当保密之外，法定环保公益组织应当公开其在参加执法或自主执法过程中获知的环境执法信息。参加县级环保行政机关执法会议的义务，即法定环保公益组织应当按时参加县级环保行政机关组织的执法会议。在通常情况下，县级环保行政机关在开展执法活动前以及做出具体行政决定之前需要通过召开工作会议，以便对执法对象、执法手段、效果等问题进行充分的讨论，法定环保公益组织依法履行参加会议的义务对于其了解执法情况、开展执法竞争具有重要价值。

（2）县级环保行政机关的权利（职权）与义务（职责）

县级环保行政机关除了应当依法履行现行环保法所规定的职权（责）之外，比如依法向社会公开行政执法信息，在竞争性环境行政执法中，行政法还需要重点为其规定如下职权或职责。

第一，邀请法定环保公益组织参加执法活动之职责。这项职责意指县级环保行政机关启动环境行政执法程序或者开展执法工作会议之前，负有主动邀请法定环保公益组织参加执法的义务。行政法需要规定县级环保行政机关履行邀请职责的法定期限。依据高效原则，笔者建议期限为2天，即县级环保行政机关应当在启动环境行政执法程序或者展开执法工作会议之前的2天履行邀请职责。这样一方面防止县级环保行政机关在启动执法程序之后或者召开执法工作会议之后才邀请法定环保公益组织；另一方面确保法定环保公益组织有一定的准备时间，但不至于耽误执法效率。需要特别指出的是，县级环保行政机关应当以书面形式履行邀请职责，不能采用口头或者电话通知等非正式形式。当然在电子政府时代，县级环保行政机关也可以采用电子数据形式。如果法定环保公益组织无正当理由以书面形式拒绝接受县级环保行政机关的邀请，县级环保行政机关应当记录在案，并及时向潜在环保公益组织发出邀请。此时，法定环保公益组织将承担相应的法律责任。

第二，及时答复法定环保公益组织提出的申请执法之职责。这项职责意指当法定环保公益组织向县级环保行政机关提出执法申请时，县级环保行政机关应当在法定期限内做出接受或者拒绝请求之决定。根据高效性原则，行政法应当规定县级环保行政机关在接到法定环保公益组织提出申请之日起2日内做出决定。如果县级环保行政机关拒绝法定环保公益组织的申请，则需要说明理由，法定环保公益组织应当记录在案。如果县级环保行政机关无正当理由拒绝法定环保公益组织的申请，则将承担相应的法律责任。

第三，说明理由之职责。这项职责意指当县级环保行政机关拒绝或者否定法定环保公益组织的请求、申请、建议等，应当提供事实或法律方面的理由。在竞争性环境行政执法中，县级环保行政机关可能在多个环节需要履行说明理由之职责。除了前述在启动执法阶段拒绝法定环保公益组织的申请时需要说明理由之外，对于在调查阶段、评价阶段、裁决阶段等环节中，如果县级环保行政机关否定、拒绝、不采纳法定环保公益组织的建议、意见、评议等，都应当履行说明理由的职责。行政法需要规定县级环保行政机关履行说明理由职责的规则，即当场说明理由规则、说明理由达到明确性和充分性程度规则，以及违反规则说明理由的法律责任。

第四，为法定环保公益组织行使权利提供方便之职责。由于法定环保公益组织参与环境行政执法构成对县级环保行政机关执法活动的监督和制约。作为"理性人"的县级环保行政机关可能会阻碍、干扰、妨碍法定环保公益组织与其开展执法竞争。由此，行政法需要规定县级环保行政机关负有为法定环保公益组织行使权利提供方便之职责。这项职责包括两个层面的含义：一是消极方面，即县级环保行政机关不得妨碍和干扰法定环保公益组织依法行使权利，比如无正当理由不及时邀请其参加执法，在举行执法会议时，故意隐瞒重要执法信息等；二是积极方面，即县级环保行政机关应当为法定环保公益组织行使权利提供良好条件，比如认真听取法定环保公益组织的建议和意见，向法定环保公益组织及时和全面公开执法信息，认真记录法定环保公益组织的执法评议，平等对待法定环保公益组织工作人员等。

除了上述4项主要职责之外，行政法还需要规定县级环保行政机关应当履行认真听取法定环保公益组织的建议和建议的职责，及时向法定环保公益组织公开执法信息职责等。以上笔者主要从职责方面来规定县级环保行政机关在竞争性环境行政执法中的法律地位，是为了凸显县级环保行政机关的义务。当然，根据权责一致原则，县级环保行政机关也享有各类职权，比如依法组织召开由法定环保公益组织参加的执法会议的职权，依法记录法定环保公益组织执法行为（发言、建议和意见）的职权等。

（3）对法定环保公益组织实施遴选、考核等任务主体的职权与职责

由于竞争性环境行政执法的特殊性——存在竞争主体与被竞争主体，以及潜在的竞争主体，由此科学确定对法定环保公益组织实施遴选、考核等任务的主体就显得特别重要。笔者认为，为了充分发挥竞争性环境行政执法的功能，特别是发挥其有效克服地方保护主义的功能，这一重要主体应当由省级环保行政机关来担任。这是因为，一方面，省级环保行政机关本身依法负有对县级环保行政机关的监督权，但又可以有效避免受到县、市级地方保护主义的影响；另一方面，省级环保行政机关又是环境行政执法专业部门，能够识别专业性和公益性的环保公益组织。行政法需要对其规定如下职权（职责）。

第一，在全省甚至全国范围内遴选适格环保公益组织之职责。由于环境行政执法是一项专业性和技术性比较强的行政活动，而我国县级环保行政机关（内设多个职能部门）又依法承担着多个领域的环境行政执法职责，比如大气、水、土壤、噪声等领域，因此，需要专业的环保公益组织才能担任执法任务。然而，我国环保公益组织数量巨大，种类复杂，专业性、公益性水平参差不齐，遴选适格的环保公益组织作为竞争主体就是一项非常关键的任务。笔者认为，行政法需要规定省级环保行政机关应当在全省甚至全国范围内遴选适格环保公益组织的职责。对于适格环保公益组织的条件，可以借鉴《环境保护法》第58条规定的提起环境公益诉讼的社会组织的条件，即依法在设区的市级以上人民政府民政部门登记；专门从事环境保护公益活动连续五年以上且无违法记录。除了规定遴选条件之外，行政法还需要规定科学和公正的遴选方式、遴选程序、遴选时间、更新程序等内容。对此，可以借鉴欧洲食品安全管理局遴选食品安全科学顾问专家的制度。①比如，省级环保行政机关可以出台关于遴选环保公益组织的决定，在决

---

① 参见杨小敏：《食品安全风险评估法律制度研究》，北京大学出版社2015年版，第270 -283页。

定中明确规定遴选的具体问题。就遴选程序而言，可以规定如下步骤发布公告：在省级环保行政机关官方网站、主流报纸等发布遴选公告；对申请主体进行形式上审查：是否在公告规定期限内提交了申请，五年内不存在违法记录证明等；对适格候选主体进行实质性评价：专业能力、公益素质等；确认最佳候选主体的入围名单；正式任命候选主体：根据实质性评价结果确定正式候选主体，并对其排序，排序靠前的为直接的竞争主体，排序靠后的为潜在的或者后备的竞争主体；根据候选主体申请或者省级环保行政机关指令，将正式候选主体与不同县的环保行政机关对接。

　　第二，培训与考核之职责。培训职责是指省级环保行政机关负有定期对法定的或者潜在的法定环保公益组织工作人员进行环境执法方面业务培训的义务。由于从性质而言，法定环保公益组织属于行政法授权组织，根据平等性原则，它们具有与县级环保行政机关相同的执法资格，因此，法定环保公益组织的工作人员也需要具备相应的环境行政执法能力和执法资格，故省级环保行政机关履行培训职责变得十分必要。考核职责是指省级环保行政机关负有对法定环保公益组织履行执法情况进行评价、检查和考核的义务。考核职责分两种：一种是平时考核；另一种是年末考核。省级环保行政机关可以出台相应的考核办法以指引法定环保公益组织的行为。对于考核不合格的，省级环保行政机关将中止其执法资格，由后备环保公益组织来代替。

　　第三，奖励、惩罚，发放执法经费之职责。奖励职责是指省级环保行政机关对平时考核或者年终考核良好以上的法定环保公益组织，负有对其予以奖励的义务。行政法可以规定奖励的标准、奖励的形式等内容。根据"理性人"假设，省级环保行政机关的奖励应当足以激励法定环保公益组织依法积极开展执法竞争。惩罚职责是指对于法定环保公益组织在开展竞争性执法过程中的违法行为，省级环保行政机关负有对其处罚的义务，诸如通报批评、警告、罚款，甚至撤销执法资格等。发放执法经费职责是指省级环保行政机关对法定环保公益组织依法开展竞争性环境行政执法负有按时与足额发放经费的义务。对于奖励、惩罚与发放执法经费的具体事项，行政法可以授权省级环保行政机关制定具体的实施细则。

　　以上，笔者从行政法角度建构了省级环保行政机关的主要职责。事实上，这些职责也是其职权，只是为了凸显省级环保行政机关的义务。当然，根据权责一致原则，省级环保行政机关如果没有依法履行这些职责，则将承担相应的法律责任。

第三节　三种环境风险治理工具互动与整合的配套机制

　　三种环境风险治理工具互动与整合的配套机制主要包括治理工具运用主体的

合作机制、治理工具运用主体的信息共享机制以及治理工具运用主体的激励与惩戒制度。为避免接下来的论述缺少具体的目标对象而显得抽象晦涩，故将以祁连山生态环境问题为例对环境风险治理工具互动与整合的相关配套机制加以探讨。

一、祁连山生态环境问题之概况①

2017年2月12日至3月3日，中央第七环保督察组就甘肃祁连山国家级自然保护区（以下简称保护区）生态环境问题（以下简称祁连山生态问题）开展专项督查。2017年7月21日，中共中央办公厅（以下简称中办）和国务院办公厅（以下简称国办）就祁连山生态问题发出通报（以下简称《通报》）。②从《通报》内容来看，保护区生态环境遭受破坏的程度可谓触目惊心；保护区监管部门的违法行为不可谓不严重；中央政府对保护区监管部门及其责任人员的问责不可谓不严厉。《通报》无疑具有重大意义。然而美中不足的是，《通报》并没有从法理角度揭示保护区生态环境遭到破坏的深层次原因，而将原因主要归咎于监管部门及责任人思想认识存在偏差。《通报》也没有系统提出如何化解保护区生态环境制度面临合法性危机的具体方案③，只是借助严厉问责来惩罚责任人。事后的严厉问责固然能够起到强大的威慑作用，但如果相应的制度建设没有及时跟进，那么类似的惨剧极可能再次发生。④或许，我们不能对《通报》的科学性提出过苛要求，或许《通报》发布者有意将保护区生态环境制度面临的严峻问题交给了法学界。⑤

二、祁连山生态问题是一出"政治公地悲剧"

（一）"政治公地悲剧"的缘起

"政治公地悲剧"这一概念属于舶来品。虽然我们难以考证它是由谁先提出

---

① 参见戚建刚、乌兰：《克服政治公地悲剧:祁连山生态问题的行政法思考》，《福建行政学院学报》2018年第4期。

② 参见《中办国办就甘肃祁连山国家级自然保护区生态环境问题发出通报》，《人民日报》2017年7月21日，第01版。

③ 笔者从广义上来使用"合法性"这个概念，即它不仅指形式上的合乎国家宪法和法律，也包括实质上的合法性。而实质上的合法性涉及正当性、可接受性问题。See Daniel C. Esty, Good Governance at the Supranational Scale: Globalizing Administrative Law, The Yale Law Journal, 2006, 115(7): 1490-1562.

④ 参见敬一山：《祁连山再上头条，如何让环保成为企业"本能"》，http://guancha.gmw.cn/2017-12/25/content_27182112.htm，2017年12月26日访问。

⑤ 笔者注意到，2017年6月26日，中央全面深化改革领导小组通过《祁连山国家公园体制试点方案》，6月27日，甘肃省政府办公厅印发了《编制祁连山国家公园体制试点方案的工作方案》，试图通过体制改革来化解祁连山生态问题。

来的，但可以肯定的是，这一概念的思想渊源来自生物学家加勒特·哈丁于1968年发表在《科学》杂志上的著名论文《公地悲剧》。[①]《公地悲剧》的论点是：生态环境资源损耗和污染问题都根源于自由获取体制（无财产权）所创造的激励机制。在这种自由获取体制下，没有人可以排除任何其他人使用给定的资源，于是，悲剧就发生了。每个人都被锁进一个强迫自己无限制地使用资源的陷阱当中，而这个世界的资源是有限的，在一个人人都争先恐后地在公地上"理性"地追求利益最大化的社会中，毁灭就是宿命。[②]这就是"公地悲剧"，或者"自由获取悲剧"。[③]为了克服公地悲剧，哈丁提出两种进路：第一种进路是私有化：将自由获取的资源转变为私人所有权，以便将因自由获取所带来的成本内部化；第二种进路是公共管制：国家或共同体给资源使用者规定某些限制以防治其过度使用。[④]而根据美国学者丹尼尔·H.科尔的观点，[⑤]对生态环境资源的公共管制，特别是政府管制其实建立在资源的公共（国家）所有权基础之上的，包括明确的公共（国家）所有权，以及隐含的公共（国家）所有权。[⑥]于是，针对公地悲剧，人们试图通过为生态环境资源确立所有权——私人所有权与公共（国家）所有权的方式来化解。可见，生态环境资源的公共（国家）所有权其实是用以解决公地悲剧的一种途径。事实上，世界上许多国家都借助于公共（国家）所有权方式来管理生态环境资源。即使是私人所有权观念极度盛行的美国，美国联邦政府所拥有的土地总量也大得惊人。根据美国国家研究委员会1993年统计，美国联邦政府拥有占50个州总面积的33%的土地，如果加上州和地方政府拥有的土地，美国国家所有的土地占美国总面积的42%。[⑦]而在中国，根据《宪法》第9条的规定，自然资源属于国家所有则是原则。然而，令人吊诡的是，用以克服公地悲剧的公共（国家）所有权却造成了另一场悲剧。以美国为例，国家所有的牧场经常受到过度放牧和沙漠化的威胁，因为负责管理它们的机构——土地管理局以低于市场成本的价格向私人放牧者发放许可证。美国林业局经常以低于市

---

① Garrett Hardin, The Tragedy of the Commons, Science, 1968, 162(3859): 1244-1245.

② 同上注。

③ Eric T. Freyfogle, The Tragedy of Fragmentation, Environmental Law Reporter News & Analysis, 2002, 36(2): 307-337.

④ 同前注①。

⑤ 参见[美]丹尼尔·H.科尔：《污染与财产权：环境保护的所有权制度比较研究》，严厚福、王社坤译，北京大学出版社2009年版，第20-23页。

⑥ 公共或国家所有权是共有财产权的一种特殊形式，在这种财产权体制中，所有权属于全体人民，但往往由选举出来的官员或官僚行使，由他们来决定获取和使用的范围。参见[美]丹尼尔·H.科尔：《污染与财产权：环境保护的所有权制度比较研究》，严厚福、王社坤译，北京大学出版社2009年版，第9页。

⑦ National Research Council, Setting Priorities for Land Conservation, Washington, DC: National Academy Press, 1993: 29-48.

场的价格出售公共木材，给森林资源造成了有害的环境后果；而美国垦务局似乎是为了私人而非公共利益赞助昂贵的、对环境有毁灭性打击的灌溉工程。[1]如果这些例子还难以体现悲剧效果，那么美国另一学者的结论则足以让人悲叹：他认为美国联邦政府拥有土地和森林资源，如果按照1983年的市场价格计算，它们的价格为0.5~1.5兆亿美元，分配到美国每个家庭上则是3 500~10 000美元，但这些资源每年给美国人民的回报并不是零，而是负10亿美元。[2]这就是生态环境资源的公共（国家）所有权所带来的悲剧。此类悲剧被学者们称为"政治公地悲剧"：[3]被委以解决生态环境资源过度使用问题的重任，并以生态环境资源所有者和管理者身份出现的国家（政府）却被从过度使用资源中获得巨大收益的既得利益者所俘获，从而与后者形成利益联盟而变本加厉地使用资源。

以上分析表明，所谓"政治公地悲剧"，其实是从"公地悲剧"所演化而来的一个概念。如果说公地悲剧是由于生态环境资源的所有权不明确，因而人人都可以使用，从而造成资源枯竭，那么"政治公地悲剧"是由于国家（以政府为代表）将生态环境资源收归国有（全民所有）——用以克服"公地悲剧"，但管理生态环境资源的政府（官员）既不对国家（中央政府）负责，也不对民众负责，却被既得利益者所俘获，并与之形成利益联盟，做出不适当甚至是不合法的管理决策，致使生态环境资源的国家所有在本质上蜕变成政府官员与既得利益者"私有"，结果造成资源的破坏，甚至比在所有权不明确的状态下所造成的破坏更大，[4]而损失则由国家或者公众来承担。

（二）祁连山生态问题的政治公地悲剧之描述

祁连山是我国西部重要生态安全屏障，是黄河流域重要水源产流地，是我国生物多样性保护优先区域。1988年国家批准设立国家级自然保护区，从所有权归属来分析，保护区内的资源除部分属于集体之外，绝大部分属于国家，即全民。然而长期以来，保护区生态问题十分突出，自然资源遭到掠夺性开发和使

---

[1] 参见[美]丹尼尔·H.科尔：《污染与财产权：环境保护的所有权制度比较研究》，严厚福、王社坤译，北京大学出版社2009年版，第41-42页。

[2] Tietenberg,T.H., Economic Instruments for Environmental Protection, in Dieter Helm(ed.), Economic Policy Towards the Environment, Oxford: Basil Blackwell,1991:100.

[3] David A. Dana, Overcoming the Political Tragedy of the Commons: Lessons Learned from the Reauthorization of the Magnuson Act, Ecology Law Quarterly, 1997,24(4):833-846. Laband, D. N. , Regulating Biodiversity: Tragedy in the Political Commons, Ideas on Liberty, 2001:21-23.

[4] Buchanan, J. M., et al. (eds.), Toward a Theory of the Rent-Seeking Society, College Station: College Station:Texas A & M University Press,1980:1-20.

用。从《通报》以及其他官方媒体的调查来观察，[①]祁连山生态问题属于典型的"政治公地悲剧"。

1. 保护区内违法开发和利用矿产资源问题突出。与人们通常所遇到的主要由公民、法人或其他组织等私权利主体滥开矿产资源情况不同，保护区内违法开发和利用矿产资源问题则呈现出公权力违法为主的现象，并从立法、审批、监管、整改等所有流程都出现违法情况。《甘肃祁连山国家级自然保护区管理条例》（以下简称《祁连山条例》）虽然经历多次修改，但一些关键条款始终与《中华人民共和国自然保护区条例》（以下简称《自然保护区条例》）规定相冲突。比如，《自然保护区条例》第26条明确规定，禁止在保护区内进行砍伐、放牧、狩猎、捕捞、采药、开垦、烧荒、开矿、采石、挖沙等活动。但《祁连山条例》第10条第2款却规定，禁止在保护区内进行狩猎、垦荒、烧荒等活动。可见，甘肃省的规定将国家明令禁止的10类活动缩减到3类活动，根据《通报》记载，被甘肃省禁止的3类活动都是基本得到控制的事项，而其他7类活动恰恰是近年来频繁发生且对生态环境破坏明显的事项。不仅如此，作为政府规章的《甘肃省矿产资源勘查开采审批管理办法》第23条第2款规定了在保护区的实验区允许"限制开采矿产"，这直接与作为行政法规的《自然保护区条例》第26条"禁止开采矿产"的规定相冲突。就审批环节而言，甘肃省国土资源厅在国务院已经批准祁连山国家级自然保护区划界后，仍延续或审批14宗矿权。而甘肃省发展改革委违法核准、验收保护区内非法建设的矿产资源项目。就监管环节而言，甘肃省环境保护厅、保护区管理局等部门对保护区内包括矿产企业在内的诸多建设项目单位日常破坏生态环境的问题监督和查处不力。就整改环节而言，从2013-2016年，甘肃省政府对下级监管部门在祁连山生态保护中的不作为、乱作为行为基本没有追究法律责任。甘肃省安全监管局在甘肃省政府明确将位于保护区的马营沟煤矿下泉沟矿井列入关闭退出名单的情况下，仍然批复核定生产并复工。根据《中国新闻周刊》记者调查，在20世纪90年代，张掖市肃南县[②]的矿产企业多达300家以上，清理整合之后剩下60多家，其中一半以上在缓冲区，其余在实验区和新划定的外围地带。按照《自然保护区条例》，无论是实验区和缓冲区，都不允许开发矿产。由于长期以来企业大规模的违法探矿、采矿活动，以及立法、审批、监督等环节层层违法，造成保护区局部植被破坏、水土流失、地表塌陷。

2. 保护区内水电设施违法违规建设和运行问题突出。作为西北地区最主要的

---

① 比如，徐锦涛：《专题研究央视报道我省祁连山自然保护区生态破坏严重问题的整改查处工作》，《甘肃日报》2017年1月17日，第1版；《中央问责甘肃多位副省级官员 祁连山生态环境破坏问题突出》，《中国环境监察》2017年第7期。

② 祁连山国家级自然保护区总面积为198.72万公顷，其中张掖段151.91万公顷，占保护区总面积的76.4%。

涵养水源区，祁连山挡住了来自北方的风沙，保护区成为整个河西走廊的"生命通道"，祁连山区域内有黑河、石羊河、疏勒河等河流，而黑河是保护区内最主要的水源。目前祁连山区域范围内有159座水电建设项目，其中42座位于保护区内，而《自然保护区条例》第32条规定，在自然保护区的核心区和缓冲区内，不得建设任何生产设施。根据《通报》，这些水电建设项目存在违规审批、未批先建等违法问题。以黑河上的水电项目为例，近年来甘肃省在这条河上架起了近10座水电站，基本上是采取拦坝建库，用山洞进行引流的方式来发电，彻底改变了水流走向。而根据《水污染防治行动计划》等环境保护方面的法律规定，水电项目在运行中必须向原有河道下泄一定生态水，但为了尽可能多地用水发电，在央视记者所调查的两座水电站中，对于放生态水的法定义务，水电企业并没有履行。在甘肃省最大的水电企业——甘电投下属的龙二水电站，记者发现这家公司要求放生态水的日期恰恰就是中央环保督察组来到甘肃之后。在小孤山水电站，记者对水电站运行记录进行核对，发现所谓放水的"几天"也恰好就是中央环保督察组来现场检查的日子。而对于水电企业不履行放生态水的义务问题，甘肃省张掖市环保局仅仅通过电话方式来检查。[1]由于甘肃省在祁连山流域高强度开发水电项目，加之在设计、建设、运行中对生态流量考虑不足，部分水电项目违法运行，环境保护部门监管不力等原因，致使保护区水生态系统遭到严重破坏，保护区的下游河段出现减水甚至断流现象。

3. 保护区周边企业偷排偷放问题突出。《通报》以极为严厉的措辞指出，保护区周边部分企业环保投入严重不足，污染治理设施缺乏，偷排偷放现象屡禁不止。而根据央视记者调查，在离保护区边缘不足两公里的地方，一家叫做巨龙铁合金的工业企业完全直排污染物，未经任何处理的烟气直接飘进保护区。而央视记者到保护区的时间是2017年1月6日，离中央第七环保督察组2016年12月31日离开仅仅不到一周的时间。换言之，在整改期间，保护区周边企业依然肆无忌惮地违法直接排放污染物。《通报》也提到，巨龙铁合金公司邻近保护区，该公司的大气污染物排放长期无法稳定达标，当地环保部门多次对其执法，但均未得到执行。由于在祁连山里最大的工业项目就是水电站，从理论而言，作为清洁能源，保护区内水电项目应当能够保护好水源，但央视记者路过石庙水电站，却发现水源遭污染。石庙水电站隶属于张掖市甘州区水务局，是一个大型水电企业。但它在处理各种工业废物时，竟然把黑河当成了"下水道"和"垃圾场"。除此之外，央视调查人员又在黑河的河道边发现焚烧垃圾现场，从残留物判断，属于国家严令禁止的危险废物。由于保护区周边企业违法排放污染物，加之环保部门

---

[1] 参见徐锦涛：《专题研究央视报道我省祁连山自然保护区生态破坏严重问题的整改查处工作》，《甘肃日报》2017年1月17日，第01版。

监管不作为，致使保护区生态环境受到严重污染。

除上述三个方面比较严重的生态环境问题外，保护区还存在过度开发旅游资源和超载放牧现象。根据《中国新闻周刊》记者调查，保护区生态旅游设施占地2万多平方米，近3万平方米的植被遭到破坏。①保护区内草原过度放牧比较普遍，仅张掖市在保护区内就有各类牲畜106万羊单位，超载20.62万羊单位。②

从以上叙述不难发现，祁连山生态问题其实是各类主体——企业、牧民、游客等过度开发和利用祁连山自然资源所造成的，而对保护区负有监管职责的部门——主管部门、保护区管理部门、综合管理部门、具体审批部门，则存在大量不作为、乱作为情况，以致违法违规项目畅通无阻，国家关于保护区的法律规定徒具虚名。这属于典型的"政治公地悲剧"——当国家将保护区收归国有，通过制定专门的保护区法律规范，并规定各类监管部门的法定职责，以便保护保护区的生态环境资源，维护生物多样性，但却出现保护区内生态环境资源遭到掠夺性开发和利用的后果。人们不禁要问：祁连山生态成为"政治公地悲剧"的根本原因是什么？

三、因应祁连山生态"政治公地悲剧"的行政法之道

显然，如果将祁连山生态"政治公地悲剧"的主因归于"人"，那么化解这一悲剧的药方其实非常简单，就是选出在认识上具有维护保护区生态环境资源永续发展、提升保护区生态文明意识的"人"来管理该保护区。假如我们真选出这样的"人"，可是，当他们手握审批、监督和考核等权力，并面对强大的利益诱惑时，他们能站在维护祁连山生态环境角度来行使权力吗？事实上，在王三运被中纪委正式调查，并被中央政府定性为对祁连山生态问题负有重大责任之前，从诸多官方媒体报道中，他所树立的形象则是维护保护区生态文明的强力推动者、支持者，并且还是环境保护的行家里手，是与党中央高度保持一致的地方领导人。比如，2017年2月9日《甘肃日报》报道了王三运如何事先不打招呼，深入嘉峪关、张掖两市的企业、水源地及自然保护区，对保护区生态环境保护修复工作进行明察暗访；如何反复强调，环保问题不仅仅是简单的经济和生态问题，而且是重大的政治和民生问题等。③由于"人"，特别是拥有极大权力的"人"的思想意识会随着环境的变化而变化。他们像变色龙那样：面对媒体，他们会变成维

---

① 参见凤凰号：《祁连山生态遭破坏已有半个世纪 上百人被问责》，《中国新闻周刊》2017年8月9日，http://wemedia.ifeng.com/25379008/wemedia.shtml，2019年9月23日访问。

② 同上注。

③ 参见吕宝林：《王三运在督查调研祁连山生态环境保护工作时强调——用实际行动诠释忠诚 用具体工作体现看齐坚决有力把祁连山生态环境修复好保护好》，《甘肃日报》2017年2月9日。

护生态环境的"保护神";面对强大的不法利益诱惑,他会变成破坏生态环境的"助推者",会将国家所有但自己所管理的自然资源视为"私产"而大肆攫取。这正如习近平总书记所反复强调的:"权力不论大小,只要不受制约和监督,都可能被滥用",① "没有监督的权力必然导致腐败,这是一条铁律"。②可见,"人"的因素固然重要,但根本途径是如何用制度约束"人"所掌握的权力,特别是自由裁量权力,而这正是行政法的使命所在。

(一)行政法制度设计的出发点

行政法若要担负起这一神圣使命,首先必须明确制度设计的出发点,或者必须确定制度所要解决的关键问题。笔者认为,这就需要从形式意义和实质意义角度来理解祁连山生态"政治公地悲剧"。

从形式意义而言,祁连山生态问题陷入"政治公地悲剧"是对保护区负有监管职责的甘肃省各级各类监管部门及其责任人员滥用行政权力,与各类建设项目单位相互勾结,结成利益同盟,不作为和乱作为所致。从行政法层面而言,这说明目前用以制约和规范监管部门及其责任人员行为的法律制度陷入了合法性危机。从前述委托-代理模式分析来看,保护区监管部门及其责任人员的违法情形呈现出全局性特征,或者借用一个时髦的词来形容则是"塌方式"滥用权力。

从实质意义而言,祁连山生态问题陷入"政治公地悲剧"则是错综复杂的利益冲突所致:保护区永续发展的长远利益与甘肃省地方政府及当地民众开发利用的短期利益之间的冲突;甘肃省各类监管部门的"狭隘"部门利益与中央政府对保护区的"公共利益"③之间的冲突;甘肃省各类监管部门的责任人员从保护区所攫取的"私人利益"与他们因行使管理权而名义上代表"公共利益"之间的冲突;保护区当地民众、各类建设项目开发者、甚至游客等主体对保护区所享有的正当利益与他们因违法或违规过度行使权利而对保护区造成破坏所产生的利益之间的冲突,等等。如果运用自然资源的产权理论④来解释上述利益冲突,则涉及

---

① 参见习近平:《在十八届中央政治局第四次集体学习时的讲话》,载《习近平关于全面依法治国论述摘编》,中央文献出版社 2015 年版,第 59 页。

② 参见习近平:《严格执法,公正司法》,载《十八大以来重要文献选编》(上),中央文献出版社 2014 年版,第 342 页。

③ 笔者是在广义上使用公共利益这一概念。即公共利益包括了国家利益,是与个人利益或者私人利益相对的一个概念。关于公共利益、国家利益、个体利益之间的关系的经典论述。参见[美]罗斯科·庞德:《通过法律的社会控制:法律的任务》,沈宗灵、董世忠译,商务印书馆 1984 年版,第 59-89 页。

④ Honore, Toni, Ownership, in Anthony Gordon Guest(ed.), Oxford Essays in Jurisprudence, Oxford: Oxford University Press,1961:107-147.转引自[美]丹尼尔·H.科尔:《污染与财产权:环境保护的所有权制度比较研究》,严厚福、王社坤译,北京大学出版社 2009 年版,第 13 页。

保护区内的自然资源的所有权主要属于国家的前提下，对自然资源的管理权、收益权、开发权等权利如何在各类主体之间分配，以及相互之间的冲突如何解决等问题。

（二）因应形式意义上"政治公地悲剧"之制度

笔者认为，改革者不论是沿用目前的自然保护区管理体制，还是推行国家公园体制，从公共选择角度来分析，如果缺乏一种约束监管人员对保护区生态环境负责的制度框架，那么无论在哪一种体制下，不可避免地都会重复形式意义上的"政治公地悲剧"。因为不论在何种管理体制下，都是由"理性人"来监管保护区。而如何改变这些"理性人"的行动偏好——从最大限度追求狭隘的、短期的"部门"利益和非法的"个人利益"的行动偏好，转向最大限度地坚持生态保障第一，追求法律范围内的"利益"的行动偏好，则取决于一套科学设计的约束机制——激励与惩罚机制。然而，考察目前规范保护区的两个主要法律文件——《自然保护区条例》和《祁连山条例》，可以发现在约束机制的设计上存在重大缺陷。就前者而言，约束机制主要针对保护区行动者中的"私方主体"，比如该条例第34条、第35条等条款规定了对单位和个人的罚款处罚，并且惩戒力度偏低，比如对于在保护区内实施砍伐、放牧、狩猎、捕捞、采药、开垦、烧荒、开矿、采石、挖沙等活动给保护区造成破坏的，处以300元以上10 000元以下的罚款。对于保护区行动者中的"公方主体"，该条例第40条和第41条仅笼统规定了保护区管理人员和管理机构的法律责任，而且适用的条件比较严格：保护区发生重大污染或者破坏事故，导致公私财产重大损失或者人身伤亡的严重后果。对于保护区行动者中的其他"公方主体"，比如主管机构及其责任人员、领导机构及其责任人员等，该条例并没有规定。此外，该条例没有规定激励机制。对于后者而言，则存在与前者类似的问题。比如约束机制也主要针对保护区行动者中的"私方主体"，主要的约束方式则是罚款，并且罚款的数额还低于前者的规定。对于保护区行动者中的"公方主体"，后者规定得更为简单，即第32条之规定。①对于激励机制，与前者一样，并没有规定对"公方主体"的激励机制。可见，目前的法律规范对保护区各方行动者约束机制的规定根本无法遏止它们最大限度追求非法利益或狭隘部门利益的行动偏好。

针对约束机制存在诸多问题，以及国家正在推行保护区国家公园体制改革之际，为了避免重蹈形式意义上的"政治公地悲剧"命运，国家需要为保护区②各

---

① 保护区管理机构违反本条例规定的，由主管部门对单位领导人和直接责任者，视其情节给予行政处分。保护区管理人员玩忽职守、滥用职权、徇私舞弊的，由其所在单位或者上级主管部门给予行政处罚。

② 不仅仅是祁连山国家公园，也包括其他国家公园，以及其他自然保护区。

方行动者规定全面的和可置信的约束机制。结合关于国家公园体制改革方面的最新规定，就行政法而言，至少需要规定如下内容。

1. 惩戒机制之规定。惩戒机制的目的是为了抑制保护区（国家公园）行动者的违法行为，是委托方借助法律责任来迫使代理方按照委托方要求（即法律规定）来监管保护区。当然，委托方特别是最低层级委托方直接与"私方主体"发生法律关系，并可能形成"共谋"来损害委托方利益，因而，惩戒机制也将覆盖到"私方主体"。由于保护区（国家公园）作为一种自然资源存在，涉及利益和权利享有与分配，因而惩戒机制的设计应当反映行动者作为"理性人"的基本假设：即行动者从违法行为所获得收益（假设为 S）、行动者违法行为被发现的概率（假设为 P），行动者所承担法律后果（成本，假设为 L）之间需要保持均衡，即 $S < PL$。这一公式也可以称为"理性人标准"。[①]从行政法学理层面分析，惩戒机制可以从保护区（国家公园）行动者的"私方主体"与"公方主体"两个层面来设计。

（1）针对"私方主体"的惩戒机制。如果从行政法律关系来理解，"私方主体"主要是与保护区（国家公园）监管部门之间存在法律上权利和义务关系的主体，也可以称为行政法上的"相对人"。他们包括：各类建设项目的申请者、建设者、使用者等；对保护区（国家公园）进行科研考察人员、参观游览人员；依据习惯或集体权利而在保护区（国家公园）内从事放牧、耕作的人员，等等。[②]对于这些"私方主体"违反保护区（国家公园）的法律规范，以及其他涉及行政许可、环境保护、旅游管理、草原利用、森林管理等综合性或专门性法律规范的，行政法都应当规定符合"理性人"标准的法律责任，并且法律责任的设计要体现对应原则（即"主体—违法行为—法律责任"相互对接）和综合性原则（即"行政责任—民事责任—刑事责任"相互配合），确保对违法者足够的威慑力。

（2）针对"公方主体"的惩戒机制。由于相对于"私方主体"的类型，保护区"公方主体"类型比较繁杂，即使在未来国家公园体制中，"公方主体"至少涉及中央政府（相关职能部门）、省级党委和政府、国家公园管理局、国家公园管理局内部各个层级的管理站（所）、国家公园管理所在地政府以及其他依法授权或者委托行使管理权力的组织等。由此，行政法需要精心设计惩戒机制。同样，如果从行政法律关系来分析，那么这些主体之间的法律关系就较为复杂，既可以是领导与被领导关系，也有业务指导关系。既有相互配合关系，也有监督与考核关系。同时，这些法律关系既可以发生在保护区（国家公园）的建设与运行

---

① 参见[美]理查德·波斯纳：《法律的经济分析》，蒋兆康译，法律出版社2007年版，第244页。

② 根据《建立国家公园体制总体方案》的规定，包括祁连山在内的国家公园内的集体所有自然资源将通过租赁、置换等方式规范流转，交由国家公园管理局统一管理。

过程中，也可以发生在管理和开发过程中，还可以发生在监督和考核过程中。此外，这些主体，特别是保护区（国家公园）管理局及其管理所（站）还直接与"私方主体"发生各类法律关系，既有项目的审批和管理，也有日常服务与保护等。可见，行政法在设计"公方主体"的惩戒机制时，需要关照"公方主体"在多个法律关系的法律角色，特别是要规定省级政府（省委）的法律责任。当然，根据公共选择理论，惩戒机制的设计要穿透"机关"这层"外壳"，直指责任人员，包括省委书记和省长，以及保护区（国家公园）管理局局长。对于责任人员的惩戒力度自然要体现"理性人"标准，借助于强大的威慑效果来阻吓责任人员违法滥权行为。此外，法律责任的设计还要具有可操作性，即责任人员的法定职责，违反法定职责的法律后果，不同法律责任之间的竞合、相应的责任追究主体等要素，行政法都需要规定明确，特别要规定责任人员不作为的法律责任。

2. 激励机制之设计。如果说惩戒机制是针对保护区各方行动者违法行为，借助可置信的、具有强大威慑效果的法律责任来抑制它们实施违法行为，那么激励机制则是委托方利用物质、精神等方面手段来正面引导代理方按照委托方（体现为国家法律）意志监管保护区。同样，由于代理方与"私方主体"发生大量的法律行为，为了确保"私方主体"配合委托方履行义务，遵守法律，激励机制也将覆盖到"私方主体"。与惩戒机制相比，行政法对激励机制的设计则相对简单。这是因为就"公方主体"而言，依法监管保护区（国家公园）是其法定职责，他们是领取薪金的国家工作人员；就"私方主体"而言，合法使用保护区（国家公园）是其法定义务。然而，这并不表明行政法无需设计激励机制。笔者认为，就"公方主体"而言，行政法应当对于那些监管保护区（国家公园）尽心尽力、做出较大贡献、考核优秀等责任人员以及责任单位规定物质和精神奖励。就"私方主体"而言，行政法应当规定对于那些积极配合"公方主体"履行保护区（国家公园）职责的、在对保护区（国家公园）科学研究方面有重大贡献的、同破坏保护区（国家公园）行为作斗争的，以及举报破坏保护区行为等公民、法人和其他组织规定行政奖励。

当然，惩戒机制和激励机制的有效实施也需要相应的配套制度，比如行政法需要规定"公方主体"在不同法律关系中的职责，需要规定省级甚至中央政府对保护区（国家公园）定期检查或者抽查制度等。

（三）因应实质意义上"政治公地悲剧"之制度

由于实质意义上的"政治公地悲剧"是保护区各方行动者之间的利益冲突问题，这些利益有的属于法律上规定的权利，是正当利益，比如科学家在保护区从事科学研究的权利；有的属于违反法律规定的权利，属于违法利益，比如监管机关批准某建设单位在保护区核心范围内采矿，该建设单位获得的物质利益；有的属于保护区民众依据习惯所享有，但尚未被法律所确认的权利，比如牧民世世代代在保护区某些区域放羊的权利，又如保护区当地民众采摘保护区内野果、捡拾树枝的权利，也属于一种习惯性权利。[①]上述诸种合法的与非法的、正当的与不正当的、法定的与习惯的权利（利益）都在保护区绝大部分自然资源国家所有（全民所有）[②]的背景下展开竞争。而当前的规范保护区的两个法律文件：《自然保护区条例》和《祁连山条例》对于诸多权利（利益）的规定并不明确和具体。比如，前者在第5条笼统规定，建设和管理保护区，应当妥善处理与当地经济建设和居民生产、生活的关系。至于如何妥善处理，其实涉及权利或者利益分配问题，但没有明确规定。又如后者第17条规定了保护区林地属国家所有，但对于民众能否使用林地，比如采摘野果、捡拾树枝，则没有规定，但从民众角度而言，放牧、采摘野果是他们的权利，因而民众不会认同这些条款。

　　笔者认为，不论是目前的保护区，还是正在试点的国家公园，如果行政法不能科学解决保护区内或国家公园内的自然资源的权属及其使用、处分等问题，或者说自然资源产权问题，那么极有可能重蹈实质意义上的"政治公地悲剧"的命运。显然，这一问题是个庞大的课题，绝非在此就能够叙述完整。为此，仅从行政法角度提出一些思路。

　　1. 行政法需要合理确认保护区（国家公园）自然资源的所有权归属问题。目前的国家保护区或者国家公园建设给人一种印象，以为保护区或国家公园内的自然资源当然属于国家所有（全民所有）。笔者认为，这是一种误解。不论从历史，还是从习惯，保护区或国家公园内的自然资源有的属于集体所有，有的甚至属于当地民众个人所有。由此，行政法首先应当对保护区内或国家公园内的自然资源——水流、森林、山岭、草原、荒地、滩涂等予以确认。明确哪些自然资源所有权归属国家，哪些归属集体，哪些归属当地民众。显然，确权的过程是分配财富的过程。行政法需要重点防治政府借国家名义以违反公平正义的方式将个人或者集体所有的自然资源确认为国家所有的现象，需要规定政府在确权过程中遵循正当程序原则，尊重历史原则，保障少数民众习惯权利原则，遵循合理补偿原则等。

　　2. 行政法需要为保护区（国家公园）各方行动者合理配置自然资源的产权。从学理而言，产权其实体现为"权利束"，所有权仅是产权的一项子权利。即使国家将保护区（国家公园）内的绝大多数自然资源的所有权确认为国家所有。即

---

① 对此，马克思从天赋人权角度来加以论证民众采摘野果和捡拾树枝的权利。参见[德]卡尔·马克思：《第六届莱茵省议会的辩论（第三篇论文）：关于林木盗窃法的辩论》，载《马克思恩格斯全集》（第1卷），人民出版社1995年版，第253页。

② 《建立国家公园体制总体方案》规定，国家公园内全民所有自然资源资产所有权由中央政府和省级政府分级行使。条件成熟时，逐步过渡到国家公园内全民所有自然资源资产所有权由中央政府直接行使。

使从长远来看或者条件成熟时，将保护区（国家公园）的所有权全部确认为国家所有，也并不表明国家拥有了自然资源的产权。事实上，不论经验还是理论都早已表明，如果国家独占保护区（国家公园）产权，必然造成当地民众过度开发，地方政府软性抵抗。而中央政府为了防治这种悲剧出现，势必支付高昂的监控成本，而且也是徒劳无益的。这正如托克维尔所说的："一个中央政府，不管它如何精明强干，也不能明察秋毫，不能依靠自己去了解一个大国生活的一切细节。它办不到这一点，因为这样的工作超过了人力之所及。"[1]可见，如果国家将保护区（国家公园）自然资源产权收归国有，那么这是各方行动者都难以接受的，也不符合国家建立保护区（国家公园）的初衷。而比较可行的方案则是为各方行动者合理配置自然资源产权。这就涉及产权的权能或者"权利束"问题。虽然学界对该问题有诸多研究，但笔者认为托尼·霍诺拉的研究最为经典。他认为一项完整的产权包括11项权能：排他性的占有权，使用权，管理权，收益权，投资权，抵押权，可转让权，永久享有权，禁止（他人）有害使用权，执行（司法判决的）责任，以及创造、转让或接受其他财产利益的权利。[2]

　　托尼·霍诺拉的观点为我们从行政法角度合理配置自然资源产权提供了基础。首先，行政法需要确定何谓"合理"？依笔者之见，"合理"就是指行政法对产权的配置要符合保护区（国家公园）建立的总目的——保护第一，开发第二。如果用经济学上的术语来表示就是以最低成本达到国家建立保护区（国家公园）的目标。其次，行政法需要根据保护区（国家公园）的不同属性——核心区、缓冲区、实验区和其他地区，以及自然资源不同类型——水流、森林、山岭、草原、荒地、滩涂等，来为行动者配置产权。在不同属性区域内，针对不同类型自然资源，行政法配置给不同行动者相应权利是存在重大差别的，比如在核心区，行政法应当规定除了科研人员经依法审批享有对保护区（国家公园）行使科研考察权之外，国家（政府）对所有自然资源享有排他性占有权和管理权，禁止其他行动者享有权利。对于如何确定哪些行动者在何种属性区域内，对何种类型自然资源享有何种权利的问题，行政法需要规定中央政府应当综合考虑经济、社会、文化等因素，在长远利益与短期利益，国家利益、集体利益与个体利益，商业利益与生态利益等之间保持均衡，符合效益原则，经得起成本与收益分析方法的审查，必要时，还应当举行有各方行动者参加的听证会与论证会，以遵循民主原则，防止公权力主体与利益集团合谋获取不正当的利益。最后，行政法需要规定

① 参见[法]托克维尔：《论美国的民主》（上卷），董果良译，商务印书馆 1993 年版，第 100 页。

② Honore, Toni, Ownership, in Anthony Gordon Guest(ed.), Oxford Essays in Jurisprudence, Oxford: Oxford University Press,1961:107-147. 转引自[美]丹尼尔·H.科尔：《污染与财产权：环境保护的所有权制度比较研究》，严厚福、王社坤译，北京大学出版社 2009 年版，第 13 页。

保护区（国家公园）管理者定期评估不同属性区域内各方行动者对不同类型自然资源所享有的权利类型，依据保护第一、开发第二、符合效益原则进行动态调整。总之，行政法如何为保护区（国家公园）各方行动者合理配置自然资源的产权是一项需要运用科学技术手段加以评估和权衡的事业，涉及各方行动者的利益，关系到国家建立保护区（国家公园）的目的能真正实现，也是能否从根本化解保护区（国家公园）生态问题陷入实质意义上"政治公地悲剧"的不二法门。

参 考 文 献

一、中文专著类

[1] [德]马克斯·韦伯:《社会科学方法论》,韩水法等译,中央编译出版社2002年版。

[2] [日]交告尚史等著:《日本环境法概论》,田林、丁倩雯译,中国法制出版社2014年版。

[3] [美]库珀:《行政伦理学:实现行政责任的途径》,张秀琴译,中国人民大学出版社2001年版。

[4] [美]伯纳德·施瓦茨:《行政法》,徐炳译,群众出版社1986年版。

[5] [美]斯蒂芬·布雷耶:《打破恶性循环——政府如何有效规制风险》,宋华琳译,法律出版社2009年版。

[6] [英]克莱夫·庞廷:《绿色世界史:环境与伟大文明的衰落》,王毅、张学广译,上海人民出版社2002年版。

[7] [美]B.盖伊·彼得斯、弗兰斯·K.M.冯尼斯潘:《公共政策工具——对公共管理工具的评价》,顾建光译,中国人民大学出版社2007年版。

[8] [英]韦德:《行政法》,徐炳译,中国大百科全书出版社1997年版。

[9] [美]理查德·B.斯图尔特:《美国行政法的重构》,沈岿译,商务印书馆2011年版。

[10] [美]莱斯特·M.萨拉蒙:《政府工具——新治理指南》,肖娜等译,北京大学出版社2016年版。

[11] [美]保罗·R.伯特尼、罗伯特·N.史蒂文斯:《环境保护的公共政策》,穆贤清、方志伟译,上海人民出版社2004年版。

[12] [德]哈特穆·特·毛雷尔:《行政法学总论》,高家伟译,法律出版社2000年版。

[13] [瑞典]托马斯·思德纳:《环境与自然资源管理的政策工具》,张蔚文等译,上海人民出版社2005年版。

[14] K.哈密尔顿:《里约后五年——环境政策的创新》,张庆丰等译,中国环境科学出版社1998年版。

［15］［英］彼得·莱兰、戈登·安东尼：《英国行政法教科书（第五版）》，杨伟东译，北京大学出版社2007年版。

［16］［法］孟德斯鸠：《论法的精神》，张雁深译，商务印书馆1987年版。

［17］［美］孔飞力：《中国现代国家的起源》，生活·读书·新知三联书店2016年版。

［18］［德］马克斯·韦伯：《支配社会学》，康乐、简惠美译，广西师范大学出版社2016年版。

［19］［德］马克斯·韦伯：《社会学的基本概念》，康乐、简惠美译，广西师范大学出版社2016年版。

［20］［日］岩佐茂：《环境的思想》，韩立新等译，中央编译出版社1997年版。

［21］［美］丹尼尔·H.科尔：《污染与财产权：环境保护的所有权制度比较研究》，严厚福、王社坤译，北京大学出版社2009年版。

［22］［日］黑川哲志：《环境行政的法理与方法》，肖军译，中国法制出版社2008年版。

［23］［美］汤姆·蒂滕伯格、琳恩·刘易斯：《环境与自然资源经济学》，王晓霞等译，中国人民大学出版社2016年版。

［24］［英］马歇尔：《经济学原理》，朱志泰、陈良璧译，商务印书馆2019年版。

［25］［美］科斯：《财产权利与制度变迁》，胡庄君译，上海三联书店1994年版。

［26］［日］盐野宏：《行政法》，杨建顺译，法律出版社1999年版。

［27］［德］奥托·迈耶：《德国行政法》，刘飞译，商务印书馆2013年版。

［28］［德］乌尔里希·贝克：《世界风险社会》，吴英姿、孙淑敏译，南京大学出版社2004年版。

［29］［德］乌尔里希·贝克、约翰内斯·威尔姆斯：《自由资本主义——与著名社会学家乌尔里希·贝克对话》，路国林译，浙江人民出版社2001年版。

［30］［美］凯斯·R.孙斯坦：《风险与理性——安全、法律及环境》，师帅译，中国政法大学出版社2005年版。

［31］［美］迈克尔·哈默：《企业行动纲领》，中信出版社2002年版。

［32］［德］迪特儿·格林：《宪法视野下的预防问题》，刘刚译，载刘刚编译：《风险规制：德国的理论与实践》，法律出版社2012年版。

［33］［德］乌尔里希·贝克：《风险社会》，何博闻译，译林出版社2004年版。

［34］［德］格哈德·班塞：《风险研究的缘由和目标》，陈霄、刘刚译，载刘刚编译：《风险规制：德国的理论与实践》，法律出版社2012年版。

［35］［美］凯斯·R.孙斯坦：《恐惧的规则——超越预防原则》，王爱民译，北京大学出版社2011年版。

［36］［德］奥利弗·雷普希思：《通过行政法的风险调控：对革新的促进还是限

制》，李忠夏译，载刘刚编译：《风险规制：德国的理论与实践》，法律出版社2012年版。

[37] [德]莱纳·沃尔夫：《风险法的风险》，陈宵译，载刘刚编译：《风险规制：德国的理论与实践》，法律出版社2012年版。

[38] [英]安东尼·吉登斯：《民族—国家与暴力》，胡宗泽等译，三联书店1998年版。

[39] [美]乔纳森·H. 特纳：《社会学理论的结构（第7版）》，邱泽、张茂元等译，华夏出版社2006年版。

[40] [美]凯斯·R. 孙斯坦：《设计民主：论宪法的作用》，金朝武、刘会春译，法律出版社2006年版。

[41] [英]巴鲁克·非斯科霍夫等：《人类可接受风险》，王红漫译，北京大学出版社2009年版。

[42] [德]汉斯·海因里希·特鲁特：《设备法中的国家风险管理》，胡博砚译，载刘刚编译：《风险规制：德国的理论与实践》，法律出版社2012年版。

[43] [美]托马斯·库恩：《科学革命的结构》，李宝恒、纪树立译，上海科学技术出版社1980年版。

[44] [美]丹尼尔·卡尼曼：《思考，快与慢》，胡晓娇等译，中信出版社2013年版。

[45] [加]拉米什：《公共政策研究：政策循环与政策子系统》，庞诗等译，生活·读书·新知三联书店2006年版。

[46] [日]南川秀树等：《日本环境问题：改善与经验》，王伟、周晓娜、殷国梁译，社会科学文献出版社2017年版。

[47] [美]约翰·克莱顿·托马斯：《公共决策中的公民参与：公共管理者的新技能与新策略》，孙柏瑛等译，中国人民大学出版社2005年版。

[48] [日]美浓布达吉：《公法和私法》，黄冯明译，台湾（地区）商务印书馆1998年版。

[49] [美]E. 博登海默：《法理学——法哲学及其方法》，邓正来译，华夏出版社1987年版。

[50] [美]约翰·罗尔斯：《正义论》，何怀宏等译，中国社会科学出版社2006年版。

[51] [德]斯密特·阿斯曼：《秩序理念下的行政法体系建构》，林明锵等译，北京大学出版社2012年版。

[52] [美] 理查德·波斯纳：《法理学问题》，苏力译，中国政法大学出版社2002年版。

[53] [美]罗斯科·庞德：《通过法律的社会控制：法律的任务》，沈宗灵、董世

忠译，商务印书馆1984年版。

[54] [美]理查德·波斯纳：《法律的经济分析》，蒋兆康译，法律出版社2007年版。

[55] [法]托克维尔：《论美国的民主》（上卷），董果良译，商务印书馆1993年版。

[56] [美]朱迪·弗里曼：《合作治理与新行政法》，毕洪海、陈标冲译，商务印书馆2010年版。

[57] [英]安东尼·奥格斯：《规制：法律形式与经济学理论》，中国人民大学出版社2008年版。

[58] [美]诺内特、塞尔兹尼克：《转变中的法律与社会：迈向回应型法》，季卫东、张志铭译，中国政法大学出版社2004年版。

[59] [德]贡塔·托依布纳：《法律：一个自创生系统》，张琪译，北京大学出版社2004年版。

[60] [德]尼克拉斯·卢曼：《法社会法》，宾凯、赵春燕译，上海人民出版社2013年版。

[61] [德]贡塔·托依布纳：《魔阵·剥削·异化——托依布纳法律社会学文集》，泮伟江、高鸿钧等译，清华大学出版社2012年版。

[62] [英]迈克·费恩塔克：《规制中的公共利益》，戴昕译，中国人民大学出版社2014年版。

[63] 陈海嵩：《解释论视角下的环境法研究》，法律出版社2016年版。

[64] 中国社会科学院语言研究所词典编辑室编：《现代汉语词典》，商务印书馆2002年版。

[65] 吕忠梅主编：《环境保护法教程》，法律出版社2016年版。

[66] 金瑞林主编：《环境法学》，北京大学出版社2016年版。

[67] 夏征农、陈至立编：《辞海》，上海辞书出版社2010年版。

[68] 叶俊荣：《环境政策与法律》，中国政法大学出版社2003年版。

[69] 蔡守秋主编：《环境资源法教程》，高等教育出版社2010年版。

[70] 卢现祥主编：《新制度经济学》，武汉大学出版社2011年版。

[71] 王贵松：《行政裁量的构造与审查》，中国人民大学出版社2016年版。

[72] 王灿发主编：《新〈环境保护法〉实施情况评估报告》，中国政法大学出版社2016年版。

[73] 李永林：《环境风险的合作规制——行政法视角的分析》，中国政法大学出版社2014年版。

[74] 翁岳生：《行政法》，中国法制出版社2002年版。

[75] 张璋：《理性与制度——政府治理工具的选择》，国家行政学院出版社2006

年版。

[76] 俞可平：《治理与善治》，社会科学文献出版社2000年版。

[77] 陈振明：《公共政策分析》，中国人民大学出版社2002年版。

[78] 余凌云：《行政法讲义（第二版）》，清华大学出版社2014年版。

[79] OECD：《环境管理中的经济手段》，中国环境科学出版社1996年版。

[80] 杜辉：《环境公共治理与环境法的更新》，中国社会科学出版社2018年版。

[81] 周雪光：《中国国家治理的制度逻辑——一个组织学的研究》，生活·读书·新知三联书店2017年版。

[82] 陈旭麓：《近代中国社会的新陈代谢》，上海人民出版社1991年版。

[83] 孔飞力：《叫魂：1768年的中国妖术大恐慌》，生活·读书·新知三联书店1999年版。

[84] 吴毅：《小镇喧嚣：一个乡镇政治运作的演绎与阐释》，生活·读书·新知三联书店2007年版。

[85] 洪大用：《中国民间环保力量的成长》，中国人民大学出版社2007年版。

[86] 赵树凯：《乡镇治理与政府制度化》，商务印书馆2012年版。

[87] 周飞舟、谭明智：《当代中国的中央地方关系》，中国社会科学出版社2016年版。

[88] 戚建刚、易君：《灾难风险行政法规制的基本原理》，法律出版社2015年版。

[89] 朱新力、唐明良：《行政法基础理论改革的基本图谱》，法律出版社2013年版。

[90] 赖恒盈：《行政法律关系论之研究》，元照出版有限公司2003年版。

[91] 黄茂荣：《法学方法与现代民法》，中国政法大学出版社2001年版。

[92] 程明修：《行政法之行为与法律关系理论》，新学林出版股份有限公司2005年版。

[93] 陈新民：《公法学札记》，中国政法大学出版社2001年版。

[94] 熊文钊：《现代行政法原理》，法律出版社2000年版。

[95] 杨洪刚：《中国环境政策工具的实施效果与优化选择》，复旦大学出版社2011年版。

[96] 经济合作与发展组织：《发展中国家环境管理的经济手段》，刘自敏、李丹译，中国环境科学出版社1996年版。

[97] 沈满洪：《环境经济手段研究》，中国环境科学出版社2001年版。

[98] 王紫零：《环境保护——一种法经济学的思路》，知识产权出版社2015年版。

[99] 宋国君等：《环境政策分析》，化学工业出版社2008年版。

[100] 王金南：《中国环境政策改革与创新》，中国环境科学出版社2008年版。

[101] 肖建华：《生态环境政策工具的治道变革》，知识产权出版社2010年版。

[102] 李挚萍：《经济法的生态化》，法律出版社2003年版。

[103] 张树义、方彦主编：《中国行政法学》，中国政法大学出版社1989年版。

[104] 方昕、董安生等：《行政法总论》，人民出版社1990年版。

[105] 任中杰主编：《行政法与行政诉讼法》，中国政法大学出版社1997年版。

[106] 王连昌主编：《行政法学》，四川人民出版社1990年版。

[107] 周卫平、江必新、张峰：《行政争讼制度概论》，宁夏人民出版社1988年版。

[108] 胡建淼：《行政法学》，法律出版社1998年版。

[109] 罗豪才主编：《行政法学》，中国政法大学出版社2014年版。

[110] 杨解君、肖泽晟：《行政法学》，法律出版社2000年版。

[111] 姜明安主编：《行政法与行政诉讼法》，北京大学出版社、高等教育出版社2014年版。

[112] 袁曙宏、方世荣、黎军：《行政法律关系研究》，中国法制出版社1999年版。

[113] 杨解君：《行政法学》，中国方正出版社2002年版。

[114] 章剑生：《现代行政法基本原理（第二版）》，法律出版社2014年版。

[115] 杨洪刚：《我国地方政府环境治理的政策工具研究》，上海社会科学院出版社2016年版。

[116] 王华等：《环境信息公开理念与实践》，中国环境科学出版社2002年版。

[117] 汪劲：《中国环境法原理》，北京大学出版社2000年版。

[118] 李惠斌主编：《全球化：公民社会》，广西师范大学出版社2003年版。

[119] 金竹青：《政府流程再造——现代公共服务路径创新》，国家行政学院出版社2008年版。

[120] 陈宇六：《经营过程重构与系统集成》，清华大学出版社2001年版。

[121] 黄小勇：《现代化进程中的官僚制：韦伯官僚制理论研究》，黑龙江人民出版社2003年版。

[122] 曾凡军：《基于整体性治理的政府组织协调机制研究》，武汉大学出版社2013年版。

[123] 薛澜等：《危机管理——转型期中国面临的挑战》，清华大学出版社2003年版。

[124] 戚建刚：《北京城市应急机制法制化的理论与实务》，华中科技大学出版社2009年版。

[125] 金自宁编译：《风险规制与行政法》，法律出版社2012年版。

[126] 《马克思恩格斯选集》第1卷，人民出版社1972年版。

[127] 杨小敏：《食品安全风险评估法律制度研究》，北京大学出版社2014年版。

[128] 赵祥禄：《正义理论的方法论基础》，中央编译出版社2007年版。

[129] 许国贤：《个人自由的政治理论》，法律出版社2008年版。

[130] 叶必丰：《行政行为的效力研究》，中国人民大学出版社2002年版。

[131] 蔡子方：《行政法三十六讲》，台湾成功大学法律学研究所法学丛书编辑委员会1997年版。

[132] 莫于川：《行政指导论纲》，重庆大学出版社1998年版。

[133] 罗传贤：《行政程序法论》，台湾五南图书出版公司2002年版。

[134] 中共中央文献研究室编：《习近平关于全面依法治国论述摘编》，中央文献出版社2015年版。

[135] 吴健：《排污权交易——环境容量管理制度创新》，中国人民大学出版社2005年版。

[136] 莫勇波：《公共政策执行中的政府执行力问题研究》，中国社会科学出版社2008年版。

[137] 《实现"十三五"环境目标政策机制》课题组编著：《中国污染减排战略与政策》，中国环境科学出版社2008年版。

[138] 王芳：《环境社会学——行动者、公共空间与城市环境问题》，上海人民出版社2015年版。

[139] 李挚萍：《环境法的新发展——管制与民主之互动》，人民法院出版社2006年版。

[140] 吴锦良：《政府改革与第三部门发展》，中国社会科学出版社2010年版。

[141] 李静云：《土壤污染防治立法国际经验与中国探索》，中国环境出版社2013年版。

[142] 李晨：《中外比较：污染场地土壤修复制度研究》，法律出版社2013年版。

[143] 谢伟：《美国清洁空气法若干问题研究——从命令-控制手段的视角》，厦门大学出版社2015年版。

[144] 叶林：《空气污染治理国际比较研究》，中央编译出版社2014年版。

[145] 周佑勇：《行政法基本原则研究》，武汉大学出版社2005年版。

[146] 戚建刚：《中国行政应急法学》，清华大学出版社2013年版。

[147] 黄仁宇：《十六世纪明代中国之财政税收》，生活·读书·新知三联书店2001年版。

[148] 杨朝飞：《环境保护与环境文化》，中国政法大学出版社1994年版。

[149] 王乐夫、陈干全：《政府公共管理》，中国社会科学出版社2007年版。

[150] 王和雄：《论行政不作为之权利保护》，三民书局股份有限公司1994年版。

［151］ 杨建顺：《日本行政法通论》，中国法制出版社1998年版。

［152］ 方世荣：《论行政相对人》，中国政法大学出版社2000年版。

［153］ 郭道晖：《法理学精义》，湖南人民出版社2005年版。

［154］ 国家行政学院应急管理案例研究中心主编：《应急管理典型案例研究报告（2015）》，社会科学文献出版社2015年版。

［155］ 张恒山：《法理要论》，北京大学出版社2007年版。

［156］ 信春鹰：《中华人民共和国环境保护法释义》，法律出版社2014年版。

［157］ 李海青：《公民、权利与正义：政治哲学基本范畴研究》，知识产权出版社2011年版。

［158］ 《行政法与行政诉讼法》编写组：《行政法与行政诉讼法》，高等教育出版社2017年版。

［159］ 徐伟新：《新社会动力观》，经济科学出版社1996年版。

［160］ 沈岿：《平衡论：一种行政法认知模式》，北京大学出版社1999年版。

［161］ 徐向华：《中国立法关系论》，浙江人民出版社1999年版。

［162］ 陈泉生、张梓太：《宪法与行政法的生态化》，法律出版社2001年版。

［163］ 张文显主编：《法理学》，高等教育出版社和北京大学出版社2007年版。

［164］ 叶必丰：《行政法的人文精神》，北京大学出版社2005年版。

［165］ 丁煌：《西方公共行政管理理论精要》，中国人民大学出版社2005年版。

［166］ 包万超：《行政法与社会科学》，商务印书馆2011年版。

［167］ 王名扬：《美国行政法（下册）》，北京大学出版社2016年版。

［168］ 张文显：《法哲学范畴研究》，中国政法大学出版社2001年版。

［169］ 《马克思恩格斯全集》（第1卷），人民出版社1995年版。

［170］ 李可：《马克思恩格斯环境法哲学初探》，法律出版社2006年版。

［171］ 《马克思恩格斯选集》（第4卷），人民出版社2012年版。

［172］ 钭晓东：《论环境法功能之进化》，科学出版社2008年版。

［173］ 罗豪才、毕洪海主编：《行政法的新视野》，商务印书馆2011年版。

［174］ 沈满红：《水权交易制度研究：中国的案例分析》，浙江大学出版社2006年版。

［175］ 蔡守秋：《调整论——对主流法理学的反思与补充》，高等教育出版社2003年版。

［176］ 李可：《法学方法论原理》，法律出版社2011年版。

［177］ 王建平：《减轻自然灾害的法律问题研究》，法律出版社2008年版。

［178］ 汪劲：《环境法学》，北京大学出版社2014年版。

［179］ 信春鹰主编：《中华人民共和国大气污染防治法释义》，法律出版社2015年版。

［180］ 戚建刚：《中国行政应急法律制度研究》，北京大学出版社2010年版。

［181］ 戚建刚：《法治国家架构下的行政紧急权力》，北京大学出版社2008年版。

［182］ 陈海嵩：《国家环境保护义务论》，北京大学出版社2015年版。

［183］ 葛毅、高志新主编：《行政法制度——比较法文集》，中国对外经济贸易出版社2002年版。

［184］ 孙柏英：《当代地方治理——面向21世纪的挑战》，中国人民大学出版社2004年版。

二、中文期刊类

［1］ 黄卫成：《分类推进综合执法 全面提升执法效能》，《行政科学论坛》2016年第4期。

［2］ 郭武：《中国第二代环境法的形成和发展趋势》，《法商研究》2017年第1期。

［3］ 杜群：《规范语境下综合生态管理的概念和基本原则》，《哈尔滨工业大学学报（社会科学版）》2015年第4期。

［4］ 俞可平：《全球治理引论》，《马克思主义与现实》2002年第1期。

［5］ 任敏：《我国流域公共治理的碎片化现象及成因分析》，《武汉大学学报（哲学社会科学版）》2008年第4期。

［6］ 陈柏峰：《法律经验研究的机制分析方法》，《法商研究》2016年第4期。

［7］ 巩固：《政府激励视角的〈环境保护法〉修改》，《法学》2013年第1期。

［8］ 戚建刚：《河长制四题——以行政法教义学为视角》，《中国地质大学学报（社会科学版）》2017年第6期。

［9］ 陈海嵩：《环保督察制度法治化：定位、困境及其出路》，《法学评论》2017年第3期。

［10］ 戚建刚：《环保行政判决的结构分析及其制度意蕴——以2016年度203份环保行政判决文书为分析对象》，《法学杂志》2018年第3期。

［11］ 沈岿、王锡锌、李娟：《传统行政法控权理念及其现代意义》，《中外法学》1999年第1期。

［12］ 叶俊荣：《提升政策执行力的挑战与展望》，《研考》2005年第2期。

［13］ 郑家昊：《作为总体性存在的"治理工具"——实践特性与理论确认》，《探索》2018年第1期。

［14］ 甘黎黎：《我国环境治理的政策工具及其优化》，《江西社会科学》2014年第6期。

［15］ 李晟旭：《我国环境政策工具的分类与发展趋势》，《环境保护与循环经济》2010年第1期。

［16］ 毛玮：《论行政法的建构性与规范性》，《现代法学》2010年第3期。

［17］ 毛玮：《行政法红灯和绿灯模式之比较》，《法治论丛》2009年第4期。

［18］ 宋姣姣、王丽萍：《环境政策工具的演化规律及其对我国的启示》，《湖北社会科学》2011年第5期。

［19］ 包万超：《行政法平衡理论比较研究》，《中国法学》1999年第2期。

［20］ 罗豪才、甘雯：《行政法的"平衡"及"平衡论"范畴》，《中国法学》1996年第4期。

［21］ 罗豪才、袁曙宏、李文栋：《现代行政法的理论基础——论行政机关与相对一方的权利义务平衡》，《中国法学》1993年第1期。

［22］ 王锡锌、沈岿：《行政法基础理论再探讨——与杨解君同志商榷》，《中国法学》1996年第4期。

［23］ 沈岿：《行政法理论基础回眸——一个整体观的变迁》，《中国政法大学学报》2008年第6期。

［24］ 朱新力、唐明良：《现代行政活动方式的开发性研究》，《中国法学》2007年第2期。

［25］ 张锋：《环境治理：理论变迁、制度比较与发展趋势》，《中共中央党校学报》2018年第6期。

［26］ 吕忠梅：《〈环境保护法〉的前世今生》，《政法论丛》2014年第5期。

［27］ 陈海嵩：《绿色发展中的环境法实施问题：基于PX事件的微观分析》，《中国法学》2016年第1期。

［28］ 郭武：《论环境行政与环境司法联动的中国模式》，《法学评论》2017年第2期。

［29］ 王明远：《论我国环境公益诉讼的发展方向：基于行政权与司法权关系理论的分析》，《中国法学》2016年第1期。

［30］ 曹晶、张开宏：《岳阳砷污染：地方政府打擦边球》，《中国新闻周刊》2006年第36期。

［31］ 王强：《环保风暴刮向地方权力》，《商务周刊》2005年第12期。

［32］ 孙佑海：《影响环境资源法实施的障碍研究》，《现代法学》2007年第2期。

［33］ 冯仕政：《中国国家运动的形成与变异：基于政体的整体性解释》，《开放时代》2011年第1期。

［34］ 荀丽丽、包智明：《政府动员性环境政策及其地方实践——关于内蒙古S旗生态移民的社会学分析》，《中国社会科学》2007年第7期。

［35］ 周雪光：《组织规章制度与组织决策》，《北京大学教育评论》2010年第8卷第3期。

［36］ 周雪光：《权威体制与有效治理：当代中国国家治理的制度逻辑》，《开放

时代》2011年第10期。

[37] 周雪光：《中国国家治理及其模式：一个整体性视角》，《学术月刊》2014年第10期。

[38] 狄金华：《通过运动进行治理： 乡镇基层政权的治理策略对中国中部地区麦乡"植树造林"中心工作的个案研究》，《社会》2010年第3期。

[39] 周雪光、练宏：《中国政府的治理模式：一个"控制权"理论》，《社会学研究》2012年第5期。

[40] 周雪光：《基层政府间的"共谋现象"：一个政府行为的制度逻辑》，《开放时代》2009年第12期。

[41] 王灿发：《"环保风暴"的影响及其显现的环境执法问题》，《华东政法学院学报》2005年第4期。

[42] 唐贤兴：《中国治理困境下政策工具的选择》，《探索与争鸣》2009年第2期。

[43] 鲁鹏宇：《论行政法学的阿基米德支点——以德国行政法律关系论为核心的考察》，《当代法学》2009年第5期。

[44] 高秦伟：《反思行政法学的教义立场与方法论学说——阅读〈德国公法史（1800-1914：国家法学说和行政学）〉之后》，《政法论坛》2008年第2期。

[45] 张锟盛：《行政法学另一种典范之期待：法律关系理论》，《月旦法学杂志》第12期。

[46] 邢华、胡潆月：《大气污染治理的政府规制政策工具优化选择研究——以北京市为例》，《中国特色社会主义研究》2019年第3期。

[47] 李翠英：《政策工具研究范式变迁下的中国环境政策工具重构》，《学术界》2018年第1期。

[48] 吴小建：《经济型环境政策工具的描述与实现》，《长春理工大学学报（社会科学版）》2015年第1期。

[49] 刘超：《环境风险行政规制的断裂与统合》，《法治论坛》2013年第3期。

[50] 何翔舟、金潇：《公共治理理论的发展及其中国定位》，《学术月刊》2014年第8期。

[51] [英]鲍勃·杰索普：《治理的兴起极其失败的风险：以经济发展为例的论述》，《国际社会科学杂志》1999年第1期。

[52] 陈振明、薛澜：《中国公共管理理论研究的重点领域和主题》，《中国社会科学》2007年第3期。

[53] 郧益奋：《网络治理：公共管理的新框架》，《公共管理学报》2007年第1期。

[54] 戴建华：《作为过程的行政决策——在一种新研究范式下的考察》，《政法论坛》2012年第1期。

［55］ 杨雪冬：《全球化、风险社会与复合治理》，《马克思主义与现实》2004年第4期。

［56］ 薛澜：《从更基础的层面推动应急管理——将应急管理融入和谐的公共治理框架》，《中国行政管理》2007年第1期。

［57］ 叶璇：《整体性治理国内外研究综述》，《当代经济》2012年第6期。

［58］ 竺乾威：《从新公共管理到整体性治理》，《中国行政管理》2008年第10期。

［59］ 曾凡军：《从竞争治理迈向整体治理》，《学术论坛》2009年第9期。

［60］ 胡象明、唐波勇：《整体性治理：公共管理的新范式》，《华中师范大学学报（人文社会科学版）》2010年第1期。

［61］ 彭锦鹏：《全观型治理：理论与制度化策略》，《政治科学论丛》2005年第3期。

［62］ 韩兆柱、张丹丹：《整体性治理理论研究——历程、现状及发展趋势》，《燕山大学学报（哲学社会科学版）》2017年第1期。

［63］ 戚建刚：《突发事件管理中的"分类""分级"与"分期"原则——〈中华人民共和国突发事件应对法（草案）〉的管理学基础》，《江海学刊》2006年第6期。

［64］ 戚建刚、余海洋：《统一风险行政程序法的学理思考》，《理论探讨》2019年第5期。

［65］ 戚建刚、黄旭：《论风险行政法的人性预设》，《云南社会科学》2017年第4期。

［66］ 姜明安：《制定行政程序法应正确处理的几对关系》，《政法论坛》2004年第5期。

［67］ 赵鹏：《我国风险规制法律制度的现状、问题与完善》，《行政法学研究》2010年第4期。

［68］ 唐明良：《新行政程序观的形成及其法理》，《行政法学研究》2012年第4期。

［69］ 戚建刚：《我国食品安全风险规制模式之转型》，《法学研究》2011年第1期。

［70］ 戚建刚：《食品安全风险评估组织之重构》，《清华法学》2014年第3期。

［71］ 戚建刚：《"第三代"行政程序的学理解读》，《环球法律评论》2013年第5期。

［72］ 何曼：《政策主导 企业"眼尖手快"》，《供热制冷》2017年第11期。

［73］ 侯振海等：《乡镇"煤改气"工程的安全隐患及对策分析》，《科学管理》2018年第1期。

［74］ 王勇：《气荒下的博弈》，《能源》2018年第1期。

［75］ 《"气荒"危机：狼来了!》，《环球聚氨酯》2018年第1期。

［76］ 周淑慧：《对当前我国天然气供应紧张问题的思考》，《国际石油经济》

2018 年第 2 期。

[77] 平心:《"煤改气"中的争议》,《供热制冷》2016 年第 10 期。

[78] 李伟:《面对煤改气,我们需要做减法》,《供热制冷》2018 年第 9 期。

[79] 梁锐先、丰华功:《加大资金投入 扎实推进晋中市"煤改气、煤改电"工作》,《山西财税》2018 年第 2 期。

[80] 刘应红:《从价格承受能力看居民采暖"煤改气"——以北京市城乡为例》,《国际石油经济》2017 年第 6 期。

[81] 单仁平:《推进煤改气 国家不是要让部分群众受冻》,《公关世界》2017 年第 23 期。

[82] 李瑞昌:《理顺我国环境治理的府际关系》,《广东行政学院学报》2008 年第 12 期。

[83] 王信贤:《镶嵌或自主性中国大陆环保组织的发展官僚竞争的观点》,《地方政府创新与公民社会发展国际研讨会论文集下》。

[84] 杨展里、葛勇德:《以南通为例分析中国地方环境执政能力建设的问题与对策》,《环境科学研究》2006 年第 S1 期。

[85] 孙刚、赵骥民等:《我国开征环境税的可行性分析》,《生态经济》2008 年第 8 期。

[86] 黄智潘:《浅析实施经济政策减排二氧化硫的瓶颈问题和解决途径》,《中国环境管理》2006 年第 9 期。

[87] 李东兴、田先红:《我国社会参与环境保护的现状及其原因探析》,《湖北社会科学》2013 年第 6 期。

[88] 李伯涛、马海涛:《环境联邦主义理论述评》,《财贸经济》2009 年第 10 期。

[89] 罗丽:《外国土壤污染防治立法之比较研究》,《当代法学》2008 年第 4 期。

[90] 罗思东:《美国地市的"棕色地块"及其治理》,《城市问题》2002 年第 6 期。

[91] 周艳、万金忠、林玉锁等:《浅谈我国土壤问题特征及国外土壤环境管理经验借鉴》,《中国环境管理》2016 年第 3 期。

[92] 王世进、许珍:《美、英两国土壤污染防治立法及对我国的借鉴》,《农业考古》2007 年第 6 期。

[93] [美]詹姆斯·R.梅:《超越以往:环境公民诉讼趋势》,王曦、张鹏译,《中国地质大学学报(社会科学版)》2018 年第 2 期。

[94] 梅雪芹:《工业革命以来英国城市大气污染及防治措施研究》,《北京师范大学学报(人文社会科学版)》2001 年第 2 期。

[95] 刘宗德:《土污规制行政上法执行之实效性论义》,《月旦法学杂志》2014 年第 234 期。

[96] 年猛:《日本开展生态环境治理的主要做法及启示》,《政策瞭望》2019 年

第12期。

[97] 何燕、彭本利：《日本环境治理"四化"模式分析及启示》，《环境保护》2018年第9期。

[98] 刘权：《论行政规范性文件的事前合法性审查》，《江苏社会科学》2014年第2期。

[99] 王绍光：《国家治理与基础性国家能力》，《华中科技大学学报（社会科学版）》2014年第3期。

[100] 崔先维、王大海：《政策工具选择的渐进主义分析》，《福建论坛（社科教育版）》2009年第10期。

[101] [英]阿尔斯戴尔·麦克比恩：《中国的环境：问题与对策》，李平译，《国外理论动态》2008年第6期。

[102] 李周炯：《中国环境政策执行存在的问题及对策》，《国家行政学院学报》2009年第4期。

[103] 葛俊杰、王仕、袁增伟等：《社区环境圆桌会议：公众参与的创新模式》，《南京大学学报（自然科学）》2007年第4期。

[104] 张华伟：《中国环境保护公众参与制度之完善》，《河北学刊》2004年第2期。

[105] 王津、陈南、姚泊等：《环境NGO——中国环保领域的崛起力量》，《广州大学学报（社会科学版）》2005年第2期。

[106] 戚建刚：《社会性许可权的行政法建构》，《武汉大学学报（哲学与社会科学版）》2018年第3期。

[107] 郭道晖：《论权力的多元化与社会化》，《法学研究》2001年第1期。

[108] 姚建宗：《新兴权利论纲》，《法制与社会发展》2010年第2期。

[109] 臧雷振：《治理类型的多样性演化与比较》，《公共管理学报》2011年第4期。

[110] 牛文远：《可持续发展理论内涵的三元素》，《中国科学院学刊》2014年第4期。

[111] [美]斯蒂格利茨：《自由、知情权和公共话语》，宋华琳译，《环球法律评论》2002年第3期。

[112] 杨传敏：《上海"散步"反建磁悬浮事件本末》，《中国市场》2008年第11期。

[113] 王秀娟：《昆明PX事件》，《中国石油石化》2013年第11期。

[114] 孙堃伦：《关于对地方政府决策问题的思考——以"江苏启东7·28事件"为例》，《管理观察》2017年第3期。

[115] 薛子进：《维权之路有多长》，《法人》2008年第6期。

［116］戚建刚：《食品安全社会共治中的公民权利之新探》，《当代法学》2017年第6期。

［117］杨明方：《社会学视野中的竞争观》，《社会》1994年第7期。

［118］夏云娇、王国飞：《外国环境行政公益诉讼相关立法对我国的启示——以美国、日本为例》，《湖北社会科学》2007年第9期。

［119］韩舸友：《我国行政联合执法困境及改进研究》，《贵州社会科学》2010年第8期。

［120］杨春科：《关于联合执法的思考》，《行政法学研究》1996年第3期。

［121］邓佑文：《行政参与的权利化：内涵、困境及其突破》，《政治与法律》2014年第11期。

［122］朱谦：《公众环境行政参与的现实困境及其出路》，《上海交通大学学报（哲学社会科学版）》2012年第1期。

［123］王余生、陈越：《机理探析与理性调适：公共治理理论及其对我国治理实践的启示》，《武汉科技大学学报（社会科学版）》2016年第4期。

［124］王振峰、解树江：《竞争理论的演变：分析与评述》，《北京行政学院学报》2006年第6期。

［125］曹和平：《环境保护行政执法的困境与反思》，《学术探索》2016年第11期。

［126］胡斌：《论独立环境监察执法体制与机制的建构》，《中国环境管理》2016第2期。

［127］《中央问责甘肃多位副省级官员 祁连山生态环境破坏问题突出》，《中国环境监察》2017年第7期。

［128］赵娟：《论环境法的行政法性质》，《南京社会科学》2001年第7期。

［129］欧阳恩钱：《环境法功能进化的层次与展开——兼论我国第二代环境法之发展》，《中州学刊》2010年第1期。

［130］王树义、皮里阳：《论第二代环境法及其基本特征》，《湖北社会科学》2013年第11期。

［131］罗丽：《从日本环境法理念的转变看中国第二代环境法的发展》，《中国地质大学学报(社会科学版)》2008年第3期。

［132］巩固：《环境法律观检讨》，《法学研究》2011年第6期。

［133］董新春：《历史必然性问题的三种观点辨析》，《理论月刊》2010年第2期。

［134］朱静：《论马克思历史必然性的本真意蕴》，《北方论丛》2007年第1期。

［135］汪劲：《中国环境法治三十年：回顾与反思》，《中国地质大学学报 (社会科学版)》2009年第5期。

［136］[美]墨迪：《一种现代的人类中心主义》，章建刚译，《哲学译丛》1999年

第 2 期。

[137] 韩立新：《论环境伦理学中的整体主义》，《学习与探索》2006 年第 3 期。

[138] 孙道进、顿兴国：《环境伦理学的认识论困境及其症结》，《科学技术与辩证法》2006 年第 3 期。

[139] 梅宏、郑艺群：《环境资源法调整对象的论战——第二届福州大学"东南法学论坛"综述》，《西南政法大学学报》2004 年第 4 期。

[140] 苏力：《好的研究与实证研究》，《法学》2013 年第 4 期。

[141] 巩固：《自然资源国家所有权公权说》，《法学研究》2013 年第 4 期。

[142] 陈海嵩：《雾霾应急的中国实践与环境法理》，《法学研究》2016 年第 4 期。

[143] 戚建刚：《极端事件的风险恐慌及对行政法制之意蕴》，《中国法学》2010 年第 2 期。

[144] 杨小敏、戚建刚：《风险最糟糕情景认知模式及行政法制之改革》，《法律科学》2012 年第 2 期。

[145] 魏喜等：《我国雾霾成因及防控策略研究》，《环境保护科学》2014 年第 5 期。

[146] 熊晓青、张忠民：《突发雾霾事件应急预案的合法性危机与治理》，《中国人口·资源与环境》2015 年第 9 期。

[147] 卢文刚、张雨荷：《中美雾霾应急治理比较研究——基于灾害系统结构体系理论的视角》，《广州大学学报(社会科学版)》2015 年第 10 期。

[148] 史玉成：《环境法学核心范畴之重构：环境法的法权结构论》，《中国法学》2016 年第 5 期。

[149] 曹彩虹、韩立岩：《雾霾带来的社会健康成本估算》，《统计研究》2015 年第 7 期。

[150] 郭园、刘艳：《浅析雾霾天气的危害及防治》，《黑龙江天气》2015 年第 3 期。

[151] 于安：《行政机关紧急权力和紧急措施的立法设计》，《中国司法》2004 年第 4 期。

[152] 戚建刚：《"融贯论"下的行政紧急权力制约理论之新发展》，《政治与法律》2010 年第 10 期。

[153] 黄学贤、周春华：《略论行政紧急权力法治化的缘由与路径》，《北方法学》2008 年第 1 期。

[154] 陈海嵩：《国家环境保护义务的溯源与展开》，《法学研究》2014 年第 3 期。

[155] 白洋、刘晓源：《"雾霾"成因的深层法律思考及防治对策》，《中国地质大学学报（社会科学版）》2013 年第 6 期。

[156] 崔先维：《中国环境政策中的市场化工具问题研究》，吉林大学 2010 年博

士学位论文。

［157］李玲：《城市环境承载力提升中的政府工具选择研究》，广州大学 2012 年硕士学位论文。

［158］李芳慧：《我国环境政策工具选择研究》，湖南大学 2011 年硕士学位论文。

［159］赵萍：《风险社会理论视域下中国社会治理创新的困境与出路研究》，山东大学 2014 年硕士学位论文。

［160］鲁鹏宇：《行政法学理构造的变革——以大陆法系国家为观察视角》，吉林大学 2007 年博士学位论文。

［161］皮里阳：《论我国第二代环境法的形成与发展》，武汉大学 2013 年博士学位论文。

三、网站报纸类

［1］高敬等：《首批中央环保督察情况反馈结束 8 省区 3000 多人被问责》，http://news.xinhuanet.com/2016-11/23/c_1119976751.htm。

［2］习近平：《坚决打好污染防治攻坚战 推动生态文明建设迈上新台阶》，《人民日报》2018 年 5 月 20 日。

［3］《中办国办就甘肃祁连山国家级自然保护区生态环境问题发出通报》，《人民日报》2017 年 7 月 21 日，第 1 版。

［4］《祁连山为何又上了环保头条？》，《人民日报（海外版）》2017 年 12 月 25 日。

［5］刘鉴强：《再掀环保风暴 潘岳誓言决不虎头蛇尾》，http://env.people.com.cn/GB/1072/4092037.html。

［6］黄天香、薛秀泓：《国家环保总局再掀"环保风暴"》，《中国改革报》2006 年 2 月 9 日，第 1 版。

［7］章轲：《国家环保总局再掀"环保风暴"停批四大电力集团所有建设项目》，《第一财经日报》2007 年 1 月 11 日，第 A02 版。

［8］刘世昕：《区域限批的环保风暴刮向四大流域》，《中国青年报》2007 年 7 月 4 日。

［9］《2007 环保风暴使用 30 年以来最严厉手段》http://news.cnwest.com/content/2007-01/18/content_406551.htm。

［10］郭宏超：《环保风暴施行连坐实属无奈之举》，《经济观察报》2007 年 1 月 13 日，http://finance.sina.com.cn/g/20070113/14133244349.shtml。

［11］章轲：《环保总局再掀环保风暴 与地方政府展开博弈〉，《第一财经报》2007 年 1 月 16 日。

［12］刘世昕：《环保总局解限五地区流域限批 环保风暴结束》，《中国青年报》2007 年 9 月 24 日。

［13］章轲：《中央深改组：建立环保督察机制》，《第一财经日报》2015年7月2日第A03版。

［14］任文岱：《重拳组合，中央掀起"环保风暴"》，《民主与法制时报》2016年9月4日，第002版。

［15］章轲：《陈吉宁这一年》，《第一财经日报》2016年2月6日，第A10版。

［16］刘效仁：《中央环保督察剑指地方不作为》，《上海金融报》2016年12月2日，第A02版。

［17］潘洪其：《中央环保督察要用好"尚方宝剑"》，《中国改革报》2016年2月15日，第005版。

［18］李彪：《揭秘中央环保督察组运作：参与人员需签保密承诺书》，《每日经济新闻》2016年5月25日，第003版。

［19］王尔德：《中央环保督察组将进驻北京等7省市 重点督察不作为、乱作为》，《21世纪经济报道》2016年11月28日，第002版。

［20］章轲：《中央环保督察冲击波：从"督企"到"督政"》，《第一财经日报》2017年3月14日，第A03版。

［21］唐云云：《中央第五环境保护督察组督察重庆市工作动员会召开》，http://www.chinanews.com/gn/2016/11-24/8073760.shtml。

［22］本报评论员：《进一步深化和推进中央环保督察》，《中国环境报》2016年1月7日，第001版。

［23］章轲：《首期中央环保督察问责3287人》，《第一财经日报》2016年11月23日，第A02版。

［24］郄建荣：《中央环保督察陕西一个月问责938人》，《法制日报》2017年4月12日，第006版。

［25］郭亮廷：《"五一"不休假 环保督察在行动》，《郴州日报》2017年5月3日，第001版。

［26］吴殿峰：《中央环保督察组交办案件办结率达99.83%》，《黑龙江日报》2016年10月10日，第001版。

［27］郄建荣：《中央环保督察专治地方沉疴：已完成对15个省督察 共6408人被问责》，《法制日报》2017年4月21日，第006版。

［28］高岗栓：《太原对中央环保督察组交办案件立行立改：群众有了更多获得感和幸福感》，《中国环境报》2017年5月26日，第002版。

［29］王文军：《我市从严查处立行立改中央环保督察组交办问题》，《运城日报》2017年5月19日，第001版。

［30］刘毅：《从环保风暴到长效机制》，《人民日报》2010年4月22日第020版。
章轲：《告别"环保风暴"》，《第一财经日报》2007年9月14日，第A04

版。

[31] 生态环境部:《环境保护部有关负责人就〈排污许可管理办法（试行）〉有关问题答记者问》,http://www.zhb.gov.cn/gkml/hbb/qt/201801/t20180117_429822.htm。

[32] 生态环境部:《环境保护部首次处罚机动车生产企业》,[2019-08-21].http://www.zhb.gov.cn/gkml/sthjbgw/qt/201801/t20180109_429397.htm。

[33] 杜偲偲:《海南六地暴发非洲猪瘟 专家称能繁母猪存栏同比降21%》,http://science.caixin.com/2019-04-22/101406992.html。

[34] 齐小美:《多省生猪存栏受非瘟冲击下滑 苏云辽降幅超20%》,http://science.caixin.com/2019-04-28/101409451.html。

[35] 张子竹:《京津冀PM2.5浓度再反弹 专家认为重工业复苏加重污染》,http://science.caixin.com/2019-04-19/101406294.html。

[36] 杜偲偲:《环境部:厄尔尼诺加自满松懈使一些城市污染反弹》,http://science.caixin.com/2019-04-30/101410350.html。

[37] 孙茜等:《响水爆炸化工园早已隐患重重 事故在劫难逃》,http://datanews.caixin.com/2019-03-22/101395797.html。

[38] 曾凌轲:《响水爆炸案后续政策致化工品行业大调整》,http://companies.caixin.com/2019-04-10/101402291.html。

[39] 赵文君、齐中熙:《国务院调查组:基本查清长春长生违法违规生产狂犬病疫苗事实》,http://china.caixin.com/2018-07-27/101309322.html?sourceEntityId=101315861。

[40] 盘和林:《P2P"暴雷"网贷债转难辞其咎亟待规范发展》,http://panhelin.blog.caixin.com/archives/192921。

[41] 彭飞:《"煤改气"要统筹兼顾》,《中华工商时报》2017年12月11日,第003版。

[42] 陶光远:《气荒危机,如何有效应对》,http://china.caixin.com/2017-12-09/101182801.html。

[43] 黄凯茜等:《失算煤改气:一场处处失利的环保战役》,http://china.caixin.com/2017-12-09/101182801.html。

[44] 《山东省7个传输通道城市清洁采暖气代煤电代煤工作实施方案》,http://www.sohu.com/a/197845601_760848。

[45] 周东旭:《污染防治与禁煤之寒》,http://opinion.caixin.com/2017-12-04/101180128.html。

[46] 熊志:《一刀切禁煤治霾,"煤改气"别用力过猛》,《新京报》2018年11月18日,https://view.news.qq.com/a/20181118/002918.htm。

［47］ 吴铭：《院士翟光明谈北方"煤改气"：不能一刀切，全改燃气供暖挑战大》，《南方都市报》2017年12月31日。

［48］ 周辰、武骁：《临汾煤改样本：城区燃气供不上，村里暖气用不起》，http://china.caixin.com/2017-12-07/101181693.html。

［49］ 文子：《清洁供暖项目的招投标"清洁"起来咋就这么难？》，《中国建设报》2017年1月19日，第005版。

［50］ 刘小红：《山西忻州一工地工人室外烧煤炭取暖被拘5日，警方：污染大气》，http://news.163.com/17/1129/21/D4EJ17V9000187VE.html。

［51］ 《2013年国控重点污染源监测经费达到3.5亿》，载中国行业研究网，http://finance.chinairn.com/News/2013/12/25/175444274.html。

［52］ 李禾：《我国已发布数千项环保标准和专利》，载搜狐网，http://roll.sohu.com/20150813/n418735244.shtml。

［53］ 《中美合作的中国首例异地排污权交易在江苏成交》，载中国新闻网，chinanews.com/n/2003-04-14/26/294042.html。

［54］ 《中国的水污染物排放许可证制度》，载道客巴巴，https://www.doc88.com/p-270407494917.html。

［55］ 于立霄：《北京首次提出经济行政手段并举调控汽车数量》，载新浪网，http://www.sina.com.cn。

［56］ 张乐等：《余杭：中泰垃圾焚烧厂项目群众不支持就不开工》，http://news.sohu.com/20140511/n399410594.shtml。

［57］ 杨伶：《中国支持人权理事会通过土著人民权利宣言》，http://news.sohu.com/20060628/n243972852.shtml。

［58］ 胡锦涛：《坚定不移沿着中国特色社会主义道路前进 为全面建成小康社会而奋斗——在中国共产党第十八次全国代表大会上的报告》，《人民日报》2012年11月18日，第1版。

［59］ 黄玉浩：《"PX项目"群体过敏症》，《新京报》2012年12月24日，第A16版。

［60］ 罗沙：《康菲中海油共赔付16.83亿元》，《齐鲁晚报》2012年4月28日。

［61］ 小嫣：《"APEC蓝"将引爆新一轮环保风暴》，《中国冶金报》2014年11月29日，第001版。

［62］ 王慧敏、江南：《杭州解开了"邻避"这个结》，《人民日报》2017年3月24日，第019版。

［63］ 李飞：《环境执法暴露五大"怪现象"》，《中国环境报》2007年1月12日，第05版。

［64］ 李岗：《省会一市民因空气污染状告环保局》，《燕赵都市报》2014年2月24

日。

［65］ 杨维汉、余晓洁：《环保部：河北多地雾霾应急流于形式》，《新华每日电讯》2014 年 10 月 14 日，第 001 版。

［66］ 屈丽丽：《大连 PX 项目警示企业环评风险》，《中国经营报》2011 年 8 月 22 日，第 A10 版。

［67］ 冯永锋：《看新〈环保法〉三大突破——访环保部副部长潘岳》，《光明日报》2014 年 4 月 2 日。

［68］ 敬一山：《祁连山再上头条，如何让环保成为企业"本能"》，http://guancha.gmw.cn/2017−12/25/content_27182112.htm。

［69］ 徐锦涛：《专题研究央视报道我省祁连山自然保护区生态破坏严重问题的整改查处工作》，《甘肃日报》2017 年 1 月 17 日，第 1 版。

［70］ 凤凰号：《祁连山生态遭破坏已有半个世纪 上百人被问责》，《中国新闻周刊》，http://wemedia.ifeng.com/25379008/wemedia.shtml。

［71］ 吕宝林：《王三运在督查调研祁连山生态环境保护工作时强调用实际行动诠释忠诚用具体工作体现看齐坚决有力把祁连山生态环境修复好保护好》，《甘肃日报》2017 年 2 月 9 日。

［72］ 梁尹等：《雾霾治理与对策问题研究》，《商界论坛》2015 年 9 月 16 日。

［73］ 杨维汗、余晓结：《环保部：河北多地雾霾应急流于形式》，《新华每日电讯》2014 年 10 月 14 日，第 1 版。

四、外文类

［1］ The Independent Scientific Group，Return to the River: An Ecological Vision for the Recovery for the Columbia River Salmon, Environmental Law, 1998,28(3): 503-518.

［2］ Perri, Hoslistic Government,London: Demos Press,1997.

［3］ G. Tracy Mehana, A Symphonic Approach to Water Management: The Quest for New Models of Watershed Governance, Journal of Land Use & Environmental Law, 2010, 26(1): 1-33.

［4］ Robin K. Craig, Stationarity Is Dead −Long live Transformation: Five Principles for Climate Change Adaption Law, Harvard Environmental Law Review, 2010,34(1):1-57.

［5］ Morgan B, Yeung K, An Introduction to Law and Regulation, Cambridge: Cambridge University Press, 2007.

［6］ Keating B, Buchanan J M, Tollison R, et al., Toward a Theory of the Rent-Seeking Society，College Station: Texas A & M University Press, 1980.

［7］　Robert A. Dahl , Charles E. Lindblom. Politics, Economics, and Welfare：Planning and Politico-Economic Systems Resolved into Basic Social Process, New York: Harper and Row, 1953.

［8］　Carol Harlow, Richard Rawlings, Law and Administration, London: Butterworths, 1997.

［9］　D. Kettle. Sharing. Power: Public Government and Private Markets, Washington: Brookings Institution, 1993.

［10］　Urich Beck. Risk Society: Towards a New Modernity: Trans. by Mark Ritter, London: Sage Publications, 1992.

［11］　Cyert, Richard, James G. March , A Behavioral Theory of the Firm, Englewood Cliffs, N. J. Prentice-Hall, 1963.

［12］　Richard J. Ferris, Hongjun Zhang, Reaching Out to the Rule of Law: China's Continuing Efforts to Develop an Effective Environmental Law Regime, William & Mary Bill of Rights Journal, 2003, 11(2): 569-602.

［13］　Eric W. Orts, Environmental Law with Chinese Characteristics, William &Mary Bill of Rights Journal, 2003, 11(2): 545-567.

［14］　Joel Andreas, Battling over Political and Cultural Power During the Chinese Cultural Revolution, Theory and Society, 2002, 31(2): 463-519.

［15］　Tirole, Jean. Hierarchies and Bureaucraies: On the Role of Collusion in Organizations, Journal of Law, Economics and Organization,1986,2(2):181-214.

［16］　Jon D. Silberman, Dose Environmental Deterrence Work? Evidence and Experience Say Yes, But We Understand How and Why, Environmental Law Reporter News & Analysis, 2000, 30(7): 10523-10536.

［17］　Garrett Hardin, The Tragedy of the Commons, Science, 1968, 162(3859): 1243-1248.

［18］　Eric T. Freyfogle, The Tragedy of Fragmentation, Environmental Law Reporter News & Analysis, 2002, 36(2): 307-337.

［19］　Daniel Aniel H. Cole, Peter Z. Grossman：When is Command-and-Control Efficient? Institutions, Technology, and the Comparative Efficiency of Alternative Regulatory Regimes for Environmental Protection, Wisconsin Law Review, 1999,1999(5): 887-938.

［20］　Joseph P. Tomain, Sidney A. Shapiro, Analyzing Government Regulation, Administrative Law Review, 1997, 49(2): 377-414.

［21］　Lawrence H. Goulder, Ian W. H. Parry, Instrument Choice in Environmental Policy, Review of Environmental Economics and Policy, 2008, 2(2): 152-174.

［22］ J. Pierre, Debating Governance : Authority , Steering and Democracy , Oxford: Oxford University Press, 2000.

［23］ N.Luhmann, Risk :A sociological theory , Berlin: de Gruyter ,1993.

［24］ M. Douglas, A. Wildavsky, Risk and Culture, Berkeley: University of California Press, 1982.

［25］ Hammer M., Champy J. Reengineering the Corporation: A Manifesto for Business Revolution, London: Nicholas Brealey Publishing, 1993.

［26］ James W. Fesler, Donald F. Kettl, The Politics of the Administrative Process, Chatham, New Jersey: Chatham House Publishers, 1996.

［27］ Patrick Dunleavy, Digital Era Governance: IT Corporations, the State, and E-Government, Oxford: Oxford University Press, 2006.

［28］ Christophe, Pollit, Joined-up Government : A Survey, Political Studies Review, 2003, 1(1): 34-49.

［29］ Perry, Dinna Leat, Kimberly Seltzerand Gerry Stoker, Towards Holistic Governance: The New Reform Agenda, New York : Palgrave, 2002.

［30］ Perri 6. Towards Holistic Governance: The New Reform Agenda, New York: Palgrave, 2002.

［31］ E. Peters, P. Slovic, The Springs of Action: Affective and Analytical Information Processing in Choice, Personality and Social Psychology Bulletin, 2000, 26(12): 1465-1475.

［32］ Javier Barnes, Reform and Innovation of Administrative Procedures, In Javier Barnes(ed.) , Reform and Innovation of Administrative Procedures, Spain: Global Law Press, 2008.

［33］ Gunnar Grendstad, Grid-group Theory and Political Orientations: Effects of Cultural Biases in Norway in the 1990s, Scandinavian Political Studies, 2000, 23 (3):217-244.

［34］ Javier Barnes, Towards a Third Generation of Administrative Procedure, in Susan Rose-Ackerman, Peter L. Lindseth (eds.), Comparative Administrative Law, Edward Elgar Publishing, 2010.

［35］ Stephen Breyer, Breaking the Vicious Circle: Toward Effective Risk Regulation, Cambridge: Harvard University Press,1993.

［36］ E. Fisher, Risk Regulation and Administrative Constitutionalism, Oxford: Hart Publishing, 2007.

［37］ Ortwin Renn, Risk Governance: Coping with Uncertainty in a Complex World, London: Streling, VA Press, 2008.

［38］ David M. Trubek, Louise G. Trubek, New Governance & Legal Regulation: Complementarity, Rivalry, and Transformation, Columbia Journal of European Law, 2007, 13(3): 539-564.

［39］ National Research Council, Risk Assessment in the Federal Government: Managing the Process, Washington, DC: National Academy Press, 1983.

［40］ Jody Freeman, Laura I. Langbein, Regulatory Negotiation and the Legitimacy Benefit, New York University Environmental Law Journal, 2000, 9(1): 60-151.

［41］ Rowe,G.,Marsh,R. Frewer,L.J., Evaluation of a Deliberative Conference, Science, Technology, and Human Values, 2004, 29(1): 88-121.

［42］ Grisinger, Joanna, Law in Action: the Attorney General's Committee on Administrative Procedure , Journal of Policy History, 2008, 20(3): 379-418.

［43］ European Commission, Strategic Environmental Assessment, http: //ec. europa. eu/environmen t/eia/ home. htm.

［44］ Richard B. Steward, Administrative law in the Twenty-First Century, New York University Law Review, 2003, 78(2): 448-449.

［45］ Eberhard Schmidt-Abmann , Structures and Functions of Administrative Procedures in German, European and International Law, In Javier Barnes (ed.), Reform and Innovation of Administrative Procedures, Spain: Global Law Press,2008.

［46］ Bamberger, Kenneth A, Regulation, Prisons, Democracy, and Human Rights: the Need to Extend the Province of Administrative Law, Indiana Journal of Global Legal Studies, 2006, 12(2): 511-550.

［47］ Rubin , Edward , It's Time to Make the Administrative Procedure Act Administrative, Cornell Law Review, 2003, 89(1): 95-190.

［48］ Zaring, David, Best Practices , New York University Law Review, 2006,81(1): 294-350.

［49］ Lisa Blomager, Bingham, The Next Generation of Administrative Law: Building the Legal Infrastructure for Collaborative Governance, Wisconsin Law Review, 2010, 2010(2): 297-356.

［50］ Scott Burris et al., Changes in Governance: A Cross-Disciplinary Review of Current Scholarship, Akron Law Review, 2008, 41(1): 1-66.

［51］ Thomas. B. Smith, The Policy Implementation Process, Policy Sciences, 1973,4 (2): 197-209.

［52］ Benjamin K. Sovacool, Kelly E. Siman-Sovacool, Creating Legal Teeth for Toothfish: Using the Market to Protect Fish Stocks in Antarctica, Journal of

Environmental Law, 2008, 20(1): 15-34.

[53] Barnett, A. H., Terrell, Timothy D. , Framing Environmental Policy Instrument Choice: Another View, Duke Environmental Law & Policy Forum, 2000, 10(2): 415-424.

[54] Thomas C. Brown, John C. Bergstrom, John B. Loomis. Defining, Valuing and Providing Ecosystem Goods and Services, Natural Resources Journal, 2007,47(2): 329-376.

[55] Gregory N. Mandel , Promoting Environmental Innovation with Intellectual Property Innovation a New Basis for Patent Rewards, Temple Journal of Science, Technology & Environmental Law, 2005, 24(1): 51-70.

[56] Scholtens, B., L.Dam, Banking on the Equator Are Banks that Adopted the Equator Principles Different from Non-Adopters? World Development, 2007, 35 (8): 1307-1328.

[57] Robert B. Mc Kinstry, Thomas D. Peterson, The Implications of the New Old Federalism in Climate—Change Legislation: How to Function in a Global Marketplace When States Take the Lead, Pacific McGeorge Global Business & Development Law Journal, 2007, 20(1): 61-110.

[58] Christine A Klein, The Environmental Commerce Clause, Harvard Environmental Law Review, 2003, 27(1): 1-70.

[59] Richad L. Revesz, Federalism and Environmental Regulation: A Public Choice Analysis,Harv.L. Rev., 2001, 115(2): 553-641.

[60] Daniel A Farber, Climate Change, Federalism, and the Constitution, Arizona Law Review, 2008, 50(3): 879-924.

[61] Robert L Fischman, Cooperative Federalism and Natural Resouces Law, New York University Environmental Law Journal, 2005, 14(32): 179-231.

[62] Galema, R., A. Planting, B.Scholtens, The Stock Sat Stake: Return and Risking Socially Responsible Investment, Journal of Banking and Finance, 2008, 32(12): 2646-2654.

[63] Krzyzanowski, M., Vandenberg, J. Stieb, D., Perspectives on Quality Policy Issues in Europe and North America, Journal of Toxicology & Environmental Health: Part A, 2005, 68(13): 1057-1061.

[64] Jerry Magee, Legal Implications of Forest Management Science in National Environmental Policy Act Analyses, Vermont Journal of Environmental Law, 2009, 10(2): 213-228.

[65] Akemi Ori, Soil Pollution Countermeasures in Japan, Environmental Claims

Journal, 1993, 6(1) : 15-25.

［66］ Nathan Paulich, Increasing Private Conservation Through Incentive Mechanisms, Stanford Journal of Animal Law & Policy, 2010,(3): 76-105.

［67］ Robert M. Friedman, Donna Downing, Elizabeth M. Gunn, Environmental Policy Instrument Choice: The Challenge of Competing Goals, Duke Environmental Law & Policy Forum, 2000, 10(2): 327-388.

［68］ Robert D. Bullard, The Threat of Environmental Racism, The Natural Resources & Environment, 1993, 23(7): 23-28.

［69］ Robert D. Bullard, Overcoming Racism in Environmental Decision—Making, Environment: Science and Policy for Sustainable Development, 1994, 36(4): 10-44.

［70］ Kenneth R. Richards, Framing Environmental Policy Instrument Choice, Duke Environmental Law & Policy Forum, 2000, 10(2): 221-286.

［71］ Uzuazo Etemire, Public Access to Environmental Information Held by Private Companies, Environmental Law Review, 2012, 14(1): 7-25.

［72］ Michael Mann, State War and Capitalism, Oxford: Blackwell, 1988.

［73］ Neil Gunningham, Mike D. Young, Toward Optimal Environmental Policy: The Case of Biodiversity Conservation, Ecology Law Quarterly, 1997, 24(2): 243-298.

［74］ Fischer, Carolyn, Richard G. Newell, Environmental and Technology Policies for Climate Mitigation, Journal of Environmental Economics and Management, 2008, 55(2): 142-162.

［75］ Goulder, Lawrence H., Ian W. H. Parry, Roberton C. Williams III, Dallas Burtraw, The Cost-Effectiveness of Alternative Instruments for Environmental Protection in a Second-best Setting, Journal of Public Economics, 1999, 72(3): 329-360.

［76］ Kathleen M. Wilburn, Ralph Wilburn, Achieving Social License to Operate Using Stakeholder Theory, Journal of International Business Ethics, 2011,4(2):3-16.

［77］ Neil Gunningham, Robert A. Kagan, Dorothy Thornton, Social License and Environmental Protection: Why Businesses Go Beyond Compliance, Law & Social Inquiry, 2004, 29(2): 307-341.

［78］ Slack, K., Corporate Social License and Community Consent, (2008)https://www. carnegiecouncil. org / publications / archive / policy _ innovations / commentary / 000094.

［79］ Sinclair, A. J., Diduck, A., Fitzpatrick, P. J. Conceptualizing Learning for Sustainability Through Environmental Assessment: Critical Reflections on 15

Years of Research, Environmental Impact Assessment Review, 2008, 28(7): 415-428.

[80] D. D. Raphael, Problems of Political Philosophy, New York: Humanities Press International Inc, 1970.

[81] Michal C Moore, The Question of Social License and Regulatory Responsibility, The School of Public Policy Publications, 2016, 8(7): 1-8.

[82] Richard Parsons, Kieren Moffat, Constructing the Meaning of Social License, Social Epistemology, 2014, 28(4): 340-363.

[83] Nigel Bankes, The Social License to Operate: Mind the Gap, http://ablawg.ca/2015/06/24/the-social-licence-to-operatemind-the-gap/.

[84] Nwapi Chilenye, Can the Concept of Social License to Operate Find Its Way into the Formal Legal System, Flinders Law Journal,2016,18(2): 349-375.

[85] Jason Prno, D. Scott Slocombe, Exploring the Origins of Social License to Operate in the Mining Sector: Perspectives from Governance and Sustainability Theories, Resources Policy, 2012, 37(3): 346-357.

[86] Kieren Moffat, Airong Zhang, The Paths to Social License to Operate: An Integrative Model Explaining Community Acceptance of Mining, Resources Policy ,2014, 39(1): 61-70.

[87] Richard Parsons, Justine Lacey, Kieren Moffat, Maintaining Legitimacy of a Contested Practice: How the Minerals Industry Understands It's Social Licence to Operate, Resources Policy, 2014, 41(1): 83-90.

[88] David Bursey, Rethinking Social License to Operate—A Concept in Search of Definition and Boundaries, Business Council of British Columbia, Environment and Energy Bulletin, 2015, 7(2): 1-10.

[89] Eckerberg, K., Joas, M., Multi-level Environmental Governance: A Concept Under Stress? Local Environment , 2004, 9(5): 405-412.

[90] Lemos, M. C., Agrawal, A., Environmental Governance. Annual Review of Environment and Resources, 2006, 31(1): 297-325.

[91] R. G. Boutilier, L. D. Black, I. Thomson, From Metaphor to Management Tool — How the Social License to Operate can Stabilize the Socio-Political Environment for Business, International Mine Management, 2012.

[92] Minerals Council of Australia, Enduring Value — The Australian Minerals Industry Framework for Sustainable Development, https://www.ipaustralia.gov.au/tools-resources/certification-rules/1259716.

[93] Kurucz, E.C., Colbert, B.A., Wheeler, D., The Business Case for Corporate Social

Responsibility, https://corpgov. law. harvard. edu/2011/06/26/the—business—case—for—corporate—social—responsibility/.

[94] Dennus C. Mueller, Public Choice: A Survey, Journal of Economic Literature, 1976,14(2): 395-433.

[95] James M. Buchanan , Gordon Tullock, The Calculus of Consent, Ann Arbor:The University of Michigan Press, 1962.

[96] Ian Ayres, John Braithwaite, Response Regulation: Transcending the Deregulation Debate, Oxford: Oxford University Press,1995.

[97] SP. Shapiro, The Social Control of Impersonal Trust, American Journal of Sociology, 1987, 93(3): 623-658.

[98] Daniel C. Esty, Good Governance at the Supranational Scale: Globalizing Administrative Law, The Yale Law Journal, 2006, 115(7): 1490-1562.

[99] National Research Council, Setting Priorities for Land Conservation, Washington, DC: National Academy Press, 1993.

[100] Tietenberg, T.H., Economic Instruments for Environmental Protection, in Dieter Helm(ed.), Economic Policy Towards the Environment, Oxford: Basil Blackwell, 1991.

[101] David A. Dana, Overcoming the Political Tragedy of the Commons: Lessons Learned from the Reauthorization of the Magnuson Act, Ecology Law Quarterly, 1997, 24(4): 833-846.

[102] Laband, D. N. , Regulating Biodiversity: Tragedy in the Political Commons, Ideas on Liberty, 2001.

[103] Honore, Toni, Ownership, in Anthony Gordon Guest(ed.), Oxford Essays in Jurisprudence, Oxford: Oxford University Press, 1961.

[104] Richard B. Stewart, A New Generation of Environmental Regulation? Capital University Law Review, 2001,29(1):21-182.

[105] Mary Jane Angelo, Embracing Uncertainty, Complexity, and Change: An Eco-pragmatic Reinvention of a First—Generation Environmental Law, Ecology Law Quarterly, 2006, 33(1): 105-202.

[106] Tseming Yang, Robert V. Percival, The Emergence of Global Environmental Law, Ecology Law Quarterly, 2009, 36(3): 615-664.

[107] Craig Anthony Arnold, Fourth—Generation Environmental Law: Integrationist and Multimodal, William & Mary Environmental Law and Policy Review, 2011, 35(3): 771-884.

[108] Wiley Rutledge, A Symposium on Constitutional Rights in Wartime— Foreword ,

Iowa Law Review, 1944, 29(3): 379-382.

[109] Bruce Ackerman, The Emergency Constitution, Yale Law Journal, 2004,113(5): 1029-1092.

[110] C. Rossiter, Constitutional Dictorship, Princeton: Princeton University Press, 1948.

后 记

　　该专著属于国家社科基金重点项目"环境风险治理工具的行政法进路研究"（17AAFX013）的最终成果。该课题从立项、写作、修改到完成结项，历时近4年。课题负责人戚建刚教授撰写大纲、导论、第五章、第六章、第十一章第二节、第十二章、第十三章第三节，并负责调研、修改和定稿；兰皓翔博士参与撰写第一章、第七章、第八章、第九章、第十一章第一节、第十三章第一节和第二节，并参与校对和实地调研；余海洋博士参与撰写第二章、第三章、第四章、第十章，并参与实地调研和资料整理。

　　从行政法视野来研究环境风险治理工具属于行政法学和环境法学中的交叉领域。本研究的理论意义在于：综合运用行政行为形式理论、行政过程理论、行政程序理论、行政法律关系理论来制度化环境风险治理工具。在环境行政法中观层面形成环境风险治理工具的制度体系。分别从规范、经验和价值层面划分了政府主导型、市场主导型和社会型环境风险治理工具的具体类型，并结合环境风险和治理工具自身的特点剖析了不同类型环境风险治理工具的合理性基础，为不同类型环境风险治理工具的选择和运用提供理论来源的正当性基础，从而在环境行政法层面提升对环境风险治理工具的理性认识。实践意义在于：以环境风险问题为导向，重点解决环境风险治理工具与具体环境风险治理任务之不匹配问题，从而有助于提升环境风险治理活动的科学性和有效性；重点解决不同类型环境风险治理工具在环境行政法上的约束力、可救济性问题，有助于规范不同类型环境风险治理工具的合法运行，提升环境风险治理工具选择和运用的正当性；重点解决不同类型环境风险治理工具缺乏互动问题，有助于确保不同类型环境风险治理工具在具体运用中充分发挥各自优势，实现环境风险治理的最佳效果。

　　该课题能够立项并完成凝聚了诸多学界前辈、老师和同仁的大力支持。感谢北京大学法学院姜明安教授、中南财经政法大学法学院方世荣教授、中国环境法学会会长吕忠梅教授，武汉大学环境法研究所秦天宝教授及其领衔的团队、中南财经政法大学知识产权研究中心吴汉东和曹新明教授及其领衔的团队、中南财经政法大学刘茂林教授及其领衔的团队、中南财经政法大学徐汉明教授及其领衔的团队，感谢中南财经政法大学姚莉教授、齐文远教授、徐涤宇教授、陈柏峰教授，感谢中南财经政法大学栾永玉书记和杨灿明校长以及学校的其他领导。该专著的前期成果发表在诸多CSSCI学术期刊上，感谢学术期刊编辑的大力支持，他们的辛勤工作不仅贡献了新的学术思想，而且提升了本书的学术质量。

　　最后要感谢我的爱人杨小敏教授以及孩子戚申艺，还有我的父母亲。科学研究是一项充满挑战的工作，为了取得创新的成果，必须投入大量的时间和精力，由此也牺牲了与家人相处的时间。

戚建刚

2022年8月于武汉晓南湖畔